CFC-Regeln und unfairer Steuerwettbewerb

FREIBURGER STEUERFORUM

Herausgegeben von Wolfgang Kessler

Band 11

PETER LANG

Frankfurt am Main · Berlin · Bern · Bruxelles · New York · Oxford · Wien

Charlotte Achilles

CFC-Regeln und unfairer Steuerwettbewerb

Eine Untersuchung anhand der deutschen und der französischen CFC-Regelung

PETER LANG
Europäischer Verlag der Wissenschaften

Bibliografische Information Der Deutschen Bibliothek
Die Deutsche Bibliothek verzeichnet diese Publikation in der Deutschen Nationalbibliografie; detaillierte bibliografische Daten sind im Internet über <http://dnb.ddb.de> abrufbar.

Zugl.: Freiburg (Breisgau), Univ., Diss., 2005

D 25
ISSN 1617-917X
ISBN 3-631-53997-5

www.peterlang.de

Meinen lieben Eltern

Geleitwort

Zur Schriftenreihe

Mit der Begründung der Schriftenreihe „Freiburger Steuerforum" verfolgt der Herausgeber zwei Zielsetzungen: Einerseits soll für die interessierte Öffentlichkeit ein Forum geschaffen werden, in dem in unregelmäßigen Abständen herausragende Forschungsschwerpunkte des Stiftungslehrstuhles Betriebswirtschaftliche Steuerlehre an der Albert-Ludwigs-Universität Freiburg i. Br. vorgestellt werden. Die Reihe „Freiburger Steuerforum" verbindet den lokalen Bezug zur Universität mit dem Anspruch des Lehrstuhls zur Fortentwicklung des Unternehmenssteuerrechts beizutragen. Andererseits steht ausgewählten Doktoranden des Lehrstuhls damit eine Plattform zur Veröffentlichung ihrer Dissertation zur Verfügung, die die Verbindung zum Lehrstuhl über den Tag des Promotionsbeschlusses hinaus dokumentiert.

Zu dieser Schrift

Schon lange ist es den Hochsteuerländern ein Anliegen, der Verlagerung von Einkünften in Niedrigsteuerländer und Steueroasen durch ihre Steuerpflichtigen entgegenzutreten. Eine von den Steuerpflichtigen genutzte Möglichkeit, die Besteuerung im Hochsteuerland zu vermeiden, besteht darin, Einkünfte in ausländischen, niedrig besteuerten Tochtergesellschaften zu thesaurieren und so zumindest einen Steuerstundungseffekt zu nutzen. Die so genannten Controlled Foreign Company (CFC)-Regeln nach dem Vorbild der US-amerikanischen Subpart F-Gesetzgebung zielen darauf ab, diese Art der Steuervermeidung dadurch zu verhindern, dass sie unter bestimmten Voraussetzungen die nicht ausgeschütteten Einkünfte der ausländischen Tochtergesellschaft beim inländischen Anteilseigner besteuern. Solche Regelungen, deren Wirkung nicht zuletzt in ihrem Abschreckungseffekt liegt, haben mittlerweile zahlreiche Staaten eingeführt. In Europa waren Deutschland (1972) und Frankreich (1980) die ersten Länder, die eine CFC-Regelung eingeführt haben.

Aktuell stehen CFC-Regeln jedoch vermehrt in der Kritik, weil der Zugriff der Anwendestaaten auf nicht ausgeschüttete Einkünfte ausländischer Gesellschaften möglicherweise gegen Doppelbesteuerungsabkommen und gegen Gemeinschaftsrecht verstößt. Zugleich hat sich jedoch auf internationaler Ebene (OECD und EU) Ende der 1990er Jahre ein weitgehender Konsens darüber gebildet, dass unfaire Niedrigsteuerregelungen langfristig eine Gefahr für die Volkswirtschaften darstellen, aus denen das (mobile) Steuersubstrat in dieser Weise abgeworben wird.

Auf der einen Seite erscheint also die Bekämpfung unfairer Steuerregelungen notwendig, während auf der anderen Seite die bestehenden nationalen CFC-Vorschriften, die dieses Ziel verfolgen, aufgrund des Verstoßes gegen höherrangiges Recht nur schwer haltbar erscheinen. Mit diesem Spannungsfeld beschäftigt sich die vorliegende Arbeit und analysiert neben dem Verhältnis der deutschen und der französischen CFC-Regelung zu DBA- und Gemeinschaftsrecht auch die Frage, ob und inwiefern diese CFC-Regelungen mit den internationalen Initiativen zur Bekämpfung des unfairen Steuerwettbewerbs eine neue Rechtfertigung erfahren, die sie aus der Sicht des höherrangigen Rechts weniger angreifbar macht.

Die Arbeit von Frau Achilles, die von der Juristischen Fakultät der Albert-Ludwigs-Universität Freiburg im Breisgau als Dissertation angenommen wurde, beginnt mit der Darstellung der Initiativen der OECD und der EU zum unfairen Steuerwettbewerb und stellt anschließend im Vergleich die Hauptmerkmale der deutschen und der französischen CFC-Regelung dar. Diese Arbeit ist in der deutschsprachigen Literatur die erste, die sich derart detailliert mit der französischen CFC-Regelung befasst und umfassend die französische Literatur und Rechtsprechung auswertet und kann daher Wissenschaft und Praxis zum besseren Verständnis dieses ausländischen Rechtsinstituts verhelfen. Auch die Darstellung zur Vereinbarkeit von CFC-Regelungen mit DBA- und Gemeinschaftsrecht zeichnet sich dadurch aus, dass sie vor allem auch die französische Sichtweise darstellt, so dass unter anderem ein wichtiger Beitrag zum Verständnis der Rechtsprechung des Conseil d'Etat zu den Doppelbesteuerungsabkommen geleistet wird. Diese Arbeit begnügt sich nicht damit, die deutsche CFC-Regelung zu kritisieren, sondern zeigt auch ähnliche Probleme Frankreichs auf und entwickelt vor diesem Hintergrund Verbesserungsvorschläge zu einer Reform der CFC-Regeln unter Berücksichtigung der Ziele der Bekämpfung des unfairen Steuerwettbewerbs. Sie leistet daher einen wertvollen Beitrag insbesondere zum Verständnis des französischen Steuerrechts und auch allgemein zu den Perspektiven der CFC-Regelungen.

Vorwort

Die vorliegende Arbeit wurde im Wintersemester 2004/2005 von der Juristischen Fakultät der Albert-Ludwigs-Universität Freiburg als Dissertation angenommen. Sie berücksichtigt die Rechtsentwicklung sowie Rechtsprechung und Literatur bis Ende August 2004. Im Anhang sind zusätzlich die Ende 2004 beschlossenen Änderungen des französischen Steuergesetzes dargestellt, die zum 1.1.2006 in Kraft treten.

Es ist mir ein Anliegen, an dieser Stelle all denen zu danken, die mich während meiner akademischen Ausbildung und besonders während der Zeit der Promotion unterstützt und begleitet haben. An erster Stelle ist dabei mein verehrter Doktorvater Herr Professor Dr. Wolfgang Kessler zu nennen, dem ich für die Betreuung und Förderung dieser Arbeit zu besonderem Dank verpflichtet bin. Ihm möchte ich auch für die fachliche und persönliche Förderung im Rahmen meiner Tätigkeit am Lehrstuhl danken. Für die unverzügliche Zweitkorrektur bin ich Herrn Professor Dr. Uwe Blaurock zu Dank verpflichtet.

Meinen Kollegen am Lehrstuhl danke ich besonders für die produktive und äußerst angenehme Arbeitsatmosphäre und für inspirierende fachliche Diskussionen.

Danken möchte ich auch der Ernst & Young AG für die Möglichkeit, neben meiner Promotion bereits im Bereich der Steuerberatung praktisch tätig zu werden. Besonders danke ich hier Herrn Dr. Andreas Sinz, der mich bei meinem Berufseinstieg sowohl fachlich als auch persönlich unterstützt und gefördert hat.

Meinem Lebensgefährten Michael danke ich von Herzen dafür, dass er trotz seiner eigenen Arbeitsbelastung die kritische Durchsicht meiner Arbeit übernommen und mich während der gesamten Zeit der Promotion unterstützt hat.

Ein ganz besonderer Dank gilt meiner Familie und besonders meinen Eltern, für alles, was sie für mich getan haben. Ihre Unterstützung war und ist für mich unersetzlich und hat mir die Freiheit gegeben, mich für diesen Weg zu entscheiden. Ihnen ist diese Arbeit gewidmet.

Charlotte Achilles

Inhaltsübersicht

Inhaltsverzeichnis

Abkürzungsverzeichnis

a.A.	anderer Ansicht
ABl.	Amtsblatt
ABl.EG	Amtsblatt der Europäischen Gemeinschaften
AdV	Archiv des Völkerrechts (Zeitschr.)
ÄndG	Änderungsgesetz
a.F.	alte Fassung
Aff.	Affaire
AG	Aktiengesellschaft (auch Zeitschr."Die Aktiengesellschaft")
Alt.	Alternative
AO	Abgabenordnung
Art.	Artikel oder Article
Ass.	Assemblée
AStG	Außensteuergesetz
AWD	Außenwirtschaftsdienst des Betriebs-Beraters (Zeitschr.)
Az.	Aktenzeichen
BB	Der Betriebsberater (Zeitschr.)
BDCF	Bulletin des Conclusions Fiscales (Zeitschr.)
BDI	Bundesverband der Deutschen Industrie
BF Lefebvre	Bulletin Fiscal Lefebvre (Zeitschr.)
BFH	Bundesfinanzhof
BFHE	Sammlung der Entscheidungen des BFH
BFH/NV	Sammlung nicht veröffentlichter Entscheidungen des BFH
BGBl	Bundesgesetzblatt
BGFE	Bulletin de gestion fiscale des entreprises (Zeitschr.)
BMF	Bundesminister der Finanzen
BOI	Bulletin officiel des impôts
BR	Bundesrat
BStBl	Bundessteuerblatt
BT	Bundestag
BVerfG	Bundesverfassungsgericht
BVerfGE	Sammlung der Entscheidungen des BVerfG
CAA	Cour Administrative d'Appel
CC	Conseil Constitutionnel
C.Cass	Cour de Cassation
CDFI	Cahiers de droit fiscal international

CE	Conseil d'État
CFC	Controlled Foreign Company
CGI	Code Général des Impôts
ch.	chambre
CJCE	Cour de Justice des Communautés Européennes
comm.	commentaire
concl.	conclusions
D.	Dalloz (Zeitschr.)
D. Adm.	Documentation Administrative
DB	Der Betrieb (Zeitschr.)
DBA	Doppelbesteuerungsabkommen
DF	Droit fiscal (Zeitschr.)
D.G.I.	Direction Générales des Impôts
Diss.	Dissertation
Dok.	Dokument
DÖV	Die öffentliche Verwaltung
Drt.	Droit
Drt. fisc.	Droit fiscal (Zeitschr.)
DStJG	Deutsche Steuerjuristische Gesellschaft e.V. (auch: deren Jahrbuch)
DStR	Deutsches Steuerrecht (Zeitschr.)
DStRE	Deutsches Steuerrecht Entscheidungsdienst (Zeitschr.)
DStZ	Deutsche Steuerzeitung (Zeitschr.)
DSWR	Datenverarbeitung-Steuer-Wirtschaft-Recht (Zeitschr.)
EFG	Entscheidungen der Finanzgerichte (Zeitschr.)
EG	Einführungsgesetz; Europäische Gemeinschaften; EG-Vertrag
EGV	EG- Vertrag
endg.	endgültig
EStG	Einkommensteuergesetz
ET	European Taxation (Zeitschr.)
EU	Europäische Union
EuGH	Europäischer Gerichtshof
EUR	Euro
EWIV	Europäische Wirtschaftliche Interessenvereinigung
f; ff.	Folgende; fortfolgende
Fasc.	Fascicule
FEE	Fédération des Experts Comptables Européens

FG	Finanzgericht
FinVerw	Finanzverwaltung
Fn.	Fußnote
FR	Finanzrundschau (Zeitschr.)
FR Lefebvre	Feuillets Rapides Lefebvre (Zeitschr.)
frz.	französisch
FS	Festschrift
GEIE	Groupement européen d'intérêts économiques
GewStG	Gewerbesteuergesetz
GG	Grundgesetz
GmbH	Gesellschaft mit beschränkter Haftung
GmbHR	GmbH- Rundschau (Zeitschr.)
GmbH-StB	Der GmbH-Steuer-Berater (Zeitschr.)
GrS	Großer Senat
GS	Gedächtnisschrift
h.M.	herrschende Meinung
Hrsg	Herausgeber
IBFD	International Bureau of Fiscal Documentation
i.d.F.	in der Fassung
IdW	Institut der Wirtschaftsprüfer
IFA	Internat. Fiscal Association
IFF	Institut für Finanzwissenschaft und Finanzrecht (Universität St. Gallen)
IFSC	International Financial Services Center
Instr.	Instruction
IS	Impôt sur les Sociétés
iSd.	im Sinnes des/der
IStR	Internationales Steuerrecht (auch Zeitschr.)
iSv.	im Sinne von
IWB	Internationale Wirtschaftsbriefe (Zeitschr.)
JbFStR	Jahrbuch der Fachanwälte für Steuerrecht
JO	Journal Officiel
Kap.	Kapitel
KStG	Körperschaftsteuergesetz
LG	Landgericht
MEDEF	Mouvement des Entreprises de France
m.w.N.	mit weiteren Nachweisen

n°	numéro
NJW	Neue Juristische Wochenschrift
nv	nicht veröffentlicht
OECD	Organisation for Economic Cooperation and Development
OECD-MA	OECD-Musterabkommen
OECD-MK	OECD Kommentar zum Musterabkommen
OFD	Oberfinanzdirektion
OLG	Oberlandesgericht
PIStB	Praxis Internationale Steuerberatung (Zeitschr.)
Plén.	Plénière
Rec.	Recueil (Rechtsprechungssammlung)
RDAI	Revue de droit des affaires internationales (Zeitschr.)
RFH	Reichsfinanzhof
RIDE	Revue de droit international économique (Zeitschr.)
RIW	Recht der internationalen Wirtschaft (Zeitschr.)
RJF	Revue de jurisprudence fiscale
RL	Richtlinie
Rs.	Rechtssache
RTD eur.	Revue trimestrielle de droit européen (Zeitschr.)
Rz.	Randziffer
SA	Société Anonyme
SE	Europäische Aktiengesellschaft
Sect.	Section
S.L.F.	Service de la Législation Fiscale
Slg.	Sammlung der Entscheidungen des EuGH
Sté.	Société
StB	Der Steuerberater (Zeitschr.)
Stbg	Die Steuerberatung (Zeitschr.)
StBJb	Steuerberaterjahrbuch
StBp	Die steuerliche Betriebsprüfung (Zeitschr.)
StSenkG	Steuersenkungsgesetz
StuB	Steuern und Bilanzen (Zeitschr.)
StVergAbG	Steuervergünstigungsabbaugesetz
StuW	Steuer und Wirtschaft (Zeitschr.)
s.u.	siehe unten
SWI	Steuer und Wirtschaft International (Zeitschr.)
TA	Tribunal Administratif

TNI	Tax Notes International (Zeitschr.)
TPIR	Tax Planning International Review (Zeitschr.)
Tz.	Textziffer
UmwStG	Umwandlungsteuergesetz
UntStFG	Unternehmessteuerfortentwicklungsgesetz
vgl.	vergleiche
WPg	Die Wirtschaftsprüfung (Zeitschr.)
WÜRV	Wiener Übereinkommen über das Recht der Verträge

Kapitel 1: Grundlegung

I. Problemstellung und Ziel der Untersuchung

Das Problem der Verlagerung der Besteuerungsbasis international tätiger Unternehmen in Niedrigsteuerländer oder Länder, die einzelne Steuerprivilegien bieten, beschäftigt die Hochsteuerländer nicht erst seit gestern.[1] Der Abbau von nicht-steuerlichen Handels- und Investitionshemmnissen und die fortschreitende Globalisierung haben dazu geführt, dass sich das Problem der Einkommensverlagerung im Bereich der Unternehmensbesteuerung zunehmend verstärkt hat.[2] Vor diesem Hintergrund erwiesen sich die allgemeinen Missbrauchsbekämpfungsvorschriften der Hochsteuerländer häufig als nicht effizient, so dass die Einführung verschärfter und gezielter Abwehrgesetzgebung notwendig erschien, die speziell auf Investitionen in Niedrigsteuerländern ausgerichtet ist.[3]

Die erste Regelung dieser Art war die US-amerikanische sogenannte *Subpart F*-Regelung aus dem Jahr 1962.[4] In der Folge haben weitere, insbesondere kapitalexportorientierte Länder, ähnliche Regelungen eingeführt. In Europa waren Deutschland (1972)[5] und Frankreich (1980)[6] als klassische Hochsteuerländer die ersten, die ebenfalls eine Abwehrgesetzgebung eingeführt haben. Für diese Art von Regelung hat sich im internationalen Steuerrecht in Anlehnung an die US-amerikanische Regelung der Begriff der CFC (Controlled Foreign Company) - Regelung durchgesetzt (zur Begrifflichkeit s.u. II.).

CFC-Regelungen haben den Vorteil, dass sie effiziente Waffen im Kampf gegen die Nutzung der Abschirmwirkung darstellen, was zu großen Teilen auf die beabsichtigte Präventivwirkung solcher Abwehrmaßnahmen zurückzuführen ist.[7]

---

1 Oasenbericht der Bundesregierung, BT-Drucks. IV/2412; vgl. auch *Mersch*, Hinzurechnungsbesteuerung, 8 ff.

2 Vgl. z.B. die Darstellung in *OECD*, CFC Legislation, 9.

3 *OECD*, International Tax Avoidance and Evasion, 29 (n° 46); *Baumgärtel/Perlet*, Hinzurechnungsbesteuerung, 1; *Arnold*, CFC, 107. In Deutschland war zunächst versucht worden, mittels entsprechender Auslegung der allgemeinen Missbrauchsvorschrift (damals § 6 StAnpG) gegen die Problematik der Basisgesellschaften vorzugehen, vgl. dazu insbes. den sog. Oasenbericht der Bundesregierung, BT-Drucks. IV/2412; *Telkamp*, StuW 1972, 97, 109.

4 Dazu *Große*, Subpart F, 6 ff.

5 Hinzurechnungsbesteuerung, geregelt in den §§ 7-14 des Außensteuergesetzes (AStG).

6 Besteuerung nach Art. 209 B des Code Général des Impôts (CGI).

7 *Runge*, Steuerwettbewerb, in: Breuninger, FS Rädler, 559, 575; *Baconnier*, Französisches Außensteuerrecht, in: Vogel, Steueroasen, 53, 58.

Zugleich sind die CFC-Regelungen jedoch in die Kritik geraten, da die Erweiterung des steuerlichen Zugriffs auf in anderen Staaten erwirtschaftetes Einkommen im Verdacht steht, mit den internationalen Verpflichtungen der Anwendestaaten nicht in Einklang zu stehen. [8] Das Problem verschärft sich dadurch, dass die Abwehrgesetzgebung sich längst nicht mehr allein gegen die typischen Steueroasen richtet, um die es in dieser Untersuchung nur am Rande gehen soll, sondern zunehmend auch steuerliche Vergünstigungen in DBA-Staaten und Mitgliedstaaten der Europäischen Union betroffen sind. So stellt sich insbesondere die Frage der Vereinbarkeit der CFC-Regelungen mit den Doppelbesteuerungsabkommen und mit Gemeinschaftsrecht. Gleichzeitig ist allerdings deutlich geworden, dass sich das Problem der Einkommensverlagerung nicht entschärft hat, so dass ein Verzicht auf diese Art der Abwehrgesetzgebung aus der Sicht der Anwendestaaten jedenfalls auf absehbare Zeit noch nicht denkbar erscheint.[9]

Vielmehr hat sich auf internationaler Ebene ein Konsens darüber gebildet, dass im Kampf gegen die Erosion der Besteuerungsbasis der Hochsteuerländer rein nationale Abwehrmaßnahmen zwar notwendig, aber allein nicht mehr ausreichend sind. So wurden beinahe zeitgleich auf der Ebene der OECD und der EU spezielle Arbeitsgruppen gebildet, die sich mit der Frage des schädlichen internationalen Steuerwettbewerbs und dessen Bekämpfung beschäftigen. Obwohl beide Initiativen in erster Linie auf die Abschaffung schädlicher Steuerregelungen durch die betroffenen Staaten hinwirken, wird von beiden Arbeitsgruppen betont, dass die CFC-Gesetzgebungen auch weiterhin gerade im Kampf gegen den unfairen Steuerwettbewerb notwendig sind, solange schädliche Steuerregime noch existieren (dazu unten Kapitel 2 B. II.).

Die grundsätzliche Billigung der CFC-Regelungen durch die EU und die OECD im Rahmen der Arbeiten zum unfairen Steuerwettbewerb lässt zwar einen weit reichenden rechtspolitischen Konsens darüber erkennen, dass solche Regelungen generell notwendig sind, löst aber nicht automatisch die bisweilen eher rechtstechnischen Probleme der Kollision mit internationalen Verpflichtungen im Einzelnen. Zu der Frage, inwiefern dies einen Widerspruch darstellt und wie dieser aufzulösen ist, gibt es bislang nur vereinzelte Überlegungen.[10] Die vorliegende

---

[8] Der deutschen Hinzurechnungsbesteuerung wird darüber hinaus immer wieder vorgeworfen, sie sei derart kompliziert, dass sie weder von den Steuerpflichtigen noch von der Finanzverwaltung zu handhaben sei. Die Fehlerquote bei Bescheiden, die in Anwendung des AStG ergangen sind, wird auf 90% geschätzt, vgl. *Wassermeyer*, IStR 2001, 113, 113 mit Hinweis auf die Einschätzung Runges.

[9] Zur Auffassung des deutschen BMF: *Wolff*, IStR 2001, 440, 440.

[10] *Hey*, National Report Germany, in: Schön, Tax Competition, 253, 272; *Wassermeyer* in: Flick/Wassermeyer/Baumhoff, vor §§ 7-14 AStG, Rz. 81.

Arbeit möchte daher untersuchen, ob und inwiefern die Arbeiten der EU-Arbeitsgruppe und des OECD-Steuerausschusses schon jetzt auf die CFC-Regelungen in Deutschland und Frankreich einwirken und wie diese Mechanismen nebeneinander funktionieren können, zumal sie das Problem der Verlagerung von Kapital in Niedrigsteuerländer und -regime aus unterschiedlichen Blickwinkeln betrachten. Weitergehend liegt die Frage nahe, inwiefern die internationalen Initiativen bei einer von vielen Seiten geforderten grundlegenden Reform der in der Krise befindlichen CFC-Regelungen Deutschlands und Frankreichs eine Rolle spielen könnten, insbesondere im Hinblick auf eine DBA- und gemeinschaftsrechtsverträgliche Ausgestaltung dieser Regelungen. Diese Überlegung berührt die von *Schön* formulierte grundlegende Frage, „ob es auf der Ebene der praktischen Gesetzgebung überhaupt noch möglich ist, einen Rechtsrahmen für die Hinzurechnung von Gewinnen ausländischer Kapitalgesellschaften an Inländer zu bieten, der einerseits den praktischen Bedürfnissen des Fiskus zu dienen vermag und andererseits mit höherrangigem Recht – Verfassungsrecht, Europarecht und doppelbesteuerungsrechtlichem Völkerrecht – konform ist.“[11] Die Frage der Vereinbarkeit mit Verfassungsrecht soll vorliegend nicht behandelt werden. Die Untersuchung konzentriert sich diesbezüglich daher auf den Konflikt zwischen nationalen CFC-Regelungen mit DBA- und Gemeinschaftsrecht, wobei insbesondere auf die Situation in Frankreich eingegangen werden soll.

II. Begriffliche Abgrenzung

Die vorliegende Arbeit beschäftigt sich mit den Regelungen in Deutschland und Frankreich, die speziell gegen die Nutzung der Abschirmwirkung inländisch beherrschter ausländischer Gesellschaften gerichtet sind. Diesen Regelungen ist gemeinsam, dass sie die ausländische Einheit (CFC) als eigenständiges Rechts- und Steuersubjekt akzeptieren, dass sie aber auf die beherrschenden Inländer zugreifen und deren Beteiligung an der CFC zum Anknüpfungspunkt für eine Besteuerung nicht ausgeschütteter Gewinne der ausländischen Gesellschaft machen.[12] Diese Art von Regelungen wird häufig, in Anlehnung an die US-amerikanische Gesetzgebung, als „*Controlled Foreign Company Legislation*“ (oder *Controlled Foreign Corporation Legislation*; kurz: *CFC-Legislation*) bezeichnet. Diese in den meisten länderübergreifenden Betrachtungen gebrauchte

---

[11] *Schön*, DB 2001, 940, 940 f.

[12] *Arnold/McIntyre*, Tax Primer, 88; *Aigner/Scheuerle/Stefaner*, General Report, in: Lang/Aigner/Scheuerle/Stefaner, CFC-Legislation, 13, 17.

Bezeichnung[13] soll auch hier als Oberbegriff für die deutsche Hinzurechnungsbesteuerung nach den §§ 7-14 AStG und die französische Besteuerung nach Art. 209 B des CGI und vergleichbare Regelungen anderer Länder verwendet werden. Durch die Vermeidung des deutschsprachigen Oberbegriffs „Hinzurechnungsbesteuerung" soll insbesondere verhindert werden, dass eine Beurteilung der technischen Wirkungsweise der Regelungen vorweggenommen wird.[14] Die materiellen Bedenken, die insbesondere bei der französischen Regelung gegen eine Bezeichnung als CFC-Regelung sprechen (vgl. dazu Kapitel 3 B. III. 3.) und die sprachlichen Bedenken, die gegen die Verwendung einer angloamerikanischen Bezeichnung sprechen mögen, müssen damit zugunsten der Entscheidung für einen im internationalen Steuerrecht allgemein gebräuchlichen und verständlichen Oberbegriff zurücktreten. Der Begriff „CFC-Regelung" ist daher im Folgenden nicht-technisch zu verstehen und meint die Art der Regelung ihrer Funktionalität nach und nicht etwa (außer natürlich bei konkretem Hinweis in diesem Sinne) speziell die US-amerikanische *Subpart F*-Regelung.

Überschneidungen können sich insbesondere mit dem Begriff der Anti-Missbrauchsregelungen ergeben, denn bei einem weiten Verständnis dieses Begriffs können CFC-Regelungen durchaus darunter fallen, während bei einschränkender Betrachtungsweise die CFC-Regeln gerade die Fälle erfassen sollen, die nicht als Missbrauch zu qualifizieren sind. Zur Bekämpfung des Missbrauchs im engeren Sinne existieren meist eigene Regelungen, die nicht speziell auf Auslandssachverhalte zugeschnitten sind. Diese Mehrdeutigkeit des Missbrauchsbegriffs führt bisweilen zu Unklarheiten und Missverständnissen, so dass jeweils im Einzelfall zu hinterfragen ist, ob der Begriff der Anti-Missbrauchsregelung eng oder weit auszulegen ist. Vorliegend ist insbesondere festzuhalten, dass die Untersuchung sich nicht auf allgemeine Anti-Missbrauchsregeln, etwa die sogenannten *Substance over form*-Regelungen erstreckt.

---

[13] Vgl. nur *OECD*, CFC Legislation; *Fédération des Experts Comptables Européens (FEE)*, Position paper; *Arnold/Dibout*, Generalbericht, in: International Fiscal Association, CDFI Vol. LXXXVIb (2001), 167 ff; *Sandler*, Tax Treaties; *Aigner*, SWI 2002, 407 ff.; *Dibout*, Drt. fisc. 2002, n° 36, 1133, 1135; *Austry*, BDCF 2003, n° 10, 13, 14; *Acard*, Banque et Droit 2002, n° 84, 56, 59 ; *Stefaner*, SWI 2002, 415, 415; *Wassermeyer* in: Flick/ Wassermeyer/Baumhoff, vor §§ 7-14 AStG, Rz. 40 und 81; *Kaufmann*, SWI 2001, 16 ff; *Hintzen*, Zwischenholding, 84 (Fn. 609); *Arnold*, CFC.

[14] Vor der Verwendung nationaler Systembegriffe beim Vergleich von Regelungen verschiedener Länder warnen etwa *Zweigert/Kötz*, Rechtsvergleichung, 33 ff.

III. Untersuchungsplan

Nach einer kurzen Einführung in die Grundproblematik des unfairen Steuerwettbewerbs und der Darstellung und Einordnung der Maßnahmen der OECD und der EU (Kapitel 2) werden die nationalen CFC-Regelungen in Deutschland und Frankreich anhand der Erläuterung ihrer wesentlichen Merkmale und Funktionsweisen gegenübergestellt (Kapitel 3). Anschließend wird unter Auswertung der einschlägigen Rechtsprechung und Literatur untersucht, welche Unvereinbarkeiten sich bezüglich der deutschen und der französischen Regelung im Hinblick auf Doppelbesteuerungsabkommen einerseits und im Hinblick auf Gemeinschaftsrecht, insbesondere die Grundfreiheiten, andererseits ergeben (Kapitel 4). Schließlich werden die Ansätze der EU und der OECD daraufhin untersucht, inwiefern die dort entwickelten Kriterien einen Beitrag zur Lösung der festgestellten Inkompatibilitäten und eventuell darüber hinaus zur effizienteren Ausgestaltung der nationalen Abwehrgesetzgebung leisten können (Kapitel 5).

Kapitel 2: Maßnahmen der EU und der OECD zum unfairen Steuerwettbewerb

Die internationalen Initiativen zum unfairen Steuerwettbewerb (dazu unter A.) stellen ein koordiniertes Vorgehen der beteiligten Staaten gegen ein Problem dar, das sich schon seit geraumer Zeit entwickelt hat. Es ist daher nicht verwunderlich, dass die Probleme des unfairen Steuerwettbewerbs teilweise durch bereits bestehende gemeinschaftsrechtliche und einzelstaatliche Instrumente angesprochen werden. Es stellt sich daher die Frage nach dem Verhältnis dieser Maßnahmen zueinander (dazu unter B.).

A. Entwicklung der Maßnahmen zur Bekämpfung des unfairen Steuerwettbewerbs

Nachdem die Existenz des Steuerwettbewerbs zwischen den Staaten heute eine weitgehend anerkannte Erscheinung ist, stellt sich in erster Linie die Frage, in welchem Maße dieser Wettbewerb erwünscht ist und wo die Schwelle zum schädlichen Steuerwettbewerb liegt (dazu unter I.). Diese Frage zu beantworten ist ein wesentliches Anliegen der etwa zeitgleich ins Leben gerufenen Initiativen der EU (dazu unter II.) und der OECD (dazu unter III.) zum unfairen Steuerwettbewerb, die von ihren Rahmenbedingungen her zwar unterschiedlich, im Ansatzpunkt aber durchaus ähnlich sind (dazu unter IV.).

I. Erwünschter und unerwünschter Steuerwettbewerb

Zur Frage des internationalen Steuerwettbewerbs existieren bereits zahlreiche, vielfach finanzwissenschaftliche Untersuchungen.[15] Es ist daher auch nicht das Anliegen dieser Arbeit, der grundsätzlichen Frage nachzugehen, inwiefern sich der Wettbewerbsgedanke überhaupt auf das Verhältnis zwischen Staaten über-

---

[15] Z.B.: *Hohaus*, Steuerwettbewerb; *Gerken/Märkt/Schick*, Steuerwettbewerb; *Schön*, Wettbewerb, in: Pelka, DStJG 23 (2000), 191 ff; *Steichen*, Leviathan, in: Schön, Tax Competition, 43 ff; *Schön*, General Report, in: Schön, Tax Competition, 1 ff; *Pinto*, Tax Competition; *Feld*, Steuerwettbewerb; *Genschel*, Steuerharmonisierung; *Lausterer*, IStR 1997, 486 ff; *Selling*, IStR 2000, 225 ff. In den Vereinigten Staaten wurde das Problem des Steuerwettbewerbs schon früher diskutiert, so dass sehr häufig auch amerikanische Untersuchungen herangezogen werden, vgl. *Lehner*, StuW 1998, 159 ff m.w.N.; *Field*, TNI 2003, vol. 29, n° 13, 1235 ff..

tragen lässt[16] und ob und inwieweit sich die nationalen Besteuerungsunterschiede auf die Standortwahl der Unternehmen auswirken. Weitgehende Einigkeit herrscht in dieser Frage insbesondere darüber, dass die Besteuerung einen für die Unternehmen wichtigen Standortfaktor darstellt, dass sie aber in der Regel nicht allein entscheidend für die Standortwahl ist.[17] Daneben spielen insbesondere Fragen wie z.B. die lokale Infrastruktur, die politische Stabilität und die Ausbildungsstandards der Arbeitskräfte vor Ort eine entscheidende Rolle. Das Gewicht dieser letzten Kriterien ist jedoch vergleichsweise gering, wenn in einem anderen Staat eine Gesellschaft gegründet wird, die nicht Produktions- oder auch Dienstleistungstätigkeiten nachgeht, sondern die der Kapitalverwaltung dient.[18] Zudem findet innerhalb des europäischen Binnenmarktes hinsichtlich dieser Kriterien eine Angleichung statt,[19] so dass insbesondere bei der Investition in „passiv" tätige Gesellschaften im Binnenmarkt das Kriterium der Steuerbelastung ein vergleichsweise großes Gewicht bekommt.[20] So wird zu Bedenken gegeben, dass beispielsweise Holdinggesellschaften gar keine teure Infrastruktur benötigen, so dass dieses Kriterium für ihre Standortwahl naturgemäß weniger wichtig ist, als das Kriterium der Steuerbelastung.[21] Auch im Bereich des E-commerce ist die Standortwahl weniger von den klassischen „natürlichen" Standortfaktoren abhängig, so dass ein bestehendes Steuergefälle vergleichsweise leicht genutzt werden kann.[22]

---

16 Zur Vergleichbarkeit des Steuerwettbewerbs der Staaten mit dem Preiswettbewerb der Unternehmen z.B. *Gerken/Märkt/Schick*, Steuerwettbewerb, 151 ff. m.w.N.; kritisch hinsichtlich der Selbstregulierungsfähigkeit des staatlichen Steuerwettbewerbs z.B. *Musgrave/Musgrave*, Coordination, in: McLure/Sinn/Musgrave/Frey/Vogel, Influence, 59, 70: „The analogy to competition in the private sector is an optical illusion."

17 *Europäische Kommission*, Mitteilung SEK (92) 1118 endg., BR-Drucks. 540/92, Tz. 13 und 20.3. So z.B. auch die Zusammenfassung der Ergebnisse mehrerer Studien über den Einfluss der Besteuerung auf die Standortwahl von Unternehmen bei *Pinto*, Tax Competition, 29. Demnach spielt die Steuerbelastung erst im zweiten Stadium der Überlegungen zur Standortwahl (sog. *micro-location*) eine bedeutende Rolle, nachdem aufgrund der anderen politischen, wirtschaftlichen und sozialen Kriterien bereits eine Vorauswahl möglicher Standorte (sog. *macro-location*) getroffen wurde.

18 So auch *Pinto*, Tax Competition, 30.

19 *Hohaus*, Steuerwettbewerb, 28; *Pinto*, Tax Competition, 30; *Bräuning*, Financial Times Deutschland v. 14.5.2004, 34.

20 *Pinto*, Tax Competition, 52. Insbesondere die mit der Wirtschafts- und Währungsunion verbundene größere Transparenz und Angleichung gibt der unterschiedlichen Steuerbelastung ein zunehmendes Gewicht bei der Standortwahl, *Klaver/Timmermans*, ec tax review 1999, vol. 3, 185, 185 f; *Cardani*, Taxation, in: Breuninger, FS Rädler, 113, 122; *Europäische Kommission*, Unternehmensbesteuerung im Binnenmarkt, COM (2001) 582 endg., 74.

21 *Lang*, Harmonisierung, in: Klein, FS Flick, 873, 887.

22 *Kessler*, Grundlagen, in: Herzig/Günkel/Niemann, StbJb. 1998/99, 333, 345 f.

Mit der Erkenntnis, dass die Steuerbelastung sich auf die Standortentscheidungen der Unternehmen auswirkt, stellt sich die Frage, ob der dadurch entstehende Wettbewerb der Staaten um die Besteuerungsgrundlage nützlich oder schädlich ist und ob, letzterenfalls, in diesen Wettbewerb eingegriffen werden sollte. Die positiven und negativen Aspekte des zwischenstaatlichen (horizontalen) Steuerwettbewerbs sind bereits vielfach besprochen worden[23] und sollen daher nachfolgend nur kurz zusammengefasst werden. Für den Steuerwettbewerb spricht insbesondere die Disziplinierungsfunktion, die der Wettbewerb auf die staatlichen Führungen ausübt.[24] In diesem Zusammenhang wird häufig das ursprünglich auf Hobbes[25] zurückgehende Bild des sogenannten Leviathan-Staates bemüht. Der Staat ist demnach nicht allein am Wohl der ihm unterworfenen Bürger interessiert, sondern an der Aufkommensmaximierung zu seinen eigenen Gunsten und der Wettbewerb zwischen den Staaten wird daher in seiner disziplinierenden Funktion als ein Beitrag zur „Zähmung des Leviathan"[26] gesehen.[27] Der Steuerwettbewerb kann nach dieser Auffassung dazu beitragen, ein vernünftiges Gleichgewicht zwischen den angebotenen staatlichen Leistungen und dem Besteuerungsniveau herzustellen und es wird vielfach davon ausgegangen, dass der Steuerwettbewerb insgesamt zu einer verbesserten Effizienz der öffentlichen Verwaltung führt.[28] Langfristig wird zudem damit gerechnet, dass der Wettbewerb durch seine regulierenden Eigenschaften insgesamt zu einer Senkung der Steuerbelastung für die Unternehmen führt, was etwa innerhalb der EU für erforderlich gehalten wird, um gegenüber anderen großen Märkten (USA, Asien) konkurrenzfähig zu bleiben.[29] Insbesondere aus der Sicht kleinerer Staaten wird der Steuerwettbewerb zudem oftmals als notwendig betrachtet, da diese Staaten durch ein attraktives Besteuerungssystem anderweitige „natürliche" Standortnachteile – etwa einen verhältnismäßig kleinen Markt oder eine relativ schlecht ausgebildete Infrastruktur – ausgleichen können.[30]

---

23 Vgl. Fußnote 15 sowie, insbesondere zum Diskussionsstand in der deutschen Literatur *Hey*, National Report Germany, in: Schön, Tax Competition, 253, 245 ff.

24 *Klaver/Timmermans*, ec tax review 1999, vol. 3, 185, 186.

25 *Hobbes*, Thomas: Leviathan or the matter, forme and power of a commonwealth ecclesiasticall and civil (1651), Oakshott, Michael (Hrsg.), New York/London 1962.

26 So der Titel des Beitrags von *Steichen*, Leviathan, in: Schön, Tax Competition, 43 ff.

27 *Avi-Yonah*, Harvard Law Review 2000, vol. 113, n° 7, 1573, 1614 m.w.N..

28 *Ault*, Tax Competition, in: Kirchhof/Lehner/Raupach/Rodi, FS Vogel, 1117, 1118; *Pinto*, Tax Competition, 51 und 372; *Klaver/Timmermans*, ec tax review 1999, vol. 3, 185, 187. A.A. *Hey*, Harmonisierung, 103.

29 *Hey*, Harmonisierung, 104.

30 *Klaver/Timmermans*, ec tax review 1999, vol. 3, 185 ff; *Ellis*, ET 2000, vol. 40, n° 9, 414, 416; *Pinto*, Tax Competition, 39; *Schön*, General Report, in: Schön, Tax Competition, 1, 16 f m.w.N.. *Herzig*, Harmonisierung, in: Lehner, DStJG 19 (1996), 121, 131 f kommt zu dem Schluss, dass bei Betrachtung sämtlicher Standortmerkmale die Höhe der Steuerbelastung eher einen ausgleichenden als einen verzerrenden Effekt hat und daher Wettbe-

Gegen den Steuerwettbewerb spricht auf der anderen Seite, dass er langfristig zu einer Abwanderung insbesondere des mobilen Kapitals in Niedrigsteuerländer und somit zu einer Erosion der Besteuerungsbasis der anderen Staaten führt, die damit zur Deckung ihres (unveränderten) Finanzbedarfs auf die verstärkte Besteuerung der weniger mobilen Faktoren (insbesondere Arbeit) zurückgreifen müssen.[31] Als negativ und schädlich wird eine Steuervergünstigung insbesondere dann angesehen, wenn sie erkennbar darauf abzielt, durch das Abwerben von Unternehmen die Besteuerungsgrundlage eines anderen Staates anzugreifen (sog. *beggar-thy-neighbour policy*).[32] Gleichzeitig besteht die Gefahr, dass die Staaten in ein für ihre Haushalte und folglich für den Wohlfahrtsstaat ruinöses gegenseitiges Unterbieten insbesondere hinsichtlich der Körperschaftsteuersätze eintreten (sog. *race to the bottom*).[33] Daneben führen Steuervergünstigungen oder ganz allgemein steuerliche Unterschiede unter Umständen zu Fehlallokationen von Kapital und Wirtschaftsgütern, wenn eine Allokationsentscheidung allein oder maßgeblich von steuerlichen Erwägungen geprägt ist.[34]

Aufgrund der volkswirtschaftlichen Gefahren, die von einem unkontrollierten steuerlichen Wettbewerb zwischen den Staaten ausgehen können, wurde in der zweiten Hälfte der 1990er Jahre sowohl auf EU- als auch auf OECD-Ebene beschlossen, gegen den als schädlich betrachteten internationalen Steuerwettbewerb vorzugehen, ohne dabei jedoch jeglichen steuerlichen Wettbewerb zu verhindern. Dazu mussten einerseits Kriterien entwickelt werden, anhand derer der schädliche vom wünschenswerten Steuerwettbewerb unterschieden werden konnte und in einem nächsten Schritt mussten mit Hilfe dieser Kriterien die als schädlich einzustufenden Steuerregime identifiziert werden. Die Entwicklung der Arbeit der EU und der OECD im Hinblick auf die Identifizierung des unfairen Steuerwettbewerbs soll nachfolgend kurz nachgezeichnet werden.

---

werbsverzerrungen sogar vermeidet. Für die Frage, ob Besteuerungsunterschiede eine Wettbewerbsverzerrung bewirken, kommt es demnach auf die Betrachtungsweise an. Kritisch insofern auch *Ellis*, ET 1999, vol. 39, n° 3, 78, 79; *Ellis*, ET 2000, vol. 40, n° 9, 414, 415.

[31] Vgl. die Beobachtung bei *Cardani*, Taxation, in: Breuninger, FS Rädler, 113, 118, dass in der Vergangenheit die Besteuerung des Produktionsfaktors Arbeit zugenommen hat, während die Besteuerung der anderen Faktoren abgenommen hat.

[32] *BMF*, Kapitaleinkommensbesteuerung, 29.

[33] *Ault*, Tax Competition, in: Kirchhof/Lehner/Raupach/Rodi, FS Vogel, 1117, 1118; *Klaver/Timmermans*, ec tax review 1999, vol. 3, 185, 187.

[34] *Europäische Kommission*, Mitteilung SEK (92) 1118 endg., BR-Drucks. 540/92, Tz. 7; *Pinto*, Tax Competition, 12; *Cardani*, Taxation, in: Breuninger, FS Rädler, 113, 118.

II. Der Verhaltenskodex der EU

Einen ersten „Meilenstein“[35] auf dem Gebiet der Untersuchung des unfairen Steuerwettbewerbs in der EU stellt der Ruding-Bericht[36] aus dem Jahr 1992 dar. Zwar wurden bekanntlich nur wenige der darin festgehaltenen und teilweise sehr weit gehenden Empfehlungen umgesetzt,[37] dennoch bilden die dem Bericht zugrunde liegenden Untersuchungen und Empfehlungen eine wichtige Grundlage für die weiteren Arbeiten der Kommission zum unfairen Steuerwettbewerb. In dem Bericht wurde die Bedeutung der Steuerbelastung für unternehmerische Standortentscheidungen, insbesondere bei mobilen Aktivitäten, herausgestellt und die Feststellung getroffen, dass aus den Besteuerungsunterschieden – sowohl was den Steuersatz, als auch was die Bemessungsgrundlage betrifft – eine Wettbewerbsverzerrung zwischen den Mitgliedstaaten resultiert, die sich nur teilweise von selbst reguliert.[38] Auch die wettbewerbsverzerrende Wirkung spezieller Steueranreize wurde betont und die Kommission dazu aufgefordert, bei der Genehmigung von steuerlichen Anreizen als staatliche Beihilfen künftig strengere Maßstäbe anzulegen.[39] Der Ruding-Bericht und vor allem die Reaktion auf die darin enthaltenen Vorschläge verdeutlichen die mit dem Vertrag von Maastricht vorgenommene Weichenstellung der EU: Vor dem Hintergrund des

---

35 So *Pinto*, Tax Competition, 32.

36 Report of the Committee of Independent Experts on Company Taxation, Commission of the European Communities, Office for Official Publications of the European Communities, Brussels/Luxemburg 1992, sog. „Ruding-Report“. Eine auszugsweise deutsche Übersetzung findet sich in DB 1992, Beilage 5 (zu Heft 16). Erste Ansätze zur Harmonisierung der Unternehmensbesteuerung finden sich bereits im Bericht des Steuer- und Finanzausschusses der Kommission aus dem Jahr 1962 (Neumark-Bericht). Dazu und auch zu den weiteren vor dem Ruding-Bericht entstandenen Arbeiten und Vorschlägen zur Harmonisierung der Unternehmensbesteuerung in der Gemeinschaft: *Hey*, Harmonisierung, 67 ff.

37 Die Kommission hat in ihrer Mitteilung (*Europäische Kommission*, Mitteilung SEK (92) 1118 endg., BR-Drucks. 540/92) deutlich gemacht, dass sie nicht immer die im Ruding-Bericht dargelegte Auffassung teilt (Tz. 3) und dass sich im Hinblick auf den Grundsatz der Subsidiarität das gemeinschaftliche Vorgehen auf das für das Funktionieren des Binnenmarktes unerlässliche Mindestmaß beschränken sollte (Tz. 20.2). Zur allgemeinen Zurückhaltung gegenüber den Harmonisierungvorschlägen des Ruding-Berichts s. auch *Genschel*, Steuerharmonisierung, 218; *Blumenberg*, Beihilfen, in: Grotherr, Handbuch, 1787, 1809.

38 *Europäische Kommission*, Mitteilung SEK (92) 1118 endg., BR-Drucks. 540/92, Tz. 7; dazu *Pinto*, Tax Competition, 34 f. Kritisch bezüglich der isolierten Betrachtung der Steuerbelastung äußert sich *Herzig*, Harmonisierung, in: Lehner, DStJG 19 (1996), 121, 128 f (s. auch Fn. 30). Ebenfalls kritisch (aus niederländischer Sicht): *Klaver/Timmermans*, ec tax review 1999, vol. 3, 185, 187 f. Die Autoren sehen in der Einschränkung des Steuerwettbewerbs den Versuch der größeren EU-Staaten (namentlich Deutschlands und Frankreichs), ihre eigenen Standortvorteile zu sichern.

39 *Europäische Kommission*, Mitteilung SEK (92) 1118 endg., BR-Drucks. 540/92, Tz. 53.

Subsidiaritätsprinzips soll die Steuerharmonisierung nur noch dort angestrebt werden, wo aus steuerlichen Unterschieden Wettbewerbsverzerrungen resultieren, die eine Harmonisierung für das Funktionieren des Binnenmarktes notwendig erscheinen lassen.[40] Oder, wie ein Autor es ausdrückt: „The elimination of harmful tax competition is what is left of the objective of tax harmonisation, after its erosion by the principle of subsidiarity."[41]

Auf der Grundlage eines durch den Binnenmarktkommissar Mario Monti angeregten Diskussionspapiers der Kommission[42] wurde auf der informellen Tagung der Wirtschafts- und Finanzminister in Verona im April 1996 die Frage der Bekämpfung des internationalen Steuerwettbewerbs erneut aufgegriffen. Das Diskussionspapier spricht die Gefahren an, die sich für die Mitgliedstaaten daraus ergeben, dass die Besteuerung mobiler Faktoren zunehmend schwieriger und wettbewerbsintensiver wird und dass die daraus folgende stärkere Besteuerung des Faktors Arbeit den Zielen der Beschäftigungspolitik widerspricht. Betont wird insbesondere die Notwendigkeit eines koordinierten Vorgehens der Mitgliedstaaten gegen diese Problematik (Global- oder Gesamtkonzept). Die Mitgliedstaaten hatten zu diesem Zeitpunkt erkannt, dass ein Mindestmaß an Abstimmung im steuerlichen Bereich notwendig sei, um weiterhin die einzelstaatliche Souveränität zu gewährleisten, die in diesem Bereich aufgrund des steuerlichen Wettbewerbsdrucks zunehmend gefährdet war.[43]

Die dadurch angestoßene Diskussion führte am 1.12.1997 zur Annahme des von der Kommission vorgeschlagenen „Maßnahmenpakets zur Bekämpfung des unfairen Steuerwettbewerbs in der Europäischen Union"[44], dessen Bestandteil der an die Mitgliedstaaten gerichtete Verhaltenskodex für die Unternehmensbesteuerung[45] ist, durch den Rat.[46] Darin verpflichten sich die Mitgliedstaaten, keine neuen schädlichen Steuerregelungen einzuführen (Stillhalteverpflichtung, *standstill*) sowie die als schädlich betrachteten bestehenden Steuerregelungen abzubauen (Rücknahmeverpflichtung, *rollback*). Dieser Verhaltenskodex wurde vom

---

40 *Hey*, Harmonisierung, 79 f; *Gerken/Märkt/Schick*, Steuerwettbewerb, 89; *Jacobs*, Internationale Unternehmensbesteuerung, 97.

41 *Malherbe*, Financial Centres, in: Kirchhof/Lehner/Raupach/Rodi, FS Vogel, 1125, 1128.

42 Es handelt sich dabei um das sog. Monti-Memorandum: *Europäische Kommission*, SEK (96) 487 endg..

43 *Schön*, Wettbewerb, in: Pelka, DStJG 23 (2000), 191, 206.

44 Schlussfolgerungen des Rates "Wirtschafts- und Finanzfragen" vom 1. Dezember 1997 zur Steuerpolitik, ABl. EG v. 6.1.1998, C 2/1.

45 Der Verhaltenskodex ist in Anhang I der Schlussfolgerungen (Fn. 44) enthalten. Die beiden anderen Bestandteile des Maßnahmenpakets betreffen die Quellenbesteuerung von Zins- und Lizenzzahlungen zwischen verbundenen Unternehmen und die Besteuerung von Zinserträgen.

46 S. dazu *Monti*, ec tax review 1998, n° 1, 2 f.

Rat als Entschließung verabschiedet, so dass er für die Mitgliedstaaten und die Organe der EU rechtlich nicht bindend ist und auch keine subjektiven Rechte begründet.[47] Vielmehr handelt es sich um eine politische Selbstverpflichtung der Staaten,[48] deren Einhaltung durch das Instrument der gegenseitigen Überprüfung („*Peer Review*") gewährleistet werden soll. Obgleich das gesamte Steuerpaket erst Jahre später formell verabschiedet werden sollte (s.u.), wurde mit der Umsetzung des Verhaltenskodex sofort begonnen.

Die hierzu gemäß Buchstabe H des Verhaltenskodex eingesetzte „Arbeitsgruppe Verhaltenskodex"[49] unter dem Vorsitz der Leiterin des Schatzamtes des Vereinigten Königreichs, Ms. *Dawn Primarolo*, erstellte anhand der in Buchstabe B des Verhaltenskodex festgelegten Kriterien (dazu im Einzelnen unter Kapitel 5 A. I.) einen Bericht über die Steuerregime der Mitgliedstaaten, die als schädlich einzustufen sind.[50] Von den 271 untersuchten Steuerregelungen wurden 66 als positiv - also schädlich - eingestuft. Den Bericht hat der Rat auf seiner Tagung vom 28.2.2000 zur Kenntnis genommen und der Öffentlichkeit zugänglich gemacht, ohne inhaltlich dazu Stellung zu nehmen, so dass der Bericht nicht die Rechtsqualität einer Ratsentscheidung hat.[51] Der ECOFIN-Rat vom 26. und 27.11.2000 legte dann einen Zeitplan für die Rücknahmeverpflichtung vor.[52]

---

[47] Es geht bereits aus dem Erwägungsgründen des Verhaltenskodex hervor, „dass der Verhaltenskodex eine politische Verpflichtung darstellt und somit die Rechte und Pflichten der Mitgliedstaaten [...] wie sie sich aus dem Vertrag ergeben nicht berührt." (Schlussfolgerungen des Rates "Wirtschafts- und Finanzfragen" vom 1. Dezember 1997 zur Steuerpolitik, ABl. EG v. 6.1.1998, C 2/3). S. dazu auch *BMF*, Kapitaleinkommensbesteuerung, 29; *Cardani*, Taxation, in: Breuninger, FS Rädler, 113, 122; *Blumenberg/Lausterer*, Beihilfen, in: Breuninger, FS Rädler, 1, 31 f; *Genschel*, Steuerharmonisierung, 222; *Pinto*, Tax Competition, 199 f spricht von EG-rechtlichem „*soft law*"; *Avi-Yonah*, Harvard Law Review 2000, vol. 113, n° 7, 1573, 1652. *Blumenberg*, Beihilfen, in: Grotherr, Handbuch, 1787, 1812 f bezeichnet den Verhaltenskodex als ein „Instrument sui generis", da die Form der Entschließung nicht im EG-Vertrag vorgesehen ist. Ähnlich o. V., Drt. fisc. 2000, n° 16, 657, 661 f. *David*, RIDE 1999, n° 3, 309, 311 zieht den Vergleich zu einem früheren EG-Verhaltenskodex (zu Auskunfts- und Informationsansprüchen), den der EuGH als rechtlich unverbindlich bezeichnet hatte.

[48] *Thömmes*, DB 2001, 775, 777; *Gratt*, SWI 2003, 132, 132.

[49] Schlussfolgerungen des Rates vom 9. März 1998 zur Einsetzung der Gruppe "Verhaltenskodex" (Unternehmensbesteuerung), ABl. EG v. 1.4.1998, C 99/1.

[50] Bericht der Gruppe "Verhaltenskodex" (Unternehmensbesteuerung) an den ECOFIN-Rat (29.11.1999).

[51] O. V., Drt. fisc. 2000, n° 16, 657, 662.

[52] Dazu *Gratt*, SWI 2003, 132, 133; *Mors*, EU Perspective, in: Schön, Tax Competition, 133, 142 f.

Demnach sollen bestehende schädliche Maßnahmen in der Regel[53] bis spätestens Ende 2005 auslaufen, auch wenn die Begünstigung gegenüber dem jeweiligen Unternehmen für einen längeren Zeitraum vereinbart worden war. Neue Begünstigungen sollten, vom Fall der für längere Zeit genehmigten staatlichen Beihilfen abgesehen, nach 2001 nicht mehr gewährt werden, jedenfalls aber nach Ende 2002 nicht mehr angewendet werden.[54]

Die formelle Verabschiedung des Steuerpakets erfolgte wegen der Verzögerungen insbesondere bei den Verhandlungen zur Zinsrichtlinie erst am 3.6.2003. Zu diesem Zeitpunkt waren die 66 im ersten *Primarolo*-Bericht als schädlich identifizierten Regelungen weitgehend abgeschafft oder angepasst worden,[55] die Einhaltung der Stillhalteverpflichtung wird laufend überprüft.

III. Der Bericht des OECD-Steuerausschusses

Im Mai 1996 beauftragte der Ministerrat der OECD die Organisation damit, Maßnahmen zur Bekämpfung der schädlichen Auswirkungen des Steuerwettbewerbs zu entwickeln und darüber einen Bericht zu erstellen. Diese Initiative beruhte auf der Erkenntnis, dass einzelstaatliche Maßnahmen gegen die Erosion der Besteuerungsbasis in einer zunehmend globalisierten Wirtschaft nicht mehr ausreichend sind und dass daher ein gemeinsames Vorgehen erforderlich ist.[56] Der unter der Leitung Frankreichs und Japans[57] erstellte Bericht mit dem Titel „Harmful Tax Competition – An Emerging Global Issue"[58] wurde vom OECD-Rat mit Ausnahme der Stimmen der Schweiz und Luxemburgs[59] angenommen und den Ministern am 27./28.4.1998 vorgestellt. Die Untersuchung beschränkt sich auf Steueranreize für mobile Aktivitäten wie Finanzierungstätigkeiten und

---

[53] Einzelne Regelungen Belgiens (Koordinierungszentren), Irlands (Auslandseinkünfte), Luxemburgs (Holding 1929), der Niederlande (Internationale Finanzierungstätigkeiten) und Portugals (Freizone Madeira) wurden später bis Ende 2010, bzw. (für Portugal) Ende 2011 verlängert, vgl. Protokoll der Tagung des Rates (Wirtschaft und Finanzen) am 21.1.2003 in Brüssel, Dok. 5506/03 (Presse 15); s. auch *Baumgartner*, IFF 2003, 109, 115.

[54] Beratungsergebnisse des Rates (Wirtschaft und Finanzen) vom 26. und 27.11.2000, Dok. 13898/00 FISC 207.

[55] Die Übergangszeit für bestehende Begünstigungen läuft jedoch noch bis Ende 2005 bzw. vereinzelt bis Ende 2010/2011 (s.o.).

[56] *Eimermann*, IStR 2001, 81, 81.

[57] *Avi-Yonah*, Harvard Law Review 2000, vol. 113, n° 7, 1573, 1657; Réponse Sarre, JO AN vom 26.4.1999, 2497.

[58] Nachfolgend: *OECD*, Bericht 1998.

[59] Luxemburg und die Schweiz haben sich allerdings darauf beschränkt, sich zu enthalten, anstatt ein Veto gegen den Bericht einzulegen, dazu *Avi-Yonah*, Harvard Law Review 2000, vol. 113, n° 7, 1573, 1662.

Dienstleistungen in Mitgliedstaaten und Drittstaaten.[60] Der – rechtlich nicht bindende[61] – Bericht enthält neben einer einführenden Darstellung des Problems des unfairen Steuerwettbewerbs eine Liste der Kriterien, anhand derer unfaire Steuerregelungen zu identifizieren sind (näher dazu in Kapitel 5 A. II. und III.). Diese sind unterteilt in Vorzugsregelungen (*preferential tax regimes*) in Staaten mit ansonsten weitgehend normalem Steuerniveau einerseits und Steueroasen (*tax havens*), in der Regel Nichtmitgliedstaaten, mit generell niedrigem Steuerniveau andererseits.[62] Abschließend werden 19 Empfehlungen (*recommendations*) an die Mitgliedstaaten gegeben,[63] wie sie durch unilaterale (z.B. CFC-Regelungen), bilaterale (DBA) und multilaterale Maßnahmen gegen den unfairen Steuerwettbewerb vorgehen können, sowie (in Empfehlung Nr. 15) Richtlinien (*guidelines*) für die Beseitigung schädlicher Steuerregelungen. Die Richtlinien legen den Mitgliedstaaten nahe, keine neuen schädlichen Steuerregelungen einzuführen, bestehende Regelungen auf ihre Schädlichkeit hin zu untersuchen und, sofern sich eine Regelung als potentiell schädlich erweist, dies dem dafür einzusetzenden Forum zu berichten und die Regelung innerhalb von fünf Jahren (d.h. bis April 2003 bzw. bis spätestens mit Ablauf der Vertrauensschutzfrist Ende 2005) abzuschaffen.[64]

Zur Umsetzung der im Bericht festgehaltenen Empfehlungen wurde gemäß dem Bericht im Jahr 1998 ein „Forum on Harmful Tax Practices“[65] ins Leben gerufen. Dieses Forum legte im Jahr 2000 den ersten Fortschrittsbericht mit dem Titel „Towards Global Tax Co-operation“[66] vor, der insbesondere eine Liste der bis dahin durch das Forum als potentiell schädlich identifizierten Steuerregelungen der Mitgliedstaaten enthält. Dabei handelt es sich um 47 mitgliedstaatliche Vorzugsregelungen in neun verschiedenen Kategorien[67] und 35 Steueroasen. Holdingregelungen, die im Rahmen der Vorzugsregelungen hätten geprüft wer-

---

60 Zur Problematik dieser Selbstbeschränkung vgl. *Avi-Yonah*, Harvard Law Review 2000, vol. 113, n° 7, 1573, 1663.

61 *Ault*, Tax Competition, in: Kirchhof/Lehner/Raupach/Rodi, FS Vogel, 1117, 1120; *Arnold/Dibout*, Generalbericht, in: International Fiscal Association, CDFI Vol. LXXXVIb (2001), 167, 245.

62 Kritisch zu dieser Unterscheidung *Easson*, TNI 2004, vol. 34, n° 10, 1037, 1069.

63 *OECD*, Bericht 1998, 67 ff.

64 *OECD*, Bericht 1998, 70 (15. Empfehlung).

65 Das „Forum on Harmful Tax Practices“ ist ein Unterausschuss des Steuerausschusses, an dem alle Mitgliedstaaten beteiligt sind. Es berichtet an den Steuerausschuss, der seinerseits an den Rat berichtet, vgl. *OECD*, Bericht 1998, 54 f.

66 Nachfolgend: *OECD*, Bericht 2000. Dazu o. V., Drt. fisc. 2000, n° 37, 1153 ff.

67 Versicherung, Finanzierung und Leasing, Fondsmanager, Bankwesen, Konzernzentralen, Vertriebszentren, Servicezentren, Schifffahrtswesen und sonstige Aktivitäten.

den können, wurden wegen der hohen Komplexität dieser Frage einer späteren Untersuchung vorbehalten.[68]

Der zweite Fortschrittsbericht aus dem Jahr 2001[69] zeigt eine deutlich zurückhaltendere Herangehensweise der OECD insbesondere hinsichtlich der verbleibenden sogenannten „unkooperativen Steueroasen".[70] Zwölf der 35 im Bericht 2000 aufgelisteten Steueroasen hatten sich bereits verpflichtet, mit der OECD zusammenzuarbeiten. Den übrigen Steueroasen wurde in dem Bericht 2001 eine verlängerte Frist für die Erklärung zum Abbau schädlicher Steuerregelungen eingeräumt.[71] Vor allem aber wurde eines der Kriterien zur Identifizierung von Steueroasen fallengelassen. Die Tatsache, dass ein Steuerpflichtiger keine reelle Aktivität entfaltet, sollte nun nicht mehr zur Annahme einer Steueroasenregelung führen.[72] Hinsichtlich der Steueroasen konzentriert sich der Bericht 2001 daher auf die Kriterien der mangelnden Transparenz und des fehlenden Informationsaustausches.[73] Belgien und Portugal haben sich bei der Abstimmung über diesen Bericht ebenso wie Luxemburg und die Schweiz enthalten.[74]

Nach Ablauf der auf Ende Februar 2002 verlängerten Frist[75] wurde im April 2002 die aktualisierte, nur noch aus sieben Ländern bestehende Liste der unkooperativen Steueroasen herausgegeben.[76] Viele der Länder, die bis dahin auf der Liste gestanden hatten, entschlossen sich kurz vor bzw. sogar erst kurz nach Ablauf der Frist zur Zusammenarbeit mit der OECD, was teilweise darauf zurückgeführt wird, dass die OECD, um ein Scheitern des Projekts zu verhindern, die-

---

68 Es wurden jedoch 13 Länder aufgezählt, deren Holdingregelungen zu untersuchen sein würden. Deutschland und Frankreich gehörten dazu. *OECD*, Bericht 2000, 15 (Nr. 12); vgl. auch *Eimermann*, IStR 2001, 81, 83.

69 Nachfolgend: *OECD*, Bericht 2001.

70 Grund dieser Neuorientierung war unter anderem der mit dem Regierungswechsel in den USA verbundene politische Richtungswechsel, *Baumgartner*, IFF 2003, 109, 112; *Pinto*, Tax Competition, 281 ff und 284 ff; *Easson*, TNI 2004, vol. 34, n° 10, 1037, 1059 ff.

71 *OECD*, Bericht 2001, 10 (Nr. 31 ff). Die Änderung hinsichtlich der Fristen trägt insbesondere den Bedenken der Steueroasen Rechnung, ihnen gegenüber würden Abwehrmaßnahmen früher eingreifen, als gegenüber den Mitgliedstaaten, die steuerliche Vorzugsregelungen anwenden (Nr. 32).

72 *OECD*, Bericht 2001, 10 (Nr. 27).

73 *Pinto*, Tax Competition, 283.

74 Zu der Kritik aus diesen Staaten im Einzelnen: *Pinto*, Tax Competition, 284.

75 *OECD*, Bericht 2001, 10 (Nr. 33).

76 Dazu das Interview mit Jeffery Owens (OECD) bei *Goulder*, TNI 2002, vol. 26, n° 4, 375; *Eimermann*, IStR 2002, Länderbericht Heft 11, 1 f; *Arnold/McIntyre*, Tax Primer, 140. Bei den sieben Ländern handelt es sich um Andorra, Liechtenstein, Liberia, Monaco, die Marshall Islands, Nauru und Vanuatu.

sen Ländern noch weiter entgegenkam, als dies im Bericht 2001 bereits geschehen war.[77]

Im März 2004 wurde ein weiterer Fortschrittsbericht veröffentlicht.[78] Er enthält insbesondere die Ergebnisse der anhand des Anwendungsschreibens (*Application Note*)[79] vorgenommenen Untersuchungen der Vorzugsregelungen der Mitgliedstaaten. Untersucht wurden die 47 im Bericht 2000 als potentiell schädlich bezeichneten Maßnahmen, sowie alle seither von den Mitgliedstaaten eingeführten potentiell schädlichen Maßnahmen. 36 dieser Regelungen waren bis zu diesem Zeitpunkt abgeschafft bzw. geändert oder wurden zur dieser Zeit gerade abgeschafft oder geändert. 13 Maßnahmen wurden für nicht schädlich befunden, z.B. sämtliche Regelungen des Schifffahrtswesens.

Die kooperativen Steueroasen haben begonnen, die Transparenz ihrer Steuersysteme zu verbessern und teilweise wurden bereits Abkommen zum Informationsaustausch auf der Grundlage des OECD-Musters geschlossen bzw. verhandelt.[80] Seit der Veröffentlichung der Liste der unkooperativen Steueroasen im Jahr 2002 haben sich zwei weitere Länder zur Zusammenarbeit mit der OECD bereit erklärt. Die Liste der unkooperativen Steueroasen besteht im Bericht 2004 daher nur noch aus fünf Ländern, nämlich Andorra, Liechtenstein, Liberia, Monaco, und den Marshall Islands.[81] Da die OECD weiterhin mit diesen Ländern in Verhandlung steht, wird vorerst nicht damit gerechnet, dass auf Ebene der OECD Gegenmaßnahmen ergriffen werden.[82] Dennoch wurden im Bericht 2004 die möglichen Gegenmaßnahmen weiter konkretisiert. Hinsichtlich der CFC-Regelungen betont der Bericht, dass es den Mitgliedstaaten weiterhin frei stehe, solche Regelungen auch gegenüber nicht als schädlich bzw. unkooperativ eingestuften Regelungen und Oasen anzuwenden.[83] Eine Steueroase kann daher der – nicht koordinierten – Anwendung von CFC-Regelungen einzelner Mitgliedstaaten ausgesetzt sein, auch wenn sie sich zur Kooperation mit der OECD bereit erklärt hat.[84]

---

[77] *Pinto*, Tax Competition, 287.

[78] Nachfolgend: *OECD*, Bericht 2004. Dazu *Hofbauer*, SWI 2004, 238 ff.

[79] Nachfolgend: *OECD*, Application Note.

[80] Die Entwicklung eines Instruments, das einen rechtlichen Rahmen für den effektiven Informationsaustausch bilden sollte, war bereits im Bericht 2000 (Nr. 26) vorgesehen. Das Musterabkommen mit dem Titel „Agreement on Exchange of Information on Tax Matters" findet sich auf der OECD-Internetseite (www.oecd.org). Vgl. dazu auch *OECD*, Bericht 2004, 13 (Nr. 22 ff.) Zu den deutschen Verhandlungen vgl. BMF, Pressemitteilung vom 4.7.2002.

[81] *OECD*, Bericht 2004, 14 (Nr. 27).

[82] *Hofbauer*, SWI 2004, 238, 240.

[83] *OECD*, Bericht 2004, 11 (Nr. 18) und 15 (Nr. 29).

[84] Kritisch *Easson*, TNI 2004, vol. 34, n° 10, 1037, 1075.

IV. Vergleichende Betrachtung der Initiativen

Betrachtet man den Verhaltenskodex und den OECD-Bericht nebeneinander, so ist ziemlich offensichtlich, dass die beiden Instrumente hinsichtlich ihrer Rahmenbedingungen nicht deckungsgleich sind. Zum einen ist der territoriale Anwendungsbereich der OECD-Initiative deutlich weiter, als der des Verhaltenskodex, zumal er alle OECD-Staaten und zusätzlich Drittlands-Steueroasen umfasst.[85] Zum anderen ist umgekehrt der sachliche Anwendungsbereich des Verhaltenskodex insofern weiter, als dieser sich nicht auf mobile Finanz- und Dienstleistungstätigkeiten beschränkt, sondern potentiell jede Art von unternehmerischer Tätigkeit umfasst.[86] Darüber hinaus legt der OECD-Bericht einen deutlich stärkeren Akzent auf den Informationsaustausch, insbesondere mit den Steueroasen.[87] Mitursächlich dafür, dass der EU-Verhaltenskodex hierauf kaum eingeht, ist freilich die Tatsache, dass der Verhaltenskodex nur ein Teil eines Gesamt-Steuerpakets darstellt. Probleme des Informationsaustauschs werden insbesondere in der Zinsbesteuerungsrichtlinie angesprochen.

Hinsichtlich der Instrumente zur Bekämpfung unfairer Steuerregelungen ist eine weitgehende Übereinstimmung festzustellen. Die an die Mitgliedstaaten gerichteten OECD-Richtlinien zur Beseitigung schädlicher Steuerregelungen entsprechen im Grunde der Stillhalte- und Rücknahmeverpflichtung des Verhaltenskodex.[88] Die EU verfügt jedoch aufgrund der wesentlich stärkeren Integration der Mitgliedstaaten über Instrumente der rechtlichen Durchsetzung, die der OECD nicht zur Verfügung stehen.[89] Selbst wenn der Verhaltenskodex an sich – nicht anders als der OECD-Bericht – lediglich eine politische Selbstverpflichtung darstellt und nicht einen rechtsverbindlichen Akt der Gemeinschaft, so bietet doch beispielsweise die gemeinschaftsrechtliche Beihilfekontrolle im Rahmen ihres Anwendungsbereichs eine Möglichkeit zur Durchsetzung der im Verhaltenskodex festgehaltenen Vorstellungen (dazu unten B. I. 2.).[90]

---

[85] Auch der Verhaltenskodex hält jedoch die Mitgliedstaaten dazu an, die Annahme der entwickelten Grundsätze in Drittstaaten, insbesondere in abhängigen und assoziierten Gebieten zu fördern, vgl. Buchst. M des Verhaltenskodex.

[86] Wenngleich auch in der Arbeit zum Verhaltenskodex in mobilen Tätigkeiten wie Finanz- und Dienstleistungsaktivitäten eine besondere Gefahr gesehen wird (s.o. Kapitel 2 A. II.), s. auch *Osterweil*, ET 1999, vol. 39, n° 6, 198, 198.

[87] *OECD*, Bericht 1998, 11 (Nr. 18).

[88] *Avi-Yonah*, Harvard Law Review 2000, vol. 113, n° 7, 1573, 1661.

[89] Dies stellt nach der Auffassung von *Osterweil*, ET 1999, vol. 39, n° 6, 198, 202 den bedeutendsten Unterschied zwischen beiden Initiativen dar.

[90] *Osterweil*, ET 1999, vol. 39, n° 6, 198, 199.

B. Verhältnis zu bereits bestehenden Instrumenten

Die Frage nach dem Verhältnis der koordinierten OECD- und EU-Maßnahmen zu bereits bestehenden Maßnahmen stellt sich zum einen hinsichtlich der gemeinschaftsrechtlichen Beihilfekontrolle (dazu unter I.) und zum anderen, was für diese Untersuchung von besonderem Interesse ist, für die nationalen CFC-Regelungen (dazu unter II.).

I. Verhältnis zur gemeinschaftsrechtlichen Beihilfekontrolle

Das Ziel der Bekämpfung von Wettbewerbsverzerrungen in der EU verfolgt auch die gemeinschaftsrechtliche Beihilfekontrolle. Da die im Verhaltenskodex angesprochenen Steuervergünstigungen unter Umständen zugleich staatliche Beihilfen iSd. Art. 87 ff EG darstellen können (dazu unter 1.), stellt sich diesbezüglich die Frage nach dem Verhältnis zwischen Verhaltenskodex und gemeinschaftsrechtlicher Beihilfekontrolle (2.).

1. Steuerregelungen als staatliche Beihilfen iSd. Art. 87 ff. EG

Wettbewerbsverzerrende mitgliedstaatliche Beihilfen sind mit dem Gemeinsamen Markt unvereinbar und daher gem. Art. 87 Abs. 1 EG grundsätzlich verboten. Die Kommission überprüft daher laufend die mitgliedstaatlichen Beihilfen und fordert im Falle einer unstatthaften Beihilfe den Mitgliedstaat auf, die betreffende Regelung aufzuheben und die gewährten Vorteile zurückzufordern.[91] Der Begriff der Beihilfe wird dabei durch den EuGH weit ausgelegt, wobei es nicht auf Gründe und Ziele der begünstigenden Maßnahme, sondern einzig auf ihre Wirkung ankommt.[92] Der Beihilfebegriff geht damit über den klassischen Fall der gezielten staatlichen Subventionszahlungen an Unternehmen weit hinaus[93] und kann – in Form der sogenannten indirekten Beihilfe – grundsätzlich auch Steuerfreistellungen und -ermäßigungen erfassen, sofern diese nur selektiv gewährt werden.

---

[91] *Arndt*, Europarecht, 230 ff.

[92] *Blumenberg*, Beihilfen, in: Grotherr, Handbuch, 1787, 1794; Europäische Kommission, Mitteilung der Kommission über die Anwendung der Vorschriften über staatliche Beihilfen auf Maßnahmen im Bereich der direkten Unternehmensbesteuerung, ABl. C 384/3 v. 10.12.1998, Tz. 15 mit Hinweis auf die Entscheidung des EuGH v. 2.7.1974, Rs. 173/73, *Kommission / Italien*, Slg. 1974, 709.

[93] Zu den Begriffsbestimmungen *Koschyk*, Beihilfen, 26 ff; speziell zur Abgenzung von Beihilfe und Subvention: 33 ff.

Zu den speziellen Fragen der Anwendung der Beihilfekontrolle im Bereich der direkten Unternehmensbesteuerung[94] hat die Kommission Ende 1998 eine Mitteilung herausgegeben, in der sie unter anderem auf die Voraussetzungen einer steuerlichen Beihilfe eingeht.[95] Steuerliche Regelungen stellen immer dann eine verbotene Beihilfe dar, wenn sie dem Begünstigten einen Vorteil verschaffen, durch den seine normalerweise zu tragenden Belastungen gemindert werden, dieser Vorteil vom Staat oder aus staatlichen Mitteln gewährt wird, die Maßnahme den Wettbewerb oder den Handel zwischen den Mitgliedstaaten beeinträchtigt und bestimmte Unternehmen oder Produktionszweige begünstigt (Selektivität).[96] Das Selektivitätskriterium ist dabei das problematischste, denn im Gegensatz zu direkten Zahlungen an Unternehmen haben steuerliche Vergünstigungen in aller Regel einen allgemeinen Charakter.[97] Unter Umständen kann sich jedoch aus der Beschaffenheit des Steuersystems eine Rechtfertigung der Beihilfe ergeben, etwa bei Pauschalierungsregelungen für Landwirtschaft und Fischerei oder bei Sonderregeln für kleine und mittlere Unternehmen.[98]

2. Das Zusammenspiel von Beihilfekontrolle und Verhaltenskodex

Steuerliche Beihilfen können grundsätzlich zugleich in den Anwendungsbereich des Verhaltenskodex fallen, da sie Ausnahmeregelungen innerhalb des Steuerrechts eines Staates darstellen.[99] Dieses Verhältnis ist so auch in Buchstabe J des Verhaltenskodex festgehalten.

Die Kommission stellt jedoch klar, dass die Beurteilung einer Maßnahme im Rahmen des Verhaltenskodex nicht deren Beurteilung für Zwecke der Beihilfe-

---

94 Vgl. dazu grundlegend *Koschyk*, Beihilfen.

95 Europäische Kommission, Mitteilung der Kommission über die Anwendung der Vorschriften über staatliche Beihilfen auf Maßnahmen im Bereich der direkten Unternehmensbesteuerung, ABl. C 384/3 v. 10.12.1998. Zur Erstellung dieser Mitteilung hatte sich die Kommission laut Buchstabe J des Verhaltenskodex verpflichtet. Über die Umsetzung der Mitteilung hat die Kommission Ende 2003 einen Bericht verfasst (Europäische Kommission, Bericht C (2004) 434); dazu *Owsiany-Hornung/Hocine*, Competition Policy Newsletter 2004, n° 1, 1 ff.

96 Tz. 8-12 der Mitteilung (Fn. 95).

97 *Gross*, RIW 2002, 46, 49; *Fantozzi*, State Aid, in: Schön, Tax Competition, 121, 122; *Santos*, ET 2000, vol. 40, n° 9, 417, 420.

98 Tz. 23 ff. der Mitteilung (Fn. 95).

99 *Blumenberg*, Beihilfen, in: Grotherr, Handbuch, 1787, 1813; *Meier/Perrot*, Drt. fisc. 2002, n° 3, 136, 147.

aufsicht präjudiziert.[100] Dies wird damit begründet, dass die Kriterien in Buchst. B des Verhaltenskodex und die Kriterien des Art. 87 Abs. 1 EG zwar Gemeinsamkeiten aufweisen, sich aber nicht völlig decken.[101] So wurden auch verschiedene Maßnahmen als Beihilfen eingestuft, die die Verhaltenskodex-Gruppe nicht als schädlich im Sinne des Verhaltenskodex beurteilt hatte.[102] Darüber hinaus vertritt die Kommission die Auffassung, dass, da die Beihilfeaufsicht sich nur auf Einzelmaßnahmen bezieht, während Wettbewerbsverzerrungen auch durch allgemeine einzelstaatliche Maßnahmen entstehen könnten, die Beihilfekontrolle „kein Ersatz für Maßnahmen [ist], die die Mitgliedstaaten im Bereich der Koordinierung ihrer Steuerpolitik zur Beseitigung schädlicher Steuerregelungen ergreifen".[103]

Nichtsdestotrotz konnte und kann das Instrument der Beihilfeaufsicht im Rahmen seines Anwendungsbereichs zur Verwirklichung der Ziele des Verhaltenskodex genutzt werden und die Beihilfekontrolle im Bereich von steuerlichen Vergünstigungen wurde im Zusammenhang mit den Arbeiten zum unfairen Steuerwettbewerb deutlich verschärft.[104] So wurden auf Betreiben des Wettbewerbskommissars Monti ab 1999 mehrere staatliche Steuerregelungen unter Beihilfegesichtspunkten untersucht, die zuvor von der Verhaltenskodex-Gruppe als schädlich eingestuft worden waren.[105] Wegen fünfzehn Regelungen, die

---

[100] Europäische Kommission, Mitteilung der Kommission über die Anwendung der Vorschriften über staatliche Beihilfen auf Maßnahmen im Bereich der direkten Unternehmensbesteuerung, ABl. C 384/3 v. 10.12.1998, Tz. 30. Zurückhaltend hinsichtlich der Indizwirkung der Kriterien des Verhaltenskodex auch *Vanistendael*, ec tax review 2000, vol. 9, issue 3, 152, 161, der darauf hinweist, dass die wenig präzisen Kriterien des Verhaltenskodex eine solche Wirkung nicht entfalten können.

[101] Europäische Kommission, Bericht C (2004) 434, Tz. 64.

[102] Europäische Kommission, Bericht C (2004) 434, Tz. 66. Die Kommission nennt beispielsweise die spanische Regelung über Steuerabzüge für Ausfuhrtätigkeiten und die französische Steuerregelung für Finanzverwaltungszentralen. Der umgekehrte Fall, dass eine Maßnahme zwar schädlich im Sinne des Verhaltenskodex ist, aber nicht als Beihilfe eingestuft wird, wird zwar für möglich gehalten, ist jedoch in der Praxis noch nicht vorgekommen. *Fantozzi*, State Aid, in: Schön, Tax Competition, 121, 127 ist der Auffassung, dass die Kommission wohl in jeder schädlichen Maßnahme auch eine selektive Maßnahme iSd. Beihilfeaufsicht sehen könnte, zumal bereits die Tatsache der gegenüber dem sonstigen Besteuerungsniveau des Staates niedrigen Besteuerung Ausdruck einer gewissen Selektivität ist.

[103] Europäische Kommission, Bericht C (2004) 434, Tz. 66.

[104] *Gross*, RIW 2002, 46, 54; *Pinto*, Tax Competition, 190; *Pinto*, ET 1999, vol. 39, n° 9, 343 ff. *Pinto* betont in diesem Zusammenhang die Warnfunktion der Kommissionsmitteilung (346).

[105] *Gerken/Märkt/Schick*, Steuerwettbewerb, 198; Europäische Kommission, Bericht C (2004) 434, Tz. 69; *Klau*, Financial Times Deutschland v. 12.7.2001, 9; *Jen-*

hauptsächlich steuerliche Vergünstigungen bei der Gewinnermittlung für Koordinationszentren (Anwendung der Cost-Plus Methode), sowie verschiedene Offshore-Regelungen und Regelungen für Versicherungen und Finanzdienstleister betrafen, wurden daraufhin im Juli 2001 Beihilfeverfahren eingeleitet.[106] Die prominentesten Beispiele sind Belgien (Koordinationszentren), die Niederlande (internationale Finanzierungstätigkeiten) und Irland (ausländische Einkünfte). Nicht zuletzt da für einige Mitgliedstaaten die Zustimmung zur Abschaffung dieser Maßnahmen im Rahmen der Rücknahmeverpflichtung des Verhaltenskodex attraktiver gewesen sein dürfte, als eine Verurteilung durch den EuGH im Rahmen der Beihilfeaufsicht mit der Folge der Verpflichtung zur sofortigen Abschaffung der Regelung,[107] hat die verschärfte Beihilfekontrolle möglicherweise zur Verabschiedung des Steuerpakets beigetragen.[108]

Es zeigt sich also, dass die Beihilfeaufsicht im Bereich der direkten Steuern auf der einen und der Verhaltenskodex auf der anderen Seite zwar nicht deckungsgleich sind, dass sich aber beide Instrumente aufgrund ihrer teilweise übereinstimmenden Zielrichtung wechselseitig ergänzen. Insbesondere kann die Beihilfeaufsicht in gewissem Maße als rechtsverbindliches Instrument zur Durchsetzung des Verhaltenskodex dienen, und diesen somit flankieren.[109] Auf der anderen Seite kann die Beurteilung einer steuerlichen Maßnahme im Rahmen des Verhaltenskodex als Anhaltspunkt für deren Überprüfung unter Beihilfegesichtspunkten dienen. Die Beihilfeaufsicht ersetzt jedoch nicht ein koordiniertes Vorgehen der Mitgliedstaaten gegen den unfairen Steuerwettbewerb.[110]

---

nen/Klau/Koch/Marschall, Financial Times Deutschland v. 22.2.2000, 1; kritisch *Meier/Perrot*, Drt. fisc. 2002, n° 3, 136 ff.

[106] Allerdings hat die Kommission aus Vertrauensschutzgründen die von Negativentscheidungen betroffenen Mitgliedstaaten nicht zur Rückforderung der gewährten Vorteile verpflichtet, *Pinto*, Tax Competition, 151, mit Hinweis auf die entprechende Pressemitteilung der Kommission vom 18.2.2003, IP/03/242; dazu auch *van der Stok/Sunderman*, TNI 2003, vol. 29, n° 9, 811 ff.

[107] So *Bolkestein*, ET 2000, vol. 40, n° 9, 401, 401.

[108] So die Europäische Kommission, Bericht C (2004) 434, Tz. 68. Der belgische Finanzminister Reynders und der luxemburgische Premierminister Juncker kritisierten dagegen den Vorstoß der Kommission und waren vielmehr der Auffassung, Montis Vorgehen gefährde das Steuerpaket (o. V., SteuerRevue 2001, 632, 633). Kritisch auch *Meier/Perrot*, Drt. fisc. 2002, n° 3, 136, 149.

[109] *Jacobs*, Internationale Unternehmensbesteuerung, 275; *Saß*, FR 2001, 1040, 1044. *Pinto*, Tax Competition, 192 hält die Beihilferegeln für das derzeit effektivste Mittel der Bekämpfung des unfairen Steuerwettbewerbs in der EU.

[110] *Santos*, ET 2000, vol. 40, n° 9, 417, 418.

II. Verhältnis zu nationalen CFC-Regelungen

Da der Verhaltenskodex und der OECD-Bericht ähnliche Ziele verfolgen, wie die nationalen CFC-Regelungen, stellt sich die Frage, wie sich diese verschiedenen Instrumente zueinander verhalten. Zunächst ist festzuhalten, dass schon aufgrund der unterschiedlichen Rechtsnatur dieser Instrumente kein Konkurrenzverhältnis im technischen Sinne besteht. Die CFC-Regelungen sind verbindliches nationales Recht, während der Verhaltenskodex und der OECD-Bericht rechtlich unverbindliche politische Verpflichtungen zwischen Staaten (*soft law*) darstellen. Auch hinsichtlich des Adressaten besteht ein gewichtiger Unterschied: während die CFC-Regeln sich an die Steuerpflichtigen richten, sind die Adressaten des Verhaltenskodex und des OECD-Berichts die Staaten selbst, die sich verpflichtet haben, ihre steuerlichen Regelungen entsprechend der jeweiligen Vereinbarung auszugestalten. Ein Unterschied besteht schließlich auch in der Zielrichtung der Instrumente: Während die CFC-Regelungen den Steuerpflichtigen sanktionieren und somit gewissermaßen allenfalls die Symptome des Steuerwettbewerbs bekämpfen können, setzen der Verhaltenskodex und der OECD-Bericht bei der Ursache des unfairen Steuerwettbewerbs an, nämlich bei der als schädlich betrachteten Regelung selbst.

Im Verhaltenskodex ist unter der Überschrift „Bekämpfung der Steuervermeidung und Steuerhinterziehung“ als Buchstabe L festgehalten, dass „den in den Steuergesetzen und Doppelbesteuerungsabkommen enthaltenen Vorschriften und Maßnahmen zur Missbrauchsbekämpfung eine grundlegende Bedeutung bei der Bekämpfung der Steuervermeidung und Steuerhinterziehung zukommt“. Diese Formulierung wird teilweise als Verweis (u.a.) auf die CFC-Regelungen verstanden,[111] wenngleich diese nicht ausdrücklich genannt sind,[112] sondern nur allgemein von Missbrauchsbekämpfung gesprochen wird. Auch die Kommission selbst geht davon aus, dass dieser Verweis unter anderem auf die CFC-Regelungen abzielt.[113] Zudem hat die *Primarolo*-Gruppe in Nummer 48 ihres Berichts vom 23.11.1999 Regelungen zur Dividendenfreistellung nur dann als positiv – also schädlich – eingestuft, wenn diese nicht „mit geeigneten Rechtsvorschriften betreffend verbundene ausländische Unternehmen kombiniert“ werden. Als schädlich wurden dagegen solche Regelungen eingestuft, die eine Freistellung von Auslandsdividenden ermöglichen, „wenn die Gewinne, aus denen die Dividenden ausgeschüttet werden, deutlich niedriger besteuert werden

---

111 *Wolff*, IStR 2001, 440, 441; a.A. offenbar *Jacobs*, Internationale Unternehmensbesteuerung, 275.

112 So auch *Matteotti*, Durchgriff, 45.

113 Dies geht zumindest aus einer Arbeitsunterlage zur Sitzung der Kommission (Arbeitsgruppe IV – Direkte Steuern) vom 27.11.2003 hervor.

als dies in dem betreffenden Mitgliedstaat der Fall gewesen wäre".[114] Auch aus den vom Rat angenommenen Leitlinien aus dem Jahr 2000 geht ausdrücklich hervor, dass nationale Anti-Missbrauchsregelungen bei Anwendung der Freistellungsmethode (insbes. bei Finanz- und Holdinggesellschaften) zum Ausgleich von Belastungsunterschieden zwischen den Mitgliedstaaten aus der Sicht der Verhaltenskodex-Gruppe erforderlich sind.[115] In diesem Zusammenhang wurde unter anderem[116] die Einführung der deutschen Dividendenfreistellung nach § 8 b Abs. 1 KStG (StSenkG) als schädlich beurteilt, da die Hinzurechnungsbesteuerung über § 10 Abs. 5 AStG im DBA-Fall in der Regel leer lief und weil zudem nur passive Einkünfte überhaupt von der Hinzurechnungsbesteuerung erfasst werden.[117]

Der OECD-Bericht 1998 legt den Mitgliedstaaten sogar ausdrücklich die Schaffung oder gezielte Einsetzung von CFC-Regelungen zur Bekämpfung des unfairen Steuerwettbewerbs nahe.[118] CFC-Regelungen werden dort grundsätzlich als effizientes Mittel zur Bekämpfung unfairer Steuerpraktiken angesehen. Erforderlich sei allerdings eine koordinierte Anwendung solcher Vorschriften durch alle Mitgliedstaaten. Gleichzeitig betont der Bericht allerdings, dass es den Mitgliedstaaten unbenommen bleibe, ihre CFC-Regeln weiterhin auch über die Fälle unfairer Steuerpraktiken hinaus anzuwenden und dass die Unterschiedlichkeit der nationalen Steuersysteme eine Vereinheitlichung der CFC-Vorschriften verbiete. Denkbar sei allenfalls die Schaffung von Mindeststandards für CFC-Vorschriften im Hinblick auf die Bekämpfung des unfairen Steuerwettbewerbs.[119] Ein Vorschlag für solche Mindeststandards liegt allerdings bis heute nicht vor.

---

[114] Bericht der Gruppe "Verhaltenskodex" (Unternehmensbesteuerung) an den ECOFIN-Rat (29.11.1999), Nummer 48.

[115] Beratungsergebnisse des Rates (Wirtschaft und Finanzen) vom 26. und 27.11.2000, Dok. 13898/00 FISC 207. Dazu näher unter Kapitel 5 A. III. 1. und IV..

[116] Zur Schädlichkeit der österreichischen Freistellungsregelung in diesem Zusammenhang *Gratt*, SWI 2003, 132, 134 f.

[117] Dazu *Werra*, IStR 2001, 438, 438; *Lieber*, FR 2002, 139, 150; *Thömmes*, DB 2001, 775 ff.; *Kessler/Dorfmueller*, PIStB 2001, 177, 185. Näher zu dieser Frage unten Kapitel 5 A. IV..

[118] *OECD*, Bericht 1998, 40 ff (Recommendations, Rz. 97 ff.).

[119] *OECD*, Bericht 1998, 41 f (Rz. 100).

Sowohl der Verhaltenskodex als auch der OECD-Bericht halten also nationale CFC-Regelungen für erforderlich bei der Bekämpfung des unfairen Steuerwettbewerbs.[120] Inwieweit die deutsche und die französische CFC-Regelung diese Funktion erfüllen können, hängt jedoch unter anderem davon ab, ob diese mit zwingendem höherrangigem Recht – insbesondere DBA- und Gemeinschaftsrecht – vereinbar sind. Ob dies der Fall ist, soll daher in Kapitel 4 untersucht werden. Zunächst wird jedoch in Kapitel 3 ein vergleichender Überblick über die Prinzipien und die Funktionsweise der deutschen und französischen CFC-Regelung gegeben.

---

120 *Lang/Aigner/Scheuerle/Stefaner*, Preface, in: Lang/Aigner/Scheuerle/Stefaner, CFC-Legislation, 5, 5.

Kapitel 3: CFC-Regelungen in Deutschland und Frankreich

Deutschland und Frankreich sind die ersten Länder in Europa, die eine CFC-Besteuerung eingeführt haben. Die deutsche Regelung stammt aus dem Jahr 1972, die französische folgte im Jahr 1980. Die im europäischen Vergleich recht frühe Einführung der CFC-Regeln erklärt sich unter anderem daraus, dass es sich hier um kapitalexportorientierte Hochsteuerländer handelt, die schon früh mit den Problemen der Kapitalverlagerung in Niedrigsteuerländer konfrontiert wurden.[121]

An dieser Stelle sollen nach einer einführenden Darstellung von Entwicklung und Zielsetzung der CFC-Vorschriften in beiden Ländern (A.) überblicksmäßig die Voraussetzungen (B.) und Rechtsfolgen (C.) der deutschen und der französischen Regelung gegenübergestellt werden.

A. Entwicklung und Zielsetzung der CFC-Vorschriften

Der Hintergrund der Einführung der CFC-Regelungen und die Begründung eines derartigen Instruments sind natürlich stark von den Eigenschaften des jeweiligen Steuersystems abhängig.

I. Deutschland

Die Einführung der deutschen Hinzurechnungsbesteuerung geht auf Art. 1 des Gesetzes zur Wahrung der steuerlichen Gleichmäßigkeit bei Auslandsbeziehungen und zur Verbesserung der steuerlichen Wettbewerbslage bei Auslandinvestitionen vom 8.9.1972 zurück.[122] Die in den §§ 7-14 des Außensteuergesetzes verankerte Regelung hat seither zahlreiche Änderungen erfahren. Zu den wichtigsten Änderungen zählen sicherlich die Einführung der Sonderregeln für Zwischeneinkünfte mit Kapitalanlagecharakter durch das Steueränderungsgesetz 1992[123] und die grundlegenden Änderungen im Zusammenhang mit der Systemumstellung bei der Dividendenbesteuerung durch das Steuersenkungsgesetz

---

[121] *Arnold/Dibout*, Generalbericht, in: International Fiscal Association, CDFI Vol. LXXXVIb (2001), 167, 185; *Hey*, National Report Germany, in: Schön, Tax Competition, 253, 268.
[122] BGBl. I 1972, 1713.
[123] Gesetz vom 25.2.1992, BGBl. I 1992, 297.

2000[124], die durch das Unternehmenssteuerfortentwicklungsgesetz 2001[125] zum großen Teil wieder zurückgenommen wurden und daher teilweise nie in Kraft getreten sind. Die jüngsten Änderungen erfolgten durch das Steuervergünstigungsabbaugesetz 2003[126] und das sog. Korb II-Gesetz 2003.[127] Die für das Außensteuergesetz maßgebliche Verwaltungsanweisung[128] wurde 2004 aktualisiert, um den zahlreichen Gesetzesänderungen Rechnung zu tragen.

Anliegen der Hinzurechnungsbesteuerung war ursprünglich die Durchbrechung der Abschirmwirkung ausländischer sogenannter Zwischengesellschaften durch eine vorgezogene Besteuerung der nicht ausgeschütteten Dividenden.[129] Damit sollte die Thesaurierung von Einkünften in niedrig besteuerten Auslandsgesellschaften unattraktiv gemacht werden. Nach den grundlegenden steuersystematischen Änderungen in den Jahren 2000/2001 hat sich diese Zielsetzung jedoch verschoben, denn vor dem Hintergrund der nunmehr generellen Dividendenfreistellung gem. § 8 b Abs. 1 KStG kommt es auf ein Vorziehen der Dividendenbesteuerung nicht mehr an.[130] Vielmehr soll nach Auffassung des Gesetzgebers die Hinzurechnungsbesteuerung nun die Freistellung der Beteiligungserträge „belastungsmäßig flankieren“.[131]

II. Frankreich

Die französische Regelung wurde durch Art. 70 der Loi n° 80-30 vom 18.1.1980[132] eingeführt und als Art. 209 B des Code Général des Impôts (CGI) kodifiziert. Änderungen der Regelung erfolgten 1990 und 1993. Insbesondere

[124] Gesetz zur Senkung der Steuersätze und zur Reform der Unternehmensbesteuerung (Steuersenkungsgesetz - StSenkG) vom 23.10.2000, BGBl. I 2000, 1433, 1464.

[125] Gesetz zur Fortentwicklung des Unternehmenssteuerrechts (Unternehmenssteuerfortentwicklungsgesetz - UntStFG) vom 20.12.2001, BGBl. I 2001, 3858, 3874.

[126] Gesetz zum Abbau von Steuervergünstigungen und Ausnahmeregelungen (Steuervergünstigungsabbaugesetz – StVergAbG) vom 16.5.2003, BGBl. I 2003, 660, 666.

[127] Gesetz zur Umsetzung der Protokollerklärung der Bundesregierung zur Vermittlungsempfehlung zum Steuervergünstigungsabbaugesetz vom 22.12.2003, BGBl. I 2003, 2840, 2844.

[128] BMF, Schreiben vom 14.5.2004, IV B 4 - S 1340 - 11/04, BStBl I 2004, Sondernummer 1. Dieses Schreiben ersetzt das zuvor anwendbare Schreiben vom 2.12.1994, IV C 7 – S 1340 – 20/94, BStBl. I 1995, Sondernummer 1.

[129] *Telkamp*, StuW 1972, 97, 108; *Brünink*, Verhältnis, 37; *Watermeyer/Meyer*, GmbH-StB 2004, 202, 202.

[130] *Rödder*, Hinzurechnungsbesteuerung, in: Grotherr, Handbuch, 1651, 1653.

[131] Bericht der Bundesregierung zur Fortentwicklung des Unternehmenssteuerrechts, FR 2001, Beilage zu Heft 11, 24 (D. I. 1.).

[132] Veröffentlicht in: Drt. fisc. 1980, n° 6, comm. 263.

die Verschärfung des Art. 209 B CGI im Jahr 1993 führte erst dazu, die französische CFC-Regelung zu einem effektiven Instrument der Bekämpfung der Steuervermeidung zu machen, was sich unter anderem daran zeigt, dass diese Vorschrift die französischen Gerichte bis zum Jahr 1996 kein einziges Mal beschäftigt hat.[133] Die Zunahme der Zahl der Verfahren in den letzten Jahren ist auch darauf zurückzuführen, dass die Anwendung des Art. 209 B CGI nicht mehr nur auf die Fälle der Kapitalverlagerungen in klassische Steueroasenländer beschränkt war, sondern dass zunehmend auch Investitionen in DBA-(Hochsteuer-) Ländern von der Regelung erfasst wurden, in denen bestimmte Steuervergünstigungen, insbesondere Veräußerungsgewinnbefreiungen, gewährt wurden.[134] Dass die Bedeutung der französischen CFC-Regelung in den vergangenen Jahren stark zugenommen hat, lässt sich nicht zuletzt an den darauf beruhenden Steuereinnahmen ablesen: von ca. EUR 33 Mio. im Jahr 1995 sind diese Einnahmen auf ca. EUR 1,2 Mrd. in Jahr 1999 angestiegen.[135] Zur Regelung des Art. 209 B CGI gab es drei Verwaltungsanweisungen (*Instructions*), wovon die jüngste aus dem Jahr 1998 stammt.[136]

Die Vorschrift des Art. 209 B CGI wird als eine Ausnahme zum Territorialitätsprinzip der französischen Körperschaftsteuer[137] einerseits und zum Trennungsprinzip bei der Besteuerung verschiedener juristischer Personen andererseits angesehen.[138] Die Einführung des Art. 209 B CGI wurde unter anderem damit begründet, dass Gesellschaften, die mit ihren in ausländischen Tochtergesellschaften erwirtschafteten Gewinnen dort einer niedrigen oder gar keiner Besteuerung unterliegen, in Frankreich bei der Ausschüttung der Dividenden nicht in den Genuss der unilateralen französischen Schachtelfreistellung der Art. 145, 146, 216 CGI kommen sollten.[139] Die Schachtelfreistellung gilt in Frankreich gleichermaßen für Ausschüttungen von in- und ausländischen Tochtergesellschaften. Es wurde als nicht gerechtfertigt angesehen, dass diese unilaterale Vorschrift zur Vermeidung der Doppelbesteuerung auch greift, wenn die ausländi-

---

[133] *Editions Francis Lefebvre*, Paradis fiscaux, n° 525.
[134] *Editions Francis Lefebvre*, Paradis fiscaux, n° 525.
[135] *Boutemy/Meier/Perrot*, Petites affiches 2002, n° 171, 4, 5.
[136] Instruction BOI 4 H-3-98 vom 17.4.1998. Zuvor gab es bereits die Instruction BOI 4 H-2-83 vom 15.2.1982 und die Instruction BOI 4 H-9-92 vom 6.3.1992, die in Teilbereichen noch Anwendung findet.
[137] Das nationale körperschaftsteuerliche Territorialitätsprinzip (Art. 209 I CGI) bestimmt, dass Körperschaftsteuersubjekte nur mit ihren in Frankreich erzielten Gewinnen steuerpflichtig sind (*en tenant compte uniquement des bénéfices réalisés dans les entreprises exploitées en France*).
[138] *Dibout*, Drt. fisc. 1990, n° 44, 1485, 1485.
[139] Instruction BOI 4 H-2-83 vom 15.2.1982, n° 1; *Boutemy/Meier/Perrot*, Petites affiches 2002, n° 171, 4, 8 ; *Austry*, BDCF 2003, n° 10, 13, 19 f.

schen Gewinne tatsächlich gar keiner oder einer nur unerheblichen Steuerbelastung unterlegen haben.

Diese Begründung vermag freilich nicht zu erklären, warum in Anwendung des Art. 209 B CGI Einkünfte besteuert werden, die die ausländische Gesellschaft gar nicht ausgeschüttet hat. Eine ungerechtfertigte Inanspruchnahme der Beteiligungsertragsbefreiung kann hier mangels Ausschüttung jedenfalls nicht angenommen werden. Zur Erreichung dieses Zwecks wäre es doch vielmehr ausreichend gewesen, die Anwendbarkeit des Art. 216 CGI auf solche Ausschüttungen zu beschränken, die bei der Tochtergesellschaft einer ausreichenden Besteuerung unterlegen haben. Darüber geht Art. 209 B CGI jedoch hinaus.[140] Es wird daher argumentiert, der Zweck des Art. 209 B CGI liege darüber hinaus auch darin, die Thesaurierung der Gewinne in niedrig besteuerten ausländischen Gesellschaften zu verhindern.[141]

III. Zusammenfassung

Es zeigt sich, dass, obgleich die Einführung der CFC-Regeln in Deutschland und in Frankreich in einem unterschiedlichen steuerlichen Umfeld stattfand und daher auch unterschiedlichen Motiven folgte, der Zweck der Regelung in beiden Ländern sich heute angenähert hat. Insbesondere das französische Anliegen, mit der CFC-Regelung im Fall niedrig besteuerter Tochtergesellschaften die Schachtelfreistellung zu flankieren, ist heute auch in Deutschland in den Vordergrund getreten.

B. Voraussetzungen

I. Inländische Steuerpflichtige

1. Deutschland

Gemäß § 7 Abs. 1 AStG sind nur unbeschränkt Steuerpflichtige vom Anwendungsbereich der Hinzurechnungsbesteuerung erfasst. Damit sind sowohl natürliche als auch juristische Personen gemeint. Insoweit ist auf die Vorschriften der

[140] So auch *Austry*, BDCF 2003, n° 10, 13, 20.
[141] *Baconnier*, Französisches Außensteuerrecht, in: Vogel, Steueroasen, 53, 55.

§§ 1 Abs. 1 und 2 EStG und 1 Abs. 1 und 3 KStG zurückzugreifen.[142] Im Anwendungsschreiben zum Außensteuergesetz stellt die Finanzverwaltung klar, dass dazu auch gemäß § 5 KStG steuerbefreite Körperschaften und doppelt ansässige natürliche Personen gehören, selbst wenn diese gemäß dem anwendbaren Doppelbesteuerungsabkommen als im anderen Staat ansässig gelten.[143] Ist eine inländische oder ausländische Personengesellschaft an einer niedrig besteuerten ausländischen Gesellschaft beteiligt, so sind die unbeschränkt steuerpflichtigen Gesellschafter dieser Personengesellschaft hinzurechnungspflichtig (§ 7 Abs. 3 AStG).

2. Frankreich

a. Juristische Personen

Art. 209 B CGI betrifft nur juristische Personen (*personnes morales*), die der französischen Körperschaftsteuer (Impôt sur les Sociétés, kurz: IS) unterliegen. In der Version der Vorschrift vor der Änderung 1993 bezog sich der Gesetzestext auf „Unternehmen" (*entreprises*), die dem Impôt sur les Sociétés unterliegen. Materiell besteht in dieser Hinsicht nach Auffassung der Finanzverwaltung jedoch kein Unterschied zwischen der alten (Art. 209 B I) und der neuen Fassung (Art. 209 B I bis).[144] Neben Kapitalgesellschaften unterfallen Art. 209 B CGI also auch Personengesellschaften, die zur Körperschaftsteuer optiert haben. Daneben sind auch dem Impôt sur les Sociétés unterliegende Betriebsstätten oder Niederlassungen ausländischer Unternehmen vom Anwendungsbereich des Art. 209 B CGI erfasst, sofern entsprechende Beteiligungen zu den Aktiva der Betriebsstätte gehören.[145]

b. Natürliche Personen

Durch das französische Finanzgesetz für das Jahr 1999 wurde ein Art. 123 bis in den Code Général des Impôts eingefügt, der die CFC-Regelung für natürliche

---

[142] *Wassermeyer* in: Flick/Wassermeyer/Baumhoff, § 7 AStG, Rn. 9.3.

[143] BMF, Schreiben vom 14.5.2004, IV B 4 - S 1340 - 11/04, BStBl I 2004, Sondernummer 1, Tz. 7.2.1.

[144] Instruction BOI 4 H-3-98 vom 17.4.1998, Tz. 16: „*Les dispositions du I et du I bis de l'article 209 B sont équivalentes sur ce point.*"; so auch *Editions Francis Lefebvre*, Mémento groupes, Rz. 12435.

[145] Instruction BOI 4 H-3-98 vom 17.4.1998, Tz. 17; *Editions Lamy*, Lamy fiscal, 244.

Personen beinhaltet.[146] Da die Regelung nicht Gegenstand dieser Untersuchung ist, soll sie an dieser Stelle nur kurz zusammenfassend vorgestellt werden. Die Voraussetzungen und Rechtsfolgen decken sich nicht mit denen des Art. 209 B CGI. Von der Regelung des Art. 123 bis CGI betroffen sind natürliche Personen, die ihren steuerlichen Wohnsitz in Frankreich haben (Art. 4 B CGI) und zu mindestens 10%[147] direkt oder indirekt (auch zusammen mit nahen Angehörigen) an einer Struktur[148] beteiligt sind, die in einem Niedrigsteuerland[149] ansässig ist und deren Vermögen überwiegend aus Wertpapieren, Forderungen, Bankdepots oder Kontokorrentkonten[150] besteht. In diesem Fall werden bei der inländischen natürlichen Person die Gewinne der ausländischen Struktur als Einkünfte aus Kapitalvermögen versteuert, wie wenn eine Ausschüttung stattgefunden hätte. Steuerpflichtig ist dabei der Anteil am Gesamtgewinn[151] der ausländischen Struktur, der der inländischen Person entsprechend ihrer Beteiligung zusteht. Eine spätere Ausschüttung der ausländischen Struktur ist dann in Höhe der bereits versteuerten fiktiven Ausschüttung steuerfrei.

3. Zusammenfassung zum inländischen Steuerpflichtigen

Der Kreis der betroffenen inländischen Unternehmen ist nach der französischen Regelung weiter gezogen als nach der deutschen Regelung. Das rührt zum einen daher, dass der Kreis der körperschaftsteuerpflichtigen Gesellschaften in Frankreich deutlich größer ist, da einerseits mehr Unternehmen in der Rechtsform der Kapitalgesellschaft bestehen und andererseits auch solche Unternehmen, die in der Rechtsform einer Personengesellschaft bestehen, eine Optionsmöglichkeit zur Körperschaftsteuer haben. Zudem fallen auch beschränkt steuerpflichtige Unternehmen mit ihren Betriebsstätten unter die CFC-Regelung, während in

---

[146] Art. 101 der Loi de Finances pour 1999 (n° 98-1266) vom 30.12.1998. Dazu *Richter*, IStR 1999, 617 ff. Die Vorschrift ist kommentiert durch die Instruction BOI 5 I-1-00 vom 18.2.2000.

[147] Es kann sich dabei um Stimmrechte oder finanzielle Rechte handeln. Der Wiederverkaufswert der Beteiligung spielt dabei, anders als bei Art. 209 B CGI (dazu unter III. 2.), keine Rolle.

[148] Die Gesellschaftsform spielt dabei keine Rolle. Betroffen sind daher sowohl Kapitalgesellschaften, als auch Personengesellschaften, Stiftungen, Trusts, Familienstiftungen, „Anstalten" liechtensteinischen Rechts, Vereinigungen (*groupements*), intransparente Fondsgesellschaften etc., vgl. Instruction BOI 5 I-1-00 vom 18.2.2000, n° 32 ff..

[149] Der Begriff der niedrigen Besteuerung entspricht dem bei Art. 209 B CGI (dazu unten IV. 2.).

[150] Im Gesetzestext heißt es: „[...] *que l'actif ou les biens [...] sont principalement constitués de valeurs mobilières, de créances, de dépôts ou de comptes courants.*"

[151] Und nicht etwa nur der entsprechende Anteil der Gewinne aus dem „schädlichen" Vermögen der Struktur.

Deutschland schon vom Wortlaut her nur unbeschränkt Steuerpflichtige erfasst sind und somit Betriebsstätten ausländischer Unternehmen, in denen Beteiligungen an Zwischengesellschaften gehalten werden, nicht von der Hinzurechnungsbesteuerung betroffen sind.[152] Auch Personengesellschaften fallen in Deutschland mangels Steuersubjekteigenschaft als solche aus dem Anwendungsbereich heraus. Freilich sind die Mitunternehmer als unbeschränkt steuerpflichtige natürliche Personen hinzurechnungspflichtig.

Während in Deutschland von Anfang an ein einheitliches Regime für natürliche und juristische Personen bestand, unterliegen in Frankreich natürliche Personen abweichenden Regeln.

II. Ausländische Einheit

1. Deutschland

a. ausländische Gesellschaften

§ 7 Abs. 1 AStG definiert die ausländische Einheit, an der die deutsche Beteiligung bestehen muss, als „Körperschaft, Personenvereinigung oder Vermögensmasse im Sinne des Körperschaftsteuergesetzes". Damit sind die Einheiten gemeint, die in § 1 Abs. 1 KStG genannt sind. Eine Einschränkung ergibt sich jedoch daraus, dass der Inländer eine Beteiligung am Nennkapital oder einen Anspruch auf Gewinnbeteiligung haben muss.[153] Ob es sich bei dem ausländischen Gebilde um eine Gesellschaft im Sinne dieser Vorschrift handelt oder um eine Mitunternehmerschaft, ist nach deutschem Steuerrecht unter Hinzuziehung des jeweiligen ausländischen Gesellschaftsrechts und des Gesellschaftsvertrags zu beurteilen. Entscheidend ist dabei, ob die ausländische Einheit körperschaftlich organisiert und somit unabhängig vom Bestand ihrer Mitglieder ist.[154]

Mitunternehmerschaften (Partnerships) fallen nicht unter die Definition der ausländischen Gesellschaft[155].

---

[152] Menck in *Blümich*, EStG, § 7 AStG, Rz. 13.
[153] *Wassermeyer* in: Flick/Wassermeyer/Baumhoff, § 7 Rz. 10.
[154] *Wassermeyer* in: Flick/Wassermeyer/Baumhoff, § 7 AStG, Rz. 10.1 und 10.2.
[155] *Menck* in: Blümich, § 7 AStG, Rz. 15.

b. ausländische Betriebsstätten

Auch ein Betrieb oder eine Betriebsstätte erfüllt diese Voraussetzungen nicht.[156] § 20 Abs. 2 AStG sieht jedoch für niedrig besteuerte passive Einkünfte ausländischer Betriebsstätten unbeschränkt Steuerpflichtiger ein sog. Switch-Over von der DBA-Freistellungs- zur Anrechnungsmethode vor. Auf diesem Wege wird eine Hochschleusung auf das inländische Steuerniveau ermöglicht. In dieser Vorschrift wird nach überwiegender Ansicht ein Treaty Override gesehen.[157]

2. Frankreich

Der ursprüngliche französische Gesetzestext (Art. 209 B I) spricht zunächst schlicht von „*société*", also Gesellschaft. Darunter sind Kapitalgesellschaften, Personengesellschaften und ähnliche Strukturen zu verstehen.[158]

Durch das Finanzgesetz für das Jahr 1993[159] wurde der Anwendungsbereich der Hinzurechnungsbesteuerung in dieser Hinsicht erheblich ausgedehnt.[160] Erfasst sind nunmehr auch „*groupements*", also bestimmte Vereinigungen und „*entreprises exploitées hors de France*", also Unternehmen, die außerhalb Frankreichs betrieben werden. Mit den Vereinigungen sind juristische Strukturen gemeint, in denen mehrere Gesellschaften oder Personen vereinigt sind und zwar unabhängig davon, ob diese Vereinigung eine Rechtspersönlichkeit besitzt. In der Verwaltungsanweisung werden exemplarisch die EWIV (*GEIE*) und Vereine genannt.[161]

Bei der Einbeziehung der im Ausland betriebenen Unternehmen fällt die Wortlautgleichheit mit Art. 209 I CGI (Territorialitätsprinzip) auf. Dort findet sich jedoch keine Definition dieses Begriffs; es muss daher auf die von der Rechtsprechung entwickelten und von der Verwaltung anerkannten Kriterien zurückgegriffen werden. Demnach kann es sich bei dem Unternehmen handeln um eine

---

[156] *Wassermeyer* in: Flick/Wassermeyer/Baumhoff, § 7 AStG, Rz. 10.

[157] Vgl. *Menck* in: Blümich, § 20 AStG, Rz. 25; *Köhler*, BB 1993, 337, 342. Vgl. dazu ausführlich Kapitel 4 A. II. 1. b.

[158] Instruction BOI 4 H-3-98 vom 17.4.1998, n° 93.

[159] Art. 107 der Loi de finances pour 1993 (Loi n° 92-1376 du 30 décembre 1992).

[160] Die neue Gesetzesfassung ist in I bis des Art. 209 B CGI kodifiziert; Übergangsvorschriften finden sich in IV derselben Vorschrift (dazu näher unten III. 2.).

[161] Instruction BOI 4 H-3-98 vom 17.4.1998, n° 91.

Betriebsstätte (*établissement*), einen abhängigen Vertreter (*représentant*) oder um einen vollständigen Wertschöpfungszykus (*cycle commercial complet*).[162]

3. Zusammenfassung zur ausländischen Einheit

Im Hinblick auf die an die ausländische Einheit gestellten Anforderungen fällt auf, dass der Anwendungsbereich der französischen Regelung deutlich weiter ist, als der der deutschen. Während die deutsche Regelung primär nur Kapitalgesellschaften erfasst, sind von der französischen Regelung daneben auch Personengesellschaften, Vereinigungen und Betriebsstätten betroffen.

Die Einbeziehung von ausländischen Personengesellschaften in der französischen Regelung ist wohl darauf zurückzuführen, dass diese Gesellschaften aus französischer Sicht Steuersubjekte darstellen.

Die spätere Einbeziehung von ausländischen Betriebsstätten durch die französische Regelung mag aus deutscher Sicht zunächst befremdlich erscheinen, da in Deutschland nach dem Welteinkommensprinzip (§ 1 Abs. 2 KStG) die Gewinne aus ausländischen Betriebsstätten ohnehin grundsätzlich von der deutschen Besteuerung erfasst werden, ohne dass es dafür der Hinzurechnungsbesteuerung bedürfte.[163] Die Besteuerung von Gewinnen ausländischer Betriebsstätten deutscher Steuerpflichtiger wird erst durch eine DBA-Freistellung verhindert, die jedoch gem. § 20 Abs. 2 AStG durch die Anrechnungsmethode ersetzt wird, wenn dort passive Einkünfte erzielt werden. In Frankreich steht der Erfassung der Gewinne aus ausländischen Betriebsstätten aber nicht nur eine etwaige DBA-Freistellung, sondern bereits das nationale körperschaftsteuerliche Territorialitätsprinzip (Art. 209 I CGI) entgegen, dem zufolge Körperschaftsteuersubjekte nur mit ihren in Frankreich erzielten Gewinnen steuerpflichtig sind (*en tenant compte uniquement des bénéfices réalisés dans les entreprises exploitées en France*). Dies erklärt auch die systematische Stellung der Vorschriften über die Hinzurechnungsbesteuerung (Art. 209 B CGI) im unmittelbaren Zusammenhang mit der Regelung des Territorialitätsprinzips (Art. 209 I CGI): die französische Hinzurechnungsbesteuerung stellt eine Durchbrechung des körperschaftsteuerlichen Territorialitätsprinzips dar.

---

[162] Instruction BOI 4 H-3-98 vom 17.4.1998, n° 87 ff.

[163] So auch *Köhler*, BB 1993, 337, 342.

III. Beteiligungshöhe

1. Deutschland

Nach § 7 Abs. 1 AStG müssen unbeschränkt Steuerpflichtige zu mehr als der Hälfte an einer ausländischen Gesellschaft beteiligt sein. Es kann sich dabei um Anteile oder Stimmrechte an der ausländischen Gesellschaft handeln.

Eine Beteiligung eines unbeschränkt Steuerpflichtigen von 1% reicht gem. § 7 Abs. 6 AStG allerdings aus, wenn die ausländische Gesellschaft Einkünfte mit Kapitalanlagecharakter iSd § 7 Abs. 6 a AStG erzielt. Auf eine Mindestbeteiligung wird sogar ganz verzichtet, wenn überwiegend solche Einkünfte erzielt werden, vgl. § 7 Abs. 6 S. 3 AStG.

Auf der Tatbestandsseite kommt es zunächst nur darauf an, ob die ausländische Kapitalgesellschaft als deutsch beherrscht anzusehen ist. In Betracht kommt im einfachsten Fall eine direkte Beteiligung eines oder mehrerer deutscher Anteilseigner an der ausländischen Kapitalgesellschaft von insgesamt mehr als 50% der Anteile oder der Stimmrechte. Die Beteiligungsgrenze kann allerdings auch überschritten werden, wenn deutsche unbeschränkt Steuerpflichtige zusammen mit Personen i. S. d. § 2 AStG an der ausländischen Kapitalgesellschaft beteiligt sind. Es handelt sich dabei um Personen, die der erweiterten beschränkten Steuerpflicht unterliegen. Es erfolgt also eine Zusammenrechnung aller Beteiligungen der unbeschränkt und erweitert beschränkt Steuerpflichtigen.[164] Davon unabhängig ist die Tatsache, dass die Rechtsfolge der Hinzurechnungsbesteuerung nur bei den unbeschränkt Steuerpflichtigen und nicht bei den erweitert beschränkt Steuerpflichtigen eintritt.

Gem. § 7 Abs. 4 AStG sind auch Anteile zu berücksichtigen, die eine einem unbeschränkt Steuerpflichtigen weisungsgebundene Person hält. Diese Anteile werden für die Ermittlung der Tatbestandsvoraussetzungen der Hinzurechnungsbesteuerung dem unbeschränkt Steuerpflichtigen zugerechnet. Weisungsgebundenheit liegt vor, wenn Anteile von einer Person gehalten werden, die den Anweisungen des Steuerpflichtigen so Folge leistet, dass ihr kein eigener Entscheidungsspielraum verbleibt. Die Weisungsgebundenheit kann sich dabei auch

---

[164] *Jacobs*, Internationale Unternehmensbesteuerung, 513.

nur auf die Stimmrechtsausübung beziehen.[165] Unklar ist das Verhältnis dieser Vorschrift zu § 39 AO.[166]

Auch mittelbare Beteiligungen an einer ausländischen Kapitalgesellschaft wirken sich auf die Beteiligungshöhe aus, vgl. § 7 Abs. 1 S. 2 AStG. Zur Ermittlung der Beteiligung des unbeschränkt Steuerpflichtigen werden die Beteiligungsquoten in einer Kette jeweils multipliziert. Beteiligungen, die über eine Personengesellschaft gehalten werden, werden gem. § 7 Abs. 3 AStG als unmittelbare Beteiligungen angesehen (vgl. auch oben B. I. 1).

Die Beteiligungsvoraussetzung muss am Ende des Wirtschaftsjahres der ausländischen Gesellschaft erfüllt sein. Auf die Beteiligung während des Wirtschaftsjahres kommt es folglich nicht an.[167]

2. Frankreich

Art. 209 B I bis CGI sieht zwei alternative Kriterien zur Bestimmung der maßgeblichen Beteiligung vor. Die französische Gesellschaft muss mindestens 10% der Anteile oder Stimmrechte oder eine Beteiligung mit einem Wiederverkaufswert (*prix de revient*) von Euro 22,8 Mio. halten. Dabei werden direkte und indirekte Beteiligungen zusammengerechnet.

Indirekte Beteiligungen können entstehen durch zwischengeschaltete französische oder ausländische Gesellschaften (Beteiligungskette) oder durch das Halten von Beteiligungen durch bestimmte Personen, zu denen eine Interessengemeinschaft (*communauté d'intérêts*) besteht. Dabei kommen vier Personengruppen in Betracht (vgl. Art. 209 B I bis 2° 2.): erstens Angestellte oder rechtliche oder faktische Geschäftsführer des französischen Unternehmens, zweitens eine natürliche Person, deren Ehegatte oder Vorfahren oder Nachkommen, wenn zumindest eine dieser Personen an dem französischen Unternehmen beteiligt ist, drittens Unternehmen, die mit dem französischen Unternehmen einen gemeinsamen Mehrheitsgesellschafter haben und viertens Geschäftspartner des französischen Unternehmens, sofern zwischen beiden eine Abhängigkeitsbeziehung besteht.

---

[165] BMF, Schreiben vom 14.5.2004, IV B 4 - S 1340 - 11/04, BStBl I 2004, Sondernummer 1, Tz. 7.4.3.

[166] *Wassermeyer* in: Flick/Wassermeyer/Baumhoff, § 7 AStG Rn. 90.2.

[167] *Schumacher*, Landesbericht Deutschland, in: International Fiscal Association, CDFI Vol. LXXXVIb (2001), 523, 530.

Vor der Verschärfung des Art. 209 B im Jahr 1993 betrug die Mindestbeteiligungshöhe noch 25%. Die neue Regelung des Abs. I bis gilt seit dem 1.1.2003 unterschiedslos für alle Gesellschaften. Bis dahin musste nach der Übergangsregelung in Art. 209 B IV CGI bestimmt werden, welche Regelung anwendbar war. Die neue Regelung in Abs. I bis galt demnach für alle ab dem 30.9.1992 erworbenen oder entstandenen ausländischen Gesellschaften oder Niederlassungen und darüber hinaus für alle Gesellschaften, in denen seit diesem Datum Kapitalveränderungen stattgefunden haben, durch die die französische Gesellschaft eine Beteiligung von mindestens 10% erreicht oder behalten hat. Für alle übrigen Gesellschaften galt bis zum 1.1.2003 die alte Regelung des Abs. I weiter.[168]

Maßgeblich für das Vorliegen der Beteiligungsvoraussetzungen ist gem. Art. 102 SA Abs. I Annexe II CGI der Tag, an dem das Wirtschaftsjahr des ausländischen Unternehmens endet.[169] Sofern an insgesamt 183 (nicht notwendigerweise zusammenhängenden) Tagen des Wirtschaftsjahres der ausländischen Gesellschaft eine höhere Beteiligung bestanden hat, ist jedoch diese Beteiligungshöhe zu berücksichtigen.

3. Zusammenfassung zur Beteiligungshöhe

Bei einer vergleichenden Betrachtung fällt auf, dass die für die Auslösung der CFC-Besteuerung erforderliche Beteiligungshöhe in Frankreich deutlich niedriger ist als in Deutschland. Dies ist insbesondere vor dem Hintergrund des Grundgedankens der deutschen Hinzurechnungsbesteuerung bemerkenswert, der von einer inländischen Beherrschung der ausländischen Gesellschaft ausgeht und die Hinzurechnung damit rechtfertigt, dass die beherrschenden Inländer das Ausschüttungsverhalten der ausländischen Gesellschaft maßgeblich beeinflussen können[170] und so die Gewinne der ausländischen Gesellschaft dauerhaft der Besteuerung im Inland entziehen können. Von einer maßgeblichen Beherrschung in diesem Sinne kann in Anbetracht der französischen Mindestbeteiligungshöhe von 10% keine Rede sein. Insofern ist eigentlich auch der amerikanische Begriff der „*Controlled Foreign Company*", der sich zur Bezeichnung vergleichbarer Besteuerungsregelungen auch in anderen Ländern durchgesetzt hat,[171] in Bezug auf die französische Regelung nur mit Vorsicht zu gebrauchen, was das Wort

---

[168] Vgl. zur Übergangsregelung Instruction BOI 4 H-3-98 vom 17.4.1998, n° 7-10; *Gouthière*, Impôts, Rn. 2521-2522.

[169] Von Missbrauchsfällen des Verkaufs kurz vor Ende des Wirtschaftsjahrs und dem kurze Zeit später folgenden Rückkauf einmal abgesehen, vgl. *Editions Lamy*, Lamy fiscal, n° 245.

[170] *Aigner*, IWB Fach 10 International Gruppe 2, 1637, 1637.

[171] Vgl. Fn.13.

„Controlled“ angeht.[172] Der Grund für die Festsetzung einer so niedrigen Mindestbeteiligungshöhe liegt darin, dass diese stets parallel zur erforderlichen Beteiligungshöhe bei der Beteiligungsertragsbefreiung ausgestaltet war.[173] Lediglich die letzte Senkung auf 5% wurde bei Art. 209 B nicht nachvollzogen.[174]

Bei der Berücksichtigung der Beteiligungen nahestehender Personen erscheint die französische Regelung weiter als die deutsche. Das hängt damit zusammen, dass in Frankreich die Anteile bestimmter Personen stets bei der Ermittlung der Beteiligung hinzugerechnet werden, ohne dass es im Einzelfall darauf ankommt, ob eine Interessengemeinschaft oder Weisungsgebundenheit tatsächlich vorliegt.

Ein Unterschied besteht auch bei der Ermittlung der inländischen Beherrschung bzw. wesentlichen Beteiligung. Während in Deutschland für die Ermittlung der Beherrschung durch Steuerinländer zur Erreichung der 50%-Grenze[175] die Beteiligungen aller Steuerinländer zusammengezählt werden, ist in Frankreich erforderlich, dass die 10%-Grenze durch die (direkte oder indirekte) Beteiligung einer Gesellschaft bzw. Einheit allein erreicht wird. Die Voraussetzungen der Hinzurechnungsbesteuerung werden also in Deutschland für eine Person schon dann erreicht, wenn sie beispielsweise nur zu 1% an der ausländischen Gesellschaft beteiligt ist und weitere 50% von anderen Steuerinländern gehalten werden[176] und zwar unabhängig davon, ob eine gemeinsame Willenbildung der Steuerinländer vorliegt und ungeachtet der Tatsache, dass der Steuerinländer mit einer Bagatellbeteiligung allein kaum in der Lage sein wird, die Ausschüttungspolitik der ausländischen Gesellschaft zu beeinflussen.[177] Im ursprünglichen Ge-

---

[172] Vgl. auch *Arnold/Dibout*, Generalbericht, in: International Fiscal Association, CDFI Vol. LXXXVIb (2001), 167 ,191, die der Ansicht sind, (u. a.) die französischen Vorschriften seien mit dem Begriff CFC-Vorschriften „völlig unkorrekt bezeichnet“, da die französische Regelung das Kriterium der Beherrschung völlig ablehne.

[173] Diese Parallelität wird z.B. in der Instruction BOI 4 H-3-98 vom 17.4.1998, n° 22, betont. Einen Vorschlag für eine entsprechende Ausgestaltung der deutschen Hinzurechnungsbesteuerung machte *Runge*, Steuerwettbewerb, in: Breuninger, FS Rädler, 559, 576 in Bezug auf die Anpassung der Mindestbeteiligungshöhe an die des § 26 KStG a.F..

[174] *Stefaner*, SWI 2002, 415, 416.

[175] Bei Zwischengesellschaften, die Einkünfte mit Kapitalanlagecharakter erzielen und bei denen eine Beteiligung von 1% ausreicht, muss diese Beteiligung von *einer* Person gehalten werden.

[176] *Wassermeyer* in: Flick/Wassermeyer/Baumhoff, § 7 Rz. 68; *Watermeyer*, GmbH-StB 2002, 317, 318.

[177] Zur Bagatellregelung: *Telkamp*, StuW 1972, 97, 110, der auch die 10%-Grenze noch für zu gering hielt und neben der Anhebung dieser Bagatellgrenze noch die Möglichkeit forderte, die gesetzlich vermutete „Interessengemeinschaft“ zwischen den beteiligten Inländern zu widerlegen. Kritisch auch *Vogel*, BB 1971, 1185, 1190. Auch aktuell gibt es Stimmen für die Einführung einer Bagatellgrenze, vgl. *Baumgärtel/Perlet*, Hinzurechnungsbesteuerung, 15; *Baumgärtel*, Reformbedarf, in: Lüdicke, Fortentwicklung, 77, 91 f.

setzentwurf zum AStG war aus diesem Grund in § 7 eine Bagatellgrenze von 10% vorgesehen, unterhalb derer die Hinzurechnungsbesteuerung nicht eingreifen sollte. Diese Regelung wurde jedoch nicht Gesetz.[178] Im Extremfall weiß der unbeschränkt Steuerpflichtige nicht einmal von der Inländerbeherrschung, z. B. wenn er an einer ausländischen Publikumsgesellschaft beteiligt ist. Diese Überlegung führte zumindest bei den Einkünften mit (überwiegend) Kapitalanlagecharakter zu einer Sonderregelung bei Beteiligungen an börsennotierten Gesellschaften (vgl. § 7 Abs. 6 S. 3 AStG). In Frankreich ist hingegen erforderlich, aber auch ausreichend, dass eine Person alleine eine Beteiligung von 10% an der ausländischen Gesellschaft hält.

IV. Niedrigbesteuerung der ausländischen Einkünfte

1. Deutschland

Die ausländischen Einkünfte gelten in Deutschland gem. § 8 Abs. 3 AStG als niedrig besteuert, wenn sie einer Ertragsteuerbelastung von weniger als 25% unterliegen. Seit der Neufassung dieser Vorschrift durch das UntStFG werden bei der Ermittlung der Ertragsteuerbelastung nicht mehr nur die Steuern im Staat des Sitzes und der Geschäftsleitung der Gesellschaft berücksichtigt, sondern auch solche Steuern, die die Erträge außerhalb des Staates der Zwischengesellschaft belastet haben, also vor allem Steuern, die ein Drittstaat (Quellenstaat) auf die passiven Einkünfte der Zwischengesellschaft erhebt.[179] Es kommt nunmehr darauf an, dass die Einkünfte insgesamt einer effektiven Ertragsteuerbelastung von mindestens 25% unterliegen. Der ausländische Ertragsteuersatz ist dabei zwar ein Indiz, maßgeblich ist aber allein die tatsächliche Steuerbelastung der ausländischen Gesellschaft.[180] Dabei kommt es darauf an, wie hoch die tatsächlich geschuldete ausländische Steuer auf das entsprechende Einkommen ist.[181] Daher ist das Tatbestandsmerkmal der Niedrigbesteuerung nicht erfüllt, wenn das ausländische Steuerniveau im konkreten Fall zwar mindestens 25% beträgt, das Einkommen der ausländischen Gesellschaft aber aufgrund falscher Angaben des Steuerpflichtigen zu niedrig besteuert wird.[182] Die Finanzverwal-

---

[178] *Wassermeyer* in: Flick/Wassermeyer/Baumhoff, § 7 Rz. 2.

[179] *Lenz/Heinsen*, IStR 2003, 793, 796; *Grotherr*, IWB Fach 3 Deutschland Gruppe 1, 1883, 1889.

[180] *Günkel/Lieber*, IWB 2004, Fach 3 Deutschland Gruppe 1, 2071, 2083.

[181] *Lenz/Heinsen*, IStR 2003, 793, 795.

[182] BFH, Urteil v. 9.7.2003, I R 82/01, DStRE 2003, 1219. In diesem Fall war die tatsächliche Steuerbelastung einer luxemburgischen Gesellschaft niedriger als 30% (alte Rechtslage)

tung hat nun auch klargestellt, dass eine Niedrigbesteuerung nicht dadurch entsteht, dass eine ausländische Gesellschaft einer Gruppenbesteuerung unterliegt und daher ihre Einkünfte bei einer anderen Gesellschaft besteuert werden.[183] Eine Zusammenstellung von Niedrig- und Normalsteuergebieten hat die Finanzverwaltung in den Anlagen 1 und 2 zum AStG-Anwendungsschreiben aus dem Jahr 2004 veröffentlicht.

2. Frankreich

Art. 209 B CGI verweist für den Begriff der Niedrigbesteuerung (*régime fiscal privilégié*)[184] auf Art. 238 A CGI. Diese Vorschrift regelt das Verbot des Betriebsausgabenabzugs bei Zins- und ähnlichen Zahlungen an natürliche oder juristische Personen im Ausland, die dort einer niedrigen Besteuerung unterliegen. Eine Niedrigbesteuerung liegt demnach vor, wenn gar keine Besteuerung erfolgt oder wenn die Einkommen- oder Körperschaftsteuerbelastung in dem betreffenden ausländischen Staat wesentlich niedriger (*notablement moins élevé*) ist, als in Frankreich. Die Finanzverwaltung geht von einer wesentlich niedrigeren Besteuerung aus, wenn die Steuerbelastung um mehr als ein Drittel niedriger ist, als die Belastung, die in derselben Situation in Frankreich entstehen würde.[185] Die französische Vergleichsgröße ist der derzeit gültige Körperschaftsteuersatz von 33,3 %. Die Ergänzungsabgabe von 3 % und die Sozialversicherungs-Ergänzungsabgabe von 3,3 % sind dabei nicht zu berücksichtigen.[186]

Dabei ist auf die konkrete steuerliche Situation der ausländischen Gesellschaft abzustellen.[187] Vor der Änderung des Art. 209 B CGI im Jahr 1993 konnten

---

gewesen, weil die Finanzbehörde das Einkommen infolge unrichtiger Angaben dieser Gesellschaft zu niedrig besteuert hatte.

[183] BMF, Schreiben vom 14.5.2004, IV B 4 - S 1340 - 11/04, BStBl I 2004, Sondernummer 1, Tz. 8.3.1.2.

[184] Der Begriff "*Régime fiscal privilégié*" wäre sprachlich eher mit dem Terminus „Vorzugsbesteuerung" zu übersetzen (so auch *Jacob/Zimmermann*, IWB Fach 3a Rechtsprechung Gruppe 2, 39, 39). Diese Übersetzung birgt jedoch eine Verwechselungsgefahr, da in § 2 des deutschen AStG der Begriff der Vorzugsbesteuerung (in Abs. 2 Nr. 2) nur eine gegenüber dem allgemeinen Steuerniveau des ausländischen Staates bevorzugende Besteuerung meint. Der französische Begriff des „*Régime fiscal privilégié*" geht jedoch viel weiter (dazu sogleich) und ist vom Sinngehalt eher unserem Begriff der Niedrigbesteuerung vergleichbar.

[185] Vgl. Instruction BOI 4 H-2-83 vom 15.2.1982, n° 11 ; *Gouthière*, Impôts, Rz. 2519 ; D. Adm. 4 C 9113, n° 15 (zu Art. 238 A CGI).

[186] *Jacob/Zimmermann*, IWB Fach 3a Rechtsprechung Gruppe 2, 39, 40.

[187] Instruction BOI 4 H-3-98 vom 17.4.1998, n° 96.

hieran Zweifel bestehen, da Art. 209 B CGI allgemein von „Niedrigsteuerländern“ (*pays à fiscalité privilégiée*) sprach.[188] So wäre es möglich gewesen, im Unterschied zu Art. 238 A CGI auf eine globale Betrachtungsweise des Steuerniveaus abzustellen und nicht auf die konkrete Steuerbelastung der ausländischen (juristischen) Person. Die Finanzverwaltung war jedoch schon vor der Änderung des Art. 209 B CGI im Jahr 1993 der Ansicht, die Interpretation des Begriffs der Niedrigbesteuerung in Art. 209 B CGI könne nicht anders sein, als in Art. 238 A CGI.[189] Es ist dabei auf eine periodische Betrachtungsweise abzustellen. Eine ausländische Gesellschaft kann daher theoretisch in einem Jahr der CFC-Besteuerung unterfallen, im folgenden Jahr hingegen nicht, was beispielsweise beim Anfallen von im Ansässigkeitsstaat der Tochtergesellschaft steuerbefreiten Veräußerungsgewinnen dazu führen kann, dass in diesem Veranlagungszeitraum eine Niedrigbesteuerung vorliegt, auch wenn es sich ansonsten um ein „Normalsteuerland“ handelt und die Veräußerungsgewinnbefreiung regulärer Bestandteil des betreffenden Steuersystems ist.[190]

3. Zusammenfassung zur Niedrigbesteuerung der ausländischen Einkünfte

Es ist festzuhalten, dass der französische Maßstab der Niedrigbesteuerung großzügiger ist, als der deutsche. Während aus deutscher Sicht eine Niedrigbesteuerung direkt unterhalb des deutschen Körperschaftsteuersatzes beginnt, ist aus französischer Sicht eine Besteuerung in Höhe von zwei Dritteln der französischen Belastung ausreichend. Auf der anderen Seite berücksichtigt die deutsche Regelung kumulativ alle auf die betreffenden Einkünfte gezahlten Steuern, während die französische Regelung eine solche Berücksichtigung nicht vorsieht.[191]

Beide Regelungen stellen auf die konkrete Steuerbelastung der ausländischen Gesellschaft ab und begnügen sich nicht damit, lediglich die abstrakten Steuersätze zu vergleichen. Dies macht allerdings aufwändige Vergleichsrechnungen erforderlich.

---

[188] *Gouthière*, Impôts, Rz. 2519.

[189] Instruction BOI 4 H-9-92 vom 6.3.1992, II, § 2.

[190] Auf diesen Umstand weist die Instruction BOI 4 H-3-98 vom 17.4.1998, n° 97 ausdrücklich hin. Vgl. auch *Chahid-Nouraï/Couturier*, Drt. fisc. 2001, n° 8, 333, 335; *Mbwa-Mboma*, TNI 2002, vol 27, n° 2, 143,144; *Legendre/Madec*, Petites affiches 2000, n° 3, 4, 4 f.

[191] Kritisch zum Fall von freigestellten Betriebsstätteneinkünften der ausländischen Gesellschaft und zum Fall doppelt ansässiger Gesellschaften *Legendre/Madec*, Petites affiches 2000, n° 3, 4, 7.

In Frankreich erfährt die Ermittlung der Niedrigbesteuerung zusätzliche Unsicherheiten dadurch, dass auch die Beteiligung an ausländischen Personengesellschaften zur Anwendung des Art. 209 B CGI führen kann. Sofern der Ansässigkeitsstaat der Personengesellschaft diese als transparent ansieht und nicht die Gesellschaft selbst besteuert, führt dies bei entsprechenden Einkünften theoretisch zu einer niedrigen (bzw. zu gar keiner) Besteuerung, selbst wenn die Gesellschafter in ihren Ansässigkeitsstaaten regulär besteuert werden. Nicht weniger schwierig ist die Frage der Behandlung von hybriden ausländischen Gesellschaften.[192]

V. Art der Einkünfte der ausländischen Einheit

1. Deutschland

Die deutsche Hinzurechnungsbesteuerung wird nur für die sogenannten passiven Einkünfte der ausländischen Gesellschaft ausgelöst. Diese werden in einer Art Ausschlussverfahren definiert als alle die Einkünfte, die nicht dem gesetzlich geregelten Aktivitätskatalog entsprechen (a.). Daneben gibt es „besonders schädliche" Einkünfte mit Kapitalanlagecharakter, bei deren Vorliegen verschärfte Rechtsfolgen eingreifen (b.).

a. Passive Einkünfte

Passiv und somit schädlich sind alle die Einkünfte aus Tätigkeiten, die sich nicht im Aktivitätskatalog des § 8 Abs. 1 AStG finden.[193] Aktive Einkünfte iSd. Vorschrift sind solche aus Land- und Forstwirtschaft (Nr. 1), industrieller Tätigkeit (Nr. 2), dem Betrieb von Kreditinstituten und Versicherungsunternehmen (Nr. 3), Handel (Nr. 4), Dienstleistungen (Nr. 5), Vermietung und Verpachtung (Nr. 6), Finanzierungstätigkeit (Nr. 7) und, seit der Änderung durch das UntStFG, auch Gewinnausschüttungen von Kapitalgesellschaften (Nr. 8) und die Veräußerung von Kapitalgesellschaftsanteilen (Nr. 9).[194]

---

[192] *Legendre/Madec*, Petites affiches 2000, n° 3, 4, 6. Die Autoren schlagen daher statt der gesellschaftsbezogenen eine einkünftebezogene Prüfung der Niedrigbesteuerung vor.

[193] Diese Art der Regelung stößt häufig schon auf grundsätzliche Kritik, weil naturgemäß alle neuartigen Tätigkeiten, die nicht im Aktivitätskatalog enthalten sind, automatisch passive Tätigkeiten sind, vgl. *Baumgärtel/Perlet*, Hinzurechnungsbesteuerung, 16.

[194] Dazu *Günkel/Lieber*, IWB 2004, Fach 3 Deutschland Gruppe 1, 2071, 2081.

Für nahezu alle der aufgezählten Tätigkeiten gibt es jedoch Einschränkungen und Ausnahmen, die teilweise ihrerseits durch Rückausnahmen eingeschränkt werden. Die Ausnahmen beziehen sich vornehmlich auf Situationen, in denen die ausgeübte Tätigkeit der ausländischen Gesellschaft einen Bezug zum Inland hat, etwa wenn die ausländische Gesellschaft Handel mit inländischen Gesellschaftern betreibt oder Dienstleistungen an inländische Gesellschafter erbringt. Die Rückausnahmen (mit der Folge des Vorliegens aktiver Tätigkeiten) greifen dann ein, wenn trotz des Inlandsbezugs von einer eigenständigen Tätigkeit der ausländischen Gesellschaft auszugehen ist, wenn also die ausländische Gesellschaft über einen in kaufmännischer Weise eingerichteten Geschäftsbetrieb verfügt und nicht inländische Steuerpflichtige bei der Tätigkeit der ausländischen Gesellschaft mitwirken. Diese sogenannten Mitwirkungstatbestände[195] führen daher (wiederum) zum Vorliegen passiver Einkünfte.

b. Einkünfte mit Kapitalanlagecharakter

Als „besonders schädlich" gelten die in der ausländischen Gesellschaft anfallenden sogenannten Einkünfte mit Kapitalanlagecharakter, die in § 7 Abs. 6 a AStG definiert sind. Es handelt sich dabei um Einkünfte „aus dem Halten, der Verwaltung, Werterhaltung oder Werterhöhung von Zahlungsmitteln, Forderungen, Wertpapieren, Beteiligungen (mit Ausnahme der in § 8 Abs. 1 Nr. 8 und 9 genannten Einkünfte) oder ähnlichen Vermögenswerten". Für sie galten bis zu den durch das StVergAbG erfolgten Änderungen verschärfte Rechtsfolgen, denn der DBA-Schutz des § 10 Abs. 5 a.F. AStG war beim Vorliegen dieser Einkünfte nicht anwendbar (§ 10 Abs. 6 a.F. AStG). Nach der Abschaffung des § 10 Abs. 5 AStG liegt die Bedeutung dieser Einkünfte nunmehr darin, dass bei ihrem Vorliegen die Voraussetzungen für die Anwendbarkeit der Hinzurechnungsbesteuerung schon bei Bagatellbeteiligungen von 1% und weniger erfüllt sind (s.o. III. 1.).

2. Frankreich

Auch in der französischen Regelung spielt die Tätigkeit der ausländischen Gesellschaft eine Rolle. Dieses Kriterium greift zwar systematisch gesehen an einer anderen Stelle ein, als in der deutschen Regelung (dazu sogleich unter 3.) wird hier aber dennoch bei den Voraussetzungen der CFC-Regelung behandelt.

---

[195] Bei Handel (Nr. 4), Dienstleistungen (Nr. 5 b) und Vermietung und Verpachtung (Nr. 6 a und c).

Art. 209 B II bzw. II bis CGI enthält eine Ausnahme von der Anwendung des Art. 209 B für den Fall, dass die Betätigung der ausländischen Gesellschaft oder Niederlassung nicht in erster Linie die Ermöglichung der Einkünfteverlagerung in niedrig besteuerte Gebiete zur Folge hat (*[...] n'ont pas principalement pour effet de permettre la localisation de bénéfices dans un Etat ou territoire où il est soumis à un régime fiscal privilégié.*). Der Grund für diese etwas umständliche Formulierung liegt wohl darin, dass der Gesetzestext nicht darauf abstellt, ob die ausländische Einheit mit dem *Ziel* der Einkünfteverlagerung genutzt wird, sondern lediglich, ob ihre Nutzung *im Ergebnis* eine solche Verlagerung *ermöglicht*. Mit anderen Worten: die Absicht der französischen Gesellschaft, Einkünfte in Niedrigsteuergebiete zu verlagern, ist nicht erforderlich.[196] Das macht die Verteidigung für die französische Gesellschaft äußerst schwierig.[197] Diese strenge Auffassung der Finanzverwaltung wird bisweilen in Frage gestellt und es wird die Ansicht geäußert, der Begriff „*effet*" könne auch im Sinne von „*motivation*", also Absicht, gemeint sein und nicht nur im Sinne von „*conséquence*", also Folge.[198] Ob darin erste Zeichen einer weniger strengen Auslegung dieses Kriteriums zu sehen sind, ist sehr fraglich. Der ausdrückliche Wortlaut der Verwaltungsanweisung spricht gegenwärtig in der Praxis noch gegen eine solche Auslegung. Auch die *Cour administrative d'appel de Paris* ist im *Schneider*-Urteil[199] auf diese Auslegungsmöglichkeit trotz eines entsprechenden Hinweises in den Schlussanträgen[200] nicht eingegangen und hat sich vielmehr an die Wortlautauslegung gehalten.[201]

Die Ausnahme greift dem Gesetzeswortlaut nach insbesondere dann, wenn die ausländische Einheit hauptsächlich effektiv Produktions- oder Handelstätigkeiten ausübt und ihre Tätigkeit überwiegend auf dem lokalen Markt ausübt (*„[...] a principalement une activité industrielle ou commerciale effective et [...] réali-*

---

[196] Vgl. auch die Instruction BOI 4 H-3-98 vom 17.4.1998, n° 189: *„Les motifs [...] n'ont pas à être pris en considération. [...] seuls les effets [...] doivent faire l'objet d'un examen*".

[197] *Douvier*, Rapport National France, in: International Fiscal Association, CDFI Vol. LXXXVIb (2001), 495, 499; *Moerman*, Intertax 1999, 50, 61.

[198] *Chahid-Nouraï/Couturier*, Drt. fisc. 2001, n° 8, 333, 334 mit Hinweis auf eine entsprechende Äußerung des Commissaire du gouvernement *Morteleq* (vgl. *Morteleq*, Drt. fisc. 2001, n° 10, 455, 456) und auf eine (möglicherweise so nicht beabsichtigte) Äußerung der Staatssekretärin im Finanzministerium *Parly*. Für eine Auslegung im Sinne von „*motivation*" spricht sich auch *de Waal*, Drt. fisc. 1991, n° 30, 1149, 1154 aus (m.w.N. bezüglich der Gesetzesmaterialien).

[199] CAA Paris v. 30.1.2001, req. n° 96-1408, *Société Schneider Electric*, Drt. fisc. 2001, n° 10, 449, décision n° 207.

[200] *Morteleq*, Drt. fisc. 2001, n° 10, 455.

[201] So auch *Dibout*, Drt. fisc. 2001, n° 10, 450, 451.

se ses opérations de façon prépondérante sur le marché local.").[202] Darunter fallen in erster Linie Tätigkeiten wie Herstellung und Weiterverarbeitung von Produkten, Handel und Dienstleistung (auch im Banken- und Versicherungssektor), nicht jedoch solche Tätigkeiten, die privater oder freiberuflicher Natur sind (etwa bestimmte Vermietungstätigkeiten, Beratungs- und Gutachtertätigkeiten).[203] Die Effektivität der Tätigkeit erfordert in der Regel das Vorhandensein von Personal in der ausländischen Einheit.[204] Jedenfalls darf sich die Aktivität der Einheit nicht auf Hilfstätigkeiten oder beispielsweise Fakturierungstätigkeiten beschränken. Das Erfordernis, dass die ausländische Einheit hauptsächlich einer solchen Tätigkeit nachgehen muss, ist laut Verwaltungsanweisung erfüllt, wenn mehr als die Hälfte der Einnahmen der Gesellschaft aus solchen Tätigkeiten stammt.[205] Kann die französische Gesellschaft nachweisen, dass die ausländische Gesellschaft einer solchen Tätigkeit nachgeht, gilt der Nachweis, dass die ausländische Einheit nicht in erster Linie die Einkünfteverlagerung zur Folge hat, automatisch als erbracht.

Die einschlägige Verwaltungsanweisung widmet der Behandlung von Holdinggesellschaften in diesem Zusammenhang einen eigenen Abschnitt.[206] Darin wird zunächst festgestellt, dass die automatische Erbringung des Nachweises, dass die ausländische Einheit nicht primär der Einkünfteverlagerung dient, im Falle einer ausländischen Holdinggesellschaft nicht in Betracht kommt, da Holdinggesellschaften keiner Produktions- oder Handelstätigkeit nachgehen. Außerdem könne man nicht davon ausgehen, dass die Tätigkeit einer Holdinggesellschaft nicht die Ermöglichung einer Einkünfteverlagerung zur Folge habe.[207] Insofern ist die Verwaltungsanweisung sehr deutlich. Dieser Standpunkt wird damit gerechtfertigt, dass eine Holding, auch wenn ihre Hauptfunktion der Erhalt von Dividendenausschüttungen ist, die nach französischen Recht dem Schachtelprivileg unterliegen würden (und somit auch intern steuerlich begünstigt wären), in aller Regel auch Einkünfte aus sonstigen Finanzanlagen und häufig auch aus Zinsen und Lizenzgebühren sowie Veräußerungsgewinnen hat. Diese Einnahmen würden dann im Vergleich zur französischen Besteuerung einer niedrigeren Besteuerung unterliegen. Im Übrigen ist es auch unerheblich, ob die ausländische Holdinggesellschaft ihrerseits an aktiven Gesellschaften beteiligt ist und

---

[202] Bis zur Verschärfung des Ausnahmetatbestands des Art. 209 B CGI im Jahr 1990 (Art. 20 der Loi n° 90-1169 vom 29. Dezember 1990, veröffentlicht in DF 1991, n° 2-3, comm. 46) knüpfte der Ausnahmetatbestand noch an überwiegend gegenüber nicht verbundenen Unternehmen ausgeübten Tätigkeiten an.

[203] Instruction BOI 4 H-3-98 vom 17.4.1998, n° 192-194.

[204] *Gouthière*, Impôts, Rz. 2524.

[205] Instruction BOI 4 H-3-98 vom 17.4.1998, n° 195.

[206] Instruction BOI 4 H-3-98 vom 17.4.1998, n° 203-208 (Chapitre Troisième, Section 3).

[207] Instruction BOI 4 H-3-98 vom 17.4.1998, n° 203.

ihre Dividendeneinkünfte von diesen bezieht.[208] Somit unterliegen französische Körperschaftsteuersubjekte, die an einer ausländischen, niedrig besteuerten Holdinggesellschaft beteiligt sind, in aller Regel der Hinzurechnungsbesteuerung. Diese Verwaltungsauffassung wurde implizit von der Rechtsprechung bestätigt.[209]

3. Zusammenfassung zur Art der Einkünfte der ausländischen Einheit

In diesem Punkt ist ein erheblicher Unterschied zwischen der deutschen und der französischen Regelung festzustellen.

Die französische Regelung unterscheidet sich von der deutschen schon von der Regelungstechnik her. Der französische Art. 209 B CGI geht zunächst bei jeder Art von niedrig besteuerten Einkünften von der Anwendung des Art. 209 B CGI aus, bestimmt aber in Abs. II bzw. II bis, dass die Bestimmungen des Abs. I unter bestimmten Umständen (insbesondere Aktivität) nicht angewendet werden. Es handelt sich hier also um einen Safe Haven (*clause de sauvegarde*), während der deutsche Aktivitätskatalog eine Art negative Tatbestandsvoraussetzung darstellt (vgl. § 8 Abs. 1 AStG: „[...] die einer niedrigen Besteuerung unterliegen und die *nicht* stammen aus [...]“). Streng systematisch gesehen gehört also die französische „Aktivitätsregelung“ nicht in den Abschnitt über die Voraussetzungen der CFC-Regelung.

Das französische Recht kennt keinen Katalog von guten Tätigkeiten. Vielmehr bezieht sich hier der Nachweis der aktiven Tätigkeit auf die Gesellschaft selbst.[210] Während im deutschen Recht eine Aufteilung der verschiedenen Einkünfte der ausländischen Gesellschaft erfolgt und nur solche Einkünfte der Hinzurechnungsbesteuerung unterworfen werden, die nicht aktive Einkünfte sind, ist in Frankreich die ausländische Gesellschaft entweder insgesamt (also auch mit ihren „aktiven“ Einkünften[211]) dem Art. 209 B CGI unterworfen oder gar nicht. Rechtsvergleichende Betrachtungen unterscheiden insofern zwischen der „Transaktionsmethodik“ und der „Unternehmensmethodik“.[212] Bei der Transaktionsmethodik, der die deutsche Regelung zuzuordnen ist, werden nur die „un-

[208] *Jacob/Zimmermann*, IWB Fach 3a Rechtsprechung Gruppe 2, 39, 40.
[209] So *Dibout*, Drt. fisc. 2001, n° 10, 450, 450.
[210] *Jacob/Zimmermann*, IWB Fach 3a Rechtsprechung Gruppe 2, 39,40; *Mbwa-Mboma*, TNI 2002, vol 27, n° 2, 143, 144 (Fn. 9).
[211] *Dibout*, Drt. fisc. 2002, n° 36, 1133, 1137.
[212] *Arnold*, CFC, 448 ff.; *OECD*, CFC Legislation, 31 ff; *Arnold/Dibout*, Generalbericht, in: International Fiscal Association, CDFI Vol. LXXXVIb (2001), 167, 200; vgl. auch *Sullivan/Wallner/Wübbelsmann*, IStR 2003, 6, 7.

sauberen" Erträge von der CFC-Besteuerung erfasst, während bei der Unternehmensmethodik, der die französische Regelung zuzuordnen ist, das Unternehmen als solches betrachtet wird und entweder alle oder gar keine Erträge von der Hinzurechnungsbesteuerung erfasst werden, was bereits die Schwäche der Unternehmensmethodik deutlich macht. Inwieweit „saubere" oder „unsaubere" Erträge vorliegen, spielt hier erst bei der Frage nach einer Befreiung von der CFC-Besteuerung eine Rolle. Der Vorteil der Unternehmensmethodik liegt darin, dass hier der administrative Aufwand für die Gesellschaft geringer ist, da sie nicht jeden einzelnen Ertrag im Hinblick auf seine spätere Zuordnung erfassen muss.

Ein weiterer entscheidender Unterschied zwischen beiden Regelungen ist darin zu sehen, dass typische Holdingeinkünfte, nämlich Dividenden und Gewinne aus Anteilsveräußerungen, in Frankreich beinahe zwangsläufig die Besteuerung nach Art. 209 B CGI auslösen, während diese Einkünfte in Deutschland ausdrücklich grundsätzlich als „gute" Einkünfte bewertet werden und gerade nicht zu einer Hinzurechnungsbesteuerung führen. Dieser Unterschied wird jedoch auf der Rechtsfolgenseite teilweise wieder verwischt, da in Frankreich für die Ermittlung der Einkünfte der ausländischen Holdinggesellschaft das Schachtelprivileg gilt und somit zumindest die Dividendeneinkünfte wieder eliminiert werden.[213]

C. Rechtsfolgen

I. Grundkonzeption der Besteuerung im Inland

Die theoretische Begründung der CFC-Besteuerung ist insbesondere bei der Frage relevant, ob diese gegen die Doppelbesteuerungsabkommen verstößt. Für eine umfassendere Darstellung wird daher auf das Kapitel verwiesen, das sich mit dieser Problematik beschäftigt (s. u. Kapitel 4 A.). An dieser Stelle soll lediglich ein erster Überblick über die systematischen Hintergründe gegeben werden.

---

[213] *Charvériat/Gouthière/Bardet/Tournès*, Holdings, Rz. 1235.

1. Deutschland

Die zur Erklärung der Systematik der deutschen Hinzurechnungsbesteuerung herangezogenen Argumentationslinien werden im Wesentlichen in drei Ansätze unterteilt.

Die Zurechnungstheorie geht davon aus, dass die einkünfteerzielenden Vorgänge der ausländischen Gesellschaft dem Inländer zuzurechnen sind.[214] Dieses Modell findet seine gesetzliche Stütze insbesondere im Wortlaut des § 7 Abs. 1 AStG (Einkünfte der ausländischen Gesellschaft sind beim inländischen Gesellschafter steuerpflichtig), aber auch in der mehrfach im Gesetz verwendeten Bezeichnung „Hinzurechnungsbetrag".

Die Ausschüttungstheorie geht hingegen davon aus, dass der Hinzurechnungsbetrag als fiktive Dividendenausschüttung behandelt wird.[215] Für diese Theorie spricht vor allem der Wortlaut des § 10 Abs. 2 AStG (Hinzurechnungsbetrag gehört zu den Einkünften aus Kapitalvermögen). Problematisch erscheint dabei jedoch, dass gerade die typischerweise auf Dividenden anwendbaren Vorschriften (§ 3 Nr. 40 S. 1 Buchst. d EStG und § 8 b Abs. 1 KStG) auf den Hinzurechnungsbetrag nicht anwendbar sind (vgl. § 10 Abs. 2 S. 3 AStG).[216]

Nach der Repräsentationstheorie ist der Hinzurechnungsbetrag eine Darstellung der Steigerung der Leistungsfähigkeit des inländischen Steuerpflichtigen auf Grund der Erträge der Zwischengesellschaft.[217] Nach dieser Ansicht hat sich der Gesetzgeber nicht an eine der beiden oben genannten Theorien gehalten, sondern die Regeln zur Hinzurechnungsbesteuerung enthalten Bestandteile beider Ansätze.[218]

Mit der Umstellung des deutschen Körperschaftsteuersystems von einem Anrechnungs- auf ein Freistellungssystem trat ein weiterer Gedanke in den Vordergrund: die Hinzurechnungsbesteuerung sollte die ausreichende Vorbelastung der (ganz bzw. teilweise) steuerfreien Dividenden sicherstellen.[219] Dies wurde zunächst durch einen besonderen Steuersatz auf den Hinzurechnungsbetrag gewährleistet, der der Höhe nach etwa der deutschen Belastung mit Körperschaft-

---

214 *Menck* in: Blümich, vor §§ 7-14 AStG, Rn. 13a.

215 *Schaumburg*, Internationales Steuerrecht, 413.

216 *Menck* in: Blümich, vor §§ 7-14 AStG, Rn. 13a; *Wassermeyer*, Fortsetzung, in: Herzig, StbJb. 2001/2002, 63, 69.

217 *Menck* in: Blümich, vor §§ 7-14 AStG, Rz. 14.

218 *Menck*, DStZ A 1978, 106, 108.

219 Bericht der Bundesregierung zur Fortentwicklung des Unternehmenssteuerrechts, FR 2001, Beilage zu Heft 11, D. I. 1. So auch *Reith*, Internationales Steuerrecht, 478.

und Gewerbesteuer entsprach (38%). Dieser besondere Steuersatz wurde jedoch mit dem Unternehmenssteuerfortentwicklungsgesetz rückwirkend aufgehoben.[220]

2. Frankreich

Der Wortlaut des Art. 209 B Abs. I bis CGI (neue Fassung) spricht vom ausländischen Ergebnis, das als Ergebnis der französischen Gesellschaft *gilt* („*qui est réputé constituer un résultat de la personne morale*"). Nach dem Wortlaut der alten Fassung der Vorschrift (Art. 209 B Abs. I CGI) besteht die Steuerpflicht der französischen Gesellschaft oder Einheit für die in der ausländischen Einheit erwirtschafteten Erträge („*Cette entreprise est soumise à l'impôt sur les sociétés sur les résultats bénéficiaires de la société étrangère [...]*"). Im *Schneider*-Verfahren[221] (der Sachverhalt unterlag der alten Fassung des Art. 209 B CGI) hat die französische Finanzverwaltung jedoch die Auffassung vertreten, es handele sich konzeptionell um eine fiktive Dividendenausschüttung.[222] Auch diese Auslegung kann im Wortlaut des Art. 209 B Abs. I bis 3. CGI eine Stütze finden, wo es heißt, der Gewinn der ausländischen Gesellschaft gelte als der französischen Gesellschaft zugeflossen („*[...] est réputé acquis* [...]").[223]

3. Zusammenfassung zur Grundkonzeption der CFC-Besteuerung

In Deutschland wie in Frankreich sind dem Grunde nach sowohl der Ansatz über eine Zurechnung des Ergebnisses der ausländischen Gesellschaft als auch der über die Fiktion einer Dividendenausschüttung bekannt. In Deutschland wird überwiegend angenommen, dass man weder mit der einen noch mit der anderen Betrachtungsweise allein zu einer befriedigenden Erklärung des Konzepts der Hinzurechnungsbesteuerung gelangen kann, da die Vorschriften der §§ 7-14 AStG von beiden Ansätzen geprägt sind.[224] Damit einhergehend wird der Vor-

---

[220] *Wassermeyer* in: Flick/Wassermeyer/Baumhoff, vor §§ 7-14 AStG, Rz. 60.

[221] CE, Ass., v. 28.6.2002, n° 232 276, *Société Schneider Electric*, Drt. fisc. 2002, n° 36, 1150, comm. 657.

[222] *Richter*, IStR 2002, 653, 653.

[223] *Gutmann/Danon/Salomé*, RDAI 2002, n° 8, 911, 918. Der Wortlaut der alten Fassung der Vorschrift (Abs. I) ist insofern fast identisch.

[224] *Wassermeyer* in: Flick/Wassermeyer/Baumhoff, vor §§ 7-14 AStG, Rz. 55; *Schaumburg*, Internationales Steuerrecht, S. 413.

wurf der Konzeptionslosigkeit der Hinzurechnungsbesteuerung erhoben.[225] Insbesondere die Tatsache, dass der Gesetzgeber (wohl) von einer fiktiven Dividendenausschüttung ausgeht und gewissermaßen im selben Atemzug die typischerweise auf Dividenden anwendbaren Vorschriften für unanwendbar erklärt, wird als Systembruch bezeichnet.[226] Dieser Systembruch ist wohl darauf zurückzuführen, dass nach dem Systemwechsel bei der Dividendenbesteuerung die Freistellung oder Halbeinkünftebesteuerung in Deutschland nach Auffassung des Gesetzgebers nicht im Falle einer Niedrigbesteuerung im Quellenstaat greifen soll.

In Frankreich war die Beantwortung der Frage, welchem der beiden Konzepte – Zurechnung oder Ausschüttungsfiktion – die Besteuerung nach Art. 209 B CGI folgt, kürzlich entscheidungserheblich im *Schneider*-Verfahren vor dem Conseil d'Etat.[227] Würde man die französische Regelung des Art. 209 B CGI auf der Grundlage des in Deutschland entwickelten Verständnisses beurteilen und einordnen wollen, so müsste man vom Wortlaut der Vorschrift her der Zurechnungstheorie folgen. Schon die Formulierung des (alten) Abs. I „*Cette entreprise est soumise à l'impôt sur les sociétés sur les résultats bénéficiaires de la société étrangère* [...]" erinnert an den deutschen Wortlaut des § 7 Abs. 1 AStG „[...] so sind die Einkünfte, für die diese Gesellschaft Zwischengesellschaft ist, bei jedem [der inländischen Gesellschafter] [...] steuerpflichtig." Noch deutlicher ist in dieser Hinsicht die Formulierung der neuen Fassung (Abs. I bis). Für die Zurechnungstheorie spricht aus deutscher Sicht weiterhin, dass der Hinzurechnungsbetrag beim inländischen Anteilseigner nicht wie eine Dividende besteuert wird, sondern eine eigene Einkunftskategorie darstellt.[228] Auch für die Konzeption als Dividendenausschüttung können jedoch Wortlautargumente angeführt werden (s.o. 2.).

---

[225] *Wassermeyer* in: Flick/Wassermeyer/Baumhoff, vor §§ 7-14 AStG, Rz. 50; ähnlich auch *Vogt* in: Blümich, vor §§ 7-14 AStG, Rz. 13 a f.

[226] Vgl. *Wassermeyer* in: Flick/Wassermeyer/Baumhoff, vor §§ 7-14 AStG, Rn. 23; a. A. wohl *Baumgärtel*, Reformbedarf, in: Lüdicke, Fortentwicklung, 77, 90 f, die die Nichtanwendbarkeit dieser Vorschriften auf den Hinzurechnungsbetrag als „systemgerecht" bezeichnet.

[227] *Editions Francis Lefebvre*, Paradis fiscaux, Rz. 574 B.

[228] Anders ist dies jedoch bei der CFC-Besteuerung französischer natürlicher Personen. Hier geht schon aus dem Gesetzestext (Art. 123 bis CGI) eindeutig hervor, dass es sich um eine fiktive Dividende handelt: „([...] *sont réputés constituer un revenu de capitaux mobiliers* [...])".

Im Ergebnis bleibt daher festzuhalten, dass allein aufgrund des Wortlauts weder in Deutschland noch in Frankreich eindeutig auf eine der Konzeptionen der CFC-Regelung geschlossen werden kann.[229]

II. Beim inländischen Steuerpflichtigen erfasster Anteil

1. Deutschland

Grundsätzlich ist für die Berechnung des hinzuzurechnenden Anteils die Beteiligung des Steuerinländers am Nennkapital der ausländischen Gesellschaft maßgeblich, vgl. § 7 Abs. 1 AStG a. E.. Aus dieser Beteiligungsquote ermittelt sich der Anteil der passiven ausländischen Einkünfte, die beim Inländer steuerpflichtig sind. Es besteht jedoch ein entscheidender Unterschied zwischen dem Beteiligtsein von Inländern zu mehr als der Hälfte i. S. d. § 7 AStG (Anwendungsvoraussetzung) und der Beteiligung am Nennkapital der ausländischen Gesellschaft (Rechtsfolge). Nur letztere erlangt Bedeutung für die Ermittlung des anteiligen Hinzurechnungsbetrags des Inländers. Das bedeutet, dass nicht jedem, der i. S. v. § 7 Abs. 2-5 AStG an der ausländischen Gesellschaft beteiligt ist, auch tatsächlich ein Anteil am Hinzurechnungsbetrag zuzuordnen ist.[230]

Daraus folgt zum einen, dass bei mehrstufigen Beteiligungsketten nur der Anteil der direkten Beteiligung des unbeschränkt Steuerpflichtigen am Nennkapital der Zwischengesellschaft ausschlaggebend ist.[231] Bei Beteiligungen über eine andere ausländische Gesellschaft (Obergesellschaft) werden passive Einkünfte der sog. nachgeschalteten Zwischengesellschaft (Untergesellschaft) jedoch der Obergesellschaft zugerechnet (vgl. § 14 AStG) und können auf diesem Wege beim unbeschränkt Steuerpflichtigen der Hinzurechnungsbesteuerung unterfallen.

Daneben sind auch Beteiligungen, die von erweitert beschränkt Steuerpflichtigen i. S. d. § 2 AStG oder weisungsgebundenen Personen i. S. d. § 7 Abs. 4 AStG gehalten werden, nur für die Ermittlung der Inlandsbeherrschung maßgeb-

---

[229] Zur Zweideutigkeit der französischen Regelung in dieser Hinsicht: *Gutmann/Danon/Salomé*, RDAI 2002, n° 8, 911, 918.

[230] *Wassermeyer* in: Flick/Wassermeyer/Baumhoff, § 7 AStG Rz. 18.1.

[231] *Wassermeyer* in: Flick/Wassermeyer/Baumhoff, § 7 AStG Rz. 38.

lich, nicht jedoch für die Ermittlung des hinzuzurechnenden Anteils am passiven Einkommen der Zwischengesellschaft.[232]

2. Frankreich

Ist die ausländische niedrig besteuerte Einheit keine Gesellschaft, so ist dem französischen Stammhaus das gesamte Ergebnis dieser Einheit zuzurechnen.[233]

Ist die ausländische Einheit eine Gesellschaft, bestimmt sich das hinzuzurechnende Ergebnis der ausländischen Einheit im Grundsatz nach der Proportion der Beteiligung der französischen Einheit. Zur Vermeidung von Doppelbesteuerungen[234] ist jedoch zwischen der Frage der Anwendbarkeit des Art. 209 B CGI (Erreichung der Beteiligungsschwelle von 10%) und der Frage, wie hoch der hinzuzurechnende Anteil des Ergebnisses der ausländischen Gesellschaft ist, zu unterscheiden. Gemäß Art. 102 T Annexe II CGI werden bei der Ermittlung des gem. Art. 209 B CGI steuerpflichtigen Betrags solche Beteiligungen nicht berücksichtigt, die indirekt über andere französische Körperschaftsteuersubjekte gehalten werden, sofern diese bereits mit demselben ausländischen Einkommen in Frankreich der Besteuerung nach Art. 209 B CGI unterliegen. Ebenfalls nicht in die Ermittlung des CFC-Betrags gehen die Beteiligungen ein, die von Personen gehalten werden, zu denen eine Interessengemeinschaft besteht. Dies ergibt sich bereits aus dem Wortlaut des Art. 209 B Abs. I bis 2. CGI am Ende.

3. Zusammenfassung zum beim inländischen Steuerpflichtigen erfassten Anteil

In diesem Punkt gleichen sich die deutsche und die französische Regelung weitgehend. Ein Unterschied kann sich wohl lediglich im Fall einer indirekten Beteiligung über eine *ausländische* Gesellschaft ergeben, denn nach dem Wortlaut der französischen Regelung ist die CFC-Besteuerung nur insoweit ausgeschlossen, wie die zwischengeschaltete Gesellschaft ihrerseits in Frankreich der Be-

---

[232] Für die Beteiligungen von Personen i. S. d. § 2 AStG ergibt sich dies aus dem Wortlaut des § 7 Abs. 1 AStG, der mit „ihnen" nur die unbeschränkt Steuerpflichtigen meint, vgl. *Wassermeyer* in: Flick/Wassermeyer/Baumhoff, § 7 AStG Rz. 21.1; bei den weisungsgebundenen Personen i. S. d. § 7 Abs. 4 AStG wurde dies durch den BFH klargestellt, vgl. BFH, Urteil v. 26.10.1983, I R 200/78, BStBl II 1984, 258.

[233] Instruction BOI 4 H-3-98 vom 17.4.1998, n° 110.

[234] *Editions Francis Lefebvre*, Paradis fiscaux, Rn. 548.

steuerung nach Art. 209 B CGI unterliegt.[235] Dieser Unterschied relativiert sich jedoch, wenn man bedenkt, dass bei der deutschen Regelung die (schädlichen) Einkünfte der Enkelgesellschaft über § 14 AStG berücksichtigt werden können.

III. Ermittlung des steuerpflichtigen CFC-Betrags

1. Deutschland

Der Hinzurechnungsbetrag ermittelt sich gemäß § 10 Abs. 3 AStG nach den Vorschriften des deutschen Steuerrechts. Die zunächst in der Literatur viel diskutierte[236] und überwiegend positiv beantwortete Frage,[237] ob bei der Ermittlung des Hinzurechnungsbetrags § 8 b Abs. 1 und Abs. 2 KStG anzuwenden seien, ist nunmehr durch § 10 Abs. 3 S. 4 AStG gesetzlich geklärt: die Beteiligungsertrags- und Veräußerungsgewinnbefreiung des deutschen Körperschaftsteuerrechts finden bei der Ermittlung des Hinzurechnungsbetrags keine Anwendung. Da Einkünfte der ausländischen Gesellschaft aus Dividenden und Veräußerungen von Beteiligungen jetzt jedoch grundsätzlich aktive Einkünfte darstellen, entfaltet diese Vorschrift nur dann negative Auswirkungen, wenn es sich um Gewinne aus der Veräußerung von Kapitalgesellschaftsanteilen handelt, die nicht unter die aktiven Einkünfte im Sinne des § 8 Abs. 1 Nr. 9 AStG fallen.[238] Ebenfalls nicht anwendbar sind begünstigende Vorschriften, die an der unbeschränkten Steuerpflicht in Deutschland oder am Vorliegen einer deutschen Betriebsstätte anknüpfen, vgl. § 10 Abs. 3 S. 4 AStG.[239]

2. Frankreich

Gemäß Art. 209 B Abs. II bis 3. des CGI wird das Ergebnis der ausländischen Gesellschaft grundsätzlich nach den Regeln des CGI ermittelt. Besonderheiten gelten hingegen bei speziellen Rückstellungen, Abzügen und Sonderabschrei-

---

[235] Dies betrifft daher auch den Fall einer ausländischen Gesellschaft, die die betreffende Beteiligung in einer französischen Betriebsstätte hält, denn für die Anwendung des Art. 209 B CGI ist die unbeschränkte Steuerpflicht nicht Voraussetzung, s.o. I. 2. a..

[236] Vgl. hierzu die Überlegungen bei *Kessler/Teufel*, IStR 2000, 545, 546; *Rättig/Protzen*, IStR 2000, 548, 554.

[237] So die Einschätzung bei *Rättig/Protzen*, IStR 2001, 601, 605 (m.w.N.).

[238] *Laudan* in: Ernst & Young/BDI, UntStFG, Teil B, Rz. 294.

[239] Praktisch relevant sind hier insbesondere die Vorschriften des Umwandlungssteuergesetzes.

bungen, sowie bezüglich der Art. 39 terdecies (langfristige Veräußerungsgewinne bei bestimmten Urheberrechten) und 223 A CGI (Organschaft). Anwendbar ist damit insbesondere das Schachtelprivileg, sofern im Ergebnis der ausländischen Gesellschaft Dividendeneinkünfte enthalten sind und die Anwendungsvoraussetzungen erfüllt sind.[240] Dividenden sind dann in Anwendung der französischen Vorschrift des Art. 145 CGI bis auf eine steuerpflichtige Kostenpauschale (nicht abzugsfähige Betriebsausgaben) von 5% steuerfrei.

Zu Beginn des ersten Wirtschaftsjahres, in dem Art. 209 B CGI Anwendung findet, ist eine Anfangsbilanz der ausländischen Gesellschaft zu erstellen, die die Grundlage für die Ermittlung des in Frankreich steuerpflichtigen CFC-Ergebnisses bildet und maßgeblich für Abschreibungen ist.

3. Zusammenfassung zur Ermittlung des CFC-Betrags

In Deutschland wie in Frankreich wird der steuerpflichtige CFC-Betrag im Grundsatz nach den Regeln des Anwendestaates der CFC-Regel ermittelt. In beiden Ländern sind jedoch Ausnahmen von dieser Regel vorgesehen. Ein entscheidender Unterschied ist auf den ersten Blick die Tatsache, dass die französische Regelung bei der Ermittlung des CFC-Einkommens die Anwendung des Schachtelprivilegs zulässt, während die deutsche Regelung dies ausdrücklich ausschließt. Im Ergebnis wird dieser Unterschied jedoch dadurch relativiert, dass im Rahmen der deutschen Regelung Dividenden als aktive Einkünfte schon gar nicht zum CFC-Ergebnis gehören (s. dazu B. V. 3.).

IV. Berücksichtigung von Verlusten der ausländischen Einheit

1. Deutschland

Verluste, die die ausländische Zwischengesellschaft aus ihrer passiven Tätigkeit erzielt, können zu einem negativen Hinzurechnungsbetrag führen. Gemäß § 10 Abs. 3 S. 5 AStG kann ein solcher Verlust entsprechend § 10 d EStG zurück- oder vorgetragen werden. Dabei können diese Verluste jeweils nur von passiven

---

[240] Auf die Anwendbarkeit des Schachtelprivilegs bei der Ermittlung des CFC-Einkommens weist die Verwaltungsanweisung ausdrücklich hin, vgl. Instruction BOI 4 H-3-98 vom 17.4.1998, n° 136.

Einkünften anderer Jahre abgezogen werden (vgl. Tz. 10. 3. 5. 1. des AStG-Anwendungsschreibens[241]).

2. Frankreich

Verluste der ausländischen Gesellschaft können auf Gewinne dieser ausländischen Gesellschaft vor- oder zurückgetragen werden. Dabei ist eine Verrechnung nur möglich, sofern die Voraussetzungen für die Anwendung des Art. 209 B CGI am Ende jedes der betroffenen Wirtschaftsjahre vorliegen bzw. vorgelegen haben, vgl. Instruction 4 H-3-98, n° 151 ff.

3. Zusammenfassung zur Berücksichtigung von Verlusten der ausländischen Einheit

In diesem Punkt ähneln sich die deutsche und die französische Vorschrift insoweit, als beide eine Verrechnung von Verlusten der ausländischen Einheit mit deren Gewinnen zulassen. Unterschiedlich ist naturgemäß die Reichweite der Verlustverrechnung, denn bei der deutschen Regelung ist eine Verrechnung nur mit anderen passiven Einkünften möglich, während die Verrechnung bei der französischen Regelung alle Einkünfte der ausländischen Einheit erfasst.

V. Berücksichtigung im Ausland gezahlter Steuern[242]

1. Deutschland

Die auf die CFC-Einkünfte entrichtete Ertrags- und Vermögensteuer ist gemäß § 10 Abs. 1 S. 1 AStG vom Hinzurechnungsbetrag abzuziehen. Der Steuerpflichtige hat jedoch auch gemäß § 12 AStG wahlweise die Möglichkeit, einen

---

[241] BMF, Schreiben vom 14.5.2004, IV B 4 - S 1340 - 11/04, BStBl I 2004, Sondernummer 1.

[242] Hier geht es zunächst nur um die auf das CFC-Einkommen erhobenen Steuern. Die anlässlich der späteren Ausschüttung der CFC erhobenen Quellensteuern werden unter VII. behandelt.

Antrag auf Anrechnung der ausländischen Steuern zu stellen.[243] Die Anrechnung erfolgt dann in entsprechender Anwendung der Vorschriften des EStG bzw. KStG. Anrechenbar sind alle nicht als Betriebsausgaben zu behandelnden Steuern, die die ausländische Gesellschaft für passive Einkünfte entrichtet hat.[244] Vom Abzug bzw. der Anrechnung erfasst sind dabei sowohl die Steuern im Quellenstaat, als auch die Steuern im Sitzstaat der Gesellschaft und in Drittstaaten.

2. Frankreich

Sofern die im Sitzstaat[245] der ausländischen Einheit bereits gezahlte Steuer der französischen Körperschaftsteuer entspricht, kann sie gemäß Art. 209 B Abs. I a.E. bzw. Abs. I bis 4. CGI auf die in Frankreich zu zahlende Steuer angerechnet werden. Wenn die ausländische Einheit eine Gesellschaft ist, entspricht der anrechenbare Anteil der ausländischen Steuer prozentual dem Anteil der für die CFC-Besteuerung maßgeblichen Beteiligung an dieser Gesellschaft.

Um der französischen Körperschaftsteuer vergleichbar (und somit auf diese anrechenbar) zu sein, muss es sich bei der ausländischen Steuer um eine anteilige Steuer auf den Ertrag der Einheit handeln, die nicht von diesem Ertrag abzugsfähig ist. Daher scheiden sowohl Steuern auf das Kapital bzw. Vermögen der ausländischen Einheit als auch Grundsteuern und der französischen Gewerbesteuer (*Taxe professionnelle*) vergleichbare Steuern bei der Anrechnung aus.[246] Die deutsche Gewerbesteuer dürfte beispielsweise nach diesen Kriterien wohl nicht anrechenbar sein und zwar weniger, weil sie der französischen *Taxe Professionnelle* entspricht,[247] sondern vielmehr schon deshalb, weil sie vom körperschaftsteuerlichen Ertrag abzugsfähig ist.

---

[243] Die Möglichkeit der Anrechnung ist dabei für den Steuerpflichtigen in der Regel günstiger, *Jacobs*, Internationale Unternehmensbesteuerung, 540 f; *Wassermeyer* in: Flick/Wassermeyer/Baumhoff, § 12 AStG, Rz. 12.

[244] BMF, Schreiben vom 14.5.2004, IV B 4 - S 1340 - 11/04, BStBl I 2004, Sondernummer 1, Tz. 12.1.1.

[245] Art. 209 B Abs. I bis 4. CGI: „*[...] l'impôt acquitté localement [...]*". Die Verwaltungsanweisung spricht noch deutlicher von „*[...] acquittés dans le pays ou le territoire où la société, le groupement ou l'entreprise est établi.*" (Instruction BOI 4 H-3-98 vom 17.4.1998, n° 163).

[246] Instruction BOI 4 H-3-98 vom 17.4.1998, n° 166 f.

[247] So aber wohl (mit Zweifeln) *Richter*, IStR 2002, 231, 232 (Fn. 9).

3. Zusammenfassung zur Berücksichtigung im Ausland gezahlter Steuern

Beide CFC-Regelungen sehen die Berücksichtigung Steuern vor, die das CFC-Einkommen bereits belastet haben. Während in der deutschen Regelung der Abzug dieser Steuern der gesetzlich vorgesehene Regelfall ist, und die Anrechnung eine zusätzliche Möglichkeit der Berücksichtigung darstellt, ist die Anrechnung in der französischen Regelung die einzige vorgesehene Möglichkeit. In der Praxis ist jedoch auch in Deutschland die Anrechnung in aller Regel die günstigere Methode, so dass dieser Unterschied kaum ins Gewicht fallen dürfte. Weitreichender erscheint die deutsche Regelung hinsichtlich solcher Steuern, die von der CFC-Gesellschaft in Drittstaaten gezahlt wurden. Diese Steuern sind dem Wortlaut des Gesetzes und der Verwaltungsanweisung nach in Frankreich nicht anrechenbar,[248] während sie in Deutschland berücksichtigt werden.

VI. Besteuerung des CFC-Betrags beim Inländer

1. Deutschland

Der so ermittelte Hinzurechnungsbetrag gehört zu den Einkünften aus Kapitalvermögen (bzw. zu den Einkünften aus Gewerbebetrieb, Land- und Forstwirtschaft oder selbständiger Arbeit, sofern die Anteile in einem inländischen Betriebsvermögen gehalten werden), § 10 Abs. 2 AStG. Dennoch wird der Hinzurechnungsbetrag nicht nach denselben Regeln behandelt, wie eine gewöhnliche Dividendenausschüttung, denn die §§ 3 Nr. 40 S. 1 Buchst. d EStG und § 8 b Abs. 1 KStG sind gemäß § 10 Abs. 2 S. 3 AStG ausdrücklich darauf nicht anwendbar.[249] Sofern der Hinzurechnungsbetrag zu den Gewinneinkünften gehört, unterliegt er neben der Einkommen- bzw. Körperschaftsteuer auch der Gewerbesteuer.[250]

---

[248] Der Gesetzgeber hat sich offenbar bewusst gegen die Einbeziehung der Drittstaatensteuern entschieden, denn im Gesetzgebungsprozess wurde dieses Problem gesehen, *Baconnier*, Französisches Außensteuerrecht, in: Vogel, Steueroasen, 53, 58.

[249] Die Regelung des § 10 Abs. 2 Satz 3 AStG wird daher teilweise als Systembruch kritisiert, vgl. *Wassermeyer* in: Flick/Wassermeyer/Baumhoff, vor §§ 7-14 AStG, Rz. 23.

[250] *Watermeyer*, GmbH-StB 2002, 317, 321.

Die Tatsache, dass der Hinzurechnungsbetrag dem Grunde nach zu den gewöhnlichen Einkünften aus Kapitalvermögen gehört hat zu Folge, dass er auch nach den allgemein geltenden Regeln mit inländischen Einkünften verrechnet werden kann.

Gemäß § 10 Abs. 5 a. F. AStG waren bis 2003 auf den Hinzurechnungsbetrag die Doppelbesteuerungsabkommen anwendbar (mit Ausnahme der Fälle des § 10 Abs. 6 a.F. AStG). Sofern die Beteiligungsvoraussetzungen für das DBA-Schachtelprivileg erfüllt waren, war daher der Hinzurechnungsbetrag in Deutschland freigestellt, sofern nicht die Freistellung wiederum durch einen DBA-Aktivitätsvorbehalt versagt wurde. Die Relevanz der Hinzurechnungsbesteuerung in der Praxis wurde dadurch erheblich gemindert, da die Voraussetzungen der Hinzurechnungsbesteuerung oft nicht geprüft werden mussten, weil die Rechtsfolge beim Vorliegen der Voraussetzungen ohnehin die Freistellung war. Durch das StVergAbG wurde 2003 die Vorschrift des § 10 Abs. 5 a.F. AStG aufgehoben, so dass zukünftig die Prüfung der Tatbestandsvoraussetzungen der Hinzurechnungsbesteuerung von deutlich größerer Bedeutung sein wird.[251]

Der Gesetzgeber hat in § 9 AStG eine Freigrenze vorgesehen, die die Anwendbarkeit der Hinzurechnungsbesteuerung ausschließt, wenn die Zwischeneinkünfte höchstens 10% der Einkünfte der ausländischen Gesellschaft ausmachen, sofern eine absolute Grenze von EUR 62.000 nicht überschritten wird.

2. Frankreich

Art. 209 B Abs. II bis 3. CGI bestimmt, dass der CFC-Betrag gesondert besteuert wird (*[...] fait l'objet d'une imposition séparée)* und zwar mit dem Regelsteuersatz des Impôt sur les Sociétés (derzeit 33 1/3 %) zuzüglich der darauf erhobenen Zuschläge.[252]. Somit ist ein Ausgleich mit inländischen Verlusten ausdrücklich nicht möglich, vgl. Instruction 4 H-3-98, n° 158. Auch hierin findet sich der Strafcharakter des Art. 209 B CGI wieder.[253]

Die Steuer ist mit der Abgabe der gesonderten Erklärung zu entrichten.

---

[251] *Sieker*, IStR 2003, 78, 81.

[252] Instruction BOI 4 H-3-98 vom 17.4.1998, n° 160. Eine Besonderheit ergibt sich lediglich bei langfristigen Veräußerungsgewinnen, die normalerweise einem ermäßigten Steuersatz von 19% unterliegen, *Editions Lamy*, Lamy fiscal, n° 254.

[253] *Baconnier*, Französisches Außensteuerrecht, in: Vogel, Steueroasen, 53, 56.

3. Zusammenfassung

Bei der Behandlung des CFC-Einkommens beim Inländer ist zwischen der deutschen und der französischen Regelung ein erheblicher Unterschied festzustellen. Die deutsche Regelung, die zunächst durch das StSenkG vorgesehen war und durch das UntStFG rückwirkend aufgehoben wurde, wäre der französischen Regelung systematisch gesehen näher gekommen,[254] wenngleich in Frankreich kein besonderer Steuersatz vorgesehen ist. Der Unterschied zwischen beiden Regelungen besteht in diesem Punkt darin, dass in Deutschland eine Verrechnung mit inländischen und sonstigen ausländischen Einkünften möglich ist, was in Frankreich durch die getrennte Besteuerung entfällt. Die Vermutung liegt nahe, dass durch eine derartige getrennte Besteuerung des CFC-Einkommens der französischen CFC-Besteuerung ein gewisser Strafcharakter verliehen werden sollte.[255]

Während in Deutschland die Hinzurechnungsbesteuerung bis 2003 explizit die Anwendbarkeit der Doppelbesteuerungsabkommen auf den Hinzurechnungsbetrag vorsah, äußert sich die französische Regelung zu dieser Frage nicht. Das mag daran liegen, dass die Qualifizierung des CFC-Einkommens aus Sicht der französischen Regelung nicht so eindeutig möglich ist, wie bei der deutschen Regelung, wo die Dividendenqualifikation des Hinzurechnungsbetrags auf der Rechtsfolgenseite ausdrücklich vorgesehen ist. Mit dieser Frage beschäftigt sich ausführlich Kapitel 4 A..

VII. Behandlung einer späteren Ausschüttung der ausländischen Gesellschaft

1. Deutschland

Seit mit der Fassung des AStG nach dem UntStFG die Hinzurechnungsbesteuerung zu einer Definitivbelastung geworden ist, d. h. eine Ausschüttung der Zwischengesellschaft nicht mehr zu einer Kürzung des Hinzurechnungsbetrags des entsprechenden Jahres führt[256] (Abschaffung des § 11 Abs. 1 a. F. AStG), muss eine Doppelbelastung der Ausschüttung der Zwischengesellschaft in anderer Weise vermieden werden.

---

[254] So auch *Richter*, IStR 2002, 231, 232 (Fn. 8).
[255] So *OECD*, CFC Legislation, 65; *Editions Francis Lefebvre*, Paradis fiscaux, n° 556.
[256] *Lieber*, FR 2002, 139, 141; *Stuhrmann*, PIStB 2002, 30, 32.

Im Anwendungsbereich der Körperschaftsteuer geschieht dies gewissermaßen automatisch durch die generelle Freistellung von Dividendeneinkünften gemäß § 8 b Abs. 1 KStG. Allerdings findet auch die Regelung der nichtabzugsfähigen Betriebsausgaben des § 8 b Abs. 5 KStG Anwendung, so dass es in Höhe der zu versteuernden 5% der ausgeschütteten Dividende zu einer Doppelbelastung kommt, da die entsprechenden Zwischeneinkünfte zuvor bereits in voller Höhe besteuert wurden.[257] Hier wird z. T. vertreten, § 8 b Abs. 5 KStG müsse in diesen Fällen teleologisch reduziert und somit nicht angewendet werden.[258]

Im Anwendungsbereich der Einkommensteuer sind gemäß § 3 Nr. 41 Buchst. a EStG Gewinnausschüttungen einer ausländischen Gesellschaft steuerfrei, wenn der Steuerpflichtige nachweist, dass die Erträge dieser Gesellschaft in den vergangenen sieben Jahren (Kalender- oder Wirtschaftsjahre) der Hinzurechnungsbesteuerung unterlegen haben. Dasselbe gilt gemäß Buchst. b dieser Vorschrift für die entsprechenden Gewinne aus der Veräußerung der Anteile an dieser Gesellschaft. Die Siebenjahresfrist führt allerdings immer dann zu einer Doppelbesteuerung, wenn die Dividendenausschüttung mehr als sieben Jahre nach der Hinzurechnungsbesteuerung der entsprechenden Beträge erfolgt.

Die Freistellung erfolgt nur insoweit, wie der Hinzurechnungsbetrag nicht bereits in Anwendung des § 11 Abs. 1 a. F. AStG (anwendbar bis Ende des Jahres 2000) um eine in demselben Wirtschaftsjahr ausgeschüttete Dividende gekürzt wurde.

Eine Doppelbelastung kann ferner daraus resultieren, dass bei der tatsächlichen Dividendenausschüttung der Zwischengesellschaft im Staat dieser Gesellschaft Quellensteuer einbehalten wird. Mit diesem Problem befasst sich § 12 Abs. 3 AStG. Unmittelbar aus dem Gesetzestext ergibt sich eine Lösung jedoch nur für den Anwendungsbereich der Einkommensteuer, da dem Wortlaut nach nur Steuern auf „nach § 3 Nr. 41 des EStG befreite Gewinnausschüttungen" angerechnet oder abgezogen werden können. Die Gewinnausschüttungen im Anwendungsbereich der Körperschaftsteuer sind jedoch nicht nach dieser Vorschrift, sondern nach § 8 b Abs. 1 KStG befreit. In der Literatur wurde daher häufig entweder die unmittelbare Anwendung des § 3 Nr. 41 EStG über § 8 Abs. 1 KStG[259] oder zumindest eine Anwendung aus Billigkeitsgründen[260] gefordert.[261] Das Anwen-

[257] *Kessler/Dorfmueller/Schmitt*, PIStB 2001, 318, 320.
[258] *Watermeyer*, GmbH-StB 2002, 317, 321.
[259] *Rättig/Protzen*, IStR 2002, 123, 127.
[260] *Watermeyer*, GmbH-StB 2002, 317, 321.
[261] A.A. Menck in: Blümich, § 12 AStG, Rz. 19, der zwar einen formalen Verstoß gegen die Formengleichheit sieht, diesen aber aufgrund der unterschiedlichen Situation offenbar für gerechtfertigt hält.

dungsschreiben zum AStG aus dem Jahr 2004 hält nun ausdrücklich fest, dass § 12 Abs. 3 AStG für körperschaftsteuerpflichtige Beteiligte entsprechend gilt.[262]

2. Frankreich

Art. 102 Y annexe II CGI bestimmt, dass Dividenden und Beteiligungserträge der ausländischen niedrig besteuerten Gesellschaft bei der französischen Gesellschaft aus dem steuerlichen Ergebnis zu kürzen sind. Dies gilt jedoch nur, soweit die Ausschüttungen in einem Veranlagungszeitraum den auf der Grundlage von Art. 209 B CGI in diesem Veranlagungszeitraum besteuerten Betrag nicht überschreiten. Diese Grenze wird für jede CFC-Gesellschaft, an der die französische Gesellschaft beteiligt ist, gesondert ermittelt. Der Betrag, um den die ausgeschüttete Dividende in einem Veranlagungszeitraum den Hinzurechnungsbetrag übersteigt, unterliegt der regulären Besteuerung, ggf. also der Anwendung des Schachtelprivilegs.[263]

Bei Weiterausschüttung der in Anwendung des Art. 209 B CGI besteuerten Beträge wird die französische Ausgleichssteuer (*Précompte*) nicht fällig.[264]

Die in Anwendung eines Doppelbesteuerungsabkommens auf die tatsächliche Ausschüttung der CFC-Gesellschaft erhobene Quellensteuer ist gemäß Art. 102 annexe II CGI auf die gem. Art. 209 B CGI erhobene französische Körperschaftsteuer anrechenbar.

---

[262] BMF, Schreiben vom 14.5.2004, IV B 4 - S 1340 - 11/04, BStBl I 2004, Sondernummer 1, Tz. 12.3.4.

[263] *Delignières*, Art. 209 B CGI, in: Editions du Juris-Classeur, Droit fiscal international Vol. I, Fasc. 305-20, n° 108 f.

[264] Instruction BOI 4 H-3-98 vom 17.4.1998, 181 f.; *Delignières*, Art. 209 B CGI, in: Editions du Juris-Classeur, Droit fiscal international Vol. I, Fasc. 305-20, n° 110. Mit Änderung des französischen Systems zur Dividendenbesteuerung ab 2005 fällt der *Précompte* ohnehin weg, wenngleich für Ausschüttungen in 2005 übergangsweise noch eine Ersatz-Abgabe vorgesehen ist, vgl. Art. 95 der Loi de finances pour 2004 n° 2003-1311 vom 30.12.2003, J.O. v. 31.12.2003.

3. Zusammenfassung zur Behandlung einer späteren Ausschüttung der ausländischen Gesellschaft

Die französische Regelung zur Vermeidung der erneuten Besteuerung der tatsächlichen Ausschüttung der CFC-Gesellschaft entspricht in ihrer Funktionsweise der Regelung des § 3 Nr. 41 EStG, da diese Ausschüttungen aus der inländischen Bemessungsgrundlage ausgenommen werden, soweit sie der CFC-Besteuerung unterlegen haben. Die in der deutschen Regelung häufig kritisierte zeitliche Beschränkung sieht die französische Regelung allerdings nicht vor.

Die Vermeidung der Doppelbesteuerung durch vom Staat der CFC-Gesellschaft erhobene Quellensteuer erfolgt in Deutschland und in Frankreich durch Anrechnung auf die CFC-Steuer, in Deutschland besteht allerdings daneben auch die Möglichkeit des Abzugs.

Kapitel 4: Kollision der nationalen CFC-Gesetzgebung mit internationalem Recht

Die Anwendung der nationalen Abwehrgesetzgebung gegenüber den klassischen Steueroasen lässt im Allgemeinen keine Konflikte mit internationalem Recht entstehen, da diese Steueroasen sich zum einen meist außerhalb der EU befinden und zum anderen mit ihnen in der Regel keine Doppelbesteuerungsabkommen bestehen. Problematisch sind in diesem Zusammenhang vielmehr Investitionen in Ländern, die gezielt Steuervergünstigungen für bestimmte, oft mobile Aktivitäten anbieten. Nicht zufällig betreffen die wenigen Urteile zur Vereinbarkeit der CFC-Regelungen mit den Doppelbesteuerungsabkommen in Deutschland wie in Frankreich ganz überwiegend Fälle von Schweizer Tochtergesellschaften. Die Tatsache, dass DBA-Staaten und EU-Mitgliedstaaten mit weitgehend normalem Steuerniveau aufgrund des Konkurrenzdrucks vermehrt dazu übergehen, günstige Regelungen insbesondere für mobile Aktivitäten wie Finanz-, Holding- und Dienstleistungsaktivitäten (z.B. Veräußerungsgewinnbefreiungen[265]) einzuführen,[266] hat die Problematik der Kompatibilität der Abwehrgesetzgebung mit internationalen Verpflichtungen deutlich verschärft.[267] Eine Schlüsselrolle spielte hierbei im gemeinschaftsrechtlichen Kontext die irische IFSC-Besteuerung.[268] Es zeigt sich daher, dass die nationalen CFC-Regelungen vor allem durch den innerhalb der europäischen Gemeinschaft zunehmenden Steuerwettbewerb verstärkt unter Druck geraten, und die Gefahr einer Kollision mit internationalen Verpflichtungen wächst gleichzeitig mit der Verschärfung des Steuerwettbewerbs in klassischen Hoch- bzw. Normalsteuerländern.

Die älteren Doppelbesteuerungsabkommen konnten diese Situation nicht berücksichtigen, so dass dort meist die Ausnahmevorschriften zur Anwendung der

---

265 Länder mit Veräußerungsgewinnbefreiung werden von der französischen Finanzverwaltung insofern als „Niedrigsteuerländer“ angesehen, vgl. *Chahid-Nouraï/Couturier*, Drt. fisc. 2001, n° 8, 333, 335; *Mbwa-Mboma*, TNI 2002, vol 27, n° 2, 143, 144; *de Bourmont/Desmoulins*, IStR 2002, Länderbericht Heft 15, 3 (speziell in Bezug auf die deutsche Regelung des § 8 b KStG); *Bourtourault/Mbwa-Mboma*, Intertax 2002, vol. 30, issue 12, 493, 493 f.

266 Vgl. *OECD*, CFC Legislation, 15. Ein aktuelles Beispiel sind die kürzlich in Spanien eingeführten Regelungen für Holdinggesellschaften, die darauf abzielen, ausländische Konzerne zur Errichtung von spanischen Holdinggesellschaften zu veranlassen, vgl. hierzu *Herzig/Wagner*, IStR 2003, 222 ff..

267 Besonders deutlich wird der Mechanismus im Beitrag von *Juilhard*, RJF 2001, n°, 303, 304, der im Zusammenhang mit ausländischen Veräußerungsgewinnbefreiungen die Frage aufwirft, ob Frankreich nicht lieber selbst eine attraktive Holdingbesteuerung einführen sollte, anstatt sich auf Abwehrmaßnahmen zu konzentrieren.

268 Zum Konflikt der französischen CFC-Regelungen mit den durch die Kommission genehmigten irischen Steuervergünstigungen bereits *Dibout*, Drt. fisc. 1990, n° 44, 1485, 1490 f.

CFC-Besteuerung fehlen. Die im Hinblick auf die Einführung solcher Ausnahmeklauseln eingeleiteten Neuverhandlungen der Abkommen mit Staaten, die für die Ansiedlung ausländischer Unternehmen auf eine attraktive Steuergesetzgebung angewiesen sind (oder zu sein glauben), scheitern – kaum überraschend – in der Regel am Widerstand dieser Staaten.[269] Den Anwendestaaten der CFC-Gesetzgebung bleibt dann nur die Möglichkeit einer entsprechenden Auslegung oder einseitigen Anpassung des Wortlauts ihrer CFC-Vorschriften, so dass deren Anwendung auch im DBA-Fall gewährleistet ist. Im europäischen Binnenmarkt wird einer nur „redaktionell"[270] geänderten CFC-Besteuerung jedoch einhellig die baldige Zensur durch den EuGH vorausgesagt.[271] Im Falle einer gerichtlich festgestellten Europarechtswidrigkeit einer CFC-Regelung liefen dann auch gegenüber den Mitgliedstaaten gegebenenfalls ausgehandelte DBA-Vorbehalte leer.[272]

Nachfolgend soll die Vereinbarkeit der deutschen und der französischen CFC-Regelungen mit Doppelbesteuerungsabkommen (unter A.) und Gemeinschaftsrecht (unter B.) untersucht werden.

A. Vereinbarkeit mit Doppelbesteuerungsabkommen

Da die CFC-Besteuerung dazu führt, dass beim inländischen Anteilseigner nicht ausgeschüttete Gewinne der ausländischen Einheit steuerpflichtig werden, stellt sich die Frage, ob ein solcher Zugriff mit dem Grundgedanken und den einzelnen Verteilungsnormen[273] der Doppelbesteuerungsabkommen im Einklang steht.

---

[269] Als Beispiel sei nur die gescheiterte Neuverhandlung des deutschen DBA Irland (ähnliche Probleme bestanden auch im Verhältnis zu den Benelux-Staaten, vgl. *Wolff*, IStR 2001, 440, 441) genannt, die schließlich der Anlass für die Einführung des § 10 Abs. 6 a.F. AStG war; ähnlich auf französischer Seite die Neuverhandlungen der DBA mit Luxemburg und Belgien; vgl. hierzu *Chahid-Nouraï/Couturier*, Drt. fisc. 2001, n° 8, 333, 335. Das 1997 beschlossene Protokoll zum französisch-schweizerischen Doppelbesteuerungsabkommen hatte die Neufassung des Art. 25 dieses Abkommens zur Folge, von der nicht unumstritten ist, ob sich aus ihr die Anwendbarkeit des Art. 209 B CGI überhaupt herleiten lässt. Wie aus einem internen Schreiben der schweizerischen Finanzverwaltung vom 9.6.1999 hervorgeht, ist die Schweiz im Gegensatz zu Frankreich nicht dieser Ansicht, vgl. *Boutemy/Meier*, Petites affiches 2001, n° 36, 6, 10; *Not*, TNI 2000, vol. 20, n° 22, 2387, 2387.

[270] *Boutemy/Meier/Perrot*, Petites affiches 2002, n° 171, 4, 10.

[271] Zu dieser Frage wird sich der EuGH nun nach der Vorlage der britischen Special Commissioners im Fall des *Cadbury Schweppes* Konzerns erstmals äußern müssen. Dazu *Obser*, IStR 2004, Länderbericht Heft 13, 1 f; *Stefaner*, SWI 2004, 339 ff.

[272] *Olléon*, RJF 2003, n° 3, 191, 194.

[273] Der Begriff „Verteilungsnorm" bezeichnet nachfolgend die Normen der Doppelbesteuerungsabkommen, die (in Abgrenzung zum sog. Methodenartikel) bestimmen, welchem

Diese Frage beschäftigte im Grundsatz in Deutschland die Literatur sogar schon vor der Einführung der Hinzurechungsbesteuerung 1972.[274] Während hierzulande die Diskussion nach der Einführung der Vorschrift des § 20 Abs. 1 AStG 1992 immer mehr abflaute, hat diese Auseinandersetzung in Frankreich erst in den 1990er Jahren wirklich begonnen und erreichte ihren vorläufigen Höhepunkt im Jahr 2002, als die Frage der Vereinbarkeit des Art. 209 B CGI mit dem DBA Frankreich-Schweiz Gegenstand einer Entscheidung des Conseil d'Etat war.[275] Im Folgenden soll es nicht darum gehen, die Frage der Kompatibilität der CFC-Besteuerung mit den Doppelbesteuerungsabkommen nochmals von Grund auf zu untersuchen,[276] sondern vielmehr darum, die Gemeinsamkeiten und Unterschiede der Problematik aus französischer und deutscher Sicht aufzuzeigen.

Es stellen sich in diesem Zusammenhang mehrere voneinander zu trennende Fragen. Von grundlegender Bedeutung für das Verständnis der Diskussion um die Vereinbarkeit von Doppelbesteuerungsabkommen und nationalem Steuerrecht ist zunächst, welchen Platz die Doppelbesteuerungsabkommen jeweils in der nationalen Normenhierarchie einnehmen (dazu unter I.). Diese Frage wirkt sich zwar nicht unmittelbar auf die Diskussion um den materiellen Widerspruch zwischen nationalem Recht und Doppelbesteuerungsabkommen aus (dazu unter II.), ist aber von entscheidender Bedeutung, wenn es darum geht, wie sich gegebenenfalls ein solcher Widerspruch auswirkt und insbesondere, welche der sich (eventuell) widersprechenden Normen schließlich zur Anwendung gelangt. In diesem Zusammenhang ist zu untersuchen, ob aus völkerrechtlicher Sicht ein sogenannter Treaty Override[277] vorliegt oder nicht (dazu unter III). Ob und inwieweit die insbesondere im Kommentar zum OECD-MA festgehaltene Auffassung des OECD-Steuerausschusses bei der Beurteilung der Frage der DBA-Kompatibilität eine Rolle spielt, wird abschließend dargestellt (IV.).

Land für eine bestimmte Art von Einkünften ein Besteuerungsrecht zusteht (Art. 6-22 OECD-MA). Damit soll keine Aussage über die genaue technische Funktionsweise dieser Vorschriften als Verteilungs-, Beschränkungs-, Verzichts-, Befreiungs-, Schranken-, etc. -normen getroffen werden. Der Begriff der Verteilungsnorm ist international am weitesten verbreitet (vgl. dazu und zum deutschen Streit um die „richtige" Bezeichnung: *Vogel*, IStR 2003, 523, 524) und soll daher auch hier verwendet werden.

274 *Debatin*, Nationalbericht IFA 1964, in: International Fiscal Association, Cahiers de Droit Fiscal International Vol.XLIX b, 101, 124.

275 CE, Ass., v. 28.6.2002, n° 232 276, *Société Schneider Electric*, Drt. fisc. 2002, n° 36, 1150, comm. 657. *Dibout*, Drt. fisc. 2002, n° 36, 1133, 1141 bezeichnet dieses Urteil als den eines Meinungsstreits von seltener Intensität („... *aboutissement d'une discussion doctrinale d'une rare intensité.*").

276 Vgl. grundlegend zu dieser Frage z. B. *Musil*, Treaty Overriding, 42 ff.; *Scherer*, Doppelbesteuerung, 13 ff.; *Brünink*, Verhältnis; *Sandler*, Tax Treaties.

277 Zum Begriff des Treaty Override s. u. III.

I. Rang der Doppelbesteuerungsabkommen in der Normenhierarchie

Bei der Untersuchung eines möglichen Konflikts von nationalen Regelungen und Doppelbesteuerungsabkommen ist zunächst der Frage nachzugehen, in welchem Rangverhältnis die Doppelbesteuerungsabkommen zu den Regelungen des nationalen Steuerrechts stehen. Da Doppelbesteuerungsabkommen zweiseitige völkerrechtliche Verträge sind,[278] geht es hier also um die Frage der Stellung der völkerrechtlichen Verträge in der jeweiligen nationalen Rechtsordnung. Diese Frage wird in der völkerrechtlichen Literatur schon seit langem diskutiert,[279] so dass hier nur die vertretenen Ansätze zusammengefasst und die jeweils in Deutschland und Frankreich im Grundgesetz bzw. der Verfassung niedergelegten Positionen vergleichend gegenübergestellt werden sollen.

Im Ausgangspunkt werden in der völkerrechtlichen Diskussion der monistische und der dualistische Grundansatz unterschieden.[280] Nach dem monistischen Verständnis sind nationales Recht und Völkerrecht Bestandteile einer einheitlichen Rechtsordnung, so dass es keines innerstaatlichen Befehls für die Geltung des Völkerrechts bedarf.[281] Innerhalb des monistischen Grundansatzes werden zwei Auffassungen unterschieden. Der Monismus mit Primat des Völkerrechts geht davon aus, dass das Völkerrecht die ursprüngliche Rechtsordnung ist, aus der sich das nationale Recht ableitet,[282] während der Monismus mit Primat des innerstaatlichen Rechts dieses als die ursprüngliche Rechtsordnung ansieht, aus der sich das Völkerrecht ableitet.[283] Der dualistische Ansatz hingegen beruht auf der Überlegung, dass innerstaatliches Recht und Völkerrecht voneinander unabhängig bestehen und gewissermaßen zwei sich nicht überschneidende Rechtskreise bilden.[284] Das Völkerrecht gilt demnach im innerstaatlichen Rechtsraum

---

[278] Vgl. u.a. *Brünink*, Verhältnis, 4; *Derouin*, RJF 1979, n° 12, 402, 402; *Wassermeyer* in: Debatin/Wassermeyer, DBA, Vor Art. 1, Rz. 9.

[279] Nachweise bei *Kunig* in: Vitzthum, Völkerrecht, Rz. 28 ff.; *Geiger*, Völkerrecht, 12; *Kimminich/Hobe*, Völkerrecht, 223 ff.; *Dupuy*, Droit International Public, Rz. 416 ff.

[280] Einen Überblick gibt *Gloria*, Verständigungsverfahren, 25 ff.

[281] *Kunig* in: Vitzthum, Völkerrecht, Rz. 31; zu den klassischen Vertretern des Monismus werden in erster Linie *Kelsen*, *Verdross* und *Scelle* gezählt (*H. Kelsen*, Das Problem der Souveränität und die Theorie des Völkerrechts, 1920 und *A. Verdross*, Die Einheit des rechtlichen Weltbildes auf der Grundlage der Völkerrechtsverfassung, 1923))

[282] *Geiger*, Völkerrecht, S. 13 mit Hinweis auf *Kelsen*, *Verdross* und *Merkl* als Hauptvertreter dieser Auffassung.

[283] *Kimminich/Hobe*, Völkerrecht, 223.

[284] Z.B. die Darstellung bei *Wassermeyer* in: Debatin/Wassermeyer, DBA, Vor Art. 1, Rz. 9; *Gloria*, Verständigungsverfahren, 26 f..

nicht automatisch, sondern nur aufgrund eines Umsetzungsaktes des innerstaatlichen Rechts.[285]

Eng verknüpft mit der Einordnung in die nationale Normenhierarchie ist die Frage, auf welche Weise die völkerrechtlichen Verträge in das innerstaatliche Recht einbezogen werden. Insbesondere die Vertreter des Monismus gehen hier davon aus, dass das Völkerrecht als Teil derselben Rechtsordnung unverändert im innerstaatlichen Bereich anwendbar ist (sog. Adoptions- oder Inkorporationslehre).[286] Einen Unterfall dieser Lehre bildet die Vollzugslehre, die zwar zusätzlich einen innerstaatlichen Anwendungsbefehl voraussetzt, der aber an der Rechtsqualität des einzubeziehenden Völkerrechts nichts ändert.[287] Hierin unterscheidet sich die Vollzugslehre von der auf dem dualistischen Ansatz beruhenden Transformationslehre, die ebenfalls einen innerstaatlichen Anwendungsbefehl voraussetzt, durch den aber das Völkerrecht durch parallele innerstaatliche Normen gewissermaßen „verdoppelt“ wird.[288]

In der heutigen Diskussion haben sich diese gegensätzlichen Positionen einander angenähert und es wird statt der Reinform der dargestellten Theorien meist eine vermittelnde oder abgeschwächte Version vertreten.[289] Die sich zum Verhältnis von Völkerrecht und nationalem Recht stellenden Fragen werden für zu vielschichtig gehalten, als dass allein mit den groben Rastern von „Monismus“ und „Dualismus“ befriedigende Antworten gefunden werden könnten.[290] Dennoch ist es für diese Untersuchung unverzichtbar, im Vergleich (dazu unter 3.) auf monistische und dualistische Züge der französischen und der deutschen Rechtsordnung einzugehen, da diese Begriffe auch heute noch häufig zur ersten Einordnung einer Rechtsordnung gebraucht werden und speziell in der Diskussion um die Vereinbarkeit von nationalem Steuerrecht und Doppelbesteuerungsabkommen immer wieder auftauchen. Sowohl in der deutschen, als auch in der französischen Literatur wird das Recht der Doppelbesteuerungsabkommen als einer der Bereiche bezeichnet, in denen sich gerade in jüngster Zeit die praktische Re-

---

[285] *Kunig* in: Vitzthum, Völkerrecht, Rz. 30. Als Hauptvertreter und Begründer der dualistischen Theorie gilt *Triepel* (vgl. *H. Triepel*, Völkerrecht und Landesrecht, 1899), ein weiterer wichtiger Vertreter dieser Lehre ist *D. Anzilotti* (Lehrbuch des Völkerrechts, 1929); *Scherer*, Doppelbesteuerung, 22 f.

[286] *Kunig* in: Vitzthum, Völkerrecht, 108.

[287] *Geiger*, Völkerrecht, 158 f; *Kimminich/Hobe*, Völkerrecht, 226, beide mit Hinweis auf die englische Völkerrechtslehre des 19. Jahrhunderts.

[288] *Geiger*, Völkerrecht, 158 f; *Brünink*, Verhältnis, 6 f mit Hinweis auf *Triepel*, auf den die Transformationslehre zurückgeht; *Vogel*, JZ 1997, 161, 162.

[289] *Geiger*, Völkerrecht, 13 f m.w.N.; Kunig in: Vitzthum, Völkerrecht, Rz. 35.

[290] *Zuleeg*, DÖV 1977, 462, 467.

levanz dieser völkerrechtlichen Fragestellung besonders deutlich zeigt.[291] Ein besonderes Interesse dieser Frage für die vorliegende Untersuchung resultiert auch daraus, dass die französische Rechtsordnung traditionell dem Monismus zugeordnet wird,[292] während man die deutsche Rechtsordnung eher als dualistisch bezeichnet, zumindest was die völkerrechtlichen Verträge angeht.[293] Ob und inwieweit sich diese unterschiedliche Einordnung in der Praxis – insbesondere im Hinblick auf einen etwaigen Verstoß nationaler Steuergesetzen gegen Doppelbesteuerungsabkommen – auswirkt und inwieweit diese Einordnung hinsichtlich bestimmter Detailfragen überhaupt gerechtfertigt ist, soll im Folgenden untersucht werden.

1. Deutsches Grundgesetz und Abgabenordnung

Im deutschen Grundgesetz beschäftigen sich zwei Bestimmungen mit dem Völkerrecht. Art. 25 bestimmt, dass die allgemeinen Regeln des Völkerrechts den Gesetzen vorgehen. Aus Art. 59 Abs. 2 folgt, dass völkerrechtliche Verträge durch Zustimmungsgesetz innerstaatlich wirksames Recht werden. Ein Vorrang der Bestimmungen der Doppelbesteuerungsabkommen gegenüber den Bestimmungen über die Hinzurechnungsbesteuerung im Sinne eines *lex superior – lex inferior* – Verhältnisses könnte sich daher nur aus einer Argumentation über Art. 25 GG ergeben. Art. 59 Abs. 2 GG ordnet in diesem Sinne nur eine Ranggleichheit an.[294]

Primär fallen völkerrechtliche Verträge und somit auch die Doppelbesteuerungsabkommen schon dem Wortlaut nach unter Art. 59 Abs. 2 GG mit der Folge, dass sie nicht unmittelbar wirksames deutsches Recht sind, sondern erst durch ein Zustimmungsgesetz in den innerstaatlichen Rechtsraum einbezogen werden müssen.[295] Der Rang des Zustimmungsgesetzes gibt dabei den Rang des

---

[291] *Vogel*, JZ 1997, 161, 161; *Gouthière*, Impôts, n° 539 (S. 161) ; *Dibout*, Drt. fisc. 1990, n° 44, 1485, 1485 und 1489.

[292] *Conseil d'Etat*, Droit international et droit français, 24 : „[...] faisant ainsi de la France [...] un *adepte exemplaire du système „moniste"[...]*"; *Hübner/Constantinesco*, Einführung, 12 ; *Dupuy*, Droit International Public, Rz. 435 ; *Fromont*, EuZW 1992, 46, 46; *Gundel*, Einordnung, 70 ; *Sandler*, Tax Treaties, 131 ; *Darmon*, RTD eur. 1988, n° 2, 217, 228.

[293] So *Hübner/Constantinesco*, Einführung, 13; vgl. auch die rechtsvergleichende Betrachtung in *Conseil d'Etat*, Droit international et droit français, 34 und *Conseil d'Etat*, Norme internationale, 27; *Gloria*, Verständigungsverfahren, 27.

[294] Jarass in: *Jarass/Pieroth*, GG, Art. 59, Rz. 19; *Schollmeier*, EWS 1992, 137, 140; *Lang* in: Tipke/Lang, Steuerrecht, § 5 Rz. 14.

[295] *Birk* in: Hüschmann/Hepp/Spitaler, § 2 AO, Rz. 150 ff.

umgesetzten Völkervertragsrechts vor[296], so dass die Bestimmungen der Doppelbesteuerungsabkommen den Rang einfachen Bundesrechts haben.

Teilweise wurde versucht, einen Vorrang (im Sinne von *lex superior*) der Bestimmungen der völkerrechtlichen Verträge aus Art. 25 GG herzuleiten.[297] Die Argumentation stützte sich auf den allgemeinen Rechtssatz „*pacta sunt servanda*", der die Parteien eines völkerrechtlichen Vertrages zu dessen Einhaltung verpflichtet. Aus dieser Verpflichtung folge die automatische Inkorporation sowie der Geltungs- und Anwendungsvorrang der völkerrechtlichen Vertragsvereinbarungen im innerstaatlichen Recht. Eine so weit gehende Interpretation des Art. 25 GG wird heute jedoch in der Literatur allgemein abgelehnt[298], was auch der Ansicht des Bundesverfassungsgerichts[299] und des Bundesfinanzhofs[300] entspricht. Aus Art. 25 GG kann daher im Ergebnis kein Vorrang der Bestimmungen der Doppelbesteuerungsabkommen vor dem einfachen Bundesrecht abgeleitet werden.

Zur Lösung des Konflikts zwischen DBA-Vorschriften und (sonstigem) einfachem Bundesrecht scheint dem Wortlaut nach jedoch § 2 AO beizutragen. Diese Vorschrift räumt den ordnungsgemäß umgesetzten völkerrechtlichen Verträgen i. S. d. Art. 59 Abs. 2 GG Vorrang vor den deutschen Steuergesetzen ein. Da § 2 AO aber selbst keinen Verfassungsrang besitzt, sondern nur einfaches Bundesrecht ist, kann diese Vorschrift auch den Bestimmungen der Doppelbesteuerungsabkommen keinen höheren Rang als den eines einfachen Bundesgesetzes verleihen.[301] Die Vorrangwirkung, die § 2 AO den umgesetzten völkerrechtlichen Verträgen einräumt, entfaltet ihre Wirkung auf einer anderen Ebene (dazu sogleich unter III.).

Es ist daher nach dem Grundgesetz eine Ranggleichheit der Normen des AStG mit den Bestimmungen der Doppelbesteuerungsabkommen gegeben.

---

[296] *Musil*, Treaty Overriding, 45 ff.

[297] *Vogel*, Verfassungsentscheidung, 37 f, Fn. 112.

[298] *Herdegen* in: Maunz/Dürig, GG, Art. 25, Rz. 9; *Musil*, Treaty Overriding, 45 m.w.N. in Fn. 129; *Birk* in: Hüschmann/Hepp/Spitaler, § 2 AO, Rz. 161; *Scherer*, Doppelbesteuerung, 24 f; *Leisner*, RIW 1993, 1013, 1018; *Geiger*, Völkerrecht, 171; *Wassermeyer* in: Debatin/Wassermeyer, DBA, Vor Art. 1 MA, Rz. 10.

[299] BVerfG, Beschluss v. 26.3.1957, Az. 2 BvG 1/55, BVerfGE 6, 309, 362 f und BVerfG, Beschluss v. 22.10.1986, Az. 2 BvR 197/83, BVerfGE 73, 339, 375.

[300] BFH, Urteil v. 1.2.1989, I R 74/86, BStBl II 1990, 4, 6.

[301] Ganz h.M. vgl. *Scherer*, Doppelbesteuerung, 23 m. w. N.; *Musil*, Treaty Overriding, 43 f; *Birk* in: Hüschmann/Hepp/Spitaler, § 2 AO, Rz. 3 f; *Schwarz/Fischer-Zernin*, RIW 1992, 49, 50.

2. Französische Verfassung von 1958

Die unter der derzeit geltenden Verfassung vom 4.10.1958 fortgeltende Präambel der Verfassung vom 27.10.1946 bestimmt in Absatz 14, dass die französische Republik die Regeln des Völkerrechts beachtet.[302]

Titel VI (Art. 52 bis 55) der französischen Verfassung von 1958 befasst sich genauer mit den internationalen Verträgen und Abkommen.[303] Gemäß Art. 52 ist der Präsident der Republik für die Aushandlung und Ratifizierung der Verträge zuständig. Bei bestimmten Verträgen und Abkommen ist jedoch für die Ratifizierung ein Parlamentsgesetz notwendig. Dazu gehören gemäß Art. 53 Abkommen, die finanzielle Verpflichtungen für den Staatshaushalt begründen,[304] worunter auch die Doppelbesteuerungsabkommen fallen.[305] Gemäß Art. 54 kann, wenn das Verfassungsgericht (*Conseil Constitutionnel*) eine Bestimmung eines internationalen Abkommens oder Vertrags für unvereinbar mit der Verfassung erklärt hat, das Abkommen oder der Vertrag erst nach einer entsprechenden Verfassungsänderung ratifiziert werden.

Ordnungsgemäß ratifizierte oder gebilligte Verträge und Abkommen genießen ab dem Zeitpunkt ihrer Veröffentlichung gemäß Art. 55 der Verfassung Vorrang vor den nationalen Gesetzen, sofern die Gegenseite den Vertrag oder das Abkommen ihrerseits anwendet.[306] Die französische Verfassung räumt somit (u.a.) den Doppelbesteuerungsabkommen einen höheren Rang ein als den nationalen Gesetzen.[307] Mit der Ratifizierung bzw. der Billigung und der Veröffentlichung sind die internationalen Abkommen in der französischen Rechtsordnung unmittelbar anwendbares Recht; eines weiteren Transformationsaktes bedarf es insofern nicht.[308] Eine andere Frage ist die der praktischen Durchsetzung dieses Vorrangs durch die Gerichte. Diese ist im Falle des *Conseil d'Etat* erst seit der Rechtsprechungsänderung durch die berühmte *Nicolo*-Entscheidung aus dem Jahr 1989 gewährleistet (dazu ausführlich unter III.).

---

302 *„La République française, fidèle à ses traditions, se conforme aux règles du droit public international."*

303 *Titre VI: Des traités et accords internationaux*

304 „[...] *qui engagent les finances de l'Etat* [...]"; deutsche Übersetzung so auch bei *Gundel*, AdV 1999, Bd. 37, 438, 457.

305 *Court*, RDAI 1985, n° 1, 31, 41.

306 *„Les traités ou accords régulièrement ratifiés ou approuvés ont, dès leur publication, une autorité supérieure à celle des lois, sous reserve, pour chaque accord ou traité, de son application par l'autre partie."*

307 *Gouthière*, Impôts, Rz. 538.

308 *Fromont*, EuZW 1992, 46, 46; *Daillier/Pellet*, Droit International Public, Rz. 148.

Davon zu unterscheiden ist die Frage, ob die Doppelbesteuerungsabkommen auch der Verfassung vorgehen. Gegen einen solchen Vorrang vor der Verfassung spricht Art. 54, aus dem hervorgeht, dass bei entsprechender Beurteilung durch den Conseil Constitutionnel der Verfassung entgegenstehende Verträge erst nach einer Verfassungsänderung ratifiziert werden können.[309] Das Schrifttum[310] und die Rechtsprechung[311] gehen heute ganz überwiegend vom Vorrang der Verfassung vor den internationalen Abkommen aus.

Aus der französischen Verfassung ergibt sich nach herrschender Ansicht also eine Einordnung der Doppelbesteuerungsabkommen über den nationalen Steuergesetzen und unterhalb der Verfassung selbst.

3. Unterschiedlicher Rang der Doppelbesteuerungsabkommen in Deutschland und Frankreich

Zu unterscheiden ist bei der Rangfrage sowohl in Deutschland als auch in Frankreich das allgemeine Völkerrecht bzw. Völkergewohnheitsrecht auf der einen Seite und die völkerrechtlichen Verträge auf der anderen Seite. Das allgemeine Völkerrecht wird in Deutschland (Art. 25 GG) wie in Frankreich (Präambel der Verfassung von 1946) aufgrund als besonders völkerrechtsfreundlich geltender Verfassungsbestimmungen[312] für innerstaatlich anwendbar erklärt. Hier soll es jedoch um die Behandlung der Doppelbesteuerungsabkommen und somit des Völkervertragsrechts gehen.

Die französische Verfassung wird traditionell den monistischen Systemen zugeordnet (s.o. Fn. 293). Ob es sich dabei um einen Monismus mit Primat des Völ-

---

309 Teilweise wird vertreten, dass die französische Verfassung gerade durch diese Bestimmung die Beantwortung der aufgeworfenen Frage des Vorrangs überflüssig mache, da es zu keinem Konflikt zwischen Abkommens- und Verfassungsrecht kommen könne, vgl. *Alland*, Droit international public, 375 (Rz. 343); s. auch (i.E. jedoch a.A.) *Gundel*, Einordnung, 73 m.w.N..

310 *Gundel*, Einordnung, 73; *Chapus*, Droit Administratif, Rz. 180; *Hübner/Constantinesco*, Einführung, 14.

311 Angefangen mit dem *Koné*-Urteil aus dem Jahr 1996 (CE, Ass., v. 3.7.1996, *Koné*, D. 1996, n° 36, 509 (note *Julien-Laferrière*)) weitergeführt durch die Grundsatzentscheidung im Fall *Sarran et Levacher* im Jahr 1998 (CE, Ass., v. 30.10.1998, *Sarran, Levacher et autres*, D. 2000, n° 7, 152 (note *Aubin*)) und seither auch von der Cour de cassation bestätigt (C.cass., Ass. plén., v. 2.6.2000, *Mlle Fraisse*, D. 2000, n° 42, 865 (note *Mathieu / Verpeaux*)).

312 *Kunig* in: Vitzthum, Völkerrecht, 2. Abschn., Rz. 51; *Geiger*, Völkerrecht, 162; *Kimminich/Hobe*, Völkerrecht, 232; *Fromont*, EuZW 1992, 46, 46.

kerrechts handelt, ist in der Literatur umstritten.[313] Für eine monistische Einordnung spricht besonders die Tatsache, dass völkerrechtliche Verträge mit ihrer Verkündung automatisch im innerstaatlichen Raum anwendbar sind, ohne dass es eines weiteren Umsetzungsaktes bedürfte. Heute wird dieser Monismus jedoch wegen der in Art. 55 aufgeführten Einschränkungen als „moderat" oder „bedingt" bezeichnet.[314] Insbesondere vor dem Hintergrund der neuesten Rechtsprechungsentwicklung[315] wird der monistische Charakter der französischen Rechtsordnung sogar zunehmend grundsätzlich in Frage gestellt, da eine rein monistische Einordnung es ausschließen würde, dass das internationale Recht am Maßstab der Verfassung gemessen wird.[316]

Das deutsche Grundgesetz entscheidet sich zwar nicht ausdrücklich für einen der beiden theoretischen Ansätze[317], in der Vorschrift des Art. 59 Abs. 2 GG kommt jedoch eher eine dualistische Grundhaltung zum Ausdruck.[318] Diese Auffassung vertritt auch der BFH.[319] Dafür spricht besonders die Tatsache, dass es, anders als in Frankreich, eines Umsetzungsgesetzes bedarf, um dem internationalen Abkommen im innerstaatlichen Bereich Geltung zu verschaffen. Auch dass das Umsetzungsgesetz den Rang der Abkommensbestimmungen im innerstaatlichen Raum vorgibt, spricht zunächst für eine Transformation des Völkerrechts. Andererseits ist das Umsetzungsgesetz so ausgestaltet, dass es nicht die Bestimmungen des Abkommens wiederholt, sondern lediglich auf den Text des Abkommens verweist, was wiederum gegen einen Dualismus im Sinne der Transforma-

---

313 Während die einen es für denklogisch ausgeschlossen halten, dass in einem monistischen System mit Primat des Völkerrechts die (nationale) Verfassung diesen Vorrang bestimmt, (vgl. *Vogel*, JZ 1997, 161, 164; in diesem Sinne ist wohl auch die Äußerung von *Alland*, RFDA 1998, n° 14, 1094, 1101 zu verstehen : „ *affirmer une subordination suppose la supériorité de ce à quoi on se soumet, laquelle ne saurait dépendre de ce qui est subordonné* ."), geben andere zu bedenken, dass mit einem derartigen Argument die Wahl eines monistischen Systems mit Primat des Völkerrechts durch den Verfassungsgeber unmöglich werde und kritisieren die vorstehende Auffassung als formalistisch, vgl. *Dupuy*, Droit International Public, Rz. 435. Vgl. zu diesem Streit in der französischen Literatur auch *Gundel*, Einordnung, 73.

314 *Gundel*, Einordnung, 70 f; *Kunig* in: Vitzthum, Völkerrecht, 2. Abschn., Rz. 39 (allgemein: Annäherung an das dualistische Denken, wenn eine Rechtsordnung die Inkorporation vom Vorliegen bestimmter Voraussetzungen abhängig macht).

315 Vgl. Fn. 311

316 *Gundel*, AdV 1999, Bd. 37, 438, 447.

317 *Musil*, Treaty Overriding, 46.

318 *Hübner/Constantinesco*, Einführung, 13; zur Neigung der deutschen Literatur zur dualistischen Theorie vgl. *Kunig* in: Vitzthum, Völkerrecht, Rz. 35 Fn. 49. Auch *Gloria*, Verständigungsverfahren, 27, geht davon aus, dass der gemäßigte Dualismus der herrschenden Auffassung entspricht.

319 BFH, Urteil v. 15.1.1971, III R 125/69, BFHE 101, 536, 53; zitiert bei *Gloria*, 27, Fn. 16.

tionslehre spricht, sondern vielmehr auf eine Umsetzung im Sinne der Vollzugslehre hinweist.[320]

Zusammenfassend lässt sich festhalten, dass sowohl die Bezeichnung der französischen Rechtsordnung als monistisch als auch die Bezeichnung der deutschen Rechtsordnung als dualistisch im Text und in der Geschichte der jeweiligen Verfassung eine Stütze finden. In beiden Fällen gibt es jedoch auch Indizien dafür, dass die getroffene Einordnung nicht durchgehend konsequent ist. Dennoch wird sich gerade bei der Betrachtung der Doppelbesteuerungsabkommen zeigen, dass die unterschiedliche Grundentscheidung der deutschen und der französischen Verfassung hinsichtlich des Rangs der internationalen Abkommen in der nationalen Normenhierarchie sich in der Praxis durchaus auswirkt.

II. Materieller Widerspruch von CFC-Vorschriften und Doppelbesteuerungsabkommen

Im nächsten Schritt geht es um die Frage, ob die deutschen bzw. französischen CFC-Vorschriften materiell mit den Vorschriften der Doppelbesteuerungsabkommen in Einklang stehen. Hier kommt der Grundkonzeption der entsprechenden nationalen Normen entscheidende Bedeutung zu. Ein Verstoß gegen die Verteilungsnormen der Doppelbesteuerungsabkommen liegt vor, wenn nach Grundkonzeption oder Ausgestaltung der CFC-Regel Erträge im Inland besteuert werden, die laut Abkommen nur im Ausland besteuert werden dürfen. Auch ein Verstoß gegen den Methodenartikel ist denkbar, wenn die CFC-Besteuerung dazu führt, dass von der vereinbarten Methode zur Vermeidung der Doppelbesteuerung einseitig abgewichen wird.

Die Diskussion zur Vereinbarkeit von CFC-Vorschriften und Doppelbesteuerungsabkommen hat sich in Deutschland (dazu unter 1.) und Frankreich (dazu unter 2.) aufgrund der nationalen Gegebenheiten sehr unterschiedlich entwickelt, so dass im Folgenden die Gliederung der Darstellung nicht für beide Länder parallel verläuft, sondern sich vielmehr an der im jeweiligen Land üblichen Darstellungsweise (sofern in diesem Zusammenhang von üblich überhaupt die Rede sein kann) orientiert.

---

[320] *Brünink*, Verhältnis, 7 f.

1. Deutschland

Bei der deutschen Hinzurechnungsbesteuerung müssen in dieser Hinsicht zwei Fallgruppen unterschieden werden. Zum einen ist die Hinzurechnungsbesteuerung im eigentlichen Sinne, also die §§ 7-14 AStG, zu untersuchen (dazu unter a.). Zum anderen stellt sich die Frage der Vereinbarkeit mit den Doppelbesteuerungsabkommen auch bei der sog. *Switch-Over*-Vorschrift des § 20 Abs. 2 AStG (dazu unter b.).

a. Tochtergesellschaft im Ausland (§§ 7-14 AStG)

Die Frage, ob die Doppelbesteuerungsabkommen der Hinzurechnungsbesteuerung entgegenstehen, wird in Deutschland in Schrifttum und Rechtsprechung nicht einheitlich beantwortet.[321]

Die Problematik wurde im Grundsatz schon früh aufgegriffen. Bereits 1964 wurde von *Debatin* die Meinung vertreten, dass im Falle einer Zurechnung des Einkommens der Gesellschaft zum inländischen Anteilseigner dieser der Steuerpflichtige sei und nicht die ausländische Gesellschaft.[322] Streng formal gesehen liegt in der Zurechnung daher wohl kein Verstoß gegen das Prinzip des Art. 7 OECD-MA. Das Problem liege vielmehr darin, dass es sich *wirtschaftlich gesehen* um das Einkommen der ausländischen Kapitalgesellschaft handele, deren rechtliche Selbständigkeit das Abkommen anerkannt habe. Diese Rechtswirkung würde durch die Zurechnung jedoch praktisch ausgehöhlt.[323] *Debatin* schloss daraus, dass die Vertragspartner des jeweiligen DBA sich darüber einigen müssten, ob eine solche Zurechnung mit dem Abkommen vereinbar sei. Dieser Ansicht haben sich im Rahmen der Diskussion um den Entwurf des AStG Anfang der 1970er Jahre mehrere Autoren angeschlossen und daraus den Schluss gezogen, die DBA stünden der Anwendbarkeit der Hinzurechnungsbesteuerung entgegen.[324]

---

[321] So auch *Wassermeyer* in: Debatin/Wassermeyer, DBA, MA Art. 1, Rz. 76.

[322] *Debatin*, Nationalbericht IFA 1964, in: International Fiscal Association, Cahiers de Droit Fiscal International Vol.XLIX b, 101, 123.

[323] *Debatin*, Nationalbericht IFA 1964, in: International Fiscal Association, Cahiers de Droit Fiscal International Vol.XLIX b, 101, 124. Diese wirtschaftliche Betrachtungsweise gibt *Debatin* jedoch offenbar in DStZ A 1971, 102 auf.

[324] *Vogel*, BB 1971, 1185, 1189 f (speziell zur Vereinbarkeit mit dem DBA Schweiz); *Flick*, BB 1971, 250, 250, der davon spricht, die Durchsetzbarkeit des Steuerfluchtgesetzes im Verhältnis zu den DBA sei eine „Utopie".

aa. Vereinbarkeit mit Art. 10 Abs. 5 OECD-MA (Verbot der Besteuerung nichtausgeschütteter Gewinne)

Bezüglich der Frage der Besteuerung nicht ausgeschütteter Gewinne hat der BFH in einem Urteil vom 12.7.1989[325] die Auffassung vertreten, dass die Hinzurechnungsbesteuerung nicht durch Art. 10 Abs. 8 (jetzt Abs. 6) des DBA Schweiz (entspricht Art. 10 Abs. 5 OECD-MA) behindert wird, da die DBA-Vorschrift die Besteuerung der Gesellschaft betrifft, während die Vorschriften der §§ 7-14 AStG die Besteuerung der Gesellschafter betreffen und schon von daher kein Konflikt gegeben sein könne. Der BFH sah diese Ansicht gestützt durch die „im Schrifttum überwiegend vertretene Auffassung".[326] Diese Auffassung kann heute, auch über den Spezialfall des DBA-Schweiz hinaus, als herrschend bezeichnet werden.[327] Die meisten Autoren gehen außerdem davon aus, dass die Protokollerklärung zum DBA Schweiz[328] sich nicht auf die Klärung der Frage der Kollision der Hinzurechnungsbesteuerung mit dem damaligen Art. 10 Abs. 8 des DBA-Schweiz beschränkt, sondern auch alle übrigen abkommensrechtlichen Bedenken – also insbesondere die Frage der Kollision mit Art. 7 DBA-Schweiz – gegenüber der Hinzurechnungsbesteuerung im Verhältnis zur Schweiz ausräumt.[329] Heute wird zur Begründung der Anwendbarkeit der Hinzurechnungsbesteuerung im Verhältnis zur Schweiz die Vorschrift des Art. 4 Abs. 11 DBA Schweiz herangezogen,[330] wonach eine Person nicht als in einem Vertragsstaat ansässig gilt in Bezug auf Einkünfte und Vermögenswerte, die nicht ihr, sondern einer anderen Person zuzurechnen sind.

---

[325] BFH, Urteil v. 12.7.1989, I R 46/85, BStBl II 1990, 113.

[326] Wie sich aus dem Urteil ergibt, wurde jedoch auch die gegenteilige Auffassung vielfach vertreten.

[327] So auch *Brünink*, Verhältnis, 74; *Wassermeyer* in: Debatin/Wassermeyer, DBA, Art. 10 Rn. 158.

[328] Verhandlungsprotokoll vom 29.9.1971, abgedruckt in Flick/Wassermeyer/Wingert u.a., DBA Schweiz, Materialien, 2.2. Das Protokoll enthält die Passage „ [...] dass aber diese Bestimmung [Art. 10 Abs. 8] nicht ausschließt, dass einer in einem Vertragsstaat ansässigen Person Gewinne einer im anderen Vertragsstaat ansässigen Gesellschaft nach Maßgabe des Rechtes des erstgenannten Staates zugerechnet werden. Eine solche Zurechnung wird auch nicht durch die Bestimmungen des Abkommens ausgeschlossen, die die Besteuerung der im anderen Staat ansässigen Gesellschaft regeln."

[329] *Brünink*, Verhältnis, 77, m. w. N. in Fußnote 369.

[330] BFH, Urteil v. 12.7.1989, I R 46/85, BStBl II 1990, 113; BFH, Urteil v. 29.8.1984, I R 68/81, BStBl II 1985, 120; BFH, Urteil v. 9.11.1983, I R 120/79, BStBl II 1984, 468; zur Kritik an der Vorschrift des Art. 4 Abs. 11 DBA Schweiz vgl. *Wassermeyer* in: Flick/Wassermeyer/Wingert u.a., DBA Schweiz, Art. 4, Rz. 234.

bb. Vereinbarkeit mit Art. 7 OECD-MA

Weniger eindeutig ist das Meinungsbild hinsichtlich der Kollision der Hinzurechnungsbesteuerung mit den DBA im Allgemeinen, insbesondere mit Art. 7 MA in den Fällen, in denen im DBA nicht in irgendeiner Form die Anwendung der §§ 7-14 AStG gestattet ist. Die Diskussion lebte erneut auf, als 1992 durch das Steueränderungsgesetz die Vorschrift des § 20 Abs. 1 AStG eingeführt wurde, die bestimmt, dass die Vorschriften über die Hinzurechnungsbesteuerung durch die DBA „nicht berührt" werden. Im Wesentlichen sind drei Argumentationslinien zu identifizieren.

(1) Repräsentationstheorie

Eine Ansicht schließt die Kollision der Hinzurechnungsbesteuerung mit Art. 7 MA von vornherein aus, da es sich um unterschiedliche Steuersubjekte handele und es daher zu keiner Kollision kommen könne. Art. 7 MA regelt die Besteuerung der Gewinne der Gesellschaft, während die Hinzurechnungsbesteuerung die Besteuerung des Gesellschafters betreffe.[331] Es komme daher nur zu einer wirtschaftlichen Doppelbelastung, deren Verhinderung nicht das Ziel des Art. 7 MA sei.[332] *Debatin* unterscheidet zwischen dem Konzept der „Zurechnung" des Einkommens der ausländischen Gesellschaft, das die Abkommensgrundsätze missachte[333] und dem des „Zugriffs" auf den Hinzurechnungsbetrag, der sich zwar aus dem Einkommen der Zwischengesellschaft ableite, aber nicht damit identisch sei.[334] Es handele sich dabei um eine eigenständige Steuerpflicht, der,

---

[331] *Kluge*, RIW 1972, 411, 415; *Widmann*, Zurechnungsänderungen, in: Vogel, Grundfragen, 235, 255 f.

[332] So auch *Bellstedt*, FR 1972, 242, 248; *Brünink*, Verhältnis, 87. Interessanterweise wird die genau an dieser Stelle ansetzende Argumentation *Debatins*, diese wirtschaftliche Doppelbelastung höhle die abkommensrechtliche Anerkennung der ausländischen Gesellschaft aus (vgl. Fußnote 322), nicht mehr aufgegriffen, nicht einmal von Debatin selbst (in diesem Sinne wohl auch *Scherer*, Doppelbesteuerung, 208 f, Fn. 61; *Telkamp*, StuW 1972, 97, 112; diesen insofern kritisierend: *Kluge*, RIW 1972, 411, 415 (Fn. 37).

[333] Von dieser Art der "Zurechnung" sprach *Debatin* wohl in seinem Beitrag von 1964 (s. Fußnote 322). Die Tatsache, dass andere Autoren diesen Beitrag wörtlich zitierten, um die Unvereinbarkeit der Hinzurechnungsbesteuerung mit den DBA zu begründen (s. Fußnote 324), könnte einer der Gründe für die später (1992) von *Debatin* vorgenommene Differenzierung gewesen sein; vgl. hierzu auch *Kluge*, RIW 1972, 411, 415.

[334] *Debatin*, DB 1992, 2159, 2159.

wie auch die Schweiz anerkannt habe[335], das Doppelbesteuerungsabkommen nicht entgegenstehe.[336]

Dieser Auffassung haben sich zahlreiche Autoren angeschlossen[337] und es hat sich der Begriff des Hinzurechnungsbetrags als „Einkunftsart *sui generis*"[338] herausgebildet. Demnach stellt der Hinzurechnungsbetrag als solcher weder eine Dividende i. S. d. Art. 10 OECD-MA dar, noch einen Unternehmensgewinn i. S. d. Art. 7. Allenfalls könne es sich um sonstige Einkünfte i. S. d. Art. 21 OECD-MA handeln, für die das Besteuerungsrecht ohnehin dem Wohnsitzstaat (also Deutschland) zugeordnet sei.[339] Nach *Debatin* beruht die Vereinbarkeit der Hinzurechnungsbesteuerung mit den DBA letztlich darauf, dass es sich bei der Hinzurechnungsbesteuerung um einen Vorgang handelt, der vom Regelungsbereich der DBA nicht erfasst ist und der folglich auch nicht mit DBA-Vorschriften oder –prinzipien kollidieren könne.[340] Die Hinzurechnungsbesteuerung betreffe die Einkünftezurechnung, die die DBA ihrerseits nicht behandeln. Vielmehr nähmen die DBA die Einkünftezurechnung nach nationalem Recht als gegeben hin.[341]

Kritiker dieser Ansicht geben zu bedenken, dass damit die zwischen zwei Staaten ausgehandelten Abkommen zur Disposition des nationalen Gesetzgebers gestellt würden. Dieser könne durch einseitige „Umetikettierung"[342] und Zurechnung von Einkünften nicht ausgeschüttete Gewinne besteuern, ohne dabei offen gegen das Abkommen zu verstoßen.[343]

---

[335] So *Debatin*, DB 1992, 2159, 2159.

[336] *Ritter*, BB 1992, 361, 364; *Wassermeyer* in: Flick/Wassermeyer/Baumhoff, § 10 AStG, Rz. 247; *Köhler*, BB 1993, 337, 340.

[337] So z. B. *Musil*, Treaty Overriding, 82; *Brünink*, Verhältnis, 87; *Schanne*, Doppelbesteuerungsabkommen, 84.

[338] *Wassermeyer* in: Debatin/Wassermeyer, DBA, MA Art. 1, Rz. 76 f. *Wassermeyer* wirft dieser Auffassung vor, sie befürworte eine Einkunftsart *sui generis* nur, um die Hinzurechnungsbesteuerung in dieser Hinsicht unangreifbar zu machen (Rz. 77).

[339] *Kluge*, RIW 1975, 525, 530 (Hinweis auf dem Art. 21 des DBA Schweiz 1971 vergleichbare Vorschriften).

[340] *Debatin*, DB 1992, 2159, 2160.

[341] *Debatin*, RIW 1988, 727, 729; *Widmann*, Zurechnungsänderungen, in: Vogel, Grundfragen, 235, 255.

[342] So *Leisner*, RIW 1993, 1013, 1016.

[343] *Schwarz/Fischer-Zernin*, RIW 1992, 49, 49; *Ritter*, BB 1992, 361, 364; *Wassermeyer*, vgl. Fußnote 338; *Brünink*, Verhältnis, 104.

(2) Ausschüttungstheorie

Eine weitere Auffassung, als deren Hauptvertreter *Vogel* angesehen wird, geht davon aus, dass die Hinzurechnungsbesteuerung eine Ausschüttung durch die Zwischengesellschaft fingiere und dass folglich die DBA-Vorschriften über Dividenden auf den Hinzurechnungsbetrag angewendet werden müssen (sogenannte Ausschüttungstheorie).[344] Der Hinzurechnungsbetrag sei Ausfluss aus der Beteiligung des unbeschränkt Steuerpflichtigen an der ausländischen Gesellschaft; er stamme aus dessen Gesellschaftsanteilen und falle daher unter den Dividendenbegriff des Art. 10 Abs. 3 OECD-MA.[345] Diese Auffassung sieht sich jedoch dem Einwand ausgesetzt, dass Art. 10 OECD-MA von gezahlten Dividenden spricht, dass bei der Hinzurechnungsbesteuerung jedoch gerade kein Einkommensfluss stattfinde. Dem halten die Vertreter der Ausschüttungstheorie jedoch entgegen, dass der Begriff des „Zahlens“ in diesem Zusammenhang weit zu verstehen sei.[346] Die Qualifizierung als fiktive Dividende hat nach dieser Auffassung zur Folge, dass Art. 10 des OECD-MA und die daran anknüpfenden Bestimmungen zur Vermeidung der Doppelbesteuerung durch den Ansässigkeitsstaat des Anteilseigners (hier: Deutschland) in Art. 23 OECD-MA auf den Hinzurechnungsbetrag anzuwenden sind. Bei Vorliegen der Voraussetzungen des internationalen Schachtelprivilegs ist demnach der Hinzurechnungsbetrag in Deutschland freizustellen. Eine Kollision mit Art. 7 OECD-MA ist ausgeschlossen, da es sich beim Hinzurechnungsbetrag nicht um Unternehmensgewinne, sondern um Dividenden i.S.d. Art. 10 OECD-MA handelt.

---

[344] *Vogel*, Grundfragen, in: Vogel, Grundfragen, 3, 13; *Mersch*, Hinzurechnungsbesteuerung, 144; *Leisner*, RIW 1993, 1013, 1016; *Köhler*, BB 1993, 337, 340; *Kluge*, RIW 1972, 411 (415 f) mit Einschränkungen; dieser Auffassung ist Kluge später selbst entgegengetreten, vgl. *Kluge*, RIW 1975, 525, 525.

[345] *Tischbirek* in: Vogel/Lehner, DBA, Art. 10, Rz. 224 m.w.N.. Dem Einwand, Art. 10 Abs. 3 OECD-MA stelle bei den „Einkünften aus sonstigen Gesellschaftsanteilen“ auf eine Gleichstellung durch den *Quellenstaat* ab, wird entgegengehalten, dies bedeute nicht, dass deswegen der Quellenstaat umgekehrt *negativ* mit Bindung für den Wohnsitzstaat bestimmen könne, dass bestimmte Einkünfte *keine* Dividenden seien (aaO. Rz 223); *Schaumburg*, Internationales Steuerrecht, 502, kommt ebenfalls zu dem Ergebnis, dass der Hinzurechnungsbetrag unter Art. 10 und nicht unter Art. 7 OECD-MA fällt. Er kommt zu der Qualifikation als Dividende jedoch nicht, wie *Tischbirek*, unmittelbar über das Abkommen, sondern über die Einordnung nach § 10 Abs. 2 S.1 AStG, die über § 20 Abs. 1 AStG auch abkommensrechtlich gelte.

[346] *Aigner*, IWB Fach 10 International Gruppe 2, 1637, 1640; *Lang*, IStR 2002, 717, 721.

(3) Zurechnungstheorie / Zweistufentheorie

Von *Wassermeyer* wurde die Auffassung begründet, dass die Normen über die Hinzurechnungsbesteuerung bei der Ermittlung der Zwischeneinkünfte der Zurechnungstheorie folgen und erst bei der Rechtsfolge, d. h. bei der Behandlung auf nationaler Ebene, von der Ausschüttungstheorie ausgehen. *Wassermeyer* vergleicht dies mit der Besteuerung von Personengesellschaften, bei der ebenfalls von der Gesellschaft erzielte Einkünfte den Gesellschaftern zugerechnet und bei diesen versteuert werden.[347] Wie das Einkommen auf nationaler Ebene behandelt werde (Besteuerungsfolge), spiele für die DBA keine Rolle; hier komme es lediglich auf den Besteuerungsgegenstand an. Dies sind bei der Hinzurechnungsbesteuerung die Zwischeneinkünfte der ausländischen Gesellschaft, für die das Besteuerungsrecht gemäß Art. 7 OECD-MA dem Ansässigkeitsstaat der Zwischengesellschaft zusteht, sofern es sich um Unternehmensgewinne handelt.[348] Ob eine Kollision mit Abkommensrecht vorliegt, bestimmt sich im Einzelnen danach, welcher der abkommensrechtlichen Einkunftsarten die Einkünfte der ausländischen Gesellschaft zuzuordnen sind und welchem der Vertragsstaaten daraufhin ein Besteuerungsrecht eingeräumt wird. Nach dieser Auffassung kann es daher zu einer Kollision der Hinzurechnungsbesteuerung mit Art. 7 OECD-MA kommen.[349]

Wassermeyer räumt jedoch neuerdings ein, dass sich diese Ansicht nicht hat durchsetzen können.[350] Er stimmt der Ausschüttungstheorie insofern zu, als sie die Einordnung des Hinzurechnungsbetrags als Dividende aus dem Abkommen selbst heraus vornimmt, lässt eine Qualifikation als Dividende jedoch letztlich daran scheitern, dass es an einer Zahlung der Dividende fehle und dass der abkommensrechtliche Dividendenbegriff an der Definition des Quellenstaates anknüpft, während eine Qualifikation des Hinzurechnungsbetrags als fiktive Dividende auf einer Qualifikation des Ansässigkeitsstaates des Anteilseigners beruht. Es bleibe dann nur die Möglichkeit einer Einordnung unter Art. 21.

[347] Wassermeyer in Debatin/Wassermeyer, DBA, MA Art. 1, Rz. 76.
[348] *Wassermeyer* in: Flick/Wassermeyer/Baumhoff, § 10 AStG Rz. 172.
[349] *Wassermeyer*, Mißbrauchsregelung, in: Haarmann, Grenzen, 55, 68; *Wassermeyer*, RIW 1983, 352, 354.
[350] *Wassermeyer* in: Flick/Wassermeyer/Baumhoff, Vor §§ 7-14 AStG, Rz. 104.

(4) Zusammenfassung

Zusammenfassend sei festgehalten, dass eine Kollision der Hinzurechnungsbesteuerung mit Art. 7 OECD-MA lediglich nach der Zweistufentheorie *Wassermeyers* in Betracht kommt, die sich jedoch in der deutschen Literatur und Rechtsprechung nicht durchsetzen konnte. Nach der Ausschüttungstheorie steht eine Besteuerung in Deutschland gemäß den abkommensrechtlichen Dividendenbestimmungen den Abkommen nicht entgegen. Die Repräsentationstheorie geht davon aus, dass eine Kollision der Hinzurechnungsbesteuerung mit den Abkommen wegen der unterschiedlichen Regelungsbereiche von vornherein ausscheidet.

cc. *Kollision mit DBA durch Abschaffung des § 10 Abs. 5 AStG*

Bis 2004 war gemäß § 10 Abs. 5 AStG auf den Hinzurechnungsbetrag in Deutschland in der Regel das internationale Schachtelprivileg anzuwenden. Das hatte zur Folge, dass bei Vorliegen der im jeweiligen DBA normierten Voraussetzungen (ggf. also unter Beachtung eines Aktivitätsvorbehalts) der Hinzurechnungsbetrag in Deutschland steuerfrei war. Die Frage, ob die Anwendung des internationalen Schachtelprivilegs auf den Hinzurechnungsbetrag aus abkommenrechtlicher Sicht zwingend ist, wird nicht einheitlich beantwortet. Bislang kam dieser Frage nur dann Bedeutung zu, wenn es sich um Einkünfte mit Kapitalanlagecharakter i.S.d. § 10 Abs. 6 AStG handelte. Dies änderte sich jedoch mit der Streichung des § 10 Abs. 5 AStG durch das StVergAbG im Jahr 2003. Die Diskussion um die Frage des Abkommensverstoßes läuft weitgehend parallel zu derjenigen, die bereits 1992 um die Einschränkung des § 10 Abs. 5 AStG durch Abs. 6 geführt worden ist. Die Beurteilung hängt wiederum davon ab, welcher der oben dargestellten Auffassungen man folgt.

Nach der Ausschüttungstheorie ist die Gewährung der Schachtelfreistellung abkommensrechtlich erforderlich, da eine Dividende im abkommensrechtlichen Sinne vorliegt. Die Vorschrift des § 10 Abs. 5 AStG vollzieht demnach nur dieses abkommensrechtlich zwingende Ergebnis auf innerstaatlicher Ebene nach.[351]

---

[351] *Vogel*, DBA (3.A. 1996), Art. 23, Rz. 115; *Vogel* in: Vogel/Lehner, DBA, Art. 23, Rz. 88 betont, dass der Fall des § 10 Abs. 5 AStG nach der Einführung der Dividendenfreistellung gem. § 8 b Abs. 1 KStG eine der wenigen Situationen sei, in denen das abkommensrechtliche Schachtelprivileg überhaupt noch relevant werde. Die in der Vorauflage in Rz. 115 noch vorhandenen weitergehenden Ausführungen zur Anwendung der abkommensrechtlichen Schachtelfreistellung auf den Hinzurechnungsbetrag fehlen jedoch in der aktuellen Auflage (wenngleich die unveränderte Zwischenüberschrift in Art. 23, nunmehr Rz.

Durch die Abschaffung des § 10 Abs. 5 AStG entsteht somit ein Konflikt mit den DBA.[352] Im Rahmen der Diskussion um die Einführung des § 10 Abs. 6 AStG war teilweise erwogen worden, die Einschränkung der Anwendung des internationalen Schachtelprivilegs könne aus Gründen des Abkommensmissbrauchs (des DBA Irland) gerechtfertigt sein.[353] Auf die vollständige Streichung des § 10 Abs. 5 AStG wird sich diese Argumentation jedoch kaum übertragen lassen.[354]

Nach der Repräsentationstheorie liegt die Hinzurechnungsbesteuerung gänzlich außerhalb des Anwendungsbereichs der DBA-Vorschriften, so dass § 10 Abs. 5 AStG von diesem Standpunkt aus konstitutiver Natur sein muss. Die Vorschrift stellt demnach ein „völkerrechtlich nicht gefordertes einseitiges Zugeständnis des deutschen Gesetzgebers"[355] dar. Die Aufhebung der Vorschrift ist daher nach dieser Auffassung abkommensrechtlich nicht zu beanstanden.[356]

Nach der (heute wohl nicht mehr vertretenen) Zweistufentheorie resultiert die Kollision mit Abkommensrecht gegebenenfalls bereits aus den Verteilungsnormen, so dass es auf die Frage des internationalen Schachtelprivilegs nicht mehr ankommt.[357] Sofern man der Ausschüttungstheorie folge, seien allerdings die Dividendenartikel der DBA unmittelbar verletzt.[358]

Geht man von dem Anliegen des Gesetzgebers aus, durch die Hinzurechnungsbesteuerung die Thesaurierung in ausländischen niedrig besteuerten Gesellschaf-

---

108 „Dividendenbegriff, Hinzurechnungsbetrag" und der Verweis in Art. 10, Rz. 222 anderes vermuten lassen).

[352] *Krabbe*, IStR 2003, 253, 255; *Köhler*, BB 1993, 337, 340, der sich der Auffassung *Vogels* anschließt und dies mit einer wirtschaftlichen Betrachtungsweise begründet. Die Vorverlagerung des wirtschaftlichen Erfolgs durch die Hinzurechnungsbesteuerung ändere nichts an der Tatsache, dass es sich um Beteiligungserträge handele, die nach den DBA-Dividendenbestimmungen behandelt werden müssten.

[353] Vgl. insbes. die Überlegungen bei *Brünink*, Verhältnis, 125 ff. Die Rechtfertigung ergibt sich daraus, dass sich die Steuerpflichtigen bei Investitionen in irische IFSC-Gesellschaften in unangemessener Weise das Zusammenwirken des § 10 Abs. 5 AStG und des DBA-Irland (ohne Aktivitätsklausel) zunutze gemacht haben, worin ein Abkommensmissbrauch zu sehen sei. *Brünink* stützt sich dabei unter anderem auf die Äußerungen der OECD zum Abkommensmissbrauch. Kritisch hinsichtlich dieser Rechtfertigung *Leisner*, RIW 1993, 1013, 1017; ihm zustimmend *Vogel*, JZ 1997, 161, 162 (Fn. 7).

[354] Das würde vermutlich auch *Brünink* so sehen, der in seiner Argumentation betont, trotz der Einschränkung in Abs. 6 bleibe § 10 Abs. 5 AStG „im Grundsatz unangetastet" (133), wovon natürlich bei einer Streichung dieser Vorschrift nicht mehr die Rede sein kann.

[355] So *Brünink*, Verhältnis, 120; *Scherer*, Doppelbesteuerung, 211.

[356] *Debatin*, DB 1992, 2159, 2160.

[357] *Schanne*, Doppelbesteuerungsabkommen, 87.

[358] *Wassermeyer* in: Flick/Wassermeyer/Baumhoff, § 10 AStG, Rn. 247.

ten unattraktiv zu machen und die durch solche Gestaltungen erzielten Vorteile des Steuerinländers mittels der Hinzurechnung zu neutralisieren, so ist die Versagung der Anwendung der Schachtelfreistellung konsequent und die Frage erscheint berechtigt, ob der Gesetzgeber durch die Regelung des § 10 Abs. 5 AStG nicht sogar seiner eigenen Zielsetzung entgegen gewirkt hat.[359] Tatsächlich wird in der Literatur darauf hingewiesen, dass die Hinzurechnungsbesteuerung in vielen Fällen erst mit der Abschaffung des § 10 Abs. 5 AStG für deutsche Unternehmen wirklich relevant wird.[360] Bislang konnte die Frage, ob eine ausländische Tochtergesellschaft passive Einkünfte erzielt und ob diese niedrig besteuert sind, häufig offen gelassen werden, da jedenfalls auf der Rechtsfolgenseite die DBA-Schachtelfreistellung griff. Vor diesem Hintergrund ist auch der Hinweis der *Primarolo*-Gruppe zu verstehen, dass die deutsche Hinzurechnungsbesteuerung aufgrund der Regelung in § 10 Abs. 5 AStG wenig effektiv sei, womit die Aufforderung an den deutschen Gesetzgeber verbunden war, die Regelung entsprechend zu ändern.[361] Aus dem Blickwinkel der Befürworter der Hinzurechnungsbesteuerung erscheint die Versagung der Schachtelfreistellung für den Hinzurechnungsbetrag daher systemlogisch. Die Hinzurechnungsbesteuerung richtet sich nicht gegen die bloße Thesaurierung von Gewinnen im Ausland (dann wäre zur Gleichstellung mit Inländern in der Tat die Anwendung des Schachtelprivilegs erforderlich), sondern gegen die Thesaurierung von passiven Gewinnen im niedrig besteuerten Ausland. Eine Neutralisierung dieses Vorteils erfordert eine (ergänzende) Besteuerung im Inland. Der Systembruch liegt daher nicht in der Versagung der Schachtelfreistellung für den Hinzurechnungsbetrag, sondern bereits in der Ausgestaltung der Hinzurechnungsbesteuerung als solcher, die die Besteuerung nicht ausgeschütteter Dividenden ermöglicht.[362] Es erscheint vor diesem Hintergrund sogar etwas halbherzig, dass sich der Fiskus zunächst mit Hilfe einer Ausnahmeregelung den Zugriff auf nicht ausgeschüttete Gewinne ausländischer Gesellschaften verschafft und anschließend in der ganz

---

[359] So sinngemäß bereits 1970 *BMF*, Bericht Steuerreformkommission (1970), 48 (bezogen auf Gewinne ausländischer Vermögensverwaltungsgesellschaften): „[...] eine Steuerbefreiung von solchen Gewinnen [...] würde der Zielsetzung des Reformvorschlags eindeutig widersprechen.“. Ähnlich *Runge*, Wettbewerb, in: Klein, FS Flick, 957, 967: „Die Doppelbesteuerungsabkommen blockieren nach ausdrücklicher Regelung in § 10 Abs. 5 AStG das AStG in wichtigen Bereichen.“.

[360] *Lüdicke*, IStR 2003, 433, 438 f; *Sieker*, IStR 2003, 78, 80 f; *Köhler*, DStR 2002, 2156, 2159; in einem späteren Beitrag bezeichnet *Köhler* die Hinzurechnungsbesteuerung gegenüber Gesellschaften in DBA-Staaten ohne Aktivitätsvorbehalt als „zahnlosen Tiger“, vgl. *Köhler*, DStR 2003, 1156, 1158.

[361] Dazu *Werra*, IStR 2001, 438, 438; *Wassermeyer*, Unternehmensbesteuerung, in: Seeger, DStJG 25 (2002), 103, 110.

[362] So *Wassermeyer*, Unternehmensbesteuerung, in: Seeger, DStJG 25 (2002), 103, 110.

überwiegenden Zahl der Fälle auf die tatsächliche Besteuerung nach dieser Regelung[363] verzichtet.

Aus DBA-rechtlichen Gründen erscheint die Anwendung der Schachtelfreistellung auf den Hinzurechnungsbetrag allenfalls dann zwingend, wenn man den Hinzurechnungsbetrag als Dividende iSd. Art. 10 OECD-MA ansieht.[364] Begreift man den Hinzurechnungsbetrag hingegen als Einkünfte iSd. Art. 21 OECD-MA, wird es schwer fallen, die Anwendung der Schachtelfreistellung auf den Hinzurechnungsbetrag systematisch zu begründen. Das heißt nicht, dass die Abschaffung des § 10 Abs. 5 AStG begrüßenswert wäre, sondern nur, dass das eigentliche Problem an einer anderen Stelle liegt, nämlich bei der Ausgestaltung der Hinzurechnungsbesteuerung als solcher und bei der Unklarheit ihrer Konzeption, insbesondere nach den Änderungen durch das StSenkG und UntStFG. Im Ergebnis bedeutet das nichts anderes, als was zahlreiche Stimmen in der Literatur[365] fordern, nämlich dass eine Abschaffung des § 10 Abs. 5 AStG mit einer grundlegenden Überarbeitung der Hinzurechnungsbesteuerung oder doch zumindest mit der Modernisierung des Aktivitätskatalogs einhergehen müsse, wie dies zunächst geplant war.[366] Nur so hätte gewährleistet werden können, dass die Hinzurechnungsbesteuerung nur tatsächlich schädliche Fälle erfasst. Die Abschaffung des § 10 Abs. 5 AStG wird die praktische Relevanz dieses Problems erst sichtbar machen.

b. *Betriebsstätte im Ausland (§ 20 Abs. 2 AStG)*

Ursprünglich wurde diese Vorschrift im Zusammenhang mit der Einschränkung des DBA-Schachtelprivilegs für Einkünfte mit Kapitalanlagecharakter in § 10 Abs. 6 AStG durch das Steueränderungsgesetz 1992[367] eingeführt.

---

[363] Die Frage des DBA-Aktivitätsvorbehalts ist eine systematisch andere und wird daher bei dieser Überlegung nicht berücksichtigt.

[364] Und selbst bei einer Behandlung des Hinzurechnungsbetrags als Dividende wird vertreten, dass die Abkommen nicht zwangsläufig auch die Schachtelfreistellung forderten, vgl. dazu den OECD-Musterkommentar zu Art. 10, Nummer 38 (z.B. in: Debatin/Wassermeyer, DBA). Näher zur Auffassung des OECD-Steuerausschusses s.u. IV..

[365] So etwa *Lüdicke*, IStR 2003, 433, 438; *Sieker*, IStR 2003, 78, 80.

[366] Bericht der Bundesregierung zur Fortentwicklung des Unternehmenssteuerrechts, FR 2001, Beilage zu Heft 11, 33: „Auf jeden Fall sollte eine Aufhebung des § 10 Abs. 5 AStG (...) mit einer Überarbeitung des Aktiv-/Passiv-Katalogs einhergehen."

[367] Vgl. Art. 17 des Gesetzes zur Entlastung der Familien und zur Verbesserung der Rahmenbedingungen für Investitionen und Arbeitsplätze – Steueränderungsgesetz 1992 – vom 25.2.1992, BGBl. I 1992, S. 297 (324 f).

§ 20 Abs. 2 AStG war notwendig als flankierende Vorschrift zu § 10 Abs. 6 AStG, um zu verhindern, dass zur Umgehung der Folgen des § 10 Abs. 6 AStG Einkünfte mit Kapitalanlagecharakter von ausländischen niedrig besteuerten Tochterkapitalgesellschaften auf Betriebsstätten verlagert werden und somit weiterhin der DBA-Freistellung (in diesem Fall für Betriebsstättengewinne) unterliegen.[368] Durch das StVergAbG 2003 wurde § 20 Abs. 2 AStG jedoch auf alle passiven Einkünfte ausgedehnt. Die Vorschrift erhält so eine erheblich größere Tragweite[369], wenn nicht sogar eine ganz andere Qualität. Diese Erweiterung steht im Zusammenhang mit der Abschaffung des § 10 Abs. 5 AStG (mit der Folge der Nichtanwendbarkeit des DBA-Schachtelprivilegs auf alle passiven Einkünfte und nicht mehr nur auf die Einkünfte mit Kapitalanlagecharakter). Dieselbe „Analogie", die der Einführung des § 20 Abs. 2 AStG 1992 in Bezug auf die Einführung des § 10 Abs. 6 AStG zugrunde lag[370], findet sich jetzt in der Erweiterung des § 20 Abs. 2 AStG in Zusammenhang mit der Streichung des 10 Abs. 5 AStG wieder. In beiden Fällen ist der Hintergrund die Gleichbehandlung von ausländischen Betriebsstätten mit ausländischen Tochtergesellschaften[371] und die Verhinderung von Umgehungen durch die Verlagerung von „Aktivitäten" von einer Tochtergesellschaft auf eine Betriebsstätte.

Rechtsfolge dieser Vorschrift ist die Anwendung der Anrechnungs- statt der grundsätzlich in den DBA vereinbarten Freistellungsmethode auf die passiven Betriebsstätteneinkünfte (sog. *Switch-Over* Vorschrift). Da hier der deutsche Gesetzgeber einseitig eine andere Methode zur Vermeidung der Doppelbesteuerung anwendet, als i.A. im Abkommen vorgesehen, sieht die ganz überwiegende Zahl der Autoren dies zu Recht als einen Abkommensverstoß an.[372] Hiervon sind jedoch in der Praxis wiederum nur die Doppelbesteuerungsabkommen betroffen, in denen nicht ohnehin schon eine Aktivitätsklausel für Betriebsstättengewinne vorgesehen ist, die deckungsgleich mit dem Aktivitätskatalog des AStG ist.

---

[368] In diesem Sinne jedenfalls die Begründung zu Art. 13 StÄndG 1992 in BT-Drucksache 12/1506.

[369] *Sieker*, IStR 2003, 78, 80.

[370] *Köhler*, BB 1993, 337, 342.

[371] *Sieker*, IStR 2003, 78, 79.

[372] *Menck* in: Blümich, § 20 AStG, Rz. 25; *Musil*, Treaty Overriding, 84; *Scherer*, Doppelbesteuerung, 213 f; *Krabbe*, Mißbrauchsbekämpfung, in: Vogel/Wassermeyer, Freistellung, 39, 45; *Köhler*, BB 1993, 337, 342; *Leisner*, RIW 1993, 1013, 1014; *Schwarz/Fischer-Zernin*, RIW 1992, 49, 53; *Seer*, IStR 1997, 481, 482; a.A. aber wohl *Debatin*, DB 1992, 2159, 2163, mit der Begründung, die Switch-Over Methode greife nicht in das Besteuerungsrecht des anderen Staates ein und zudem liege es in der Hand der Vertragsstaaten, ob sie die Doppelbesteuerung durch Freistellung oder durch Anrechnung vermeiden.

2. Frankreich

Auch in Frankreich sind von der Regelung des Art. 209 B CGI sowohl ausländische Tochtergesellschaften (dazu unter a.) als auch ausländische Betriebsstätten betroffen (dazu unter b.). Die abkommensrechtliche Behandlung beider Fälle ist grundlegend verschieden, so dass die Fälle getrennt zu untersuchen sind.

a. Tochtergesellschaft im Ausland

Die Diskussion um die Vereinbarkeit des Art. 209 B CGI mit den Doppelbesteuerungsabkommen hängt (auch zeitlich) eng mit der Entwicklung der hierzu ergangenen Rechtsprechung zusammen. Das Einsetzen der Diskussion in der Literatur ist zu Beginn der 1990er Jahre zu beobachten,[373] ein breiteres Interesse gilt der Frage jedoch erst seit der ersten Gerichtsentscheidung zu dieser Frage im Jahr 1995.[374] Hier soll vor der Darstellung der verschiedenen Argumentationslinien (unter bb. und cc.) daher zunächst ein Überblick über die bereits zu diesem Themenkomplex ergangene Rechtsprechung (sogleich unter aa.) gegeben werden.

aa. Rechtsprechung zur Vereinbarkeit des Art. 209 B CGI mit den Doppelbesteuerungsabkommen

(1) Uneinheitliche erstinstanzliche Urteile

Die erste Gerichtsentscheidung zur Frage der Vereinbarkeit des Art. 209 B CGI mit den Doppelbesteuerungsabkommen erging Ende des Jahres 1995.[375] Es ging dabei um die Besteuerung der *Société Anonyme Schneider*, die später, im Jahr

---

[373] Vgl. z. B. *Dibout*, Drt. fisc. 1990, n° 44, 1485, 1485 ff.

[374] TA Paris, 1e sect.,1e ch., v. 21.11.1995, n° 92-7093, *Société Schneider Electric*, RJF 1997, n° 2, 96, décision n° 123.

[375] TA Paris, 1e sect.,1e ch., v. 21.11.1995, n° 92-7093, *Société Schneider Electric*, RJF 1997, n° 2, 96, décision n° 123.

2002, den Conseil d'Etat beschäftigen sollte.[376] Die *SA Schneider* (heute: *SA Schneider Electric*) war zu 100% an der im Kanton Genf ansässigen schweizerischen Tochtergesellschaft Paramer beteiligt. Die Tätigkeit dieser Tochtergesellschaft bestand im Halten und Verwalten von Beteiligungen und Kapitalanlagen (insbesondere Anleihen und Streubesitzbeteiligungen). Die Gesellschaft erfüllte die Voraussetzungen für die Anwendung des Holdingprivilegs des Kantons Genf und unterlag daher mit ihren Einkünften in der Schweiz einer im Vergleich zu Frankreich[377] niedrigen Besteuerung von 0,02% (in 1981) bzw. 22% (in 1982). Die *SA Schneider*, die in Frankreich mit den Einkünften ihrer schweizerischen Tochter zur Besteuerung gemäß Art. 209 B CGI herangezogen wurde, machte unter anderem geltend, die Besteuerung nach Art. 209 B CGI verstoße gegen Art. 9, 5 und 7 des Doppelbesteuerungsabkommens mit der Schweiz.[378] Das Pariser Verwaltungsgericht erster Instanz (Tribunal administratif de Paris, TA Paris) war der Auffassung, weder Art. 9 (entspricht Art. 9 OECD-MA) noch irgendein anderer Artikel dieses Abkommens stehe der Anwendung des Art. 209 B CGI entgegen und gab daher der Finanzverwaltung Recht.

Etwa ein Jahr später, Ende 1996, hatte das TA Strasbourg im ähnlich gelagerten Fall der *Société Strafor Facom*[379] zu urteilen. Diese Gesellschaft war an einer schweizerischen Tochter (*Clestra*) beteiligt, deren Ergebnis durch die französische Finanzverwaltung in Anwendung des Art. 209 B CGI bei der französischen Muttergesellschaft besteuert wurde. Im Gegensatz zum TA Paris erklärte das TA Strasbourg jedoch Art. 209 B CGI für unvereinbar mit Art. 7 des französisch-schweizerischen Doppelbesteuerungsabkommens (entspricht Art. 7 OECD-MA).

Ebenfalls um das Doppelbesteuerungsabkommen mit der Schweiz ging es in dem vom TA Poitiers 1999 entschiedenen Sachverhalt.[380] Die *SA Rémy et Associés* hielt in den Streitjahren 1987-1991 zwischen 58,82% und 88,24% der An-

---

[376] Das erstinstanzliche Urteil im vom Conseil d'Etat entschiedenen *Schneider*-Fall ist allerdings nicht diese Entscheidung des TA Paris, da in dieser Sache am 13.7.1999 die Berufung als unzulässig zurückgewiesen wurde (vgl. *Acard*, Banque et Droit 2002, n° 84, 56, 57; *Boutemy/Meier*, Petites affiches 2001, n° 36, 6, 8 Fn. 4), sondern eine nicht veröffentlichte Entscheidung desselben Gerichts in einem parallelen Sachverhalt (wenn auch bzgl. eines anderen Besteuerungszeitraums), die Anfang des Jahres 1996 erging, s.u..

[377] Der französische Körperschaftsteuersatz lag zu dieser Zeit bei 50%; vgl. *Dibout*, Drt. fisc. 1997, n° 18, 600, 601.

[378] In der Rechtssache *Schneider Electric* geht es um die Fassung des Doppelbesteuerungsabkommens vor der Revision vom 22.7.1997, durch die in Art. 25 A die Anwendung des Art. 209 B CGI nach Auffassung der französischen Finanzverwaltung ermöglicht wird.

[379] TA Strasbourg v. 12.12.1996, n° 91-58, *Société Strafor Facom*, RJF 1997, n° 2, 97.

[380] TA Poitiers, 2e ch., v. 25.2.1999, n° 96-684, *SA Rémy-Cointreau*, RJF 1999, n° 7, 538, décision n° 847.

teile an ihrer im Kanton Genf ansässigen Tochter SA Rémy et Associés Finances, die dort niedrig besteuert wurde. Die französische Finanzverwaltung unterwarf die Muttergesellschaft daher der Besteuerung nach Art. 209 B CGI. Das TA Poitiers entschied, dass Art. 7 des Doppelbesteuerungsabkommens mit der Schweiz der Besteuerung nach Art. 209 B CGI entgegenstehe.

(2) Berufungsentscheidung der CAA Paris vom 30.1.2001 in der Rechtssache *SA Schneider Electric*

Aufgrund der einander widersprechenden erstinstanzlichen Urteile war das im Jahr 2001 ergangene zweitinstanzliche Urteil der Cour Administrative d'Appel de Paris (CAA Paris) von besonderem Interesse.[381] Es handelt sich dabei um die Entscheidung über die Berufung gegen ein (nicht veröffentlichtes) Urteil des TA Paris vom 13.2.1996[382], das, wie das oben dargestellte Urteil desselben Gerichts vom 21.11.1995, die Besteuerung der *SA Schneider Electric* für die Einkünfte der schweizerischen Tochter-Holding *Paramer* betraf. Die *SA Schneider Electric* machte, wie bereits in der ersten Instanz, u.a. geltend, dass das Doppelbesteuerungsabkommen mit der Schweiz der Anwendung des Art. 209 B CGI entgegenstehe. Während in der ersten Instanz noch die Frage der Vereinbarkeit des Art. 209 B CGI mit Art. 9 des Abkommens im Vordergrund stand, spielte in der zweiten Instanz die Vereinbarkeit mit Art. 7 des Abkommens die Hauptrolle.[383] Die CAA Paris hielt die Besteuerung nach Art. 209 B CGI für unvereinbar mit dieser Vorschrift des französisch-schweizerischen Doppelbesteuerungsabkommens. Das Berufungsgericht gab daher der Klägerin Recht und hob das Urteil des TA Paris auf. Diese Entscheidung liegt somit auf einer Linie mit den erstinstanzlichen Entscheidungen der Verwaltungsgerichte in Strasbourg und Poitiers.

(3) Höchstrichterliche Entscheidung des Conseil d'Etat vom 28.6.2002 in der Rechtssache *SA Schneider Electric*

Die Finanzverwaltung hat gegen dieses Urteil jedoch Revision eingelegt und so hatte das oberste französische Verwaltungsgericht, der Conseil d'Etat, über den Fall der *SA Schneider Electric* zu entscheiden. Dieser ist in seiner bedeutendsten

---

381 CAA Paris v. 30.1.2001, req. n° 96-1408, *Société Schneider Electric*, Drt. fisc. 2001, n° 10, 449, décision n° 207.

382 TA Paris v. 13.2.1996, n° 92-18670, *Société Schneider Electric*, nicht veröffentlicht.

383 *Boutemy/Meier*, Petites affiches 2001, n° 36, 6, 8.

Zusammensetzung, der *Assemblée*,[384] zusammengetreten, und hat mit Urteil vom 28.6.2002 die Auffassung der Vorinstanz bestätigt.[385] Wie hoch umstritten die Frage der Vereinbarkeit des Art. 209 B CGI mit den Doppelbesteuerungsabkommen war, zeigt die Tatsache, dass die Entscheidung in der zentralen Frage entgegen der Schlussanträge des *Commissaire du Gouvernement Austry*[386] ausgefallen ist,[387] der die Auffassung vertreten hatte, das Doppelbesteuerungsabkommen mit der Schweiz stehe der Anwendung des Art. 209 B CGI nicht entgegen.

Um die Entscheidung der Vorinstanz anzugreifen, hatte sich der Minister auf folgende Argumentation gestützt:[388] Zum einen sei der Zweck des Abkommens die Vermeidung nur der juristischen, nicht aber der wirtschaftlichen Doppelbesteuerung. Eine juristische Doppelbesteuerung liege jedoch bei der Besteuerung nach Art. 209 B CGI nicht vor, da nicht dasselbe Einkommen bei derselben Person zweimal besteuert werde. Die *SA Schneider Electric* könne sich daher auf das Abkommen nicht berufen. Selbst wenn das Abkommen anwendbar sein sollte, habe die Vorinstanz rechtsfehlerhaft entschieden, weil durch Art. 209 B CGI

---

[384] Die *Assemblée du contentieux* des Conseil d'Etat ist den großen Senaten deutscher Obergerichte vergleichbar und entscheidet in der Regel bei besonderes bedeutenden oder umstrittenen Rechtsfragen. Die Entscheidungen der *Assemblée* haben daher ein besonderes Gewicht. Vgl. *Gundel*, Einordnung, 362.

[385] CE, Ass., v. 28.6.2002, n° 232 276, *Société Schneider Electric*, Drt. fisc. 2002, n° 36, 1150, comm. 657 ; Besprechungen dieses Urteils in der deutschsprachigen Literatur beispielsweise bei *Aigner*, SWI 2002, 407, 407 ff; *Lang*, IStR 2002, 717, 717 ff.; *Jacob/Zimmermann*, IWB Fach 3a Rechtsprechung Gruppe 2, 39, 39 ff.; *Richter*, IStR 2002, 653, 653 f; *de Bourmont/Desmoulins*, IStR 2002, Länderbericht Heft 15, 3, 3.

[386] *Austry*, BDCF 2003, n° 10, 13, 13 ff. Der *Commissaire du gouvernement* ist der Generalanwalt des Gerichts. Er gehört, anders als die Bezeichnung vermuten lässt, nicht der Regierung oder der Finanzverwaltung an, sondern der Justiz. Seine Aufgabe ist es, dem Gericht in den Schlussanträgen (*Conclusions*) seine unabhängige Auffassung zur Behandlung des Falles vorzutragen. (Vgl. hierzu auch *Jacob/Zimmermann*, IWB Fach 3a Rechtsprechung Gruppe 2, 39, 41). In gewisser Weise ist er insofern mit dem Berichterstatter bei deutschen Gerichten vergleichbar. Die *Conclusions* werden bei wichtigen Entscheidungen auch in einer zu diesem Zweck existierenden Zeitschrift (*Bulletin des Conclusions Fiscales, BDCF*) veröffentlicht. Die Lektüre dieser *Conclusions* ist nicht selten der Schlüssel zum Verständnis der – im Vergleich zu Deutschland – bekanntlich äußerst knapp gehaltenen Urteile des Conseil d'Etat (das Grundsatzurteil des Conseil d'Etat in der Rs. *Schneider* umfasst beispielsweise nicht einmal zwei Seiten). Dem französischen *Commissaire du Gouvernement* nachempfunden ist die Position des Generalanwalts beim EuGH.

[387] So *Arthur*, TPIR 2003, 3, 9; *Bérengier*, TPIR 2002, 3, 4.

[388] Diese Argumentation entspricht der von der Finanzverwaltung bereits in der Instruction BOI 4 H-9-92 vom 6.3.1992, II 2° A. vertretenen Auffassung. Diese Instruction ist zwar durch die aus dem Jahr 1998 ersetzt worden, die betreffende Passage über die Vereinbarkeit des Art. 209 B CGI mit Doppelbesteuerungsabkommen und Gemeinschaftsrecht gilt jedoch weiter, vgl. Instruction BOI 4 H-3-98 vom 17.4.1998, n° 11.

nicht Unternehmensgewinne sondern Beteiligungserträge besteuert würden. Schließlich sei auch der Zweck der Doppelbesteuerungsabkommen, die Steuerflucht zu verhindern, nicht berücksichtigt worden. Der Staat könne durch das Abkommen nicht an der Anwendung seiner Regelungen gehindert sein, die eben dieses Ziel verfolgen.

Der *Commissaire du Gouvernement* hat in seinen Schlussanträgen[389] zwar entgegen der Argumentation des Ministers das Doppelbesteuerungsabkommen für anwendbar gehalten, ging aber wie der Minister davon aus, dass es sich bei dem CFC-Einkommen nach der gemäß Art. 3 Abs. 2 des Abkommens maßgeblichen Qualifikation des internen Rechts nicht um Unternehmensgewinne handele, sondern, im Hinblick auf den Zweck der CFC-Besteuerung, um vorweggenommene Dividenden. Diese fielen zwar nicht unter den Wortlaut des Dividendenartikels (Art. 11) des Doppelbesteuerungsabkommens mit der Schweiz,[390] seien aber den „anderen Einkünften" im Sinne des Abkommens zuzuordnen, für die das Besteuerungsrecht dem Ansässigkeitsstaat zusteht. Das Doppelbesteuerungsabkommen stehe daher der Anwendung des Art. 209 B CGI nicht entgegen.

Der Conseil d'Etat hat zunächst, in Anwendung des Prinzips der Subsidiarität der Doppelbesteuerungsabkommen,[391] die Qualifikation der CFC-Einkünfte anhand des internen Rechts (Art. 209 B CGI) vorgenommen. Die Richter kamen entgegen der Schlussanträge des *Commissaire du gouvernement* zu dem Schluss, dass sich bereits aus der Vorschrift des Art. 209 B CGI selbst ergebe, dass dadurch in Frankreich die Besteuerung der Gewinne aus dem Betrieb eines ausländischen Unternehmens ermöglicht werden soll.[392] Die Heranziehung der Gesetzesmaterialien hielt der Conseil d'Etat zur Klärung dieser Frage daher nicht für erforderlich. Da das Abkommen für den Begriff der Unternehmensgewinne keine eigenständige Definition vorsehe und sich auch aus dem Zusammenhang keine Notwendigkeit einer vom internen Recht abweichenden Definition ergebe, sei die innerstaatliche Definition gemäß Art. 3 Abs. 2 des Abkommens maßgeblich. Daher sei die Auffassung der Vorinstanz zutreffend, der zufolge die in Anwendung des Art. 209 B CGI in Frankreich besteuerten Einkünfte dieselben seien („*[...] il y a identité de nature [...]*") wie die Unternehmensgewinne der schwei-

---

[389] *Austry*, BDCF 2003, n° 10, 13, 13 ff.

[390] Entspricht Art. 10 des OECD-MA. Die Fassung des Art. 11 dieses Abkommens berücksichtigt im Gegensatz zu neueren Fassungen des Dividendenartikels jedoch noch nicht die fiktiven Dividenden.

[391] Näher dazu unter cc. (1).

[392] „*[...] il ressort des termes mêmes de ces dispositions qu'elles ont pour objet de permettre l'imposition en France des bénéfices résultant de l'exploitation d'une société établie à l'étranger [...]*".

zerischen Tochtergesellschaft *Paramer*, für die das Besteuerungsrecht gemäß Art. 7 Abs. 1 des Doppelbesteuerungsabkommens der Schweiz zugewiesen sei. Dass die Besteuerung der Gewinne der schweizerischen Gesellschaft nicht bei dieser, sondern bei der französischen Gesellschaft (und somit bei einem anderen Steuersubjekt) erfolge, könne die Nichtanwendung dieser Abkommensbestimmung nicht rechtfertigen. Diese sich aus dem Wortlaut ergebende Auslegung könne auch nicht durch den etwaigen Zweck des Doppelbesteuerungsabkommens, die Steuerflucht zu verhindern, in Frage gestellt werden, da es hierzu einer ausdrücklichen Abkommensbestimmung bedurft hätte („*[...] à supposer même qu'il soit établi qu'un objectif de lutte contre l'évasion et la fraude fiscales ait été assigné à la Convention franco-suisse, cet objectif ne permet pas, faute de stipulation expresse le prévoyant, de déroger aux règles énoncées par la Convention.*").

(4) Anwendung der *Schneider*-Rechtsprechung des Conseil d'Etat

Die im *Schneider*-Urteil vom Conseil d'Etat entwickelten Prinzipien wurden mittlerweile durch ein erstinstanzliches Urteil angewendet.[393] Erstmals ging es dabei um Tochtergesellschaften, die nicht in der Schweiz, sondern in Belgien bzw. in Luxemburg ansässig waren. Die französische *Société Anonyme 3 Suisses International* wurde für die Jahre 1993-1995 mit den Gewinnen ihrer belgischen (*3 Suisses Coordination Center*) und ihrer luxemburgischen (*3 Suisses de Re*) Tochtergesellschaft durch die Finanzverwaltung in Frankreich der Besteuerung nach Art. 209 B CGI unterworfen. Das TA Lille entschied, dass dieser Besteuerung Art. 4 Abs. 1 des Doppelbesteuerungsabkommens mit Belgien bzw. mit Luxemburg (entspricht weitgehend Art. 7 Abs. 1 OECD-MA) entgegensteht.

bb. Vereinbarkeit mit Art. 9 OECD-MA

In der Entscheidung des TA Paris aus dem Jahr 1995[394] ging es um die Frage der Vereinbarkeit des Art. 209 B CGI mit Art. 9 des Doppelbesteuerungsabkommens mit der Schweiz (entspricht Art. 9 OECD-MA), der die Behandlung der verbundenen Unternehmen regelt. Das Gericht hat die Vereinbarkeit angenommen. Diese Auffassung wird, soweit ersichtlich, auch von der Literatur aus-

---

[393] TA Lille, 4e Ch., v. 9.1.2003, req. n° 99-1876, *Société 3 Suisses International*, Drt. Sociétés 2003, n° 4, 34 ; vgl. dazu *de Waal*, RDAI 2003, n° 2, 244, 246 ; *Pierre*, Drt. Sociétés 2003, n° 4, 34.

[394] TA Paris, 1e sect.,1e ch., v. 21.11.1995, n° 92-7093, *Société Schneider Electric*, RJF 1997, n° 2, 96, décision n° 123.

nahmslos geteilt.[395] Zur Begründung wird angeführt, dass weder der Anwendungsbereich noch die Anwendungsvoraussetzungen und die Rechtsfolgen dieser beiden Vorschriften übereinstimmen.[396] Insbesondere setzt die Anwendung des Art. 9 OECD-MA voraus, dass zwischen den betreffenden Unternehmen Transaktionen zu marktunüblichen Konditionen durchgeführt werden. Dies ist für die Anwendung des Art. 209 B CGI jedoch unerheblich.[397] Auf der Rechtsfolgenseite unterscheiden sich die beiden Regelungen dadurch, dass die Anwendung des Art. 9 OECD-MA zu einer Korrektur des steuerlichen Ergebnisses der französischen Gesellschaft führt, während die Anwendung des Art. 209 B CGI eine separate Besteuerung der CFC-Einkünfte zur Folge hat.[398]

cc. *Vereinbarkeit mit Art. 7 OECD-MA*

In allen anderen Gerichtsentscheidungen ging es um die auch in der Literatur weitaus umstrittenere Frage der Vereinbarkeit des Art. 209 B CGI mit den dem Art. 7 OECD-MA entsprechenden Vorschriften der französischen Doppelbesteuerungsabkommen. Die zu dieser Frage vertretenen Auffassungen sollen nachfolgend dargestellt werden.

(1) Einkünfte außerhalb des Anwendungsbereichs der Abkommen

Insbesondere von der Finanzverwaltung und den ihr nahestehenden Autoren[399] wird die Auffassung vertreten, bei den gemäß Art. 209 B CGI in Frankreich besteuerten Einkünften handele es sich nicht um Einkünfte, die von den Doppelbesteuerungsabkommen erfasst würden. Bereits in der Verwaltungsanweisung aus dem Jahr 1992 wird zum Ausdruck gebracht, dass die Besteuerung nach

---

[395] Vgl. *Badrone*, FR Lefebvre 2001, 23, 25 ; *Morteleq*, Drt. fisc. 2001, n° 10, 455, 456 ; *Dibout*, Drt. fisc. 1997, n° 18, 600, 602 (mit Einschränkungen).

[396] Vgl. *Dibout*, Drt. fisc. 1997, n° 18, 600, 602.

[397] Eine Überschneidung ergibt sich vielmehr mit Art. 57 CGI (entspricht etwa § 1 des deutschen AStG), der wiederum vom Conseil d'Etat in ständiger Rechsprechung als mit Art. 9 OECD-MA vereinbar angesehen wird, vgl. CE v. 14.3.1984, req. n° 34 430 –36 880, RJF 1984, n° 5, déc. n° 593; CE v. 2.11.1987, n° 55 543, Drt. Fisc. 1988, n° 51, comm. 2325; CE, 8e et 9e sous-section, v. 18.3.1994, n° 68799-70814, *SA Sovemacro-Europe*, RJF 1994, n° 5, 317, décision n° 532.

[398] *Dibout*, Drt. fisc. 1997, n° 18, 600, 602.

[399] Etwa *Badrone*, FR Lefebvre 2001, 23, 23 ff., der ehemals eine leitende Funktion in der Direction de la Législation Fiscale (DLF) innehatte. Die Argumentation der Finanzverwaltung bezüglich des Fehlens einer juristischen Doppelbesteuerung befürwortet auch *Gouthière*, Impôts, 786 (n° 2525.1.).

Art. 209 B CGI keine der von den Doppelbesteuerungsabkommen vorgesehenen Konstellationen der juristischen Doppelbesteuerung darstelle, da es sich um zwei verschiedene Steuerpflichtige (nämlich die französische Mutter und die ausländische Tochter) handele und die ausländische Gesellschaft nicht in Frankreich der Besteuerung unterworfen würde, es sei denn, sie verfüge dort über eine Betriebsstätte.[400] Die Vorschrift des Art. 209 B CGI schaffe vielmehr einen eigenen Besteuerungstatbestand (*fait générateur d'imposition spécifique*)[401] und die bereits im Regelungsmechanismus vorgesehenen Möglichkeiten zur Vermeidung einer Mehrfachbesteuerung dieser Gewinne (Anrechnung der im Ansässigkeitsstaat der ausländischen Gesellschaft erhobenen Steuern und der Quellensteuern i.S.d. Art 102 X des annexe II CGI; Freistellung der später ausgeschütteten Dividenden der ausländischen Gesellschaft) deuteten darauf hin, dass der Gesetzgeber sich bei der Schaffung dieser Regelung gerade „aus dem traditionellen Anwendungsbereich der Abkommen heraushalten wollte" („*[...] que le législateur de 1980 a entendu s'abstraire du cadre conventionnel traditionnel.*").[402]

Aus der Tatsache, dass der französische Gesetzgeber bereits im Vorfeld durch die Ausgestaltung der CFC-Besteuerung die Entstehung einer Doppelbesteuerung vermeidet, wurde daher die Vermutung begründet, die Berufung auf ein Doppelbesteuerungsabkommen könnte in diesem Zusammenhang unbeachtlich (*inopérant*) sein.[403] Diese Argumentation lässt sich nur vor dem Hintergrund der französischen Prinzipien der Anwendung der Doppelbesteuerungsabkommen verstehen. Obgleich aus Art. 55 der Constitution der Vorrang der Doppelbesteuerungsabkommen vor dem nationalen Steuerrecht folgt (*supériorité des conventions fiscales internationales*), ist zunächst das nationale Steuerrecht zu prüfen (*subsidiarité des conventions fiscales internationales*).[404] Erst wenn diese Prüfung ergibt, dass Frankreich ein Besteuerungsrecht für sich beansprucht, ist in Anwendung des Doppelbesteuerungsabkommens festzustellen, ob dieses Besteuerungsrecht eingeschränkt wird.[405]

---

400 Instruction BOI 4 H-9-92 vom 6.3.1992, dort unter II 2° A.

401 Vgl. *Badrone*, FR Lefebvre 2001, 23, 25 f.

402 Vgl. *Badrone*, FR Lefebvre 2001, 23, 25.

403 Vgl. bereits *Dibout*, Drt. fisc. 1990, n° 44, 1485, 1486 (i.E. freilich a.A.).

404 Dieses Prinzip der Subsidiarität wird in ständiger Rechtsprechung angewandt. Als Grundsatzentscheidung wird meist die Entscheidung CE, Plén., v. 19.12.1975, n° 84.774 et 91.895, RJF 1976, n° 2, 64, décision n° 77 zitiert. Ein jüngeres Urteil bestätigt dieses Prinzip, CE v. 17.3.1993, n° 85.894, *Memmi*, RJF 1993, n° 5, 369, décision n° 612.

405 Vgl. die Argumentation des *Commissaire du gouvernement* in seinen *Conclusions* zum *Memmi*-Urteil (Fußnote 404) (*Arrighi de Casanova*, RJF 1993, n° 5, 359) : „*Les conventions ont donc ceci de particulier qu'elles présentent un caractère subsidiaire : l'autorité supérieure à celle des lois que l'article 55 de la Constitution confère à tout engagement*

Das Vorbringen des Ministers im *Schneider*-Verfahren hat dem Conseil d'Etat Gelegenheit gegeben, dieses Prinzip erneut zu bestätigen. Der Minister hatte der Vorinstanz (CAA Paris) vorgeworfen, sie habe sich in einem Rechtsirrtum befunden, als sie die Berufung der *SA Schneider Electric* auf das Doppelbesteuerungsabkommen zuließ.[406] Die CAA Paris hatte im Gegensatz zur ersten Instanz betont, die Ansässigkeit der Klägerin in einem Vertragsstaat (hier Frankreich) reiche aus, um ihr die Berufung auf das Doppelbesteuerungsabkommen zu ermöglichen. Die Tatsache, dass Art. 209 B CGI eigene Mechanismen zur Vermeidung der Doppelbesteuerung vorsehe, stehe dem Einwand der Unvereinbarkeit dieser Vorschrift mit dem Doppelbesteuerungsabkommen nicht entgegen.[407] Der Conseil d'Etat ist dem Argument des Ministers nicht gefolgt,[408] sondern hat eine offene Interpretation des Begriffs der juristischen Doppelbesteuerung zugrunde gelegt und der sachlichen Komponente (dasselbe Einkommen) eine größere Bedeutung beigemessen als der personellen Komponente (Besteuerung bei derselben Person).[409]

(2) Fiktive Dividende (Art. 10 bzw. Art. 21 OECD-MA)

Die Finanzverwaltung vertritt – gewissermaßen hilfsweise[410] – die Auffassung, dass es sich, wenn das Abkommen denn Anwendung findet, bei den CFC-Einkünften jedenfalls nicht um Unternehmensgewinne handelt, sondern um Beträge, die als Ausschüttungen der ausländischen Gesellschaft gelten. Für diese Ansicht spreche zunächst die Funktionsweise des Art. 209 B CGI: die Einkünfte der ausländischen Einheit stellten für die französische Gesellschaft keine regulären (gewerblichen) Einkünfte dar, sondern würden separat von den übrigen Ein-

---

international ne peut jouer que pour autant que la loi est d'abord susceptible de trouver application.".

406 Vgl. die Wiedergabe der Argumentation des Ministers bei *Austry*, BDCF 2003, n° 10, 13, 16 („... *en jugeant invocable une convention fiscale internationale par une société résidente de France imposée sur le fondement de l'article 209 B au titre d'une somme pour laquelle elle n'a pas subi d'imposition à son nom en Suisse, la cour aurait commis une erreur de droit...*").

407 In diesem Sinne auch *Chahid-Nouraï/Couturier*, Drt. fisc. 2001, n° 8, 333, 335, die betonen, die vom Minister vorgebrachte Argumentation widerspreche jeder Logik, da die Vermeidung der Doppelbesteuerung durch unilaterale Maßnahmen ja gerade eine Steuerpflicht voraussetze.

408 *Boutemy/Meier/Perrot*, Petites affiches 2002, n° 171, 4, 7.

409 So *Dibout*, Drt. fisc. 2002, n° 36, 1133, 1140. Zur Frage, ob auf die persönliche oder auf die sachliche Komponente abzustellen ist vgl. auch *de Waal*, RDAI 1994, n° 5, 653, 658.

410 Vgl. die Darstellung des Commissaire du gouvernement im Schneider-Fall vor dem CE: *Austry*, BDCF 2003, n° 10, 13, 16.

künften der französischen Gesellschaft besteuert und müssen in einer eigenen Steuererklärung ausgewiesen werden.[411] Für eine fiktive Dividende spreche auch die Tatsache, dass der Anteil der Gewinne der ausländischen Gesellschaft besteuert wird, der der Beteiligung der französischen Gesellschaft entspricht. Auch die Formulierung *„réputés acquis"* (als zugeflossen geltend) in Art. 209 B CGI spreche für eine fiktive Ausschüttung.

Als Argument für die Annahme einer fiktiven Dividendenausschüttung wird auch die Regelung des Art. 123 bis CGI ins Feld geführt.[412] Diese häufig als „Art. 209 B der natürlichen Personen"[413] bezeichnete Vorschrift (s.o. Kapitel 2 I. 2. b.) spricht ausdrücklich davon, dass der der Beteiligung entsprechende Anteil des Gewinns der ausländischen Gesellschaft als Einkünfte aus Kapitalvermögen des inländischen Anteilseigner gilt.[414] Die Parallelität der beiden Vorschriften könne es rechtfertigen, auch im Rahmen des Art. 209 B CGI eine fiktive Dividendenausschüttung anzunehmen. Für die Vertreter der gegenteiligen Auffassung bietet die Vorschrift des Art. 123 bis CGI freilich Anlass zu einem nicht minder plausiblen Umkehrschluss in Bezug auf Art. 209 B,[415] so dass mit der Argumentation über diese Bestimmung objektiv nichts gewonnen ist.

Sofern man aus nationaler Sicht von einer fiktiven Dividendenausschüttung ausgeht, stellt sich immer noch die Frage, ob diese unter den Dividendenartikel der Doppelbesteuerungsabkommen subsumiert werden kann oder ob sie vielmehr unter die sonstigen Einkünfte fällt, für die das Besteuerungsrecht ebenfalls dem Ansässigkeitsstaat, hier also Frankreich, zusteht.[416] Die Beantwortung dieser Frage hängt sicherlich von der genauen Formulierung des Dividendenartikels im jeweiligen Doppelbesteuerungsabkommen ab. Für eine Einordnung als sonstige Einkünfte im Rahmen des Doppelbesteuerungsabkommens mit der Schweiz sprach sich der Commissaire du Gouvernement *Austry* im *Schneider*-Verfahren

---

[411] Dieser Auffassung ist auch der Commissaire du gouvernement in seinen Schlussanträgen zur Schneider-Entscheidung des Conseil d'Etat gefolgt, vgl. *Austry*, BDCF 2003, n° 10, 13, 19.

[412] *Austry*, BDCF 2003, n° 10, 13,20; kritisch *Bergerès*, Les nouvelles fiscales 2003, n° 890, 20, 25.

[413] So *Austry*, BDCF 2003, n° 10, 13, 20.

[414] *„[...] les bénéfices ou les revenus positifs [...] sont réputés constituer un revenu de capitaux mobiliers de cette personne physique [...]"*.

[415] *Dibout*, Drt. fisc. 2002, n° 36, 1133, 1136.

[416] *Boutemy/Meier/Perrot*, Petites affiches 2002, n° 171, 4, 11 weisen jedoch darauf hin, dass in einigen französischen Doppelbesteuerungsabkommen (genannt werden exemplarisch China, der Libanon und Bangladesh) das Besteuerungsrecht für die sonstigen Einkünfte dem Quellenstaat zusteht.

vor dem Conseil d'Etat aus.[417] Er stützte sich dabei auf ein früheres Urteil des Conseil d'Etat,[418] in dem dieser eine im nationalen Recht als fiktive Gewinnausschüttung qualifizierte Vorteilsgewährung (Art. 109-1-1° CGI) einer französischen Tochter an ihre niederländische Mutter nicht unter den Dividendenartikel, sondern unter die sonstigen Einkünfte des französisch-niederländischen Abkommens subsumiert hatte, da er die abkommensrechtliche Dividendendefinition als nicht erfüllt ansah. Im *Schneider*-Verfahren hat sich der Conseil d'Etat mit dieser Frage allerdings nicht auseinandergesetzt, da er nicht von einer fiktiven Ausschüttung ausging.

(3) Unternehmensgewinne (Art. 7 OECD-MA)

Es entspricht der überwiegenden Ansicht in der französischen Literatur, dass Art. 209 B CGI gegen die Vorschriften der Doppelbesteuerungsabkommen verstößt, die Art. 7 OECD-MA nachgebildet sind.[419] Diese Auffassung geht davon aus, dass die CFC-Einkünfte der französischen Gesellschaft dieselben Einkünfte seien, die bei der ausländischen Tochtergesellschaft bereits der Besteuerung unterlegen haben.

Der Conseil d'Etat vertritt in der *Schneider*-Entscheidung die Auffassung, dass bereits aus dem Wortlaut des Art. 209 B CGI folge, dass es sich nicht um eine (fiktive) Ausschüttung der ausländischen Gesellschaft handeln könne : „*Considérant qu'il ressort des termes mêmes de ces dispositions, qu'elles ont pour objet de permettre l'imposition en France des bénéfices résultant de l'exploitation d'une société établie à l'étranger et non, contrairement à ce que soutient le ministre, des distributions de bénéfices réputées opérées par cette société étrangère à son actionnaire résidant en France [...]*".

Für die Tatsache, dass es sich um dieselben Unternehmensgewinne handelt, die zweimal besteuert werden, werden zahlreiche Indizien angeführt. Zum einen findet sich die Regelung des Art. 209 B im Code général des impôts im Kapitel

---

[417] *Austry*, BDCF 2003, n° 10, 13 ; zur Kritik an dieser generellen Einordnung vgl. *Lang*, IStR 2002, 717, 721.

[418] CE v. 13.10.1999, n° 190.083, *SA Banque Française de l'Orient*, RJF 1999, n° 12, 994, décision n° 1587.

[419] So z.B. die Einschätzung bei *Acard*, Banque et Droit 2002, n° 84, 56, 56; *Bardet*, FR Lefebvre 1999, n° 38, 27, 28; *Chahid-Nouraï/Couturier*, Drt. fisc. 2001, n° 8, 333, 333; *Mbwa-Mboma*, TNI 2002, vol 27, n° 2, 143, 145; *Editions Francis Lefebvre*, Paradis fiscaux, 98 (n° 574 A); *Dibout*, Drt. fisc. 2002, n° 36, 1133 ff; *Bourtourault/Mbwa-Mboma*, Intertax 2002, vol. 30, issue 12, 493, 495.

über die Gewinne der Gesellschaften. Dieses Argument hatte die *SA Schneider Electric* unter anderem ins Feld geführt, um die Einordnung des CFC-Einkommens als Unternehmensgewinne zu belegen.[420] Für die Qualifikation als Unternehmensgewinne nach internem Recht spreche auch, dass eine Anrechnung der von der ausländischen Gesellschaft in ihrem Ansässigkeitsstaat gezahlten Steuer in Frankreich möglich sei, so dass der Gesetzgeber wohl von einer Doppelbesteuerung dieses Einkommens ausgegangen sein müsse.[421] Wie bereits erläutert, geht auch der Conseil d'Etat davon aus, dass das Einkommen der ausländischen Gesellschaft und das CFC-Einkommen identisch seien.[422]

Als problematisch erweist sich jedoch die Tatsache, dass einmal die ausländische und einmal die französische Gesellschaft bezüglich dieses Einkommens besteuert werden, dass also nicht dasselbe Einkommen desselben Steuerpflichtigen zweimal besteuert wird. Teilweise wird argumentiert, die Besteuerung nach Art. 209 B CGI betreffe in Wahrheit die ausländische Gesellschaft und die französische Gesellschaft zahle nur für diese die Steuern.[423] Die Tatsache, dass die Steuer bei der französischen Gesellschaft erhoben werde, sei auf praktische Gründe zurückzuführen, da der französische Fiskus die Steuer nicht von der ausländischen Gesellschaft verlangen könne.[424] So ist auch das *Schneider*-Urteil der CAA Paris zu verstehen, in dem diese feststellt, die Besteuerung der Gewinne der Tochtergesellschaft Paramer in Frankreich verstoße gegen Art. 7 des Doppelbesteuerungsabkommens mit der Schweiz, selbst wenn die Besteuerung im Namen der französischen Muttergesellschaft erfolge.[425] Umgekehrt wird auch vertreten, die ausländische Gesellschaft zahle die in ihrem Ansässigkeitsstaat erhobenen Steuern lediglich stellvertretend für den „wahren Steuerpflichtigen", nämlich die französische Gesellschaft.[426]

Ein sehr weit gehender Ansatz stützt sich darauf, dass die französische CFC-Besteuerung, ähnlich einer Missbrauchsvorschrift, die ausländische Gesellschaft

---

420 *Mbwa-Mboma*, TNI 2002, vol 27, n° 2, 143, 146; *Austry*, BDCF 2003, n° 10, 13, 19. Gegen dieses Argument wird jedoch zurecht eingewandt, dass die Kodifizierung des Art. 209 B im CGI nicht direkt, sondern durch ein Dekret erfolgt ist, und dass es zudem üblicherweise bei der Gesetzesauslegung durch den Conseil d'Etat keine Rolle spielt, wie eine Vorschrift bezeichnet ist. Vgl. *Austry*, BDCF 2003, n° 10, 13, 19 sowie *Acard*, Banque et Droit 2002, n° 84, 56, 58.

421 *Austry*, BDCF 2003, n° 10, 13, 19.

422 CE, Ass., v. 28.6.2002, n° 232 276, *Société Schneider Electric*, Drt. fisc. 2002, n° 36, 1150, comm. 657.

423 *Villemot*, Drt. fisc. 2001, n° 47, 1641, 1644 f.

424 *Douvier*, BF Lefebvre 1991, n° 10, 622, 627.

425 „*[...] fait obstacle à ce que les bénéfices de la société suisse Paramer soient imposés en France ..., fut-ce au nom de la société mère [...]*"

426 *Dibout*, Drt. fisc. 1997, n° 18, 600, 604.

als solche negiere, so dass die Einkünfte unmittelbar von der französischen Gesellschaft erwirtschaftet würden.[427] Nicht selten wird auch der Vergleich zur Situation einer transparenten Tochtergesellschaft im Ausland gezogen.[428] Gegen diese Auffassung spricht jedoch, dass bei einer vollständigen Nichtanerkennung der ausländischen Gesellschaft deren Verluste beim inländischen „Anteilseigner" abzugsfähig sein müssten.[429] Dies ist aber nach der französischen CFC-Regelung gerade nicht der Fall.

Im Sinne eines Verstoßes gegen Art. 7 OECD-MA wird des Weiteren vorgebracht, dass die CFC-Gesetzgebung die objektive Aufteilung der Besteuerungsrechte durch das Doppelbesteuerungsabkommen missachte. Aus Art. 7 des O-ECD-MA folge eben, dass die Unternehmensgewinne nur in dem Staat besteuert werden können, in dem das Unternehmen ansässig ist, so dass eine Besteuerung der Gewinne eines ausländischen Unternehmens in Frankreich diese Aufteilung der Besteuerungsrechte nach dem Abkommen missachte.[430] Seitens der Finanzverwaltung wird hierzu vorgebracht, es sei auch Sinn und Zweck der Doppelbesteuerungsabkommen, die Steuerumgehung und Steuerhinterziehung zu verhindern. Daher dürften die Doppelbesteuerungsabkommen die Finanzverwaltung nicht daran hindern, ihre nationalen Vorschriften anzuwenden, die eben diesem Zweck dienen. Der Conseil d'Etat hält dieser Argumentation in der *Schneider*-Entscheidung entgegen, dass die Auslegung von der Sinn und Zweck der Abkommen nicht die Auslegung des reinen Wortlautes der Vorschriften verdrängen könne.

b. Betriebsstätte im Ausland

Die Besteuerung des Ergebnisses ausländischer Betriebsstätten in Frankreich gemäß Art. 209 B CGI beruht auf einer Durchbrechung des Territorialitätsprinzips des Impôt sur les Sociétés, dem zufolge der französischen Besteuerung nur in französischen Unternehmen erwirtschaftete Gewinne der Steuer unterliegen

---

[427] *Dibout*, Drt. fisc. 1990, n° 44, 1485, 1487 f. sowie *Dibout*, Drt. fisc. 1997, n° 18, 600, 604, wo der Autor diese Einordnung als Missbrauchsvorschrift speziell auf die neue Fassung des Art. 209 B CGI (I bis) bezieht, da hier der Wortlaut noch eindeutiger als schon zuvor davon ausgeht, dass das CFC-Einkommen von vornherein als von der französischen Gesellschaft im Ausland erwirtschaftet gilt („*est réputé constituer un résultat*" de la société française).

[428] *Villemot*, Drt. fisc. 2001, n° 47, 1641, 1644 ; *Olléon*, RJF 2002, n° 10, 755, 759 ; *Dibout*, Drt. fisc. 2002, n° 36, 1133, 1136.

[429] Dies gibt *de Waal*, RDAI 1994, n° 5, 653, 661 zu bedenken.

[430] *Dibout*, Drt. fisc. 1997, n° 18, 600, 605; *Bardet*, FR Lefebvre 1999, n° 38, 27, 28.

(vgl. hierzu Kapitel 3 A. II.). Aus Abkommenssicht besteht das Problem darin, dass aufgrund des Betriebsstättenprinzips des Art. 7 i.V.m. Art. 5 des OECD-MA die in einer ausländischen Betriebsstätte erwirtschafteten Gewinne eines in Frankreich Ansässigen grundsätzlich in Frankreich nicht besteuert werden können. In den zur Vereinbarkeit von Art. 209 B CGI mit den Doppelbesteuerungsabkommen ergangenen Entscheidungen der französischen Gerichte hat sich die Frage der Vereinbarkeit im Fall ausländischer Betriebsstätten nicht gestellt. Nach der ganz herrschenden Auffassung in der Literatur stellt jedoch die Anwendung des Art. 209 B CGI in Bezug auf ausländische Betriebsstätten einen Verstoß gegen Art. 7 der Doppelbesteuerungsabkommen dar.[431] Diese Auffassung teilen auch Autoren, die ansonsten (im Fall einer ausländischen Tochtergesellschaft) von der Vereinbarkeit des Art. 209 B CGI mit den Doppelbesteuerungsabkommen ausgehen.[432] Das ist auch nicht verwunderlich, da im Fall einer ausländischen Betriebsstätte nur ein Steuersubjekt (nämlich die französische Gesellschaft) vorhanden ist und so die – andernfalls zurecht erhobenen – Zweifel an der Anwendbarkeit des Art. 7 nicht bestehen: die Besteuerung der in einer ausländischen Betriebsstätte erwirtschafteten Gewinne einer französischen Gesellschaft führt zu einer juristischen Doppelbesteuerung.[433] Der Abkommensverstoß liegt jedoch nicht bereits darin, dass Frankreich gemäß Art. 209 B CGI einen Besteuerungsanspruch erhebt, sondern erst darin, dass Frankreich die ausländischen Gewinne nicht gemäß der im Methodenartikel in der Regel vorgesehenen Vorschrift freistellt. Die Tatsache, dass in der Regelung des Art. 209 B CGI eine Anrechnung der im Ausland gezahlten Steuern vorgesehen ist, ändert daran nichts, sofern das konkrete Abkommen für Betriebsstättengewinne die Freistellungsmethode vorschreibt.[434]

Im Fall einer ausländischen Personengesellschaft wird die hier untersuchte Problematik überlagert durch die Frage der Qualifikation der Personengesellschaft durch die jeweiligen Vertragsstaaten (transparente oder intransparente Qualifikation der Personengesellschaft). Sofern auch der Ansässigkeitsstaat der Personengesellschaft diese als transparent behandelt, liegt, wie im Fall der Betriebsstätte, eine juristische Doppelbesteuerung vor, da derselbe Steuerpflichtige betroffen ist.[435] Folglich liegt dann in der Regel ein Verstoß gegen das Abkommen

---

[431] *Boutemy/Meier/Perrot*, Petites affiches 2002, n° 171, 4, 7; *Chahid-Nouraï/Couturier*, Drt. fisc. 2001, n° 8, 333, 333; *Dibout*, Drt. fisc. 1997, n° 18, 600, 604;

[432] *Austry*, BDCF 2003, n° 10, 13, 23 hat sich in seinen *Conclusions* zum *Schneider*-Urteil des Conseil d'Etat in dieser Frage gegen die Vereinbarkeit mit Art. 7 der Doppelbesteuerungsabkommen ausgesprochen, obgleich die Frage der Vereinbarkeit im Falle ausländischer Betriebsstätten nicht Gegenstand des *Schneider*-Verfahrens war.

[433] *de Waal*, RDAI 1994, n° 5, 653, 663.

[434] *de Waal*, RDAI 1994, n° 5, 653, 664.

[435] *de Waal*, RDAI 1994, n° 5, 653, 665.

vor. Andernfalls, wenn also der Ansässigkeitsstaat die Personengesellschaft als Steuersubjekt ansieht, ähnelt die Situation eher der einer Tochterkapitalgesellschaft, in der die Anwendbarkeit des Art. 7 den bereits geschilderten Bedenken begegnet.

3. Zusammenfassende Würdigung anhand der *Schneider*-Entscheidung des Conseil d'Etat

Eine zusammenfassende Darstellung der Argumentationslinien zur Vereinbarkeit von CFC-Regeln und Doppelbesteuerungsabkommen begegnet erheblichen Schwierigkeiten. In Anbetracht der völlig eigenen Charakteristik der CFC-Besteuerung, die ausländische Rechtsperson einerseits anzuerkennen und andererseits deren nicht ausgeschüttete Gewinne zu besteuern, ist es nicht verwunderlich, dass eine Argumentation ohne logische Brüche kaum möglich ist. Auch die Tatsache, dass es um ein fiktives Einkommen aus der Sicht des Staates geht, der nicht der Quellenstaat ist, bereitet DBA-rechtliche Schwierigkeiten.

Die in Deutschland und Frankreich für und gegen die Vereinbarkeit der CFC-Vorschriften mit den Doppelbesteuerungsabkommen vorgebrachten Argumente ähneln sich stark. Zwar haben sich in Frankreich, anders als in Deutschland, für die verschiedenen Ansichten keine eigenen Bezeichnungen etabliert; inhaltlich sind jedoch weitgehende Übereinstimmungen festzustellen.

Vorab ist festzuhalten, dass allein aus dem Wortlaut oder der Ausgestaltung der CFC-Regelung weder in Frankreich noch in Deutschland eindeutig auf eine internrechtliche Qualifikation des CFC-Einkommens als vorweggenommene Dividende oder als Unternehmensgewinne der ausländischen Gesellschaft geschlossen werden kann. In beiden Ländern lassen sich in der CFC-Regelung Belege sowohl für die eine als auch für die andere Möglichkeit finden. Nachfolgend soll die Argumentation aus deutscher und französischer Sicht bezogen auf die einzelnen Problembereiche der Frage untersucht werden.

a. Anwendungsbereich der Doppelbesteuerungsabkommen

Auffällig ist zunächst, dass insbesondere die Finanzverwaltung in Deutschland wie in Frankreich die Auffassung vertritt, die Besteuerung nach den CFC-Vorschriften sei kein Fall, der vom Anwendungsbereich der Doppelbesteuerungsabkommen erfasst sei. Die in diesem Zusammenhang gebrauchten Bezeichnungen des „*fait générateur d'imposition spécifique*“[436] und der „eigenständigen Steuerpflicht“[437] bzw. der „Einkunftsart *sui generis*“[438] lassen beide die Auffassung erkennen, dass die Situation der CFC-Besteuerung in ihrer Eigenschaft als Ausnahmetatbestand zur regulären Besteuerung in zahlreichen Doppelbesteuerungsabkommen nicht vorgesehen ist. Dem ist grundsätzlich zuzustimmen. Die Frage ist jedoch, welcher Schluss daraus zu ziehen ist. Zumindest bei den Abkommen, die einen Auffangtatbestand für sonstige Einkünfte vorsehen – und das sind heute die meisten Abkommen[439] – kann die Schlussfolgerung nicht lauten, dass CFC-Einkünfte von dem Abkommen nicht erfasst werden und daher außerhalb von dessen Anwendungsbereich stehen. Eben diese Situation wird nämlich durch eine Auffangklausel verhindert.

Die Frage, ob sich ein Steuerpflichtiger überhaupt auf ein Abkommen berufen kann, wenn gar nicht fest steht, ob eine juristische Doppelbesteuerung vorliegt, hat der Conseil d'Etat zwar nicht ausdrücklich aufgegriffen, durch die Anwendung des DBA im *Schneider*-Fall aber implizit beantwortet: Für die Berufung auf ein Doppelbesteuerungsabkommen kommt es lediglich darauf an, dass der Steuerpflichtige in einem Vertragsstaat ansässig ist. Alles Weitere, insbesondere das Vorliegen einer Doppelbesteuerung und deren Natur, sowie die daraus folgenden Konsequenzen, ist Sache der Prüfung durch das Gericht. Oder, wie es *Wassermeyer* ausdrückt: „Die Annahme einer Doppelbesteuerung nur im wirtschaftlichen Sinne schließt deshalb die Anwendung der Abkommen nicht grundsätzlich aus. Diese können auch Fälle wirtschaftlicher Doppelbesteuerung regeln. Deshalb muss jedoch nicht jeder Fall einer wirtschaftlichen Doppelbesteuerung eine Steuerentlastung erfahren.“[440]

b. *Qualifikation der CFC-Einkünfte*

Unterschiedlich wird die Frage beurteilt, wie die Qualifikation der CFC-Einkünfte für Zwecke der Abkommensanwendung zu geschehen hat. Der Con-

---

[436] Bei *Badrone*, FR Lefebvre 2001, 23, 25; *Boutemy/Meier/Perrot*, Petites affiches 2002, n° 171, 4, 8 sprechen sogar wörtlich von einem „*revenu sui generis*“. Diese Argumentation findet eine Stütze in der Tatsache, dass die CFC-Einkünfte in Frankreich getrennt von den übrigen Einkünften besteuert werden und daher schon im nationalen Kontext nicht nur eine Sonderbehandlung in Form einer Modifikation der ansonsten anwendbaren Regeln erfahren, sondern tatsächlich eine eigene Einkunftsart darstellen.

[437] Bei *Debatin*, DB 1992, 2159, 2159.

[438] Z.B. bei *Wassermeyer* in Debatin/Wassermeyer, DBA, MA Art. 1 Rn. 76.

[439] Übersicht bei *Lehner* in: Vogel/Lehner, DBA, Art. 21 Rz. 26.

[440] *Wassermeyer* in: Debatin/Wassermeyer, DBA, MA Vor Art. 1, Rz. 3.

seil d'Etat ist in seinem *Schneider*-Urteil davon ausgegangen, dass er aufgrund des Subsidiaritätsprinzips die Qualifikation der CFC-Einkünfte zunächst nach nationalem Recht vorzunehmen hat. Diese Vorgehensweise ist zwar in der Rechtsprechung des Conseil d'Etat nicht neu, wird aber in der *Schneider*-Entscheidung zum ersten Mal explizit festgehalten.[441]

Aufgrund der Ausgestaltung der französischen CFC-Regelung geht der Conseil d'Etat davon aus, dass diese nicht eine vorweggenommene Dividendenbesteuerung zum Gegenstand hat, sondern dass die gemäß CFC-Regelung besteuerten Gewinne dieselben seien („*il y identité de nature*"), wie die Gewinne der schweizerischen Gesellschaft. Selbst aus französischer Sicht hätte jedoch diese „*identité de nature*" durchaus in Frage gestellt werden können. Denn das CFC-Einkommen wird nach französischen Steuerrecht ermittelt, beinhaltet nicht die Verluste der ausländischen Gesellschaft und besteht zudem nur in Höhe des Anteils der Beteiligung des oder der französischen Steuerpflichtigen.[442] Diese Argumente haben den Conseil d'Etat jedoch offensichtlich nicht überzeugt. Und in der Tat gibt es bei der französischen CFC-Regelung auch aus rechtsvergleichender Sicht gewichtige Argumente, das CFC-Einkommen als „Unternehmensgewinne" einzuordnen. Bedeutend ist zunächst die Tatsache, dass im Rahmen der Unternehmensmethodik das gesamte Einkommen der CFC-Gesellschaft den Anteilseignern zugerechnet wird.[443] Es können daher durchaus Gewinne der ausländischen Gesellschaft betroffen sein, die aus deren gewerblicher Tätigkeit im lokalen Markt stammen und deren Zurechnung zum Gesellschafter auch aus deutscher Sicht unangebracht erscheinen würde. Zudem wird das positive Einkommen der CFC-Gesellschaft insgesamt als solches beim Anteilseigner der Besteuerung unterworfen. Des Weiteren wird aus französischer Sicht zu Recht die Konstruktion einer Ausschüttungsfiktion aufgrund des vergleichsweise geringen Beteiligungserfordernisses in Frage gestellt.[444]

Die nationalrechtliche Einordnung als „Unternehmensgewinn" bringt das Gericht unweigerlich zum entsprechenden Abkommensartikel über „Unternehmensgewinne", Art. 7. Die Feststellung, dass der Begriff der Unternehmensgewinne dort nicht definiert ist, führt über Art. 3 Abs. 2 OECD-MA wiederum zur

---

441 *Davoudet*, BGFE 2002, n° 4, 3, 4; *Dibout*, Drt. fisc. 2002, n° 36, 1133, 1134.

442 Diese Argumente finden sich auch in den Conclusions von *Austry*, BDCF 2003, n° 10, 13, 19, der daraus allein aber nicht auf die Verschiedenartigkeit der Einkünfte schließen möchte, sondern zur Unterstützung die Gesetzesmaterialien heranzieht.

443 So auch *Sandler*, Tax Treaties, 131: die Tatsache, dass die französische Regelung der Unternehmensmethodik folge und somit alle Einkünfte der ausländischen Gesellschaft zugerechnet würden, könne dafür sprechen, dass es in der französischen Regelung um die Besteuerung des Einkommens der ausländischen Gesellschaft gehe.

444 *Dibout*, Drt. fisc. 2002, n° 36, 1133, 1136.

Qualifikation nach internem Recht. Durch diese Vorgehensweise kommt der Conseil d'Etat zu keinem Zeitpunkt seiner Überlegungen überhaupt in die Lage, sich mit der abkommensrechtlichen Dividendendefinition auseinanderzusetzen. Dieses Vorgehen wird in der deutschsprachigen Literatur zum Teil kritisiert, da es nicht auf einer autonomen Abkommensauslegung beruhe und dem Art. 3 Abs. 2 OECD-MA eine zu weit reichende Bedeutung beimesse.[445] Der Commissaire du Gouvernement, dessen Vorschlag der Conseil d'Etat im Ergebnis bekanntlich nicht gefolgt ist, hat jedoch ebenfalls in seinen Conclusions sehr deutlich zum Ausdruck gebracht, dass diese Vorgehensweise des Conseil d'Etat nach dem französischen „Prinzip der Subsidiarität der Abkommen" geradezu zwingend ist. Das Subsidiaritätsprinzip bedeutet nicht nur, dass zuerst ein nach nationalem Recht erfüllter Besteuerungstatbestand festgestellt werden muss, sondern darüber hinaus auch, dass die Qualifikation der Einkünfte für Abkommenszwecke nicht unabhängig vom nationalen Recht geschehen kann. Wörtlich heißt es in den Conclusions: „C'est ainsi que, si les conventions fiscales répartissent le droit d'imposer entre les Etats en suivant, comme nous venons de le rappeler, un raisonnement cédulaire, selon la nature des revenus, *la qualification qui doit être attribuée à ces revenus ne peut se faire de manière autonome par rapport au droit interne.* » (Hervorhebung durch Verf.)[446]. Dies liest sich in der Tat wie eine ausdrückliche Absage an eine abkommenrechtliche Qualifikation.

Sofern man sich hingegen für eine abkommensrechtliche Qualifikation ausspricht, wären die in Betracht kommenden Artikel 7, 10 und 21 aufgrund ihres Subsidiaritätsverhältnisses in der folgenden Reihenfolge zu prüfen gewesen: Zunächst ist zu prüfen, ob das CFC-Einkommen unter die Dividendendefinition des Abkommens fällt. Da sowohl Art. 21 als auch Art. 7 (vgl. Art. 7 Abs. 7 O-ECD-MA) zu Art. 10 subsidiär sind, kann weder der eine noch der andere an erster Stelle geprüft werden.[447] Wird Art. 10 abgelehnt, ist zunächst Art. 7 (und zwar aus der Sicht der Muttergesellschaft) zu prüfen. Nur sofern auch Art. 7 nicht anwendbar ist, kann auf Art. 21 zurückgegriffen werden.

Dazu ist zunächst zu bemerken, dass diese Auffassung voraussetzt, dass das CFC-Einkommen in jedem Fall als ein Einkommen der Muttergesellschaft angesehen wird. Genau das tut der Conseil d'Etat jedoch nicht (näher dazu unter c.).

---

[445] *Aigner*, SWI 2002, 407, 410 ff.

[446] *Austry*, BDCF 2003, n° 10, 13, 18. Übersetzt etwa:„[...] wenn die Abkommen also, wie soeben dargestellt, die Besteuerungsrechte der Art der Einkünfte folgend nach einer kategoriellen Logik zwischen den Staaten aufteilen, *kann die Einkünftequalifikation nicht unabhängig vom nationalen Recht erfolgen.*"

[447] So die Kritik an der Vorgehensweise des Conseil d'Etat bei *Aigner*, SWI 2002, 407, 411 f..

Davon abgesehen ist nicht anzunehmen, dass der Conseil d'Etat selbst bei dieser Vorgehensweise Art. 10 oder Art. 7 (aus Sicht der Muttergesellschaft) für anwendbar gehalten hätte. Diesen Schluss legt zumindest die Betrachtung der ständigen Rechtsprechung des Conseil d'Etat nahe, die deutlich erkennen lässt, dass das Gericht es in seinen bisherigen Entscheidungen abgelehnt hat, fiktives Einkommen unter den Dividendenbegriff der Abkommen zu fassen.[448] Ebenso wenig wird in diesen Fällen Art. 7 für anwendbar gehalten.[449] Vielmehr wäre die Anwendung des Art. 21 wahrscheinlich gewesen, was letztlich dem Vorschlag des Commissaire du Gouvernement entspricht. Bei Kapitalgesellschaften wird aus deutscher Sicht teilweise davon ausgegangen, dass Einkünfte aus dem anderen Vertragsstaat (die zugerechneten CFC-Einkünfte), wenn sie nicht dem Dividendenartikel unterfallen, Unternehmensgewinne (der Muttergesellschaft) darstellen.[450] Dass der Conseil d'Etat zu einer anderen Lösung gekommen ist, hängt mit dessen Verständnis von der Anwendung des Art. 7 zusammen.

Ob das CFC-Einkommen unter den Dividendenartikel fällt oder nicht, ist letztlich eine Frage des konkreten Abkommens und somit des Einzelfalls. Sofern die abkommensrechtliche Dividendendefinition so offen formuliert ist, dass Einkünfte aus Gesellschaftsanteilen generell erfasst sind, ist eine Einordnung des CFC-Betrags als Dividende sachgerecht. Die Tatsache, dass der Ansässigkeits-

---

[448] Vgl. etwa CE v. 13.10.1999, n° 190.083, *SA Banque Française de l'Orient*, RJF 1999, n° 12, 994, décision n° 1587; CE v. 31.1.2001, n° 199.543, *SA Bank Polska Kasa Opieki*, RJF 2001, n° 4, 338, décision n° 489. Hierzu ist anzumerken, dass Frankreich in beiden Fällen Quellenstaat des fiktiven Einkommens war und daher das Ergebnis der Entscheidungen von dem sehr restriktiven innerstaatlichen Dividendenbegriff geprägt ist. In der Entscheidung von 1999 wird beispielsweise deutlich, dass selbst eine Vorteilsgewährung einer Tochter an ihre Mutter, die als ausgeschüttet angesehen wird (vgl. Art. 109-1-1° und 110 CGI: „*sont considérés comme revenus distribués* [...]"), nach nationalem Recht dennoch nicht unter den Dividendenbegriff fällt. Dieser umfasst lediglich gesellschaftsrechtlich ordnungsgemäß beschlossene Gewinnausschüttungen. So erklärt sich, dass aus der Sicht des Conseil d'Etat dieses Einkommen abkommensrechtlich keine Dividende sein konnte, da Frankreich als Quellenstaat diese Einkünfte nicht den Einkünften aus Aktien gleich stellt.

[449] Der Conseil d'Etat unterstellt fiktives Einkommen gewöhnlich nicht Art. 7, vgl. *Olléon*, RJF 2002, n° 10, 755, 757 mit Hinweis auf CE v. 31.1.2001, n° 199.543, *SA Bank Polska Kasa Opieki*, RJF 2001, n° 4, 338, décision n° 489. In dieser Entscheidung ging es um die abkommensrechtliche Qualifikation der französischen Branch tax, Art. 115 CGI. Nach der Ablehnung einer Qualifikation als Unternehmensgewinn oder als Dividende hatte der Conseil d'Etat die fiktiven Ausschüttungen unter die sonstigen Einkünfte subsumiert und somit das Quellenbesteuerungsrecht Frankreichs verneint.

[450] *Lang*, IStR 2002, 717, 721; ähnlich auch *Lehner* in: Vogel/Lehner, DBA, Art. 21, Rz. 13 (zur Behandlung von verdeckten Gewinnausschüttungen an Schwestergesellschaften durch den Conseil d'Etat).

staat des Anteilseigners die „Dividende“ zeitlich gesehen vor dem Quellenstaat besteuert, steht dem nicht entgegen.[451]

Ein wesentlich überzeugenderer Grund für die Vereinbarkeit der CFC-Besteuerung mit den Doppelbesteuerungsabkommen läge daher in der Einordnung des CFC-Einkommens als vorweggenommene Dividendenausschüttung. Diese Einordnung vermag vor allem vor dem Hintergrund der Entstehung dieser Regelungen, jedenfalls in den hier betrachteten Ländern Deutschland und Frankreich, zu überzeugen. Ein zentraler Grund für die Einführung von CFC-Regelungen war die Absicht, die Thesaurierung der Einkünfte in der niedrig besteuerten Gesellschaft zu vermeiden.[452] Dieses Ziel lässt sich am sinnvollsten durch die Fiktion einer Dividendenausschüttung erreichen, die die inländischen Anteilseigner so stellt, als wäre an sie ausgeschüttet worden. Ein weiter reichender Eingriff ist zu diesem Zweck gar nicht erforderlich. Problematisch an der Ausschüttungsfiktion ist jedoch, dass ein Ausschüttungsbeschluss einer *ausländischen* Gesellschaft fingiert wird. Dieser Eingriff in die Sphäre eines ausländischen Rechts- und Steuersubjekts lässt sich, wenn überhaupt, nur dann rechtfertigen, wenn tatsächlich eine Beherrschung durch Inländer gegeben ist, da dann die Fiktion einen Beschluss der beherrschenden inländischen Anteilseigner betrifft. In Deutschland kann dieses Kriterium der Inländerbeherrschung bei einer Mindestbeteiligung von 50% als erfüllt angesehen werden. Zweifelhaft ist lediglich, ob eine gemeinsame Willensbildung dieser Anteilseigner zumindest wahrscheinlich sein müsste, was sicherlich bei Streubesitzbeteiligungen nicht der Fall ist. In Frankreich ist jedoch bereits die Beherrschung durch Inländer nicht erforderlich für die Anwendung der CFC-Besteuerung. Dass 10% der Anteilseigner einen Ausschüttungsbeschluss herbeiführen können, ist sicherlich nicht der Regelfall. Der Commissaire du Gouvernement führt in seinen Schlussanträgen im *Schneider*-Fall aus, dass die CFC-Besteuerung von der OECD als mit den Doppelbesteuerungsabkommen vereinbar angesehen werde, sofern lediglich eine fiktive Dividende besteuert werde.[453] Eben dies ist aber bei der französischen CFC-Besteuerung angesichts des fehlenden Beherrschungserfordernisses äußerst fraglich. Die von einigen Autoren[454] geäußerte Kritik an einer Einordnung der französischen CFC-Besteuerung als fiktive Dividendenausschüttung ist daher durchaus berechtigt. Hier trifft daher der Vergleich mit der Besteuerung einer Personengesellschaft eher auf den Sachverhalt zu. Er erklärt auch die proportionale Zurechnung des Einkommens an den Anteilseigner. Nicht erklären kann er hingegen, dass die Verluste der ausländischen Gesellschaft nicht berücksichtigt werden und dass das CFC-Einkommen in Frankreich separat besteuert wird.

---

451 *Aigner*, SWI 2002, 407, 413.
452 S.o. Kapitel 4 A..
453 *Austry*, BDCF 2003, n° 10, 13, 21.
454 *Dibout*, Drt. fisc. 2002, n° 36, 1133, 1136; *Olléon*, RJF 2002, n° 10, 755, 758.

Die Unterschiede in der Ausgestaltung der CFC-Regelung machen letztlich deutlich, warum das vom französischen Conseil d'Etat gefundene Ergebnis sich auf einen deutschen Fall nicht übertragen ließe.

c. Anwendung des Art. 7 OECD-MA

Die Frage, ob durch die CFC-Besteuerung eine juristische Doppelbesteuerung entsteht und welche Konsequenzen damit verbunden sind, stellt zweifellos einen der größten Streitpunkte in der Diskussion dar. Bei der Diskussion um die juristische oder wirtschaftliche Doppelbesteuerung handelt es sich allerdings nicht lediglich um die mehr oder weniger abstrakte Frage des Zwecks der Doppelbesteuerungsabkommen.[455] Der Zweck der Vermeidung der juristischen (und nicht der wirtschaftlichen) Doppelbesteuerung findet sich zwar mittlerweile mehrfach im OECD-Kommentar zum Musterabkommen.[456] Er schlägt sich aber darüber hinaus auch ganz konkret in der Ausgestaltung der einzelnen Abkommensartikel – insbesondere des Art. 7 – nieder und wirkt sich daher schon bei der bloßen Subsumtion unter diese Vorschrift aus. Mit der Frage der juristischen Doppelbesteuerung untrennbar verbunden ist die Frage der Zurechnung des CFC-Einkommens.

Wie sich gezeigt hat, wird sowohl in Deutschland als auch in Frankreich zum Teil die Auffassung vertreten, die Doppelbesteuerungsabkommen könnten der CFC-Besteuerung von vornherein nicht entgegenstehen, weil zwei verschiedene Steuersubjekte (nämlich die ausländische Gesellschaft einerseits und die inländischen Gesellschafter andererseits) betroffen seien und daher keine juristische Doppelbesteuerung vorliege.[457] Diese Auffassung stützt sich unter anderem darauf, dass Einkünfte und deren Zurechnung nichts Tatsächliches sind,[458] sondern vom nationalen Gesetzgeber geschaffene Tatbestände, an die das Doppelbesteuerungsabkommen nur anknüpfen, die es aber nicht in Frage stellen kann. Nach dieser Auffassung spielt daher die Frage, um welche Art von Einkünften es sich aus Abkommenssicht bei den CFC-Einkünften handelt, erst in zweiter Linie eine Rolle (etwa bei der Frage der Anwendbarkeit eines DBA-Schachtelprivilegs). Fest steht demnach jedenfalls, dass es sich aufgrund der Zurechnungsentschei-

---

[455] Dieser Eindruck entsteht aber bisweilen, wenn man insbesondere die französische Diskussion betrachtet.

[456] Z.B. Einleitung MK Nr. 1 und 3 (in Debatin/Wassermeyer, DBA, Vor Art. 1).

[457] So etwa die frz. Finanzverwaltung im *Schneider*-Verfahren, zitiert bei *Austry*, BDCF 2003, n° 10, 13, 16. Zu dieser Auffassung in Deutschland vgl. 1. a. bb. (1), insbes. Fußnote 332.

[458] *Lang*, IStR 2002, 717, 719.

dung des nationalen Rechts um Einkünfte des Gesellschafters handelt. Die – im zweiten Schritt erfolgende – Qualifikation dieser Einkünfte nach Abkommensrecht kann die Tatsache, dass es sich um Einkünfte des Gesellschafters handelt, nicht mehr in Frage stellen.

Dem *Schneider*-Urteil des Conseil d'Etat liegt eine andere Sichtweise zugrunde. Das Gericht stellt zunächst einen nach nationalem Recht erfüllten Besteuerungstatbestand fest. Aufgrund des Auslandbezugs fragt es sodann, ob Frankreich der Besteuerungsanspruch gemäß dem Doppelbesteuerungsabkommen zusteht. Um dies festzustellen, bestimmt der Conseil d'Etat die Qualifikation der CFC-Einkünfte zunächst nach seinem nationalen Recht (*lege fori*) und kommt so zu dem Abkommensartikel, der darüber Auskunft gibt, welches Land diese Art von Einkünften besteuern darf. In diesem Fall ist dies Artikel 7, da es sich nach Auffassung des Conseil d'Etat um Unternehmensgewinne (des schweizerischen Unternehmens) handelt. Hier liegt ein entscheidender Unterschied zu der oben zuerst dargestellten Ansicht, nach der das CFC-Einkommen schon durch die souveräne Entscheidung des nationalen Gesetzgebers, dieses als ein Einkommen des Gesellschafters zu betrachten, ein qualitativ anderes, eigenes Einkommen, das „CFC-Einkommen" ist.[459] Die Feststellung des Conseil d'Etat, dass es sich um die zweifache Besteuerung desselben Einkommens handelt, ist jedoch nur der erste Schritt bei der Frage nach dem Vorliegen einer juristischen Doppelbesteuerung. Daneben muss es sich, laut Definition,[460] auch noch um die Besteuerung derselben Person handeln. Unstreitig zahlt die französische Muttergesellschaft in Frankreich Steuern auf das CFC-Einkommen. Ebenso unstreitig wird die schweizerische Tochtergesellschaft mit ihren Gewinnen in der Schweiz besteuert (wenn auch niedrig). An dieser Stelle wird deutlich, dass Art. 7 auf die Konstellation der CFC-Besteuerung nicht recht passt, denn bei Art. 7 geht es nur um ein einziges Steuersubjekt (und gegebenenfalls dessen Betriebsstätte).

Es erscheint daher in der Tat fraglich, ob der Fall, dass ein Staat die Gewinne eines Unternehmens des anderen Staates besteuert, die auch im anderen Staat erwirtschaftet wurden, überhaupt von Art. 7 (oder von irgendeinem anderen Ar-

---

[459] Der vielfach erhobene Vorwurf, diese Ansicht führe zur einseitigen Ausweitung der Besteuerungsrechte eines Staates, wird an dieser Stelle besonders greifbar. Auf diese Weise könnten theoretisch Besteuerungstatbestände beliebig jeweils durch einen weiteren, fiktiven Besteuerungstatbestand „verdoppelt" werden, was in der Tat zu einer Aushöhlung der Doppelbesteuerungsabkommen führen würde. Es bleibt jedoch zu hoffen, dass keinem der beiden Vertragsstaaten an einem solchen Ergebnis gelegen ist und dass sich die Praxis der fiktiven Besteuerungstatbestände auf Fälle beschränkt, in denen ein Vertragsstaat sich aufgrund von (im übrigen oftmals auch erst nach Abkommensschluss eingeführten) steuerlichen Vorzugsregelungen des Vertragspartners in einer Art „Notwehrlage" sieht.

[460] Definition in Nr. 1 der Einleitung zum Musterkommentar (in Debatin/Wassermeyer, DBA, Vor Art. 1)

tikel der Doppelbesteuerungsabkommen) erfasst wird. Eine Besteuerung von auf ausländischem Territorium erworbenem Einkommen einer ausländischen Gesellschaft dürfte im Völkerrecht wohl nicht erst an den Doppelbesteuerungsabkommen scheitern, sondern schon verfahrenstechnisch kaum zu verwirklichen sein, wenn kein inländischer Anknüpfungspunkt besteht.[461] Die Doppelbesteuerungsabkommen sind auf Fälle zugeschnitten, in denen unmittelbar entweder ein sachlicher oder ein subjektiver Anknüpfungspunkt zu dem jeweiligen Vertragsstaat besteht und behandeln mithin die Doppelbesteuerungsprobleme, die *üblicherweise* im Zuge des wirtschaftlichen Austauschs zwischen zwei Staaten entstehen. Dass das Besteuerungsrecht der schweizerischen Gewinne einer schweizerischen Gesellschaft nur der Schweiz zustehen kann, ist eigentlich eine Selbstverständlichkeit und bedarf nicht erst der Bestätigung durch Art. 7. Es erscheint vor diesem Hintergrund daher durchaus gerechtfertigt, Art. 7 im Fall der CFC-Besteuerung für nicht anwendbar zu halten. Eine solche Entscheidung löst jedoch zu Recht ein gewisses Unbehagen aus, das wohl darauf beruht, dass in diesem Fall ein Staat nur deshalb nicht durch das Abkommen an der Besteuerung ausländischen Steuersubstrats gehindert würde, weil er für sich Besteuerungsrechte schafft, die in ihrer Reichweite über das hinausgehen, was in den Doppelbesteuerungsabkommen vernünftigerweise geregelt werden konnte. Man möchte beinahe sagen, das Abkommen müsste hier doch erst Recht Anwendung finden. Technisch lässt sich das jedoch nicht ohne weiteres begründen. *Dibout* vertritt die Auffassung, die durch die CFC-Besteuerung entstehende Art von Doppelbesteuerung sei „eher eine juristische als eine wirtschaftliche Doppelbesteuerung“,[462] wenngleich die Situation dem Wortlaut nach nicht unter die Definition der juristischen Doppelbesteuerung fällt. Er fügt hinzu, dass es in einer solchen Situation dem Zweck und dem „*effet utile*“ des Abkommens widersprechen würde, wenn man es dem Steuerpflichtigen verwehrte, sich auf das Abkommen zu berufen. Ein ähnliches Unbehagen mag *Debatin* 1964 zu der Äußerung veranlasst haben, die (aus seiner Sicht wirtschaftliche) Doppelbelastung höhle die abkommensrechtliche Anerkennung der ausländischen juristischen Person aus.[463]

---

461 *v. Beckerath*, Durchgriff, 281. Die in der Vergangenheit in der deutschen Literatur häufig diskutierte Frage, ob sich aus Völkergewohnheitsrecht ein Verbot des Durchgriffs auf ausländische Gesellschaften ergibt, wird überwiegend verneint, vgl. *Müller*, Steuerhoheit, 180 m.w.N. Die teilweise an den Durchgriff gestellte Mindestanforderung in Sinne eines „Grundsatzes der Notwendigkeit von Inlandsbeziehungen“ wird bei der Hinzurechnungsbesteuerung durch die Anknüpfung am inländischen Gesellschafter als erfüllt angesehen, vgl. *v. Beckerath*, Durchgriff, 287.

462 *Dibout*, Drt. fisc. 2001, n° 10, 450, 452 *(„[...] la situation relève d'une double imposition qu'il faut regarder comme juridique plutôt qu'économique.“)*.

463 *Debatin*, Nationalbericht IFA 1964, in: International Fiscal Association, Cahiers de Droit Fiscal International Vol.XLIX b, 101, 124. In der daraus zu ziehenden Konsequenz unterscheiden sich freilich die Lösungen von *Debatin* und *Dibout*. Auch *Leisner*, RIW 1993,

Der Conseil d'Etat musste sich nun als erstes Höchstgericht mit diesem Dilemma auseinandersetzen. Der Commissaire du Gouvernement *Austry* machte in seinen Schlussanträgen die nationale Zurechnungsentscheidung zur Grundlage seiner Überlegungen im Hinblick auf Art. 7. Dieser könne nicht losgelöst von der Frage angewendet werden, bei wem die betreffenden Gewinne besteuert würden, denn der Begriff des „Unternehmens eines Vertragsstaates" in Art. 7 sei gemäß Art. 3 Abs. 1 f[464] des Abkommens im Sinne von „Unternehmen, das von einer in einem Vertragsstaat ansässigen Person betrieben wird" zu verstehen. Art. 7 stelle daher auf das Kriterium der Ansässigkeit ab und nicht auf den Ort, an dem die Gewinne erwirtschaftet werden.[465] Da das französische interne Recht die Gewinne als solche einer in Frankreich ansässigen Gesellschaft betrachte, könne das Besteuerungsrecht nur Frankreich zustehen, es sei denn, die Gewinne wären einer schweizerischen Betriebsstätte zuzuordnen.[466] Der Conseil d'Etat hingegen betrachtet Art. 7 offenbar als eine Art objektive Verteilungsregel[467], deren ausdrückliche Zuweisung des Besteuerungsrechts nicht durch den Abkommenszweck der Vermeidung der juristischen Doppelbesteuerung in Frage gestellt werden könne, nur weil die Steuer *bei* der französischen Gesellschaft erhoben wird.[468] Der Conseil d'Etat geht dabei davon aus, dass die Steuer ei-

---

1013, 1016 (vgl. den Verweis bei *Lang*, IStR 2002, 717, 722, Fn. 70) ist der Auffassung, die Doppelbesteuerungsabkommen „würden gegen ihren Primärsinn ausgelegt, die Doppelbesteuerung zu vermeiden".

464 Entspricht Art. 3 Abs. 1 d OECD-MA.

465 „*[...] se référant donc uniquement au critère de la résidence et non à celui du lieu d'exploitation.*", vgl. *Austry*, BDCF 2003, n° 10, 13, 21.

466 Dies führt zu der Frage, ob und unter welchen Umständen eine Tochtergesellschaft als eine Betriebsstätte ihrer Muttergesellschaft angesehen werden kann. Mit der Bejahung der Betriebsstätteneigenschaft der schweizerischen Tochter in Bezug auf die französische Mutter wären die entsprechenden Gewinne in Frankreich wohl freizustellen gewesen (vgl. dazu *Lang*, IStR 2002, 717, 721) (im Ergebnis also entsprechend der Entscheidung des Conseil d'Etat: keine Besteuerung in Frankreich). *Austry* ging in seinen Conclusions jedoch davon aus, dass die Tochtergesellschaft Paramer abkommensrechtlich nicht als Betriebsstätte der französischen Schneider SA angesehen werden könne. Somit hätte auch bei Anwendung des Art. 7 das Doppelbesteuerungsabkommen der Besteuerung in Frankreich nicht entgegen gestanden, vgl. *Austry*, BDCF 2003, n° 10, 13, 22. Im Ergebnis vertritt *Austry* freilich die Auffassung, dass das CFC-Einkommen nicht unter Art. 7 fällt, sondern ein sonstiges Einkommen im Sinne des Abkommens darstellt (s.o.).

467 Ein solches Verständnis kann auch den Conclusions des Commissaire du Gouvernement Morteleq im *Schneider*-Verfahren vor der CAA Paris (*Morteleq*, Drt. fisc. 2001, n° 10, 455, 456) entnommen werden: „*[...] une règle fiscale de valeur absolue s'incorporant au droit français et aucune objection ne peut être opposée à ce qu'un contribuable s'en prévale lorsqu'il s'agit de rattacher de manière objective la matière imposable à l'un ou l'autre des pays contractants.*". Für einen Schutz der Steuerobjekte durch die DBA plädiert auch *Matteotti*, Durchgriff, 280.

468 „*[...] au seul motif que l'imposition par la France des bénéfices de la société Paramer n'est pas établie au nom de la société suisse mais à celui de sa société mère, qui est une*

gentlich bei der schweizerischen Gesellschaft erhoben werden müsste, was jedoch aus völkerrechtlichen und technischen Gründen nicht möglich ist,[469] so dass die französische Gesellschaft gewissermaßen zur Zahlung der Steuern ihrer schweizerischen Tochter herangezogen wird.[470] Der eigentliche Steuerpflichtige wäre demnach gar nicht die französische Muttergesellschaft, sondern deren schweizerische Tochtergesellschaft. Damit handelt es sich um die doppelte Besteuerung desselben Einkommens derselben Person, nur eben nicht *bei* derselben Person. Die Rolle der französischen Gesellschaft ist nach dieser Betrachtungsweise offenbar eher die eines (nach deutschem Verständnis) Steuerentrichtungspflichtigen als die des Steuersubjekts des CFC-Einkommens.[471] Ob der Conseil d'Etat nun davon ausgeht, dass eine Subjektidentität tatsächlich vorliegt oder ob er dieses Kriterium für entbehrlich hält oder jedenfalls in den Hintergrund treten lässt, wird aus der typischerweise knapp gehaltenen Entscheidung nicht recht deutlich. Die entscheidende Passage des Urteils lässt mehrere Deutungen zu. Die Formulierung „*[...] que l'objectif d'élimination des doubles impositions attribué à cette convention fiscale ne saurait justifier une méconnaissance des stipulations susmentionnées* [gemeint sind die unmittelbar zuvor genannten Art. 7 und Art. 25 A des Abkommens] *au seul motif que l'imposition par la France des bénéfices de la société Paramer n'est pas établie au nom de la société suisse mais à celui de sa société mère, qui est une entité juridique distincte [...]*" deutet darauf hin, dass der Conseil d'Etat zwar den Abkommenszweck der Vermeidung der juristischen Doppelbesteuerung als solchen anerkennt,[472] ihn aber ge-

entité juridique distincte [...]". Die Vorinstanz hatte bereits ähnlich formuliert: „*[...] cette stipulation fait obstacle à ce que les bénéfices réalisés par la société suisse Paramer soient imposés en France, sur le fondement du I de l'article 209 B du CGI, fût-ce au nom de la société mère [...]*".

469 Zur Reichweite der Steuerhoheit eines Staates in Fällen des Durchgriffs auf ausländische Gesellschaften vgl. aus deutscher Sicht z.B. die Untersuchung von *Müller*, Steuerhoheit, 177.

470 Ähnlich die Überlegung bei *v. Beckerath*, Durchgriff, 281.

471 So auch schon *Villemot*, Drt. fisc. 2001, n° 47, 1641, 1644 f („*[...] la société mère française est en fait le redevable vis-à-vis de l'administration française de l'impôt dû par la filiale étrangère.*"). *Villemot* vergleicht diese Situation mit der Quellenbesteuerung des Einkommens eines ausländischen Steuerpflichtigen. Da aber bei der CFC-Besteuerung der inländische Anknüpfungspunkt der Einkommensquelle gerade nicht vorhanden ist, ist die Übertragbarkeit auf diese Situation wohl eher zweifelhaft. Parallelen gibt es insofern jedoch zum französischen Konzept der Personengesellschaftsbesteuerung. Die Personengesellschaft ist demnach zwar selbst Steuersubjekt (keine Transparenz), die Steuer zahlen jedoch (anteilig) die Gesellschafter. In diesem Fall hat freilich der Ansässigkeitsstaat der Personengesellschaft das Besteuerungsrecht, was der Lösung des Conseil d'Etat im *Schneider*-Fall entspricht.

472 A.A. wohl *Vogel*, IStR 2003, 523, 526 der davon ausgeht, laut dem Conseil d'Etat sei das Erfordernis der Subjektidentität weder Wortlaut noch Zweck des Abkommens zu entnehmen und eine Besteuerung in Frankreich sei somit ausgeschlossen.

genüber dem Wortlaut der Abkommensvorschriften (Art. 7 und dem Methodenartikel) zurücktreten lässt. Andererseits scheint das Gericht aber auch davon auszugehen, dass die Subjektidentität vorliegt und nur die Steuerzahlung von einer anderen Person vorgenommen wird. In diesem Fall gäbe es aber gar keinen Widerspruch zwischen dem Zweck der Vermeidung der Doppelbesteuerung und den Abkommensvorschriften. Die Bedeutung dieser Passage liegt wohl in der Feststellung, dass die bloße Steuererhebung bei einer anderen Person an der festgestellten juristischen Doppelbesteuerung nichts ändert und dass unabhängig davon jedenfalls die Abkommensvorschriften eine Besteuerung in Frankreich verbieten.

Interessante Parallelen lassen sich hier zur bereits vor zwanzig Jahren vertretenen Argumentation *Wassermeyers* feststellen.[473] Mit der in der deutschen Literatur ganz herrschenden Meinung geht dieser zunächst davon aus, dass die Frage der Zurechnung eine Frage des nationalen Rechts ist und dass die Doppelbesteuerungsabkommen bei den sich nach nationalem Recht ergebenden Besteuerungsfolgen ansetzen.[474] Wie jetzt der Conseil d'Etat geht auch *Wassermeyer* davon aus, dass der Begriff der Einkünfte bzw. des Gewinns nicht nur eine internrechtliche Komponente hat, sondern daneben eine weitere Funktion, die darin besteht, die einzelnen Abkommensartikel objektiv gegeneinander abzugrenzen. Wie nun auch der Conseil d'Etat hat *Wassermeyer* zunächst das nationale Recht betrachtet. Anders als beim Conseil d'Etat geht es bei *Wassermeyer* bei diesem Blick auf das interne Recht jedoch nicht in erster Linie darum, die Art der Einkünfte zu bestimmen, die Gegenstand der CFC-Besteuerung sind („*qualification*"), sondern darum, „ob das deutsche Steuerrecht die Zwischeneinkünfte in den §§ 7 ff AStG als Einkünfte der ausländischen Zwischengesellschaft oder als solche des an ihr beteiligten Steuerinländers ansieht."[475] Entscheidend ist dabei, dass *Wassermeyer* unterscheidet, ob dem Steuerinländer der von der ausländischen Gesellschaft realisierte Sachverhalt zugerechnet werden soll, oder ob den Steuerinländer nur die Besteuerungsfolge des - auch aus Sicht des internen Rechts - von der ausländischen Gesellschaft verwirklichten Sachverhalts treffen soll. Sowohl *Wassermeyer* als auch der Conseil d'Etat gehen aufgrund der Analyse der (jeweiligen) internen CFC-Vorschriften von letzterer Möglichkeit aus. *Wassermeyer* zieht an dieser Stelle den Schluss, dass selbst das AStG die CFC-Einkünfte der ausländischen Gesellschaft zurechnet und diese daher das „Unternehmen" iSd. Art. 7 sei. Folglich steht Art. 7 der CFC-Besteuerung entgegen.[476]

---

[473] Insbesondere der Beitrag: *Wassermeyer*, RIW 1983, 352 ff. Dessen Argumentation lässt sich freilich nur teilweise heranziehen.

[474] *Wassermeyer*, RIW 1983, 352, 353 drückt sich freilich etwas zurückhaltender aus: „...für die Behandlung dieser Frage unterstelle ich die herrschende Meinung als richtig..."

[475] *Wassermeyer*, RIW 1983, 352, 353.

[476] *Wassermeyer*, RIW 1983, 352, 354.

Dieses Ergebnis beruht auf der Annahme, dass eine juristische Doppelbesteuerung auch dann vorliegt, wenn die fraglichen Einkünfte zwar von beiden Vertragsstaaten ein und derselben Gesellschaft zugerechnet werden, einer der Vertragsstaaten aber dennoch diese Einkünfte bei einer anderen Person besteuert.[477]

Die Auffassung *Wassermeyers* hat sich in der deutschen Literatur bekanntlich nicht durchsetzen können.[478] Die Tatsache, dass der Conseil d'Etat nun teilweise ähnlich argumentiert und dafür in der französischen Literatur weitgehend Zustimmung findet, wirft an dieser Stelle die Frage auf, ob und warum sich diese Auffassung aus französischer Sicht (offenbar) besser vertreten lässt. Zunächst stellt sich die Frage, warum das inländische Steuerrecht mittels einer CFC-Regelung einen Gewinn, auf dessen Besteuerung es – aus Gründen, über die sich sicherlich streiten lässt – einen Anspruch erhebt, der ausländischen Gesellschaft zurechnen sollte. Eine derartige Regelung führt sich doch gewissermaßen selbst ad absurdum. In dieser Hinsicht ist das *Schneider*-Urteil komplementär zum Urteil in der Rechtssache *SA Bank Polska Kasa Opieki* (s. Fn. 449), in dem der Conseil d'Etat infolge seiner Qualifikation im Rahmen der französischen Branch profit tax Frankreich kein Quellenbesteuerungrecht zuerkannt hat, was die Branch profit tax letztlich leer laufen lässt. Auch dort hat der Conseil d'Etat also das Besteuerungsrecht für ein fiktives Einkommen, was per Definition nur aus französischer Sicht überhaupt existiert, dem anderen Vertragsstaat zuerkannt. Es ist ein sehr weit gehendes Abkommensverständnis, das ein Gericht dazu veranlasst, seinem eigenen Staat das Besteuerungsrecht für ein fiktives Einkommen zu verweigern, dessen einzige Daseinsberechtigung nun einmal darin besteht, von eben diesem Staat besteuert zu werden.

Dieser Aspekt lässt sich auch aus Abkommenssicht beleuchten. Anders als bei vielen anderen „Verteilungsnormen" der DBA ist der Gegenstand des Art. 7, „Gewinne eines Unternehmens", vergleichsweise abstrakt formuliert. Während Begriffe wie „Dividenden", „Einkünfte aus unbeweglichem Vermögen" etc. zumindest ansatzweise selbsterklärend sind und sich sachlich umreißen lassen, erscheint es kaum möglich, den Begriff „Gewinne eines Unternehmens" ohne Rückgriff auf das nationale Recht mit Inhalt zu füllen. Unter diesen Umständen ist es sehr fraglich, ob sich Art. 7 dazu eignet, wie eine objektive Verteilungsnorm angewendet zu werden, indem zunächst das Vorliegen von „Unternehmensgewinnen" festgestellt wird, um anschließend herauszufinden, welcher Staat diese nach dem Abkommen besteuern darf. Selbstverständlich kann (abgesehen vom Betriebsstättenfall) die Gewinne eines schweizerischen Unterneh-

---

[477] *Wassermeyer*, Entwicklungen, in: Fischer, Steuerplanung, 19, 34.

[478] Wassermeyer hatte sich in dieser Hinsicht schon 1983 „wie der einsame Rufer in der Wüste" gefühlt, vgl. *Wassermeyer*, RIW 1983, 352, 352.

mens nur die Schweiz besteuern. Mit anderen Worten: Die Frage, was „Gewinne eines schweizerischen Unternehmens“ sind, ist dem schweizerischen Recht zu entnehmen und kann sich nicht aus französischem Recht ergeben. Wenn die französische Regelung tatbestandlich an etwas anknüpft, was die Schweiz ihrerseits als „Gewinne eines schweizerischen Unternehmens“ ansieht, und daraus eine Steuerpflicht eines französischen Unternehmens ableitet, dann sind allein aufgrund dieser französischen Regelung die in der Regelung definierten Gewinne (auch) „Gewinne eines französischen Unternehmens“ im Sinne des Art. 7. Das mag unbefriedigend sein, verstößt aber nicht gegen Art. 7, denn dieser verbietet einem Staat die Besteuerung von im anderen Staat erwirtschafteten Gewinnen seines Unternehmens nur, wenn diese einer dort gelegenen Betriebsstätte zuzuordnen sind. Art. 7 knüpft am nationalen Steuerrecht an und eignet sich daher nicht dazu, als zu weit gehend empfundene nationale Normen im bilateralen Verhältnis unanwendbar zu machen. Der eigentliche Regelungsgehalt dieser Vorschrift liegt nicht darin, einem Staat das Besteuerungsrecht für „Gewinne eines Unternehmens“ *zuzuordnen*, sondern darin, dieses (sich aus nationalem Recht ergebende) Besteuerungsrecht zu *beschränken*, wenn eine Betriebsstätte im anderen Staat vorliegt. Hinsichtlich der französischen Körperschaftsteuer läuft Art. 7 daher weitgehend leer, da aufgrund des dort verankerten Territorialitätsprinzips die einer ausländischen Betriebsstätte eines französischen Unternehmens zuzuordnenden Gewinne ohnehin nicht in Frankreich besteuert werden können.

Der Rückgriff des Conseil d'Etat auf die *lex fori*-Klausel in Art. 3 Abs. 2 des Abkommens erscheint vor dem Hintergrund der nur ansatzweisen abkommensrechtlichen Definition des Begriffs der „Gewinne eines Unternehmens“ verständlich.[479] Aus deutscher Sicht weniger nachvollziehbar ist allerdings die Auslegung der nationalen CFC-Regelung dahingehend, dass diese auf eine Besteuerung des Einkommens der ausländischen Tochtergesellschaft angelegt sei. Dies erklärt sich jedoch weitgehend aus der Ausgestaltung der französischen Regelung.

III. Auswirkungen der Kollision

Da es sowohl nach deutschem als auch nach französischem Recht – abhängig davon, welcher Auffassung man folgt – in materieller Hinsicht zu einem Widerspruch zwischen nationaler Hinzurechnungsbesteuerung und Bestimmungen oder Sinn und Zweck der Doppelbesteuerungsabkommen kommen kann, ist es

---

[479] Aus deutscher Sicht vgl. *Wassermeyer* in: Debatin/Wassermeyer, DBA, Art. 7, Rz. 16a.

von Interesse, wie dieser Konflikt jeweils im deutschen (dazu unter 1.) und französischen Recht (dazu unter 2.) aufgelöst wird.

In diesem Zusammenhang stellt sich auch die Frage, ob ein sog. Treaty Override vorliegt und wie dies zu beurteilen ist. Der Begriff des Treaty Override (oder Treaty Overriding)[480] entstand in den 1980er Jahren in den USA.[481] Er bezeichnet den Vorgang, bei dem die Geltung eines bereits geschlossenen Abkommens bewusst durch spätere nationale Gesetzgebung eines Vertragspartners zurückgedrängt, verändert, eingeschränkt oder aufgehoben wird.[482] Die entscheidenden Unterschiede, die sich diesbezüglich zwischen der deutschen und der französischen Rechtslage feststellen lassen, sind in erster Linie auf die unterschiedliche Stellung der Doppelbesteuerungsabkommen in der nationalen Rechtsordnung zurückzuführen (dazu unter 3.)

1. Deutschland

Wie bereits ausgeführt, lässt sich im deutschen Recht die Kollision zwischen Doppelbesteuerungsabkommen und nationalem Steuerrecht nicht mit der *lex superior* Regel auflösen, da beide Normenkomplexe nach ganz h.M. in der Normenhierarchie auf derselben Stufe stehen (einfaches Gesetzesrecht). Hier liegt die entscheidende Bedeutung des § 2 AO (dazu unter a.). Dass die Frage des Treaty Override nicht nur theoretische Bedeutung hat, zeigt sich im Bereich des AStG an der Vorschrift des § 20 Abs. 1 AStG (dazu unter b.), der aktuell im Zusammenhang mit der Abschaffung des § 10 Abs. 5 AStG wieder ins Blickfeld gerückt ist.

---

[480] Die beiden Begriffe werden gleichbedeutend gebraucht. Hier wird nachfolgend einheitlich der Begriff *Treaty Override* verwendet. Versuche, eine deutsche Entsprechung für diesen Begriff zu finden, haben keine Bezeichnung hervorbringen können, die sich durchsetzen konnte. Auch in der deutschen Literatur wird daher ganz überwiegend der englischsprachige Begriff verwendet.

[481] *Schanne*, Doppelbesteuerungsabkommen, 7; Auslöser war der Foreign Investment in Real Property Tax Act aus dem Jahr 1980.

[482] *Musil*, Treaty Overriding, 26; *Debatin*, DB 1992, 2159, 2159; *Eckert*, RIW 1992, 386, 386; *Langbein*, RIW 1988, 875, 877; *Scherer*, Doppelbesteuerung, 6; *OECD*, Tax Treaty Override, R (8)-4; *Brünink*, Verhältnis, 11, insbes. Fn. 63; vgl. eingehend zu den im Detail z.T. voneinander abweichenden Definition des Treaty Override auch *Schanne*, Doppelbesteuerungsabkommen, 19 f.

a. Bedeutung des § 2 AO

Die ganz herrschende Meinung geht davon aus, dass die Bestimmungen der Doppelbesteuerungsabkommen gegenüber dem nationalen Steuerrecht speziell sind und diesem daher vorgehen.[483] Selbst neuere Gesetze treten hinter den DBA zurück, soweit sie nicht ausnahmsweise spezieller sind als diese (*lex generalis posterior non derogat legi speciali priori*). Die Vorschrift des § 2 AO hat insoweit nur klarstellende Funktion,[484] da sich das Konkurrenzproblem bereits aufgrund allgemeiner Rechtsgrundsätze lösen lässt. Da die Spezialität der DBA gegenüber späteren nationalen Steuergesetzen jedoch nicht ausnahmslos gegeben ist, bewirkt die Anwendung des § 2 AO in diesem Fällen, dass den DBA im Sinne einer völkerrechtsfreundlichen Auslegung dennoch der Vorrang eingeräumt wird.[485]

Nach der abweichenden Auffassung von *Birk* ist die Spezialität der DBA gegenüber den nationalen Steuergesetzen in der Regel nicht gegeben, vielmehr stellten die DBA „leges aliud" dar.[486] Der *lex specialis* Grundsatz kann also nach dieser Auffassung nicht weiterführen. Wenn das DBA dem nationalen Steuergesetz zeitlich nachfolgt, sei der Vorrang des DBA jedoch durch den *lex posterior* Grundsatz gewährleistet, es sei denn, das frühere Gesetz ordne den Nachrang ausdrücklich an. § 2 AO sei für den Fall erforderlich, dass das Steuergesetz dem DBA nachfolgt und daher bei Anwendung des *lex posterior* Grundsatzes vorrangig anzuwenden wäre. Um dies zu verhindern, setze § 2 AO als allgemeine Vorschrift den *lex posterior* Grundsatz für einem DBA nachfolgende Steuergesetze außer Kraft, um dem Grundsatz der Völkerrechtsfreundlichkeit Rechnung zu tragen. Ein Anwendungsvorrang des Steuergesetzes könne dann nur daraus resultieren, dass der Gesetzgeber dies gewissermaßen als Rückausnahme zu diesem Grundsatz in dem Gesetz ausdrücklich vorsehe.[487]

---

483 *Langbein*, RIW 1988, 875, 878.

484 Z.B. *Lang* in: Tipke/Lang, Steuerrecht, § 2, Rz. 40.

485 *Kruse/Drüen* in: Tipke/Kruse, § 2 AO, Rz. 2; *Brünink*, Verhältnis, 19; a.A. FG Hamburg, Beschl. v. 15.1.1987, V 124/86, RIW 1987, 482, das davon ausgeht, dass spezielleres nachfolgendes Recht dem DBA vorgeht; so auch (unter Nennung dieses Urteils aber ohne nähere Begründung) *Langbein*, RIW 1988, 875, 878; Kritik an dieser Auffassung bei *Gersch* in: Klein, AO, § 2, Rz. 3, der anmerkt, § 2 AO lasse keine andere Auslegung zu wäre sonst ohne wesentlichen Regelungsgehalt; ebenso *Brünink*, Verhältnis, 19 (Fn. 107 a.E.).

486 *Birk* in: Hüschmann/Hepp/Spitaler, § 2 AO, Rz. 165.

487 Dieser Auffassung *Birks* hat sich *Seer*, IStR 1997, 481, 484 angeschlossen.

b. *Treaty Override durch § 20 Abs. 1 AStG*

Der grundsätzliche Anwendungsvorrang der Doppelbesteuerungsabkommen vor den nationalen Steuergesetzen besagt jedoch nicht, dass es dem Gesetzgeber nicht möglich wäre, durch ein späteres Steuergesetz eine dem Doppelbesteuerungsabkommen entgegenstehende Regelung wirksam zu erlassen.[488] Dies wird deutlich, wenn man sich vor Augen führt, dass § 2 AO, der im Zweifel den DBA-Normen den Vorrang einräumt, nur einfaches Gesetzesrecht ist, das den späteren Gesetzgeber nicht zu binden vermag.[489] Dennoch ist nicht bei jeder dem DBA nachfolgenden und diesem entgegenstehenden Regelung davon auszugehen, dass der Gesetzgeber damit innerstaatlich die Geltung des Abkommens einschränken will. Vielmehr ist davon auszugehen, dass der Gesetzgeber grundsätzlich die Abkommen einhalten will.[490] Sollte er das im Einzelfall nicht wollen, muss er dies in dem späteren Gesetz eindeutig zum Ausdruck bringen. Der Regelungsgehalt des in erster Linie klarstellenden § 2 AO liegt somit darin, dass an die Spezialität eines späteren, das DBA in Anwendung der *lex specialis* Regel verdrängenden Gesetzes, erhöhte Anforderungen gestellt werden.[491]

Die Antwort auf die Frage, ob in einem späteren, dem Abkommen entgegenstehenden Gesetz ein wirksames Treaty Override liegt, lässt sich daher nur mit Blick auf die konkrete Ausgestaltung der betreffenden Vorschrift beantworten. Welche Anforderungen an die Deutlichkeit zu stellen sind, mit der der Gesetzgeber seinen Willen zum Abkommensverstoß erklären muss, wird durchaus unterschiedlich beurteilt. Teilweise wird die Einhaltung eines „Zitiergebotes“ in Anlehnung an die Regelung des Art. 19 Abs. 1 Satz 2 GG gefordert.[492] Der Ge-

---

488 *Scherer*, Doppelbesteuerung, 30; *Lang* in: Tipke/Lang, Steuerrecht, § 5 Rz. 14.

489 Gersch in: Klein, AO, § 2 Nr. 3; einschränkend *Eckert*, RIW 1992, 386, 387 f, der die Auffassung vertritt, dass ein Verstoß gegen ein Doppelbesteuerungsabkommen gleichzeitig einen Verstoß gegen Art. 25 GG darstelle, für den es einer verfassungsändernden Mehrheit iSd. Art. 79 Abs. 2 GG bedürfe; a.A. *Wohlschlegel*, RIW 1993, 48, 49 f, der davon ausgeht, Vertrag und Zustimmungsgesetz bildeten eine untrennbare Einheit, so dass auch für das Zustimmungsgesetz das „Alles oder Nichts Prinzip“ gelte, der Gesetzgeber also nicht nachträglich einzelne Regelungen des Zustimmungsgesetzes einseitig außer Kraft setzen könne. Auch der BFH lehnt die Auffassung *Eckerts* ausdrücklich ab: vgl. z.B. BFH, Beschluss v. 28.11.2001, I B 169/00, BFH/NV 2002, 774.

490 *Leisner*, RIW 1993, 1013, 1019.

491 *Leisner*, RIW 1993, 1013, 1019.

492 Diese Auffassung wurde wohl zuerst von *Langbein*, RIW 1984, 531, 537 vertreten. Auf diesen stützt sich jedenfalls *Leisner*, RIW 1993, 1013, 1020. Dass die Äußerung Langbeins als so weitgehend zu verstehen war, ist zweifelhaft. *Langbein* selbst lehnt jedenfalls das Erfordernis eines Zitiergebots im Sinne von Art. 19 Abs. 1 Satz 2 GG in einem späte-

setzgeber müsse demnach genau die Doppelbesteuerungsabkommen benennen, die er durch das neu erlassene Gesetz außer Kraft setzen wolle.[493] Nach dieser Auffassung ist § 20 Abs. 1 AStG keine wirksame Treaty Override-Vorschrift.

Von der h. M. wird dieses Erfordernis jedoch als zu weit gehend abgelehnt.[494] Zudem ist schon der unmittelbare Anwendungsbereich des Art. 19 Abs. 1 Satz 2 GG äußerst eingeschränkt.[495] Dieser Ansicht ist schon deshalb zuzustimmen, weil die Einschränkung von Grundrechten, um die es in Art. 19 Abs. 1 Satz 2 GG geht, eine gänzlich andere Qualität besitzt, als die Einschränkung der Anwendbarkeit von Doppelbesteuerungsabkommen. Außerdem würde die Souveränität des Gesetzgebers durch eine solche Anforderung unzulässig beschränkt.[496] Es müsse ausreichen, wenn der Gesetzgeber ausdrücklich erkläre, das spätere Gesetz solle „ungeachtet der Doppelbesteuerungsabkommen gelten" oder „durch die DBA nicht berührt" werden. Zudem sei die Aufzählung aller betroffenen DBA schon gesetzestechnisch kaum zu verwirklichen.

Daneben wurde bisweilen zu bedenken gegeben, dass die Vorschrift des § 20 Abs. 1 AStG deshalb als Treaty Override unwirksam sein könnte, weil der Gesetzgeber, zumindest in Bezug auf die §§ 7-14 AStG, ersichtlich davon ausgegangen ist, sich im abkommensfreien Raum zu bewegen.[497] Das zeigt sich schon daran, dass in der Gesetzesbegründung dieser Vorschrift lediglich eine klarstellende Funktion zugeordnet wird.[498] Es wird also die Frage aufgeworfen, ob ein Treaty Override wirksam sein könne, wenn sich der Gesetzgeber der Tatsache des Abkommensverstoßes nicht bewusst war. Hier ist jedoch davon auszugehen, dass insofern der Wille des Gesetzgebers, gegen das Abkommen zu verstoßen, ausreichen muss, sofern dieser nur klar zum Ausdruck kommt.[499] Entscheidend ist daher der eindeutig erklärte Wille des Gesetzgebers, der Hinzurechnungsbesteuerung unter allen Umständen den Vorrang vor den Doppelbesteuerungsabkommen einzuräumen.

---

ren Beitrag ausdrücklich ab, vgl. *Langbein*, RIW 1988, 875, 878 (dies hat auch *Brünink*, Verhältnis, 20 Fn. 112 angemerkt).

[493] *Leisner*, RIW 1993, 1013, 1020, der dies mit der gebotenen völkerrechtsfreundlichen Auslegung des § 2 AO begründet.

[494] So etwa *Seer*, IStR 1997, 481, 485; *Musil*, Treaty Overriding, 71; *Schanne*, Doppelbesteuerungsabkommen, 55.

[495] *Seer*, IStR 1997, 481, 485.

[496] *Brünink*, Verhältnis, 20 f, der sich auf BVerfG, Beschluss v. 26.3.1957, Az. 2 BvG 1/55, BVerfGE 6, 309, 363 beruft. Diese Entscheidung habe ausdrücklich festgehalten, dass das Grundgesetz es der Verantwortung des Gesetzgebers überlasse, wie dieser seine völkervertraglichen Pflichten erfülle.

[497] *Ritter*, BB 1992, 361, 364.

[498] BT-Drucks. 12/1506, Begründung zu Art. 13.

[499] So auch *Brünink*, Verhältnis, 21 f.

Es ist also mit der ganz h. M. davon auszugehen, dass § 20 Abs. 1 AStG eine wirksame Treaty Override-Vorschrift darstellt. Der – nach einigen Autoren vorliegende – Verstoß der §§ 7-14 AStG als auch der – nach überwiegender Ansicht vorliegende – Verstoß des § 20 Abs. 2 AStG gegen die Doppelbesteuerungsabkommen steht somit innerstaatlich der Anwendbarkeit der Hinzurechnungsbesteuerung nicht entgegen und der Steuerpflichtige kann sich daher nicht gegen den Abkommensverstoß wehren.

2. Frankreich

Wie oben (I. 2.) dargestellt ist in Art. 55 der Verfassung von 1958 das Prinzip des Vorrangs der internationalen Verträge und Abkommen vor den einfachen Gesetzen festgelegt. Dieses Prinzip war in ähnlicher Form bereits in der Präambel und in Art. 26 und 28 der Verfassung vom 27.10.1946 verankert.[500]

Eine andere Frage ist es jedoch, ob dieser Vorrang der internationalen Verträge und Abkommen und die monistische Grundentscheidung der Verfassung auch durch die Gerichte umgesetzt werden.[501] In der Tat bedurfte dies einer längeren Entwicklung,[502] so dass die französischen Verwaltungsgerichte trotz der insofern eindeutigen Verfassungsbestimmung des Art. 55 zu den letzten in Europa gehörten, die weiterhin spätere abkommenswidrige Gesetze angewendet haben.[503] Erst durch eine Rechtsprechungsänderung im Jahr 1989 konnte sich die in der Verfassung festgelegte Vorrangwirkung der internationalen Abkommen (und somit auch der Doppelbesteuerungsabkommen) in der Praxis durchsetzen.

a. *Durchsetzung des Vorrangs der internationalen Abkommen durch die Rechtsprechung*

Die französischen Gerichte sind traditionell davon ausgegangen, dass sie zur Überprüfung der Gesetze am Maßstab der Verfassung oder der internationalen Abkommen nicht kompetent sind, sondern dass sich ihre Rolle auf die Gesetzesanwendung beschränkt.[504] Gesetze, die älter waren als ein internationales Ab-

---

[500] *Chapus*, Droit Administratif, Rz. 183; *Carcassonne*, Constitution, Art. 55, n° 334.

[501] *Dupuy*, Droit International Public, Rz. 433.

[502] Vgl. ausführlich zur Entwicklung der französischen Rechtsprechung sowie insgesamt zum Themenkomplex der Stellung des internationalen Rechts in der französischen Rechtsordnung (speziell zum Gemeinschaftsrecht): *Gundel*, Einordnung, 1 ff.

[503] *Dupuy*, Droit International Public, Rz. 433.

[504] *Fromont*, EuZW 1992, 46, 46. Seit der Zeit der französischen Revolution war die französische Rechtsordnung darauf bedacht, im Sinne einer strengen Gewaltenteilung die Rolle der

kommen und diesem entgegenstanden, wurden als durch das Abkommen abgeändert bzw. abgeschafft angesehen und wurden von den Gerichten nicht mehr angewendet.[505] Problematisch war hingegen der Fall eines späteren, dem internationalen Abkommen entgegenstehenden Gesetzes. Da die Gerichte sich nicht zur Prüfung der Vereinbarkeit des Gesetzes mit dem Abkommen befugt sahen, wendeten sie das vertragswidrig erlassene Gesetz an.[506] Trotz des verfassungsrechtlich festgelegten Vorrangs der Doppelbesteuerungsabkommen konnte es daher de facto zur Anwendung von Gesetzen kommen, die nach dem Abschluss des Doppelbesteuerungsabkommens erlassen wurden und mit diesem nicht vereinbar waren.

Die entscheidende Wendung in der Rechtsprechung wurde eingeleitet durch eine Entscheidung des Conseil constitutionnel (Verfassungsgericht) im Jahr 1975.[507] Darin stellte der Conseil constitutionnel fest, dass er selbst nicht die Vereinbarkeit nationaler Gesetze mit internationalen Abkommen auf der Grundlage des Art. 55 der Constitution prüfen könne, da seine Entscheidung über ein Gesetz unbegrenzt und endgültig gelte (vgl. Art. 62 der Verfassung), während der in Art. 55 der Verfassung angeordnete Vorrang nur begrenzt (auf den Anwendungsbereich des betreffenden Abkommens) und unbestimmt (nämlich abhängig vom Gegenseitigkeitserfordernis) sei.[508] Damit waren implizit die Fachgerichte – ordentliche Gerichte und Verwaltungsgerichte – aufgefordert, diese Kontrolle selbst vorzunehmen.[509] Die ordentlichen Gerichte gingen mit einer Rechtsprechungsänderung durch die Cour de cassation (Kassationshof) auch noch im sel-

---

Rechtsprechung zu begrenzen. Die Gerichte waren insbesondere nicht befugt, die Gültigkeit von Gesetzen in Frage zu stellen (sog. *théorie de la loi écran*) oder sich in die politische Tätigkeit der Regierung einzumischen (sog. Lehre von den Regierungsakten, *doctrine des actes de gouvernement*).

505 Vgl. für die ordentlichen Gerichte: Cass.crim v. 22.10.1970, *Administration des contributions indirectes et Comité interprofessionnel des vins doux naturels c. Ramel*, Dalloz 1971, 221; für die Verwaltungsgerichte: CE v. 15.3.1972, n° 80.242, *Dame veuve Sadok Ali*, Rec. 1972, 213.

506 Vgl. das immer wieder stellvertretend für diese Rechtsprechung (im Bereich der Verwaltungsgerichte) zitierte Urteil CE v. 1.3.1968, *Syndicat général des fabricants de semoule de France*, AJDA 1968, 235 (Conclusions *Questiaux*), das dieser Rechtsprechung die Bezeichnung „*jurisprudence des semoules*" eingebracht hat, vgl. statt vieler *Chapus*, Droit Administratif, Rz. 190; *Gundel*, Einordnung, 351.

507 CC v. 15.1.1975, n° 74-54 DC, *Interruption volontaire de grossesse (IVG)*, Rec. 1975, 19. In der Sache ging es um die Frage der Vereinbarkeit der Neuregelung des Schwangerschaftsabbruchs (in der sog. *Loi Veil*) mit der französischen Verfassung einerseits und der EMRK andererseits.

508 Im französischen Originaltext der Entscheidung handelt es sich um die später häufig zitierten Begriffspaare „*absolu et définitif*" und „*relatif et contingent*"; vgl. dazu auch *Gundel*, Einordnung, 311 f; *Chapus*, Droit Administratif, Rz. 184.

509 So *Fromont*, EuZW 1992, 46, 47; vgl. auch *Gundel*, Einordnung, 324 m.w.N. in Fn. 173.

ben Jahr[510] dazu über, einem Abkommen nachfolgende und entgegenstehende Gesetze unangewendet zu lassen.

Der (in Steuersachen zuständige[511]) Conseil d'Etat hat hingegen grundsätzlich weiter an seiner „*jurisprudence des semoules*" (vgl. Fn. 507) festgehalten, wenngleich er stets bemüht war, späteres Gesetzesrecht abkommenskonform auszulegen und somit einen offenen Konflikt zu vermeiden.[512] Hier erfolgte die Rechtsprechungsänderung erst im Jahr 1989 mit dem viel beachteten *Nicolo*-Urteil.[513] Aus den Schlussanträgen[514] zu diesem Urteil geht hervor, dass der Conseil d'Etat sich durch die in der Verfassung festgelegte Kompetenzzuweisung an den Conseil constitutionnel bezüglich der Prüfung der Verfassungsmäßigkeit (*constitutionnalité*) der Gesetze nicht seinerseits an der Prüfung der „Vertragsmäßigkeit" (*conventionnalité*) - also der Vereinbarkeit der Gesetze mit völkerrechtlichen Verträgen - gehindert sieht. Die Kontrolle der Vertragsmäßigkeit sei mit der Kontrolle der Verfassungsmäßigkeit nicht gleichzusetzen, wie der Conseil constitutionnel in seinem Urteil von 1975 bereits festgestellt habe. Der Conseil d'Etat (wie auch die Cour de cassation) prüft seither in ständiger Rechtsprechung[515] die Vereinbarkeit späterer Gesetze mit den internationalen Abkommen und Verträgen und sieht im Falle der Abkommenswidrigkeit von der Anwendung des nationalen Gesetzes ab.

Art. 55 der Constitution eröffnet somit den französischen Steuerpflichtigen die Möglichkeit, sich gerichtlich gegen die Anwendung vertragswidrig erlassener Gesetze zur Wehr zu setzen.[516] Die *Schneider*-Entscheidung hat dies in eindrucksvoller Weise bestätigt.

---

[510] Vgl. das entscheidende Urteil, das die Rechtsprechungsänderung bei den ordentlichen Gerichten brachte: C.cass., Ch. mixte, v. 24.5.1975, *Administration des Douanes/Société "Cafés Jacques Vabre" et S.A.R.L. J. Weigel et Cie.*, Rec. Dalloz Sirey, 1975, 497 (Conclusions Touffait).

[511] In Frankreich ist die Verwaltungsgerichtsbarkeit zuständig für Fragen der direkten Besteuerung und Fragen der Umsatzsteuer (TVA). Eingangsinstanz ist jeweils ein *Tribunal Administratif* (TA), Berufungsinstanz eine *Cour Administrative d'Appel* (CAA), letztinstanzlich zuständig ist als Oberstes Verwaltungsgericht der *Conseil d'Etat* (CE); vgl. *Cozian*, Précis, n° 1263.

[512] *Gundel*, Einordnung, 350; *Sandler*, Tax Treaties, 43.

[513] CE, Ass., v. 20.10.1989, n° 108243, *Nicolo*, Recueil 1989, 190 (mit Schlussanträgen Frydman). In der Sache ging es um die Überprüfung der Vereinbarkeit des französischen Gesetzes zur Wahl der Abgeordneten zum Europaparlament mit dem EWGV anlässlich der Europawahlen im Jahr 1989.

[514] Schlussanträge *Frydman* (vgl. Fußnote 513); deutsche Übersetzung in EuGRZ 1990, 93.

[515] *Gundel*, Einordnung, 342 m.w.N..

[516] *Sandler*, Tax Treaties, 134.

b. Reichweite der Vorrangwirkung des Art. 55 der Verfassung

Die Frage der Vereinbarkeit des Art. 209 B CGI mit den Doppelbesteuerungsabkommen wurde in der französischen Literatur daher auch erst nach 1989 vertieft untersucht,[517] denn erst nach dem *Nicolo*-Urteil konnte sich eine eventuell vorliegende Unvereinbarkeit dieser Vorschrift mit den vor Einführung des Art. 209 B CGI im Jahr 1980 abgeschlossenen Doppelbesteuerungsabkommen überhaupt praktisch auswirken. Diese Rechtsprechungsänderung hat es dem französischen Steuerpflichtigen ermöglicht, sich gegenüber der Finanzverwaltung auf die Unvereinbarkeit des Art. 209 B CGI mit den Bestimmungen der von verfassungs wegen höherrangigen Doppelbesteuerungsabkommen zu berufen, selbst wenn diese älter waren als die Bestimmung des Art. 209 B CGI.[518] Sofern das Gericht eine nationale Norm für unvereinbar mit einer internationalen Norm hält, muss es im zu entscheidenden Fall gemäß Art. 55 der Verfassung von der Anwendung dieser Norm absehen. Die Folge des Konflikts einer internen Norm mit einem internationalen Abkommen ist jedoch nicht die Nichtigkeit oder die Aufhebbarkeit der nationalen Norm, sondern lediglich deren Unanwendbarkeit im Anwendungsbereich des Abkommens oder Vertrages (im Sinne eines Anwendungsvorrangs), sofern die Voraussetzungen des Art. 55 (ordnungsgemäßes Zustandekommen des Abkommens, Gegenseitigkeit bei der Anwendung) vorliegen.[519]

Art. 55 der Constitution hat jedoch nicht zur Folge, dass die Doppelbesteuerungsabkommen systematisch kraft ihrer Höherrangigkeit an die Stelle des nationalen Rechts treten.[520] Im konkreten Fall wird das Gericht zunächst in Anwendung des nationalen Gesetzes feststellen, ob Frankreich für den fraglichen Sachverhalt überhaupt ein Besteuerungsrecht beansprucht. Sodann wird von Amts wegen geprüft, ob dieses Besteuerungsrecht aufgrund eines Doppelbesteuerungsabkommens eingeschränkt ist, denn es handelt sich hier um eine Frage des materiellen Anwendungsbereichs der einschlägigen nationalen Norm, deren Beantwortung entscheidungserheblich ist.[521]

Ob eine Unvereinbarkeit von nationalem Recht und Abkommen vorliegt, muss von den Gerichten im Wege der Auslegung des nationalen Rechts und des Abkommens ermittelt werden. Während der Conseil d'Etat sich in der Zeit vor der

---

[517] *Dibout*, Drt. fisc. 1990, n° 44, 1485, 1485.
[518] *Dibout*, Drt. fisc. 1990, n° 44, 1485, 1489.
[519] *Gundel*, Einordnung, 284.
[520] *Dibout*, Drt. fisc. 2002, n° 36, 1133, 1134.
[521] *Dibout*, Drt. fisc. 2002, n° 36, 1133, 1135.

Nicolo-Entscheidung zur Auslegung internationaler Abkommen nicht befugt sah und im Falle von Unklarheiten diesbezügliche Fragen stets dem Außenministerium zur Beantwortung vorlegte,[522] hat die kurze Zeit nach der *Nicolo*-Entscheidung ergangene Entscheidung in der Rechtssache *GISTI*[523] erstmals die Zuständigkeit des Conseil d'Etat auch für die Auslegung internationaler Abkommen bejaht.

Zur Frage des Treaty Override lässt sich daher Folgendes festhalten: Da im französischen Recht die Bestimmungen der Doppelbesteuerungsabkommen in der Normenhierarchie über den einfachen Steuergesetzen stehen, kann ein späteres Steuergesetz die innerstaatliche Geltung der Doppelbesteuerungsabkommen nicht beeinträchtigen. Wenn das Gericht eine Unvereinbarkeit einer *lex posterior* mit den Bestimmungen der Doppelbesteuerungsabkommen feststellt, ist die entsprechende gesetzliche Bestimmung gemäß Art. 55 der Constitution nicht anzuwenden. Selbst wenn daher in materieller Hinsicht ein Konflikt von Art. 209 B CGI und einem Doppelbesteuerungsabkommen besteht (s. o.), kann sich dieser Konflikt aufgrund der verfassungsrechtlichen Normenhierarchie nicht in Form eines Treaty Override auswirken. Ein Treaty Override ist nach französischem Recht schlicht nicht denkbar.[524]

3. **Zusammenfassung**

Die Gegenüberstellung der deutschen und der französischen Situation macht deutlich, dass allein die Tatsache einer monistischen Grundentscheidung einer Verfassung noch nicht den Schluss zulässt, dass in dem jeweiligen Land die Doppelbesteuerungsabkommen den späteren nationalen Steuergesetzen automatisch vorgehen. Obgleich die deutsche Normenhierarchie auf den ersten Blick weniger völkerrechtsfreundlich ausgestaltet erscheint, als die französische Normenhierarchie mit dem klaren Postulat des Art. 55 der Verfassung, war in

---

[522] Nach der sogenannten „*théorie de l'acte clair* » konnte das Gericht nur eindeutige internationale Bestimmungen anwenden. Tatsächlich hat der Conseil d'Etat aber die Bestimmungen der Doppelbesteuerungsabkommen zumeist als eindeutig angesehen, vgl. *Gutmann*, EC tax review 2001, n° 4, 201, 204; *Austry*, BDCF 2003, n° 10, 13, 17.

[523] CE v. 29.6.1990, *Groupe d'information et de soutien des travailleurs immigrés (GISTI)*, Rec. 1990, 171.

[524] So *OECD*, Tax Treaty Override, R (8)–7; *Gutmann*, EC tax review 2001, n° 4, 201, 202; Einschränkend *Gundel*, AdV 1999, Bd. 37, 438, 456, der betont, ein Treaty Override sei in bestimmten Fällen im französischen Recht auch nach der *Nicolo*-Entscheidung noch möglich. Da es dazu aber nun eines (in Frankreich seltenen) verfassungsändernden Gesetzes bedürfte, sei dieser Fall unwahrscheinlich.

Frankreich die gegenüber späteren Steuergesetzen vorrangige Anwendung der Doppelbesteuerungsabkommen theoretisch erst seit dem Jahr 1989 gewährleistet. Das liegt daran, dass eine Regelung – in diesem Fall Art. 55 der französischen Verfassung – nur insoweit Wirkung entfalten kann, wie sie auch durch die Gerichte angewendet wird.[525]

Im französischen Schrifttum wurde daher mehrfach die Ansicht geäußert, durch die anfängliche Haltung des Conseil d'Etat sei in Frankreich de facto eine Situation entstanden, wie sie auch in einer dualistischen Rechtsordnung bestanden hätte.[526] Kennzeichnend für diese Situation ist beispielsweise die Äußerung des Commissaire du Gouvernement *Martin* aus dem Jahr 1988[527], der feststellt, dass zwar eine allgemeine Vorschrift des Steuerrechts nicht ein früheres Doppelbesteuerungsabkommen außer Kraft setzen könne (da dieses spezieller sei), dass aber *selbstverständlich* eine spätere Vorschrift einem Abkommen dann vorgehe, wenn dies in der Vorschrift ausdrücklich vorgesehen sei.[528] Trotz der eindeutigen Aussage des Art. 55 der Verfassung war also nach dieser Auffassung der Vorrang der Doppelbesteuerungsabkommen nicht aus der Normenhierarchie abzuleiten, sondern nur aus der Spezialität des Abkommens gegenüber dem allgemeinen Steuergesetz. Die Doppelbesteuerungsabkommen waren demnach nicht *lex superior* sondern *lex specialis* gegenüber den (späteren) allgemeinen Steuergesetzen.[529] Ob diese Spezialität im Einzelfall vorliegt, hängt allerdings allein von der Formulierung der betreffenden nationalen Steuerregelung und somit vom Willen des französischen Gesetzgebers ab. Die Ähnlichkeit zur Situation in Deutschland ist unverkennbar. Die Rechtsprechung hatte vor der Verschärfung des Art. 209 B CGI im Jahr 1992 (also nach der *Nicolo*-Entscheidung) keine Gelegenheit, sich mit dieser Vorschrift zu beschäftigen, so dass eine Spekulation darüber, wie das Gericht einen derartigen Fall beurteilt hätte, nicht angebracht erscheint. Die französische Situation vor 1989 widerlegt jedenfalls die Annahme, in einem Staat, in dem Doppelbesteuerungsabkommen in der Normenhierarchie über den einfachen Gesetzen stehen, sei ein Treaty Override automatisch ausgeschlossen.[530] Nach der heutigen Rechtslage kann jedoch festgehalten werden, dass, anders als in Deutschland, in Frankreich im Fall des Widerspruchs

---

525 *Gouthière*, Impôts, Rz. 539.

526 Dazu die Nachweise bei *Gundel*, Einordnung, 350 ; *Colliard*, Juge administratif, in: Amselek/Antonini/Ardant/u.a., Mélanges Waline 1974, 187, 201.

527 Äußerung auf einer Konferenz am 28.9.1988 (also vor dem *Nicolo*-Urteil), zitiert bei *Bardet*, FR Lefebvre 1999, n° 38, 27, 28.

528 „*Il en serait différemment, bien sûr, si la loi le prévoyait expressément...*"

529 *Derouin*, RJF 1979, n° 12, 402, 403.

530 So könnte aber die Äußerung in *OECD*, Tax Treaty Override, R (8)-7 zu verstehen sein; differenzierend: *Musil*, Treaty Overriding, 57 („...ist ein Treaty Overriding nach der derzeitigen französischen Verfassungsrechtslage ausgeschlossen") und *Gundel*, AdV 1999, Bd. 37, 438, 456.

zwischen nationalen Steuerregelungen (z.B. CFC-Regeln) und Doppelbesteuerungsabkommen nicht im Wege eines Treaty Override den nationalen Vorschriften der Vorrang eingeräumt werden kann.

Wie Frankreich auf die Abkommensverstöße seiner Vertragspartner reagiert, dürfte eher eine politische als eine juristische Frage sein. Zwar wäre es nur natürlich, wenn parallel zur Öffnung der Fachgerichte hinsichtlich der Durchsetzung der Vorrangwirkung der völkerrechtlichen Verträge gegenüber dem späteren Gesetzesrecht auch die fachgerichtliche Kontrolle der Einhaltung der in Art. 55 der Verfassung festgelegten Bedingungen dieser Vorrangwirkung – insbesondere des Gegenseitigkeitskriteriums – verstärkt würde.[531] In der französischen Literatur wird es jedoch für unwahrscheinlich gehalten, dass der Conseil d'Etat dazu übergeht, die Einhaltung der Abkommen durch die Vertragspartner zu kontrollieren, da sich die Beantwortung dieser Frage schon aus praktischen Gründen der Kompetenz des Conseil d'Etat entziehe.[532] Wie eine entsprechende Anfrage des Conseil d'Etat durch das hierfür zuständige Außenministerium beantwortet würde, ist derzeit nicht mit Sicherheit vorauszusagen. Aus einer Antwort des Finanzministeriums auf die Anfrage des Sénateurs *de Villepin* aus dem Jahr 1992[533] zum Treaty Override durch die USA geht jedoch hervor, dass Frankreich nicht gewillt ist, eine Doppelbesteuerung zu vermeiden, die aus der Anwendung einer abkommenswidrig erlassenen nationalen Regelung der Vereinigten Staaten resultiert.

IV. Auffassung der OECD

Insbesondere die Befürworter der Vereinbarkeit der CFC-Besteuerung mit den Doppelbesteuerungsabkommen berufen sich gern auf die im OECD-Kommentar vertretene Auffassung, wonach die CFC-Besteuerung nicht mit den Doppelbesteuerungsabkommen kollidiere. Nachfolgend soll daher diese Auffassung dargestellt werden und es soll untersucht werden, inwiefern sie tatsächlich zur Rechtfertigung der deutschen und der französischen CFC-Besteuerung im Hinblick auf Doppelbesteuerungsabkommen herangezogen werden kann.

---

[531] So auch *Gundel*, AdV 1999, Bd. 37, 438, 461.

[532] *Gundel*, AdV 1999, Bd. 37, 438, 458 f; *Gutmann*, EC tax review 2001, n° 4, 201, 202.

[533] Réponse de Villepin, JO Sénat vom 18.2.1993, 282.

1. Entwicklung der OECD-Auffassung

a. Studien zu „International tax avoidance and evasion", 1987

Der Steuerausschuss der OECD hat 1987 unter dem Titel „International Tax Avoidance and Evasion" vier Studien veröffentlicht, die sich mit den Themenbereichen der Steuervermeidung und Steuerflucht beschäftigen.[534] Die dort vertretenen Standpunkte gingen später zum Teil in die Kommentierung des OECD-Musterabkommens (1992) ein[535] und bilden noch heute die Grundlage für die vom OECD-Steuerausschuss in dieser Frage vertretene Auffassung. Die beiden ersten Studien[536] beschäftigen sich allgemein mit den von den Mitgliedstaaten erlassenen Regelungen zur Missbrauchsbekämpfung[537] und speziell mit der Problematik der Gesetzgebung zu Basisgesellschaften und deren Verhältnis zu den Doppelbesteuerungsabkommen[538].

In der ersten Studie werden die verschiedenen Möglichkeiten der Steuerflucht und Steuervermeidung und die dagegen von den Staaten erlassenen Regelungen dargestellt. Dabei werden die hier interessierenden Regelungen der §§ 7-14 AStG und des Art. 209 B CGI den „Subpart F-type provisions" (also den Regelungen, die im weitesten Sinne dem Vorbild der US-amerikanischen CFC-Gesetzgebung folgen) zugeordnet.[539] Diese Regelungen zielen der Studie zufolge speziell darauf ab, die dauerhafte Abschirmung (*sheltering*)[540] der ausländischen Einkünfte vor der inländischen Besteuerung zu verhindern. Eine weitere Gruppe von Abwehrregelungen bilden laut der Studie die sogenannten „*Substance over form*"-Regelungen, wozu die deutsche und die französische allge-

---

534 Vgl. *OECD*, International Tax Avoidance and Evasion, 1 ff.

535 So auch *Brünink*, Verhältnis, 100; *Lang*, IStR 2002, 717, 718

536 Die beiden anderen Studien beschäftigen sich mit der Zwischenschaltung von Durchlaufgesellschaften und der Problematik des Bankgeheimnisses und sind hier nicht von Interesse.

537 Der Titel der ersten Studie lautet: „Tax Havens: Measures to prevent abuse by taxpayers".

538 Der Titel der zweiten Studie lautet: „Double Taxation Conventions and the use of base companies".

539 *OECD*, International Tax Avoidance and Evasion, 32 f (Tz. 62).

540 Die Studie unterscheidet zwischen der Primärabschirmung (*primary sheltering*), die darin besteht, die Einkünfte zunächst in der ausländischen Gesellschaft zu thesaurieren, und der Sekundärabschirmung (*secondary sheltering*), die darin besteht, diese Einkünfte steuerschonend zu repatriieren, etwa durch die Nutzung von Freistellungen aufgrund von DBA oder nationalem Recht oder durch Umqualifizierung, etwa in Darlehen, vgl. *OECD*, International Tax Avoidance and Evasion, 24 f (Tz. 25-27).

meine Missbrauchsregelung gezählt werden.[541] In der zweiten Studie, die sich speziell mit der Problematik der Doppelbesteuerungsabkommen im Fall der Nutzung von Basisgesellschaften beschäftigt, werden diese beiden Arten von Regelungen als nationale Abwehrmaßnahmen gegen die Nutzung von Basisgesellschaften aufgeführt.[542] Dabei wird betont, dass die allgemeinen Missbrauchsregeln (*Substance over form*) bei der Frage der wirtschaftlichen Realität einer Tätigkeit im Ausland ansetzen und aufgrund ihrer einzelfallbezogenen Anwendung zu einer maßvollen Bekämpfung der Nutzung von Basisgesellschaften besser geeignet sind, als die weiter reichenden und pauschal anwendbaren komplizierteren Abwehrregelungen.[543] Bei den Subpart F - ähnlichen Regelungen erklärt die Studie, diese beruhten auf der Auffassung der Anwendestaaten, die durch die Zwischenschaltung erzielten Steuervorteile seien selbst dann ungerechtfertigt, wenn die Nutzung der Basisgesellschaft auf anerkennenswerten Gründen oder sinnvollen Absichten beruhe. In der Definition der Funktionsweisen der beiden Arten von Regelungen existieren Überschneidungen. So wird die Zurechnung (im weitesten Sinne) von Aktivitäten der Basisgesellschaft zum Gesellschafter sowohl als Mechanismus der *Substance over form*-Regelungen als auch als Mechanismus der Subpart F – ähnlichen Regelungen dargestellt. Ob der Formulierungsunterschied „*regarded as* an activity ... of the taxpayer" (bei Substance over form) und „activities are *attributed to* him" (bei Subpart F) auch einen sachlichen Unterschied ausdrückt, wird dabei nicht recht deutlich.

Bezüglich der *Substance over form*-Regelungen kommt die Studie zu dem Ergebnis, dass eine Besteuerung beim Anteilseigner jedenfalls dann nicht gegen die Abkommen verstößt, wenn es sich lediglich um eine Zwischenschaltung der ausländischen Gesellschaft handelt (z.B. als Treuhänder oder Vertreter). Derartige Konstellationen werden mittlerweile jedoch meist bereits von den Abkommensbestimmungen über Nutzungsberechtigte (*Beneficial owner*) erfasst. Die meisten Mitgliedstaaten der OECD sind laut der Studie zudem der Auffassung, dass *Substance over form*-Regelungen zu den grundlegenden nationalen Regelungen zur Bestimmung der Steuerpflicht gehören, die von den Doppelbesteuerungsabkommen nicht angesprochen werden und daher nicht in deren Anwendungsbereich fallen. Die Schweiz vertritt hingegen in einer Anmerkung die Auffassung, dass derartige Zurechnungsänderungen gegen den Geist der Doppelbesteuerungsabkommen verstoßen.[544] Bezüglich der Subpart F-type Regelungen wird zwar der Einwand aufgegriffen, diese Regelungen verstießen gegen die

[541] *OECD*, International Tax Avoidance and Evasion, 30 f (Tz. 52); die französische Regelung des Art. L. 64 Livre des Procédures Fiscales wird dort (Rz. 53) ausdrücklich als Beispiel erwähnt.

[542] *OECD*, International Tax Avoidance and Evasion, 65 f (Tz. 21 f und 23 ff.).

[543] *OECD*, International Tax Avoidance and Evasion, 65 (Tz. 22).

[544] *OECD*, International Tax Avoidance and Evasion, 84 (Tz. 95 ff.).

Abkommen, da sie implizit die Subjekteigenschaft der ausländischen Gesellschaft missachten, es wird jedoch festgehalten, dass derartige Regelungen nach überwiegender Ansicht der Mitgliedstaaten solange nicht gegen die Grundsätze der Doppelbesteuerungsabkommen verstoßen, wie sie nicht Tätigkeiten wie Produktion, Dienstleistung oder Handel betreffen, die einen klaren Bezug zum Ansässigkeitsstaat der Gesellschaft haben und so ausgestaltet sind, dass eine Steuervermeidungsabsicht nicht angenommen werden kann. Außerdem sollten die Abwehrregelungen nicht gegenüber solchen Staaten angewandt werden, in denen die Besteuerung der des Anwendestaates vergleichbar ist.

Bezüglich der Vereinbarkeit mit Art. 10 Abs. 5 des MA wird festgehalten, dass in dieser Vorschrift die Quellenbesteuerung angesprochen sei, so dass ein Konflikt mit Abwehrregelungen nicht zu befürchten sei.[545]

b. Studie zum „Tax treaty override", 1989

Speziell zur Frage des Treaty Override hat sich der OECD-Steuerausschuss in dem am 2.10.1989 vom Rat der OECD verabschiedeten Bericht mit dem Titel „Tax Treaty Override" geäußert.[546] Die in dem Bericht angesprochenen Situationen des Treaty Override betreffen den Erlass nationaler Vorschriften, die nach dem Willen des Gesetzgebers Auswirkungen haben, die eindeutig im Widerspruch zu den internationalen Abkommensverpflichtungen dieses Staates stehen.[547] Die Frage, ob ein Treaty Override in einem Staat überhaupt möglich ist, hänge jedoch davon ab, welcher Rang den Doppelbesteuerungsabkommen in der jeweiligen Rechtsordnung eingeräumt wird. So kann ein Treaty Override dem Bericht zufolge automatisch vermieden werden, wenn den Doppelbesteuerungsabkommen durch die Verfassung eines Staates ein höherer Rang eingeräumt wird, als den nationalen Gesetzen.[548] Frankreich wird an dieser Stelle (zusammen mit den Niederlanden) als eines der Länder genannt, in denen die völkervertraglichen Verpflichtungen den früheren und späteren nationalen Regelungen vorgehen.[549] Dass diese Annahme, zumindest was den Automatismus des Vorrangs angeht, nur theoretisch so uneingeschränkt zutrifft, zeigt die französische Rechtslage vor der *Nicolo*-Entscheidung von 1989: hier war trotz der verfas-

---

[545] *OECD*, International Tax Avoidance and Evasion, 72 (Tz. 49)

[546] *OECD*, Tax Treaty Override, R (8)-1 ff.

[547] *OECD*, Tax Treaty Override, R (8)-4 (Tz. 5): "*... the type of treaty override primarily addressed in this note is the enactment of domestic legislation intended by the legislature to have effects in clear contradiction to international treaty obligations.*"

[548] *OECD*, Tax Treaty Override, R (8)-7 (Tz. 14).

[549] *OECD*, Tax Treaty Override, R (8)-7 (Tz. 15).

sungsrechtlichen Höherrangigkeit der Abkommen ein späteres, dem Abkommen entgegenstehendes Gesetz anwendbar und somit ein völkerrechtswidriges Verhalten Frankreichs durchaus denkbar. Bezüglich der deutschen Rechtsordnung findet sich die interessante Formulierung, dass gemäß Art. 59 Abs. 2 GG ordnungsgemäß umgesetztes Völkervertragsrecht *normalerweise* dem nationalen Recht vorgeht.[550] Der Bericht betont, dass die Vertragsstaaten von ihrer Möglichkeit, vertragswidrige Gesetze wirksam zu erlassen, nur mit Bedacht Gebrauch machen sollten und dies in der Regel auch tun, dass es aber vereinzelt vorkommen könne, dass ein Vertragsstaat bestimmte nationale Interessen für so überragend wichtig hält, dass er gewissermaßen keine andere Wahl hat, als sich über seine völkervertraglichen Verpflichtungen hinwegzusetzen. Solche Gesetzgebung sei innerstaatlich wirksam und verbindlich, ändere aber aus internationaler Sicht nichts an den Verpflichtungen gegenüber den Vertragspartnern.[551] Bezüglich der Interpretation der Abkommensbestimmungen durch die Vertragsstaaten geht der Bericht davon aus, dass Sinn und Zweck der Abkommen, die Doppelbesteuerung zu vermeiden und Steuerumgehungen zu verhindern, bei der Auslegung berücksichtigt werden sollten, dass dies aber eine enge Abstimmung zwischen den Vertragsstaaten erfordere. Weiterhin solle gemäß Art. 3 Abs. 2 des Musterabkommens die Auslegung der Begriffe möglichst aus dem Abkommenszusammenhang heraus erfolgen und nur ausnahmsweise unter Rückgriff auf nationale Definitionen.[552]

c. *Studie zu „CFC-legislation", 1996*

In einem Bericht aus dem Jahr 1996 beschäftigt sich der OECD-Steuerausschuss mit den in den OECD-Ländern bestehenden CFC-Regelungen.[553] Der Bericht beschränkt sich auf die Darstellung der bestehenden Regelungen und enthält daher keine Empfehlungen. Die Frage der Vereinbarkeit der CFC-Regelungen mit den Doppelbesteuerungsabkommen wird darin nicht angesprochen. Es finden sich jedoch Hinweise auf die Charakterisierung der CFC-Besteuerung in den verschiedenen Ländern. Zur deutschen Regelung wird festgehalten, dass es sich dabei um eine fiktive Dividendenbesteuerung und nicht um einen Durchgriff handelt.[554] Dies stützt die Auffassung, dass die deutsche Hinzurechnungsbesteu-

---

[550] *OECD*, Tax Treaty Override, R (8)-8 (Tz. 15).
[551] *OECD*, Tax Treaty Override, R (8)-8 (Tz. 17 f).
[552] *OECD*, Tax Treaty Override, R (8)-9 (Tz. 19).
[553] *OECD*, CFC Legislation, 1 ff.
[554] Vgl. *OECD*, CFC Legislation, 22: *„The German legislation follows a "deemed dividend" approach, as opposed to a "lifting the corporate veil" approach."*

erung nach Auffassung der Mehrheit der OECD-Staaten mit den Doppelbesteuerungsabkommen vereinbar ist.

d. *Kommentar zum Musterabkommen*

In den Nummern 22 ff der Kommentierung zu Art. 1 des Musterabkommens 1992 finden sich viele der in der Studie aus dem Jahr 1987 getroffenen Feststellungen zu nationalen Abwehrgesetzgebungen und deren Vereinbarkeit mit den Doppelbesteuerungsabkommen wieder. Neben der grundsätzlichen Feststellung, dass Maßnahmen gegen die Steuerumgehung von der Mehrzahl der OECD-Länder gebilligt werden, ist in Nummer 26 beispielsweise die Auffassung festgehalten, dass Abwehrgesetzgebungen sich nicht gegen aktive oder normal besteuerte Tätigkeiten richten sollten. Insgesamt war also zu diesem Zeitpunkt davon auszugehen, dass CFC-Gesetzgebungen, die sich im Rahmen der in Nummer 26 genannten Beschränkungen hielten, von der Mehrheit der OECD-Staaten für mit den Doppelbesteuerungsabkommen vereinbar gehalten wurden.[555]

In der aktuellen Fassung des Kommentars des Steuerausschusses zum OECD-Musterabkommen 2003 sind die wesentlichen Aussagen aus den Studien von 1987 noch enthalten, so wie sie in die Kommentierung von 1992 eingegangen waren. Es wurden jedoch seitdem zahlreiche Ergänzungen aufgenommen, die in nicht unerheblichem Maße auf den Maßnahmen zur Bekämpfung des unfairen Steuerwettbewerbs beruhen.[556] Insbesondere die Kommentierung zu Art. 1 MA wurde 2003 in dieser Hinsicht wesentlich erweitert, ohne dass jedoch der Text des Abkommensartikels geändert worden wäre.[557] Die zentrale Textstelle ist Nummer 23 der Kommentierung zu Art. 1, in der die Anerkennung der „Gesetzgebung über beherrschte ausländische Gesellschaften“ als legitimes Mittel zum Schutz der innerstaatlichen Bemessungsgrundlage erfolgt. Es wird erstmalig ausdrücklich festgehalten, dass die dort beschriebene Gesetzgebung über beherrschte ausländische Gesellschaften dem Musterabkommen nicht wider-

---

[555] *Sandler*, Tax Treaties, 92; *Brünink*, Verhältnis, 101.

[556] *Kolb*, IWB Fach 10 International Gruppe 2, 1655, 1655.

[557] Diese Tatsache hat Anlass zu dem Vorwurf gegeben, der OECD-Steuerausschuss verändere durch so weit gehende Änderungen in der Kommentierung die Bedeutung und Funktion des Art. 1 MA und somit das Musterabkommen selbst; vgl. *Jiménez*, Bulletin IBFD 2004, vol. 58, n° 1, 17, 27. Dies wird insbesondere deshalb für problematisch gehalten, weil der OECD-Steuerausschuss solche Änderungen im Kommentar zum MA auch auf früher geschlossene Abkommen für anwendbar hält.

spricht.[558] Eine diesbezügliche Klarstellung wurde bereits in den Empfehlungen des OECD-Berichts aus dem Jahr 1998 gefordert.[559] Gegen diese Formulierung der Kommentarauffassung haben sich Belgien, Irland, Luxemburg, die Niederlande, Portugal und die Schweiz ausgesprochen und entsprechende Anmerkungen im Kommentar angebracht.[560] Diese Mitgliedstaaten weisen überwiegend darauf hin, dass eine so allgemeine Aussage zur Vereinbarkeit der CFC-Regelungen mit den Doppelbesteuerungsabkommen nicht möglich sei, sondern dass die Vereinbarkeit von der Ausgestaltung der konkreten CFC-Regelung und des konkreten Doppelbesteuerungsabkommens, sowie vom Verhältnis von innerstaatlichem und internationalem Recht im Anwendestaat der CFC-Regelung abhänge.

Auf Ebene der technischen Ausgestaltung der CFC-Regelungen ist in der Kommentierung zu Art. 7 in Nummer 10.1 festgehalten, dass diese Vorschrift der CFC-Besteuerung nicht entgegensteht, auch wenn das beim inländischen Anteilseigner steuerpflichtige CFC-Einkommen unter Bezugnahme auf die Gewinne der ausländischen Gesellschaft berechnet werde, da die Steuer auf den CFC-Betrag nicht die Gewinne der ausländischen Gesellschaft mindere und somit nicht als auf diese Gewinne erhoben angesehen werden könne. Belgien, Luxemburg und Irland haben sich dieser Auffassung im Kommentar ausdrücklich widersprochen.[561] Weiterhin wurde die noch bis 2002 in Nummer 26 zu Art. 1 enthaltene Einschränkung der CFC-Regelungen auf bestimmte (passive) Tätigkeiten 2003 gestrichen.[562] Nunmehr soll es lediglich darauf ankommen, ob die fraglichen Einkünfte im Staat der CFC-Gesellschaft einer vergleichbaren Besteuerung unterlegen haben, wie sie im Staat des Anteilseigners üblich ist.

Hinsichtlich der französischen Regelung des Art. 209 B CGI ist jedoch die Frage zu stellen, ob eine Regelung, die keine Beherrschung durch Inländer voraussetzt, überhaupt vom OECD-Konsens erfasst wird. Im Musterkommentar ist stets die Rede von *beherrschten* ausländischen Gesellschaften („*controlled foreign companies*"). Es fragt sich daher, ob dieser Begriff wörtlich zu verstehen ist (was die Anwendung auf die französische Regelung möglicherweise wegen der geringen Beteiligungsschwelle von nur 10% ausschließen würde), oder ob er lediglich als Oberbegriff für alle „*Subpart-F-type*" Regelungen verwendet wird.

---

[558] Vgl. zum MA 2003 und den neuen Aussagen zur CFC-Besteuerung insbesondere *Krabbe*, IStR 2003, 253, 255; *Jiménez*, Bulletin IBFD 2004, vol. 58, n° 1, 17, 22 ff.

[559] *OECD*, Bericht 1998, 48 (Nr. 123). Vgl. auch *Badrone*, FR Lefebvre 2001, 23, 24.

[560] OECD-Musterkommentar, Art. 1, Tz. 27.4-27.9. Zur Position der Schweiz näher *Matteotti*, Durchgriff, 50 f.

[561] OECD-Musterabkommen, Art. 7, Tz. 40.1-40.3.

[562] Irland hat sich mit der Streichung dieser Einschränkung ausdrücklich nicht einverstanden erklärt OECD-Musterkommentar zu Art. 1, Tz. 27.5.

Im Wortlaut findet sich unmittelbar kein Anhaltspunkt dafür, wie der Begriff zu verstehen ist. In Nummer 23 zu Art. 1 wird jedoch auf die Verschiedenartigkeit dieser Regelungen in den einzelnen Ländern hingewiesen und festgehalten, dass ein gemeinsames Merkmal jedenfalls die der Beteiligung des Inländers entsprechende Besteuerung der Einkünfte der ausländischen Gesellschaft im Inland sei. Es spricht daher viel dafür, dass der OECD-Kommentar alle die nationalen Regelungen gemeint hat, die dieses Merkmal aufweisen. Somit ist auch die französische Regelung erfasst.

In Nummer 38 wird die Auffassung vertreten, dass bei einer Behandlung des CFC-Einkommens als fiktive Dividende „keineswegs klar" sei, ob eine solche unter Art. 10 oder nicht vielmehr unter Art. 21 des Abkommens falle. Ob bei einer Behandlung als Dividende auch die Anwendung der abkommensrechtlichen Schachtelfreistellung (wie in Deutschland) erforderlich werde, sei zweifelhaft. Der Kommentar hält fest, dass andernfalls eingewandt werden könnte, dass die normale Anwendung des Schachtelprivilegs durch die Vorwegbesteuerung gehindert werde. Diesem Einwand setzt sich Deutschland nun mit der Abschaffung des § 10 Abs. 5 AStG in der Tat aus.

2. Maßgeblichkeit der OECD-Auffassung für die Vertragsauslegung

Ob und inwiefern das OECD-Musterabkommen und die vom OECD-Steuerausschuss im Kommentar vertretene Auffassung für die Auslegung der Doppelbesteuerungsabkommen durch nationale Steuerverwaltungen und Gerichte herangezogen werden können und müssen, ist umstritten.
Auf die Diskussion darüber, welcher Rang dem Musterabkommen und dem Kommentar im Rahmen der in Art. 31 ff des Wiener Übereinkommens für das Recht der Verträge (WÜRV) vom 23.5.1969[563] festgehaltenen Auslegungsregeln zukommt, braucht hier nur im Überblick eingegangen werden.[564] Einerseits wird vertreten, dass bei Abkommen, die sich am Wortlaut des Musterabkommens ori-

[563] Frankreich hat das WÜRV nicht unterzeichnet. Die dort festgehaltenen Regeln zur Auslegung internationaler Verträge werden jedoch als Völkergewohnheitsrecht angesehen, so dass die im Übereinkommen festgehaltenen Auslegungsprinzipien auch in Frankreich anwendbar sind, vgl. *Gutmann*, EC tax review 2001, n° 4, 201, 205; *Gloria*, Verständigungsverfahren, 69; *Dibout*, Drt. fisc. 2002, n° 36, 1133, 1138; *Austry*, BDCF 2003, n° 10, 13, 17. Aus demselben Grund sind die Auslegungsregeln auch trotz des in Art. 4 WÜRV normierten Rückwirkungsverbots auf vor dem 27.1.1980 abgeschlossene Abkommen anwendbar, vgl. *Gloria*, Verständigungsverfahren, 66 ff..

[564] Zu dieser Diskussion u.a. *Vogel* in: Vogel/Lehner, DBA, Einl., Rz. 123 ff; *Brünink*, Verhältnis, 27 ff; *Lang*, Bedeutung, in: Gassner/Lang/Lechner, Entwicklungen, 11 ff.

entierten, die Vertragsstaaten den Bestimmungen des Abkommens die Bedeutung beilegen wollten, wie sie sich aus dem Musterabkommen und dem Kommentar ergibt und dass diese somit die „gewöhnliche Bedeutung" i.S.d. Art. 31 Abs. 1 oder die „besondere Bedeutung" der Ausdrücke des konkreten Abkommens i.S.d. Art. 31 Abs. 4 WÜRV darstellt.[565] Nach einer anderen Auffassung sollen Musterabkommen und Kommentar lediglich als ergänzende Auslegungsmittel i.S.d. Art. 32 WÜRV herangezogen werden können, gewissermaßen zur Bestätigung des bereits gefundenen Ergebnisses.[566]

Es ist jedenfalls davon auszugehen, dass Musterabkommen und Kommentar der OECD zur Abkommensauslegung grundsätzlich herangezogen werden können. Bleibt noch das Problem, dass die wesentlichen Äußerungen zur Vereinbarkeit der CFC-Besteuerung mit den Doppelbesteuerungsabkommen und auch das generelle Ziel der Verhinderung der Steuervermeidung erst 1992 Eingang in die Kommentierung des Musterabkommens gefunden haben, während eine Vielzahl der zwischenstaatlichen Abkommen früher abgeschlossen wurde.[567] Es stellt sich daher die Frage, inwiefern spätere Änderungen des Musterabkommens und insbesondere des Kommentars für die Auslegung früher geschlossener Abkommen maßgeblich sein können.[568] Der Kommentar selbst unterscheidet dabei zwischen Änderungen, die unmittelbar mit inhaltlichen Änderungen der Artikel des Musterabkommens zusammenhängen und somit nicht zur Auslegung älterer Abkommen herangezogen werden könnten und solchen Änderungen, die Ausdruck des übereinstimmenden Willens der Mitgliedstaaten bezüglich der angemessenen Auslegung der bereits bestehenden Abkommen darstellen. Derartige Änderungen sollen daher auch bei der Auslegung älterer Abkommen berücksichtigt werden.[569] Dieser Standpunkt wird allerdings in der Literatur vielfach

---

[565] *Vogel* in: Vogel/Lehner, DBA, Einl., Rz. 126 m.w.N., der von einer „abgeschwächten Verpflichtung" der Mitgliedstaaten der OECD ausgeht, sich beim Abschluss von DBA an den Musterabkommen zu orientieren; *Wassermeyer* in: Debatin/Wassermeyer, DBA, Vor Art. 1, Rz. 44 (2000); *Lang*, Bedeutung, in: Gassner/Lang/Lechner, Entwicklungen, 11, 40 (für die Heranziehung zur Ermittlung der „besonderen Bedeutung").

[566] *Gloria*, Verständigungsverfahren, 90 f.

[567] *Sandler*, Tax Treaties (1994), 64 (Fn. 4).

[568] Diese Frage stellt sich insbesondere, seit die OECD mit dem Musterabkommen 1992 dazu übergegangen ist, das Musterabkommen und den Kommentar in kürzeren Abständen zu ändern und zu diesem Zweck eine Loseblattsammlung mit Musterabkommen und Kommentar herausgegeben hat. Zur Kritik an dieser Vorgehensweise vgl. *Vogel* in: Vogel/Lehner, DBA, Einl., Rz. 128; *Lang*, IWB Fach 10 International Gruppe 2, 1201, 1204.

[569] OECD-Musterkommentar, Einleitung, Tz. 35. In diesem Sinne auch *Brünink*, Verhältnis, 101: Die im Kommentar vertretene Auffassung der Mitgliedstaaten zu den CFC-Regelungen gebe bereits bestehende Auffassungen wieder und sei insofern klarstellend und nicht rechtsfortbildend.

kritisiert oder zumindest deutlich differenzierter gesehen.[570] Auch der französische Conseil d'Etat steht der Anwendung einer jüngeren Kommentarfassung auf früher geschlossene Abkommen ablehnend gegenüber.[571] Gerade die im – zumindest zeitlichen –[572] Zusammenhang mit der *Schneider*-Entscheidung des Conseil d'Etat stehende Änderung des MK zu Art. 1 macht erneut deutlich, dass diese Zurückhaltung durchaus angebracht ist. Wäre nämlich die Änderung des Kommentars für die nationalen Gerichte insofern maßgeblich, könnte eine nationale Exekutive mittels ihrer Mitwirkung im OECD-Steuerausschuss unerwünschten Rechtsprechungstenzenzen der nationalen Gerichte entgegenwirken. Dass solches unter rechtsstaatlichen Aspekten äußerst bedenklich ist, leuchtet unmittelbar ein.[573] In diesem Zusammenhang fällt auf, dass Frankreich, anders als andere Länder, keinerlei Anmerkungen zur Änderung des MK zu Art. 1 und 7 MA gemacht hat,[574] obwohl das französische Höchstgericht kurz vor dieser Änderung eine Grundsatzentscheidung mit entgegengesetztem Ergebnis gefällt hat.

Problematisch ist die Heranziehung des Kommentars außerdem deshalb, weil die Kommentarmeinung häufig nur die Mehrheitsmeinung der Mitglieder des Steuerausschusses und somit der Vertreter der nationalen Verwaltungen dar-

---

570 *Gouthière*, Impôts, 152 f. (n° 535) ; *Lang*, IWB Fach 10 International Gruppe 2, 1201 ff.; *Lang*, IStR 2002, 717, 718; *Wassermeyer* in: Debatin/Wassermeyer, DBA, Vor Art. 1, Rz. 60 ff (2000); *Dibout*, Drt. fisc. 2002, n° 36, 1133, 1139; *Gutmann*, EC tax review 2001, n° 4, 201, 209.

571 Implizit CE v. 13.10.1999, n° 190.083, *SA Banque Française de l'Orient*, RJF 1999, n° 12, 994, décision n° 1587; dieses Urteil wird auch vom Commissaire du Gouvernement zur Argumentation im *Schneider*-Verfahren herangezogen, vgl. *Austry*, BDCF 2003, n° 10, 13, 17; ausdrücklich CE, sect., v. 30.12.2003, n° 233894, *SA Andritz*, RJF 2004, n° 3, décision n° 238.

572 In der Literatur wird die nicht ganz fern liegende Vermutung geäußert, dass die „Klarstellung" hinsichtlich der Anwendbarkeit der CFC-Regelungen in Nummer 23 des MK zu Art. 1 eine Reaktion auf das *Schneider*-Urteil des Conseil d'Etat darstellt, vgl. *Jiménez*, Bulletin IBFD 2004, vol. 58, n° 1, 17, 22.

573 Kritsch insofern auch *Jiménez*, Bulletin IBFD 2004, vol. 58, n° 1, 17, 28. Der Autor sieht in den jüngsten Änderungen des MK ein Warnsignal, da solche Änderungen die Abkommenauslegung richtiggehend beeinflussen, anstatt lediglich Unklarheiten bei der Auslegung zu beseitigen.

574 So die Beobachtung bei *Jiménez*, Bulletin IBFD 2004, vol. 58, n° 1, 17, 29, Fn. 40. Diese Tatsache erklärt sich jedoch wohl daraus, dass Frankreich sich in neuen Abkommen idR. die Anwendung des Art. 209 B CGI vorbehält und andererseits nach französischer Auffassung die Änderungen des MK nicht auf die Auslegung älterer Abkommen anwendbar ist (vgl. Fn. 571), so dass sich das Fehlen einer Anmerkung jedenfalls für die französische Praxis nicht auswirkt.

stellt.[575] Insbesondere wenn einer der betroffenen Vertragsstaaten bezüglich der konkreten Frage eine abweichende Meinung vertritt und dies im Kommentar durch eine entsprechende Bemerkung deutlich gemacht hat, kann gerade nicht mit Hilfe des Kommentars bestimmt werden, wie das konkrete Abkommen auszulegen ist, da die Vertragsstaaten unterschiedliche Auffassungen vertreten.[576] Bei der Frage der Abkommensverträglichkeit von CFC-Regelungen ist daher zu beachten, dass die Mehrheitsmeinung des Kommentars nicht zur Interpretation von mit der Schweiz, den Niederlanden, Luxemburg, Irland und Belgien abgeschlossenen Doppelbesteuerungsabkommen herangezogen werden kann, da diese Staaten dazu im Kommentar eine abweichende Meinung vertreten.[577]

3. Zusammenfassung

Insgesamt ist somit festzustellen, dass gerade bei der hier interessierenden Frage der Vereinbarkeit der CFC-Regelungen mit den Doppelbesteuerungsabkommen durch den Rückgriff auf den Musterkommentar in den praktisch wohl relevanten Fällen nichts gewonnen ist. Die Staaten, denen gegenüber sich erfahrungsgemäß und mit Blick auf die bereits ergangene Rechtsprechung das Problem der Kollision der CFC-Besteuerung mit den Doppelbesteuerungsabkommen am häufigsten stellt (nämlich die Benelux-Länder, die Schweiz und Irland), haben sich ausdrücklich nicht der Mehrheitsmeinung der OECD-Vertreter zu dieser Frage angeschlossen. Der Musterkommentar führt daher bei der Auslegung von Doppelbesteuerungsabkommen mit diesen Staaten nicht weiter. Bis zu den in dieser Hinsicht entscheidenden Ergänzungen des Musterkommentars im Jahr 2003 herrschte noch Unsicherheit darüber, wie weit der OECD-Konsens reicht und insbesondere, ob er auch die Anwendung von CFC-Regelungen generell für abkommenskonform erklärt oder ob nur reine Missbrauchsregelungen betroffen sind.[578] Mit der Ergänzung des Musterkommentars im Jahr 2003 ist hier eine

[575] *Lang*, IStR 2002, 717, 718. Der Commissaire du Gouvernement hatte in seinen Schlussanträgen zum o.g. (Fn. 572) Urteil des Conseil d'Etat (*Arrighi de Casanova*, RJF 1999, n° 12, 938) angemerkt, man könne nicht einen Expertenausschuss mit den offiziellen Staatenvertretern gleichstellen. *Vogel*, IStR 2003, 523, 527 geht deshalb auch davon aus, der Kommentar könne allenfalls die nationalen Steuerverwaltungen binden (ähnlich einer Verwaltungsvorschrift), nicht aber die Steuerpflichtigen oder die Gerichte.

[576] *Lang*, Bedeutung, in: Gassner/Lang/Lechner, Entwicklungen, 11, 20 f.; *Lang*, DBA, 74 (Rz. 170).

[577] OECD-Musterkommentar, Art. 1, Tz. 27.4-27.9. Vgl. auch *Matteotti*, Durchgriff, 312.

[578] So z.B. *Lieber*, FR 2002, 139, 151; *Lang*, IStR 2002, 717, 718; a.A. mit Hinweis auf den Wortlaut des MK (Fassung von 1992) zu Art. 1 Nr. 22: *Brünink*, Verhältnis, 101 f., der betont, dass der Missbrauchsvorwurf bei der Hinzurechnungsbesteuerung bereits in der ob-

gewisse Klarheit eingetreten. Während die Mehrheit der OECD-Staatenvertreter die CFC-Regelungen abkommensrechtlich nun ausdrücklich generell für unbedenklich erklärt und so jeden Zweifel über die diesbezügliche Reichweite der Kommentarmeinung ausräumt, sehen sich die Minderheitsvertreter dadurch gezwungen, ihre gegenteilige Meinung ebenfalls ausdrücklich festzuhalten. Viel mehr als die Erkenntnis, dass über die Frage der Vereinbarkeit von CFC-Regelungen und Doppelbesteuerungsabkommen auf internationaler Ebene nach wie vor keine einheitliche Auffassung herrscht, ist damit jedoch nicht gewonnen.

V. Zusammenfassung

In Deutschland wurde teilweise festgestellt, mit der Schaffung des § 20 Abs. 1 AStG habe sich der Meinungsstreit um die Vereinbarkeit der Hinzurechnungsbesteuerung mit den Doppelbesteuerungsabkommen erledigt.[579] Dem ist insoweit zuzustimmen, wie es sich um das nationale Recht handelt, da hier in der Tat die Rechtslage als geklärt anzusehen ist. Der Steuerpflichtige kann wirksam und verfassungskonform der Hinzurechnungsbesteuerung unterworfen werden, auch wenn diese dem konkret anzuwendenden Doppelbesteuerungsabkommen widerspricht. Soweit ersichtlich wird nun auch die Auffassung, dass die dem Art. 7 OECD-Musterabkommen nachempfundenen Abkommensbestimmungen der Hinzurechnungsbesteuerung entgegenstehen, in der deutschen Literatur nicht mehr vertreten.[580]

So ist auch festzustellen, dass die Abschaffung des § 10 Abs. 5 AStG und die entsprechende Erweiterung des § 20 Abs. 2 AStG in der Literatur nicht annähernd so kontrovers diskutiert werden, wie dies noch in der Diskussion 1992 der Fall war. Die Frage des Abkommensverstoßes wird in diesem Zusammenhang meist entweder gar nicht angesprochen[581] oder lediglich am Rande erwähnt[582]. Die Klärung der innerstaatlichen Rechtslage seit 1992 ist jedoch nur einer der Gründe dafür, dass diese Diskussion in den Hintergrund getreten ist. Von ent-

---

jektiven Gestaltung liege und dass insofern nicht auf die Kriterien des BFH zur Abgrenzung der §§ 7-14 AStG von § 42 AO zurückgegriffen werden könne.

[579] So etwa *Schaumburg*, Internationales Steuerrecht, 297; *Henkel* in: Mössner/Baumhoff/Fischer-Zernin u.a., Steuerrecht, 790.

[580] Die Auffassung *Wassermeyers* hat sich, wie bereits oben dargestellt, nicht durchsetzen können.

[581] So z.B. bei *Grützner*, StuB 2003, 22, 22.

[582] So z.B. bei *Lüdicke*, IStR 2003, 433, 438 in Fn. 41; *Sieker*, IStR 2003, 78, 78; *Grotherr*, IWB Fach 3 Deutschland Gruppe 1, 1883, 1946; *Köhler*, DStR 2002, 2156, 2159.

scheidender Bedeutung ist daneben, dass auf OECD-Ebene ein weitgehender Konsens darüber besteht, dass die Doppelbesteuerungsabkommen den nationalen Abwehrmaßnahmen, die auf beherrschte ausländische Gesellschaften abzielen, nicht entgegenstehen. Für den deutschen Gesetzgeber war dies ein willkommenes Argument zur Begründung der Verschärfung der Hinzurechnungsbesteuerung durch das StVergAbG im Jahr 2003.

Um so erstaunlicher erscheint vor diesem Hintergrund zunächst die neueste Entwicklung in der französischen Rechtsprechung, die in die entgegengesetzte Richtung zu gehen scheint. In einer rechtsvergleichenden Betrachtung stellt sich nun natürlich die Frage, inwiefern aus dieser französischen Rechtsprechungsentwicklung Schlüsse auch für die deutsche Situation gezogen werden können. Eine Übertragbarkeit der französischen Argumentation auf die deutsche Problematik erscheint jedoch aus mehreren Gründen nicht sinnvoll. Zunächst spielt hier die Unterschiedlichkeit der Normenhierarchie in Deutschland und Frankreich eine entscheidende Rolle. Eine der *Schneider*-Entscheidung entsprechende Entscheidung eines deutschen Gerichts wäre schon deshalb nicht denkbar, weil in Deutschland ein Doppelbesteuerungsabkommen im Konfliktfall nicht vor den Normen der Hinzurechnungsbesteuerung Anwendung finden würde. Auch die Tatsache, dass die französische CFC-Besteuerung nach der Unternehmensmethodik funktioniert, spricht gegen eine Übertragbarkeit des französischen Ergebnisses auf die deutsche Situation. In Frankreich gelten demnach nicht nur bestimmte Einkünfte als ins niedrig besteuerte Ausland verlagert, sondern die gesamte ausländische Gesellschaft als solche wird als Vehikel zur Einkunftsverlagerung angesehen und zwar auch mit den Einkünften, die nach deutschem Recht aktive Einkünfte wären. Dies kommt einer Nichtanerkennung der ausländischen Gesellschaft als solcher wesentlich näher als man dies bei der deutschen Regelung behaupten könnte.

Eine unterschiedliche Beurteilung der deutschen und der französischen CFC-Regelung ist auch unter Wertungsgesichtspunkten gerechtfertigt. Unterstellt man das Anliegen der CFC-Regelungen, unter bestimmten Umständen die Abschirmwirkung des ausländischen Rechtssubjekts zu durchbrechen, als legitim, so erscheint es angebracht, das ausländische Gebilde DBA-rechtlich zumindest nach Betriebsstättengrundsätzen zu beurteilen.[583] Dieser Beurteilungsmaßstab bietet sich schon deshalb an, weil er an der wirtschaftlichen Realität anknüpft und Substanzerfordernisse beinhaltet, die dem Gedanken der CFC-Regelungen nicht fremd sind. Daneben leuchtet es nicht ein, warum eine ausländische Tochtergesellschaft, deren Abschirmwirkung durchbrochen wird, schlechter gestellt

---

[583] Die Frage inwiefern eine Tochtergesellschaft als Betriebsstätte ihrer Muttergesellschaft angesehen werden kann, werfen *Lang*, IStR 2002, 717, 721 und *Austry*, BDCF 2003, n° 10, 13, 22 auf, vgl. dazu Fn. 466.

sein sollte als eine ausländische Betriebsstätte. Vor diesem Hintergrund erscheint der Zugriff auf das Einkommen der ausländischen Gesellschaft zumindest insoweit ungerechtfertigt, als es sich um Gewinne handelt, die nach dem Betriebsstättenprinzip nur der Besteuerung des Betriebsstättenstaates unterliegen würden und im Staat des Stammhauses freigestellt wären. Gerechtfertigt erscheint ein Zugriff allenfalls dort, wo es sich um passive Einkünfte handelt, die nach Betriebsstättengrundsätzen in der Regel dem Stammhaus zuzuordnen sind.[584] So betrachtet leuchtet es ein, dass die französische CFC-Regelung angreifbarer ist als die deutsche Regelung, die nur passive Einkünfte erfasst.[585]

Der Conseil d'Etat hat sich dagegen entschieden, die häufig kritisierte Verdoppelung von Besteuerungstatbeständen durch den nationalen Gesetzgeber hinzunehmen. Die Begründung des Conseil d'Etat mag zwar angreifbar sein. Sie sollte jedoch stets im Kontext der Besonderheiten des französischen Rechts gesehen werden und insbesondere der Tatsache, dass dort eine sehr weit gehende CFC-Besteuerung zusammentrifft mit einer verhältnismäßig starken Stellung der Doppelbesteuerungsabkommen. Diese Besonderheiten wirken sich nicht nur bei der Rangfrage – und somit der Frage nach dem innerstaatlich wirksamen Treaty Override – aus, sondern beeinflussen auch das Verständnis und die Auslegung der Doppelbesteuerungsabkommen an sich.
Die beschriebenen nationalen Unterschiede verwischen allerdings, wenn es um die Frage der Vereinbarkeit der CFC-Besteuerung mit europäischem Gemeinschaftsrecht geht, denn dieses lässt sich aufgrund seiner in allen Mitgliedstaaten gleichermaßen zwingenden Wirkung und der individuellen Einklagbarkeit „nicht so leicht beiseite schieben"[586], wie dies in Deutschland mit den Doppelbesteuerungsabkommen möglich ist.

B. Vereinbarkeit mit Gemeinschaftsrecht

Das europäische Gemeinschaftsrecht wirkt zunehmend auf die nationalen Rechtsordnungen ein und macht auch vor dem Steuerrecht nicht Halt. Ein ausdrücklicher Harmonisierungsauftrag findet sich im Vertrag zwar nur hinsichtlich

---

[584] Ob nach diesen Maßstäben die Entscheidung in der Rechtssache *Schneider* nicht anders hätte ausfallen müssen (die Tochtergesellschaft *Paramer* hatte, soweit ersichtlich, nur passive Einkünfte), sei hier dahingestellt.

[585] Dass der Aktivitätskatalog der deutschen Regelung nicht mehr zeitgemäß ist und stark kritisiert wird, ist eine Frage der Ausgestaltung im Einzelnen (dazu später unter Kapitel 5 B.).

[586] So *Schön*, DB 2001, 940, 941.

der indirekten Besteuerung (vgl. Art. 93 EG),[587] dennoch darf das nationale Steuerrecht der europäischen Integration nicht im Wege stehen. Defizite bei der Harmonisierung durch gemeinschaftliche Rechtssetzung führen immer häufiger dazu, dass der Europäische Gerichtshof[588] auf Initiative der Steuerpflichtigen gefordert ist, über die Vereinbarkeit nationaler steuerrechtlicher Bestimmungen mit Gemeinschaftsrecht zu entscheiden.

Die Grundfreiheiten spielen bei den hier interessierenden Fragen der direkten Besteuerung eine besonders bedeutende Rolle, da einerseits aufgrund der bislang nur sehr eingeschränkten legislativen Harmonisierung in diesem Bereich noch erhebliche Unterschiede zwischen den Mitgliedstaaten bestehen[589] und andererseits die Frage der Besteuerung nicht selten von großer Bedeutung für eine grenzüberschreitende Investitionsentscheidung ist. Der EuGH hat immer wieder betont, dass die fehlende gemeinschaftsrechtliche Harmonisierung im Bereich der direkten Steuern die Mitgliedstaaten nicht von der Beachtung der Grundfreiheiten in diesem Bereich dispensiert.[590] Die direkte Besteuerung ist daher einer der zentralen Themenkomplexe bei der Verwirklichung des Binnenmarktes.[591]

Bei der folgenden Darstellung wird, anders als soeben bei der Frage der Vereinbarkeit der CFC-Gesetzgebung mit den Doppelbesteuerungsabkommen, in der Gliederung nicht durchgehend zwischen Deutschland und Frankreich getrennt, denn Konflikte zwischen CFC-Regelungen und Gemeinschaftsrecht stellen sich in Deutschland und Frankreich ähnlich dar. Dies gilt insbesondere für das Verhältnis von Gemeinschaftsrecht zum nationalen Recht, das, anders als das Verhältnis der Doppelbesteuerungsabkommen zum nationalen Recht, in Deutschland und Frankreich im Ergebnis ähnlich ausgestaltet ist (dazu unter I.). Auch

[587] Die Harmonisierung der direkten Steuern wird auf die allgemeine Vorschrift zur Rechtsangleichung in Art. 94 EG gestützt, vgl. Lang in: *Tipke/Lang*, Steuerrecht, § 2 Rz. 49; *Wartenburger*, IStR 2001, 397, 397; Mémento EU, n° 5503. *Kokott*, Bedeutung, in: Lehner, Grundfreiheiten, 1, 2 f., weist zudem darauf hin, dass bei der Steuerharmonisierung, obgleich diese der Verwirklichung des Binnenmarktes dient und daher eigentlich das Verfahren der Mitentscheidung mit Mehrheitsentscheidung des Rates anwendbar wäre, aufgrund einer speziellen Regelung (Art. 95 Abs: 2 EG) weiterhin die Einstimmigkeit erforderlich ist. Vgl. auch *Luby*, Europe: revue mensuelle 2002, n° 1, 5, 5.

[588] Nachfolgend: EuGH

[589] *Klein*, Einfluß, in: Lehner, DStJG 19 (1996), 7, 16.

[590] Ein aktuelles Beispiel ist EuGH, Urteil v. 12.12.2002, C-324/00, *Lankhorst-Hohorst*, Slg. 2002, I-11779 (Tz. 26, m.w.N.); ausdrücklich auch BFH, Beschluss v. 21.6.2001, I B 141/00, BFH/NV 2001, 1169, 1170. Vgl. in der Literatur auch *Bauschatz*, IStR 2002, 291, 294 m.w.N. in Fußnote 42; *Rättig/Protzen*, IStR 2003, 195, 202 (Fußnote 108); *Blumenberg*, Auswirkungen, in: Lüdicke, Besteuerungspraxis, 1, 3 f und 11.

[591] Vgl. dazu die ausführliche Studie: *Europäische Kommission*, Unternehmensbesteuerung im Binnenmarkt, COM (2001) 582 endg..

die Probleme, die sich in Bezug auf die konkreten Konflikte der CFC-Regelungen mit primärem (dazu unter II.) und sekundärem (dazu unter III.) Gemeinschaftsrecht ergeben, unterscheiden sich nur im Detail und können daher für beide Länder gemeinsam dargestellt werden.

I. Verhältnis des Gemeinschaftsrechts zum nationalen Recht

Das Gemeinschaftsrecht bildet - anders als etwa das Netz der Doppelbesteuerungsabkommen - nach herrschender Auffassung eine eigenständige Rechtsordnung.[592] Der Vorranganspruch gegenüber dem nationalen Recht ist beim Gemeinschaftsrecht besonders ausgeprägt und wird vom EuGH damit begründet, dass eine einheitliche Anwendung des Gemeinschaftsrechts in den Mitgliedstaaten unabdingbare Voraussetzung für das Funktionieren der Gemeinschaft ist.[593] Wie dieser Vorrang aus der Perspektive der Mitgliedstaaten gewährleistet wird, hängt jedoch wiederum von der einzelnen nationalen Rechtsordnung und insbesondere von der individuellen Antwort auf die Frage des Verhältnisses von internem und internationalem Recht ab.[594] Auch hier bestehen daher Unterschiede zwischen der Situation in Deutschland und in Frankreich. Da diese Unterschiede sich aus heutiger Sicht jedoch – anders als bei den Doppelbesteuerungsabkommen – im Ergebnis auf die hier untersuchten Fragen nicht wesentlich auswirken,

---

[592] Im Gegensatz zu (völker-) vertraglichen Verpflichtungen, die sich nur auf die Ausübung der Hoheitsgewalt des Staates beziehen, nicht aber auf ihren Bestand oder ihren Umfang, werden im Rahmen des Gemeinschaftsrechts nationale Kompetenzen auf eine supranationale Organisation übertragen, vgl. *Herdegen*, Europarecht, 188 (Rz. 238). Dazu auch *Ehlers* in: Ehlers, Europäische Grundrechte, § 7 Rz. 7; *Geiger*, Völkerrecht, 209 f. mit Hinweis auf die sog. „*Solange I*"-Entscheidung (BVerfG, Beschluss v. 29.5.1974, Az. 2 BvL 52/71, BVerfGE 37, 271, 277 f.). Ähnlich auch bereits BVerfG, Beschluss v. 18.10.1967, Az. 1 BvR 248/63 und 216/67, BVerfGE 22, 293, 296 (zur rechtlichen Qualität des Sekundärrechts der Gemeinschaft). Zurückhaltend hinsichtlich der Tragweite der Charakterisierung der Gemeinschaft als eigenständige Rechtsordnung *Dupuy*, Droit International Public, 436 (Rz. 445).

[593] EuGH, Urteil v. 15.7.1964, Rs. 6/64, *Costa/E.N.E.L.*, Slg. 1964, 1251, 1269 ff; EuGH, Urteil v. 9.3.1978, Rs. 106/77, *Simmenthal*, Slg. 1978, 629, 643 ff; vgl. auch *Dupuy*, Droit International Public, 435 (Rz. 444 ff); sowie *Darmon*, RTD eur. 1988, n° 2, 217, 219 ff. Der Conseil d'Etat geht daher in einer Studie davon aus, dass aus der Sicht des EuGH der Vorrang des Gemeinschaftsrechts auf einer monistischen Konzeption beruht (vgl. *Conseil d'Etat*, Norme internationale, 27).

[594] *Dupuy*, Droit International Public, 436 (Rz. 446) weist darauf hin, dass die Frage des Vorrangs des Gemeinschaftsrechts unterschiedliche Antworten findet je nach dem, ob ein Staat dem monistischen oder dem dualistischen System folgt.

wird an dieser Stelle auf eine ausführliche Erörterung verzichtet.[595] Vielmehr sollen nur die jeweils wichtigsten Eckpunkte im Vergleich dargestellt werden.

Im deutschen Grundgesetz wurde die Übertragung von Kompetenzen auf die Gemeinschaft zunächst auf die allgemeine Vorschrift des Art. 24 Abs. 1 GG gestützt. Mit dem Maastrichter Vertrag wurde diese Ermächtigung jedoch als nicht mehr ausreichend für die nunmehr sehr weit gehenden Kompetenzübertragungen erachtet. Daher wurde im Jahr 1992 in Art. 23 GG eine eigene Vorschrift zum Gemeinschaftsrecht geschaffen.[596] Diese Vorschrift lässt die Übertragung von Kompetenzen auf die Gemeinschaft jedoch nicht unbeschränkt, sondern nur im Rahmen der dort vorgesehenen Grenzen zu, so dass der Primat des Gemeinschaftsrechts nicht völlig uneingeschränkt gewährleistet ist.[597]

Das Bundesverfassungsgericht hat in einer Entscheidung aus dem Jahr 1971 den Vorrang des Gemeinschaftsrechts vor späteren nationalen Gesetzen anerkannt.[598] Aus einer späteren Entscheidung geht ausdrücklich hervor, dass dieser Vorrang nicht bereits daraus resultieren kann, dass es sich um einen völkerrechtlichen Vertrag handelt. Vielmehr gehe die Vorrangwirkung daraus hervor, dass Deutschland gemäß Art. 24 Abs. 1 GG Hoheitsbefugnisse auf die Gemeinschaft übertragen und durch den Rechtsanwendungsbefehl in Form des Zustimmungsgesetzes zum EWG-Vertrag dem von der Gemeinschaft gesetzten Recht Vorrang vor dem innerstaatlichen Recht eingeräumt hat.[599] Die ganz überwiegende Auffassung geht davon aus, dass es sich dabei um einen Anwendungsvorrang handelt, so dass bei einem Konflikt mit Gemeinschaftsrecht das nationale Recht nicht nichtig, sondern lediglich im konkreten Fall unanwendbar ist.[600]

In Frankreich nimmt das Gemeinschaftsrecht, ebenso wie die Doppelbesteuerungsabkommen, gemäß Art. 55 der Verfassung einen Rang oberhalb des Gesetzesrechts ein. Es zeigt sich, dass aufgrund der generellen Entscheidung der französischen Verfassung für den Vorrang der internationalen Verträge vor dem nationalen Gesetzesrecht die Frage des Vorrangs des Gemeinschaftsrechts kaum Besonderheiten aufweist. Insbesondere ist zur Begründung des Vorrangs nicht

[595] Stattdessen sei auf die allgemeine staats- völker- und europarechtliche Literatur verwiesen. Speziell mit der Frage der Einordnung des Gemeinschaftsrechts in die französische Rechtsordnung befasst sich in der deutschsprachigen Literatur *Gundel*, Einordnung.

[596] *Herdegen*, Europarecht, 189 (Rz. 238); *Scholz* in: Maunz/Dürig, GG, Art. 23, Rz. 1, 9.

[597] *Herdegen*, Europarecht, 190 (Rz. 241).

[598] BVerfG, Beschluss v. 9.6.1971, Az. 2 BvR 225/69, BVerfGE 31, 145, 173 ff. ; zitiert u.a. bei *Dupuy*, Droit International Public, 436 (Rz. 446).

[599] BVerfG, Beschluss v. 22.10.1986, Az. 2 BvR 197/83, BVerfGE 73, 339, 375.

[600] *Ehlers* in: Ehlers, Europäische Grundrechte, § 7, Rz. 9; *Herdegen*, Europarecht, 181 (Rz. 230); *Thömmes*, IWB Fach 11 Europäische Gemeinschaften Gruppe 2, 547, 548.

der Hinweis auf den speziellen Charakter der gemeinschaftlichen Rechtsordnung erforderlich, sondern der Vorrang ergibt sich bereits aus Art. 55 der Verfassung, wie dies bei jeder Art von völkerrechtlichen Verträgen (z.B. auch bei Doppelbesteuerungsabkommen) der Fall ist.[601] Im Unterschied zu den sonstigen internationalen Verträgen ist jedoch beim Gemeinschaftsrecht die Gegenseitigkeitsbedingung des Art. 55 der Verfassung nicht anwendbar, da das Gemeinschaftsrecht mit der Möglichkeit der Einleitung eines Vertragsverletzungsverfahrens selbst einen entsprechenden Schutz gewährleistet.[602] Der Vorrang des Gemeinschaftsrechts gegenüber den Gesetzen ist daher in Frankreich seit der *Nicolo*-Entscheidung (s.o. Kapitel 4 A. III. 2. a.) lückenlos gewährleistet.[603]

Wesentlich schwieriger gestaltet sich in beiden Ländern die Frage des Vorrangs des Gemeinschaftsrechts vor der nationalen Verfassung. Das Gemeinschaftsrecht selbst beansprucht zwar aus sich heraus diesen Vorrang, die Mitgliedstaaten stehen dem aber eher zurückhaltend gegenüber. In Deutschland lässt die Rechtsprechung erkennen, dass der Vorrang des Gemeinschaftsrechts vor der Verfassung zwar grundsätzlich gewährleistet ist, dass dieser Vorrang aber keinen absoluten Charakter hat.[604] In Frankreich geht der Conseil d'Etat zwar davon aus, dass internationales Vertragsrecht jeder Art (somit auch das Gemeinschaftsrecht) im Rang unter der Constitution steht.[605] Die Gemeinschaftsverträge (in der Fassung der Verträge von Maastricht und von Amsterdam) stehen jedoch mit der Constitution in Einklang,[606] so dass hier kein Konfliktpotential besteht.

---

[601] *Dupuy*, Droit International Public, 438 (Rz. 446): „*Du fait de l'option moniste de la Constitution française, on peut en effet considérer qu'il est inutile d'avoir ici recours à la démonstration d'une originalité radicale du droit communautaire [...]*". Vgl. auch *Darmon*, RTD eur. 1988, n° 2, 217, 246; *Bergerès*, Drt. fisc. 1999, n° 30-35, 1034, 1034. Daher hat sich der Conseil d'Etat in der *Nicolo*-Entscheidung (anders als zuvor die Cour de Cassation in der *Cafés Jacques Vabre*-Entscheidung, vgl. Fußnote 510; dazu: *Fromont*, EuZW 1992, 46, 47) auch nur auf Art. 55 der Verfassung gestützt und nicht etwa auf den speziellen Charakter des Gemeinschaftsrechts, vgl. *Chapus*, Droit Administratif, Rz. 193.

[602] *Conseil d'Etat*, Norme internationale, 54. *Dibout*, Drt. fisc. 2001, n° 10, 450, 451 wirft zudem die Frage auf, ob das französische Prinzip der Subsidiarität der internationalen Abkommen auf das Gemeinschaftsrecht anwendbar ist.

[603] Die *Nicolo*-Entscheidung selbst betrifft Primärrecht. Der Vorrang des Sekundärrechts wurde jedoch wenig später ebenfalls vom Conseil d'Etat anerkannt, vgl. CE v. 24.9.1990, *Boisdet*, Rec. 1990, 250 (Verordnungen) und CE, Ass., v. 28.2.1992, *S.A. Rothmans International France et S.A. Philip Morris France*, Rec. 1992, 80 (Richtlinien).

[604] Dies wurde, was die Gewährleistung des Grundrechtsschutzes angeht, insbesondere in der sogenannten „Solange-Rechtsprechung" des BVerfG deutlich, *Geiger*, Völkerrecht, 252.

[605] Bezüglich der Situation in Frankreich kann insofern auf die Ausführungen zum Verhältnis der Doppelbesteuerungsabkommen zum nationalen Recht verwiesen werden (s.o. Kapitel 4 A. I. 2., insbes. Fn. 311).

[606] Dies ist gesichert durch die a priori Kontrolle durch den Conseil Constitutionnel nach Art. 54 der Constitution, die im Falle des Vertrags von Maastricht (und später auch des Ver-

Zusammenfassend lässt sich festhalten, dass der Vorrang des Gemeinschaftsrechts vor den nationalen Steuergesetzen heute in Frankreich und in Deutschland gewährleistet ist. Im Gegensatz zu den deutschen Gerichten braucht die französische Rechtsprechung zur Durchsetzung dieses Vorrangs aufgrund der monistischen Konzeption der französischen Verfassung nicht einmal auf den besonderen Charakter des Gemeinschaftsrechts zurückzugreifen. Die Frage des Vorrangs des Gemeinschaftsrechts vor der nationalen Verfassung begegnet größeren Schwierigkeiten. Sowohl Deutschland als auch Frankreich haben anlässlich des Vertrags von Maastricht 1992 ihre Verfassung geändert, um die weitreichenden Kompetenzübertragungen auf die Gemeinschaft verfassungsrechtlich abzusichern. Dennoch kann es zu Situationen kommen, in denen die Frage nach der Vereinbarkeit von Gemeinschaftsrecht mit der nationalen Verfassung aufgeworfen wird. Im Rahmen der Untersuchung der Vereinbarkeit der (einfachgesetzlichen) CFC-Regelungen mit Gemeinschaftsrecht ist eine vertiefte Diskussion dieser Frage allerdings auch nicht erforderlich.

II. Vereinbarkeit mit Primärrecht

1. Grundfreiheiten

Der freie Verkehr von Waren, Personen, Dienstleistungen und Kapital stellt die Grundlage des europäischen Binnenmarktes dar. Diese in Art. 3 Abs. 1 c und Art. 14 Abs. 2 EG genannten Gewährleistungen werden daher als die „Grundfreiheiten" des EG-Vertrags bezeichnet.[607]

Mit der Feststellung, dass nach Ablauf der Übergangszeit zur Verwirklichung des Gesetzgebungsprogramms der Gemeinschaft am 31.12.1969 nur ein geringer Teil der geplanten gesetzgeberischen Maßnahmen überhaupt in Angriff genommen und der Abbau beeinträchtigender nationaler Maßnahmen von den Mitgliedstaaten nicht ausreichend vorangetrieben worden war, sah es nun der EuGH als notwendig an, die Marktintegration mit seinen eigenen Mitteln voranzutrei-

---

trags von Amsterdam) zu einer Änderung der Constitution geführt hat. Die Vereinbarkeit mit der Verfassung ist seit diesem Verfassungsgesetz von 1992 (Loi constitutionnelle n° 92-554 vom 25.6.1992) durch die Einführung der Art. 88-1 bis 88-4 in einem „*Titre XV: Des Communautés Européennes et de l'Union Européenne*" der Constitution gewährleistet.

[607] *Herdegen*, Europarecht, 224 (Rz. 281); *Fischer*, Gemeinschaftsrecht, 108; *Reimer*, Auswirkungen, in: Lehner, Grundfreiheiten, 39, 40 f, der von diesem Begriff der Grundfreiheiten freilich noch weitere Freiheiten umfasst sieht.

ben.[608] Nach und nach erklärte daher der Gerichtshof in seinen Urteilen die Grundfreiheiten für unmittelbar anwendbar,[609] so dass diese heute insgesamt als subjektive Rechte verstanden werden, auf die sich jeder Marktbürger gegenüber einem Mitgliedstaat berufen kann.[610]

Tatbestandlich sind die Grundfreiheiten teils als Beschränkungs-, teils als Diskriminierungsverbote ausgestaltet.[611] Durch die Rechtsprechung des EuGH wurde jedoch der Anwendungsbereich aller Grundfreiheiten zunehmend ausgedehnt zu einem allgemeinen und absolut wirkenden Beschränkungsverbot.[612] Nach allgemeiner Auffassung beinhalten die Grundfreiheiten daher neben der gleichheitsrechtlichen auch eine freiheitsrechtliche Komponente.[613] Die freiheitsrechtliche Komponente ergibt sich dabei vor allem aus dem Zusammenwirken der Grundfreiheiten mit dem Binnenmarktkonzept der Gemeinschaft.[614]

---

608 *Cordewener*, Grundfreiheiten, 42; mit Hinweis auf *Roth*, Niederlassungsfreiheit, in: Schön, GS Knobbe-Keuk, 729, 735; *Luby*, Europe: revue mensuelle 2002, n° 1, 5, 5.

609 Vgl. EuGH, Urteil v. 5.2.1963, Rs. 26/62, *Van Gend & Loos*, Slg. 1963, 1, das zunächst das allgemeine Diskriminierungsverbot des Art. 12 E(W)G-Vertrag für unmittelbar anwendbar erklärt hatte und so die Grundlage für die richterrechtliche Anerkennung der unmittelbaren Wirkung der Grundfreiheiten legte. Dazu auch *Ehlers* in: Ehlers, Europäische Grundrechte, § 7, Rz. 7. Im Jahr 1974 wurden dann innerhalb kurzer Zeit die Niederlassungs- (EuGH, Urteil v. 21.6.1974, Rs. 2/74, *Reyners*, Slg. 1974, 631) und die Dienstleistungsfreiheit (EuGH, Urteil v. 3.12.1974, Rs. 33/74, *Van Binsbergen*, Slg. 1974, 1299), sowie die Arbeitnehmerfreizügigkeit (EuGH, Urteil v. 4.12.1974, Rs. 41/74, *Van Duyn*, Slg. 1974, 1337) vom EuGH für unmittelbar anwendbar erklärt. Die entsprechende Anerkennung in Bezug auf die Kapitalverkehrsfreiheit erfolgte aufgrund des späteren Inkrafttretens der Regelungen über den Kapitalverkehr (zum 1.1.1994) erst 1995 (EuGH, Urteil v. 14.12.1995, verb. Rs. C-163/94, C-165/94 und C-250/94, *Sanz de Lera u.a.*, Slg. 1995, I-4821). Zur Kapitalverkehrsfreiheit vgl. *Dautzenberg*, RIW 1998, 537 ff. Vgl. insgesamt dazu *Cordewener*, Grundfreiheiten, 46.

610 *Arndt*, Europarecht, 139; *Dibout*, Drt. fisc. 1990, n° 44, 1485, 1490 (zur Niederlassungsfreiheit).

611 *Herdegen*, Europarecht, 225 (Rz. 282); vgl. zur Niederlassungsfreiheit auch: *Randelzhofer/Forsthoff* in: Grabitz/Hilf, EGV, Art. 43, Rz. 83 ff.

612 *Cordewener*, Grundfreiheiten, 108 m.w.N. und insbesondere mit Hinweis auf das in diesem Zusammenhang grundlegende *Gebhard*-Urteil des EuGH (EuGH, Urteil v. 30.11.1995, Rs. C-55/94, *Gebhard*, Slg. 1995, I-4165). Beschränkung ist demnach „jedwede Maßnahme, die die Ausübung der durch den Vertrag garantierten Freiheiten behindern oder weniger attraktiv machen kann“, vgl. Tz. 37 des Urteils. S. auch *Bauschatz*, IStR 2002, 291, 294; *Koenig/Haratsch*, Europarecht, 197 f. (Rz. 537 f.); *Blumenberg*, Auswirkungen, in: Lüdicke, Besteuerungspraxis, 1, 5 f.; *Arndt*, Europarecht, 144 f.; *Reimer*, Auswirkungen, in: Lehner, Grundfreiheiten, 39 42 f. Zum Beschränkungsverbot speziell bei steuerrechtlichen Regelungen s.u. b..

613 *Cordewener*, Grundfreiheiten, 303, der diesbezüglich vom „janusköpfigen“ Charakter der Marktfreiheiten spricht.

614 *Bauschatz*, IStR 2002, 291, 295; ähnlich *Cordewener*, Grundfreiheiten, 182.

Darüber, dass die deutschen und französischen CFC-Regeln eine Beeinträchtigung der Grundfreiheiten darstellen, besteht im Schrifttum beider Länder heute weitgehende Einigkeit. Die Frage ist vielmehr, ob die mit den unilateralen Abwehrmaßnahmen in Form einer CFC-Gesetzgebung verfolgten Ziele gemeinschaftsrechtlich anerkannt sind und insbesondere, ob die deutsche und die französische CFC-Regelung zur Erreichung dieser Ziele verhältnismäßig sind. Dennoch gibt es auch bezüglich des Anwendungsbereichs der in CFC-Fall betroffenen Grundfreiheiten noch zahlreiche ungeklärte Detailfragen. Daher sollen, einem klassischen Aufbau folgend, diese Fragen zunächst behandelt werden (unter a und b), bevor auf die Frage der Rechtfertigungsgründe und der Verhältnismäßigkeit eingegangen wird (unter c).

a. Betroffene Grundfreiheiten

Ein möglicher Verstoß der CFC-Besteuerung gegen die Grundfreiheiten wird sowohl in Deutschland als auch in Frankreich in der Literatur diskutiert. In keinem der Länder hat bisher jedoch die Rechtsprechung zu dieser Frage Stellung genommen.[615]

Zunächst stellt sich die Frage, welche der vier Grundfreiheiten des Binnenmarktes durch die CFC-Besteuerung betroffen sein können.

Die Arbeitnehmerfreizügigkeit (Art. 18 EG) könnte insofern betroffen sein, als im Hinblick auf die drohende CFC-Besteuerung die Errichtung von ausländischen Tochtergesellschaften unterbleiben könnte und infolgedessen inländische Arbeitnehmer (der Muttergesellschaft) nicht in dieser ausländischen Tochtergesellschaft eingesetzt werden. Dies ist jedoch lediglich eine Reflexwirkung der Besteuerung der Gesellschaft, die die Freizügigkeit der Arbeitnehmer nicht berührt.[616]

Eine Beeinträchtigung der Warenverkehrsfreiheit (Art. 23 ff. EG) wäre allenfalls dann vorstellbar, wenn die ausländische Tochtergesellschaft im Wege der Sach-

---

[615] Ausdrücklich offen gelassen BFH, Urteil v. 19.1.2000, I R 117/97, IStR 2000, 182, 185; BFH, Urteil v. 19.1.2000, I R 94/97, BStBl II 2001, 222, 225.

[616] *Hahn*, Vereinbarkeit, 130 f. Ob die Bemerkung *Hahns*, die deutsche Gesellschaft könne ja stattdessen eine ausländische Betriebsstätte errichten (als „im Hinblick auf die Schaffung von Arbeitsplätzen gleichwertige Möglichkeit der Auslandstätigkeit"), bei der die Hinzurechnungsbesteuerung nicht greife, aus gemeinschaftsrechtlicher Sicht berücksichtigt worden wäre, sei dahingestellt. Jedenfalls mit der Ausweitung des § 20 Abs. 2 AStG durch das StVergAbG im Jahr 2003 dürfte die Errichtung einer ausländischen Betriebsstätte für die deutsche Gesellschaft in dieser Hinsicht keine echte Alternative mehr darstellen.

gründung errichtet wird und zu diesem Zweck Gegenstände des Anlagevermögens ins europäische Ausland verbracht werden. Im Ergebnis wird die Warenverkehrsfreiheit in CFC-Sachverhalten jedoch nicht für einschlägig gehalten.[617]

aa. Niederlassungsfreiheit

Die Niederlassungsfreiheit in Art. 43 EG verbietet es den Mitgliedstaaten, die Niederlassung von Angehörigen eines Mitgliedstaates in einem anderen Mitgliedstaat zu beschränken. Gemäß Art. 48 EG gilt dies auch für die Niederlassung von Gesellschaften. Ihnen ist gemäß Art. 43 Abs. 2 EG die Gründung und Leitung von Unternehmen nach den Bestimmungen des Aufnahmestaates für seine eigenen Angehörigen zu ermöglichen. Erforderlich ist dabei, dass die Niederlassung Erwerbszwecken dient. Zusammenfassend lässt sich die Niederlassung umschreiben als das wirtschaftliche Tätigwerden des Selbständigen oder des Unternehmens im Hoheitsgebiet eines anderen Mitgliedstaates.[618]

Obgleich die Konstellation der CFC-Besteuerung somit grundsätzlich unter die Niederlassungsfreiheit fällt, gibt es einige Besonderheiten im Rahmen dieser Sachverhalte, die im Hinblick auf die Anwendbarkeit der Niederlassungsfreiheit einer näheren Betrachtung bedürfen.

Zunächst ist zu beachten, dass die ausländischen CFC-Gesellschaften typischerweise, wenn auch nicht ausschließlich, passiven Tätigkeiten nachgehen. Es stellt sich daher die Frage, ob mangels der Ausübung einer Erwerbstätigkeit die Niederlassung in Form einer CFC-Gesellschaft unter Umständen gar nicht geschützt ist. Dies ist sicherlich eine Frage des Einzelfalls. Aus dem *ICI*-Urteil des EuGH wird geschlossen, dass die Holdingtätigkeit einer Tochtergesellschaft der Anwendbarkeit der Niederlassungsfreiheit jedenfalls nicht entgegensteht, denn in diesem Urteil unterscheidet der EuGH nicht danach, ob die Niederlassungsfreiheit unmittelbar oder mittelbar über eine Tochtergesellschaft ausgeübt wird.[619] Aus diesem Urteil wäre demzufolge abzuleiten, dass das Erfordernis der Erwerbstätigkeit dann auf der Ebene der der ausländischen Holdinggesellschaft

---

[617] *Hahn*, Vereinbarkeit, 131.

[618] So *Tiedje/Troberg* in: von der Groeben/Schwarze, Art. 43 EG, Rz. 1. Ähnlich *Fischer*, Gemeinschaftsrecht, 138 f; *Koenig/Haratsch*, Europarecht, 232 (Rz. 621) mit Hinweis auf EuGH, Urteil v. 25.7.1991, Rs. C-221/89, *Factortame u.a.*, Slg. 1991, I-3905, Tz. 20.

[619] EuGH, Urteil v. 16.7.1998, Rs. 264/96, *ICI*, Slg. 1998, I-4695 (Tz. 22): „... die über eine Holdinggesellschaft von ihrer Niederlassungsfreiheit Gebrauch gemacht haben...". Auch im *Daily Mail*-Urteil hat der EuGH sich nicht daran gestört, dass die Klägerin eine Holdinggesellschaft war, vgl. *Hahn*, Vereinbarkeit, 146. Vgl. zu den Besonderheiten bei Holdinggesellschaften *Hahn*, IStR 1999, 609, 611; s. auch *Laule*, Auswirkungen, 11.

nachgeschalteten Gesellschaften geprüft werden muss. Ob das Halten und Verwalten von Beteiligungen (also die reine Holdingtätigkeit) als solches bereits eine Erwerbstätigkeit im Sinne der Niederlassungsfreiheit darstellt, ist dem Urteil unmittelbar nicht zu entnehmen. Insgesamt ist jedoch festzustellen, dass das Erfordernis der Erwerbstätigkeit allgemein weit ausgelegt wird[620] und nur dann nicht vorliegt, wenn der Tätigkeit jeder wirtschaftliche Bezug fehlt.[621] Die gemeinschaftsrechtliche Trennlinie definiert dabei vor allem die Abgrenzung zur reinen Vermögensverwaltung, die von der Niederlassungsfreiheit nicht mehr erfasst ist.[622] Daraus lässt sich für diese Untersuchung ableiten, dass eine CFC-Konstellation nur dann nicht von der Niederlassungsfreiheit erfasst wird, wenn die Tätigkeit der ausländischen Gesellschaft sich auf reine Vermögensverwaltung beschränkt. Bei der deutschen Regelung ist ohne weiteres ersichtlich, dass „nach Abzug" der in § 8 Abs. 1 AStG genannten „unschädlichen" Tätigkeiten durchaus noch solche Tätigkeiten übrig bleiben, die keine Vermögensverwaltung darstellen. Allein die Rückausnahmen bei den aktiven Tätigkeiten machen dies deutlich.[623] Noch eindeutiger stellt sich die Situation bei der französischen Regelung dar, denn hier fallen automatisch alle Aktivitäten unter die CFC-Regelung. Die Regelungstechnik der Unternehmensmethodik erlaubt keine Differenzierung nach der Art der Tätigkeiten. Selbst bei Berücksichtigung der Rückausnahme (*clause de sauvegarde*) bleibt die Regelung des Art. 209 B CGI noch auf zahlreiche Fälle anwendbar, die nicht reine Vermögensverwaltung darstellen.[624] Das zeigt schon die Tatsache, dass die Rückausnahme auf Fälle der überwiegenden Ausübung gewerblicher Tätigkeiten (*activité industrielle ou commerciale*) auf dem lokalen Markt beschränkt ist. Weder Holdingtätigkeiten sind davon erfasst[625] noch der (Grenz-) Fall, dass die ausländische Gesellschaft

---

[620] *Hahn*, Vereinbarkeit, 134 ff. m.w.N..

[621] Eine sehr weite Auslegung befürworten *Rättig/Protzen*, IStR 2003, 195, 196 f. (und bereits *Rättig/Protzen*, IStR 2000, 548, 557), die auch rein vermögensverwaltende Tätigkeiten unter die Niederlassungsfreiheit fassen und lediglich Tätigkeiten im rein sozialen, politischen und künstlerischen Bereich ohne wirtschaftlichen Bezug vom Anwendungsbereich ausschließen wollen.

[622] *Hahn*, IStR 1999, 609, 611; *Lieber*, FR 2002, 139, 150. *Hahn*, Vereinbarkeit, 143 weist in diesem Zusammenhang auf ein Urteil des Conseil d'Etat (CE 13.12.1991, *Satam*, DF 1992, n°16, comm. 851) zur Umsatzsteuer hin in dem dieser die Unternehmereigenschaft einer gemischten Holdinggesellschaft insoweit nicht anerkennt, als die Gesellschaft Beteiligungen nur als Vermögensanlage hält, ohne Einfluss auf die Unternehmensleitung zu nehmen.

[623] So auch *Wassermeyer* in: Flick/Wassermeyer/Baumhoff, vor §§ 7-14 AStG, Rz. 85.

[624] Selbst wenn die Rückausnahme eingreift, ist jedoch eine Beeinträchtigung nicht ausgeschlossen, da die Beweislast für das Vorliegen der Rückausnahme der Steuerpflichtige trägt, dazu s.o. Kapitel 3 B. V. 2.

[625] Diese sind vielmehr ausdrücklich von der Rückausnahme ausgeschlossen, s.o. Kapitel 3 V. 2.

ihre Umsätze zu 49% auf dem lokalen Markt erzielt, selbst wenn die Gesellschaft insgesamt ausschließlich gewerblich tätig ist. Da in beiden Ländern der Anwendungsbereich der CFC-Regelungen deutlich über die Fälle der reinen Vermögensverwaltung hinausgeht, kann jedenfalls das Argument der mangelnden Erwerbstätigkeit der ausländischen Gesellschaft den Schutz durch die Niederlassungsfreiheit nicht ausschließen.

Aus ähnlichen Gründen greift auch das Argument nicht durch, die Niederlassungsfreiheit werde in CFC-Fällen in missbräuchlicher Weise ausgeübt und sei deshalb schon tatbestandlich ausgeschlossen. Ein missbräuchliches Gebrauchmachen von der Niederlassungsfreiheit ist nämlich nur anzunehmen, wenn die Niederlassung keinerlei wirtschaftliche Substanz besitzt und nur dem Zweck dient, dem Inländer die Vorteile aus der Grundfreiheit zu verschaffen.[626]

Zu beachten ist weiterhin, dass es für die durch die Niederlassungsfreiheit geschützte unternehmerische Betätigung nicht ausreicht, in irgendeiner Weise an einer ausländischen Gesellschaft beteiligt zu sein. Erforderlich ist vielmehr eine Beteiligung, die dem Anteilseigner nach dem Gesellschaftsrecht des Staates der Niederlassung eine unternehmerische Einflussnahme auf die ausländische Gesellschaft ermöglicht.[627] Der EuGH hat sich bislang nicht dazu geäußert, wo genau die Beteiligungsgrenze liegt. Im *ICI*-Urteil wurde die mittelbare 49%ige Beteiligung an einer Gesellschaft kommentarlos für ausreichend erachtet.[628] Andererseits wurde entschieden, dass die im niederländischen Recht für eine wesentliche Beteiligung erforderliche Innehabung von mindestens einem Drittel der Gesellschaftsanteile und von mehr als 7/100 des eingezahlten Gesellschaftskapitals „nicht zwangsläufig mit der Kontrolle der Gesellschaft oder ihrer Leitung verbunden ist".[629] Im *Lasteyrie*-Urteil bejahte der Gerichtshof die Anwendbarkeit der Niederlassungsfreiheit bei einer Beteiligung von 25%.[630] Denkbar wäre es, sich bei der für eine Einflussnahme in der Regel erforderliche Mindestbeteiligung am Sekundärrecht zu orientieren, etwa an der Mutter-Tochter-

---

626 *Schön*, DB 2001, 940, 942. Der Missbrauch der Niederlassungsfreiheit betreffe den Fall, in dem ein Inlandssachverhalt in einen Auslandssachverhalt „umfingiert" wird, was bei den Fällen der Hinzurechnungsbesteuerung in der Regel nicht der Fall sei. Ähnlich *Stefaner*, SWI 2004, 339, 342.

627 *Laule*, Auswirkungen, 11f.; *Rättig/Protzen*, IStR 2003, 195, 197. Dies geht aus der EuGH-Rechtsprechung hervor, vgl. EuGH, Urteil v. 21.11.2002, Rs. C-436/00, *X und Y*, Slg. 2002, I-10829; Tz. 37; EuGH, Urteil v. 13.4.2000, Rs. C-251/98, *Baars*, Slg. 2000, I-2847, Tz. 22.

628 *Rättig/Protzen*, IStR 2003, 195, 197 (Fn. 29); *Laule*, Auswirkungen, 12 (Fn. 22).

629 So EuGH, Urteil v. 13.4.2000, Rs. C-251/98, *Baars*, Slg. 2000, I-2847, Tz. 20; vgl. *Rättig/Protzen*, IStR 2003, 195, 197 (Fn. 29).

630 EuGH, Urteil v. 11.3.2004, Rs. C-9/02, *de Lasteyrie*, DStR 2004, 551; dazu *Wassermeyer*, GmbHR 2004, 613, 615.

Richtlinie.[631] Dabei ist jedoch zweifelhaft, ob die Orientierung an der Mutter-Tochter-Richtlinie auch nach der Absenkung der dort vorgesehenen Mindestbeteiligung auf 10%[632] noch sachgemäß ist. Es spricht vieles dafür, sich an der alten 25%-Grenze zu orientieren, die auch in Doppelbesteuerungsabkommen häufig als Mindestbeteiligung für das internationale Schachtelprivileg festgesetzt wird.[633] Vertreten wird daneben auch, dass eine rechtliche Beherrschung nicht erforderlich sei, wenn eine tatsächliche Einflussnahmemöglichkeit besteht.[634] Im Hinblick auf die deutsche Hinzurechnungsbesteuerung ist also davon auszugehen, dass die unternehmerische Einflussmöglichkeit auf die Tochtergesellschaft jedenfalls dann zu bejahen ist, wenn die erforderliche Inländerbeteiligung von mehr als 50% von derselben Person gehalten wird. Fraglich ist die Möglichkeit der unternehmerischen Einflussnahme aber dann, wenn die Mindestbeteiligung nur von mehreren voneinander unabhängigen Inländern gemeinsam erfüllt wird (Splitterbeteiligungen). Dem Einzelnen ist die unternehmerische Einflussnahme auf die ausländische Gesellschaft dann nämlich unter Umständen nicht möglich. Letztlich wird im Einzelfall anhand der konkreten Beteiligungsstruktur und den faktischen Umständen zu entscheiden sein, ob die Einflussnahmemöglichkeit gegeben ist. Dies wäre unter Umständen denkbar, wenn bei den beteiligten Inländern tatsächlich eine gemeinsame Willensbildung stattfindet oder wenn eine der Splitterbeteiligungen die anderen anteilsmäßig deutlich überwiegt.[635] Eine Beteiligung von 10% an der ausländischen Gesellschaft durch ein und dieselbe Person, wie sie die französische Regelung fordert, kann daher, je nach Sachverhaltsgestaltung, ein weitaus stärkeres Indiz für eine tatsächliche Einflussnahmemöglichkeit sein, als dies bei dem 50%-Erfordernis ohne Mindestbeteiligung in der deutschen Regelung der Fall ist. Dieser geringen französischen Mindestbeteiligung wird von Kritikern jedoch nicht selten vorgeworfen, sie ermögliche

---

631 So *Schön*, Kapitalverkehrsfreiheit, in: Schön, GS Knobbe-Keuk, 743, 750 f. Ähnlich schlagen *Tiedje/Troberg* in: von der Groeben/Schwarze, Art. 43 EG, Rz. 29 (insbes. Fn. 48) als Maßstab die Grenze von 20% der Stimmrechte vor, die die Jahresabschlussrichtlinie (78/660/EWG) für das Vorliegen einer Beteiligung fordert.

632 Richtlinie 2003/123/EG des Rates vom 22.12.2003 zur Änderung der Richtlinie 90/435/EWG über das gemeinsame Steuersystem der Mutter- und Tochtergesellschaften verschiedener Mitgliedstaaten, ABl. EG v. 13.1.2004, L 7/41.

633 *Schön*, Kapitalverkehrsfreiheit, in: Schön, GS Knobbe-Keuk, 743, 751. Wie auch *Schön* bereits festgestellt hat, gibt es jedoch mittlerweile zahlreiche DBA, die eine geringere Mindestbeteiligung vorsehen, vgl. dazu die Übersicht bei *Vogel* in: Vogel/Lehner, DBA, Art. 23 Rz. 90.

634 *Rättig/Protzen*, GmbHR 2003, 503, 503 (insbesondere Fn. 5). Ähnlich auch *Randelzhofer/Forsthoff* in: Grabitz/Hilf, EGV, Art. 43, Rz. 115; *Tiedje/Troberg* in: von der Groeben/Schwarze, Art. 43 EG, Rz. 29.

635 So *Sullivan/Wallner/Wübbelsmann*, IStR 2003, 6, 11.

gerade nicht die Einflussnahme auf die Geschäftsleitung und das Ausschüttungsverhalten der ausländischen Gesellschaft.[636]

Neuerdings wird von der Annahme des nationalen Gesetzgebers, ab einer bestimmten Inlandsbeteiligung sei eine Ausschüttungsfiktion gerechtfertigt, weil die Einflussnahme auf den Ausschüttungsbeschluss möglich sei, darauf geschlossen, dass sich der Gesetzgeber auch im Hinblick auf die Niederlassungsfreiheit an dieser Annahme messen lassen müsse.[637] Das ist jedoch insofern problematisch, als es dazu führen würde, dass der Anwendungsbereich die Niederlassungsfreiheit davon abhängig wäre, aus welchem Mitgliedstaat der Kläger kommt. Außerdem ist unklar, ob dann innerhalb eines Mitgliedstaates in einem CFC-Sachverhalt andere Maßstäbe für die unternehmerische Einflussnahme gelten würden, als in allen anderen Fällen, ob also der Anwendungsbereich der Niederlassungsfreiheit für ein und denselben Steuerpflichtigen unterschiedlich sein kann, je nach dem, ob er einen CFC-Sachverhalt verwirklicht oder nicht. Ohnehin handelt es sich bei der durch den nationalen Gesetzgeber festgelegten Beteiligungsschwelle vielmehr um eine Typisierung, als um die Annahme einer tatsächlichen Einflussnahmemöglichkeit, um die es bei der Niederlassungsfreiheit geht.[638] Bezüglich der französischen Regelung kann diese Überlegung schon grundsätzlich nicht greifen, denn hier ist historisch die Beteiligungsschwelle immer an die Mindestbeteiligung für die Anwendung der Schachtelfreistellung gekoppelt gewesen[639] und weniger Ausdruck einer angenommenen Einflussnahmemöglichkeit. Zudem richtet sich die Frage, ob eine unternehmerische Einflussnahmenmöglichkeit besteht, nach den gesellschaftsrechtlichen Vorschriften des Staates der Niederlassung.[640] Es besteht auch gar keine Notwendigkeit, den Schutzbereich der Niederlassungsfreiheit mit einer solchen Begründung auszudehnen, da die Fälle, in denen die unternehmerische Einflussnahme wegen einer zu geringen Mindestbeteiligung nicht angenommen wird, in aller Regel von der Kapitalverkehrsfreiheit erfasst werden. Die Heranziehung der nationalen CFC-Mindestbeteiligungsschwelle für Zwecke der Bestimmung des Anwendungsbereichs der Niederlassungsfreiheit ist daher abzulehnen.

Wenn eine deutsche oder französische Gesellschaft eine Tochtergesellschaft oder eine Betriebsstätte in einem anderen Mitgliedstaat errichtet oder eine ausreichend hohe Beteiligung an einer ausländischen Gesellschaft erwirbt, ist dies also

[636] Z.B. *Turot*, RJF 1998, n° 12, 940, 942.
[637] So *Sullivan/Wallner/Wübbelsmann*, IStR 2003, 6, 12 mit ausdrücklicher Erwähnung der französischen Regelung. Ablehnend *Rättig/Protzen*, IStR 2003, 195, 197.
[638] So auch die Kritik bei *Rättig/Protzen*, IStR 2003, 195, 197.
[639] Zumindest bis zur letzten Absenkung der Mindestbeteiligung bei der Beteiligungsertragsbefreiung auf 5%.
[640] So auch *Rättig/Protzen*, IStR 2003, 195, 197.

eine Betätigung, die vom Schutzbereich der Niederlassungsfreiheit erfasst wird.[641]

bb. Kapitalverkehrsfreiheit

Art. 56 EG verbietet alle Beschränkungen des Kapitalverkehrs zwischen den Mitgliedstaaten und zwischen den Mitgliedstaaten und Drittstaaten. Was genau unter dem Kapitalverkehr zu verstehen ist, geht aus den Bestimmungen des EG-Vertrags jedoch nicht hervor. Hier werden daher weiter die kapitalverkehrsbezogenen Richtlinien herangezogen.[642] Demnach fallen – im Hinblick auf die hier interessierenden Konstellationen – unter die Kapitalverkehrsfreiheit unter anderem die Gründung von Zweigniederlassungen oder neuen Unternehmen, die Beteiligung an Unternehmen, Reinvestitionen von Erträgen und der Erwerb von Aktien und anderen Wertpapieren mit Beteiligungscharakter.[643]

Eine Einschränkung des Anwendungsbereichs der Kapitalverkehrsfreiheit scheint sich im Bereich des Steuerrechts aus Art. 58 Abs. 1 lit. a EG zu ergeben, der bestimmt, dass Art. 56 nicht das Recht der Mitgliedstaaten berührt, „die einschlägigen Vorschriften ihres Steuerrechts anzuwenden, die Steuerpflichtige mit unterschiedlichem Wohnort oder Kapitalanlageort unterschiedlich behandeln." Aus Abs. 3 dieser Vorschrift ergibt sich jedoch, dass aus dieser Einschränkung weder eine „willkürliche Diskriminierung noch eine verschleierte Beschränkung" des freien Kapitalverkehrs resultieren dürfen, so dass der Vorbehalt in

---

641 So die ganz herrschende Meinung in der Literatur, z.B.: *Bauschatz*, IStR 2002, 333, 338; *Schön*, DB 2001, 940, 942; *Stefaner*, SWI 2004, 339, 342; *Hahn*, Vereinbarkeit, 151.

642 *Schön*, Kapitalverkehrsfreiheit, in: Schön, GS Knobbe-Keuk, 743, 747; *Laule*, Auswirkungen, 14. Insbesondere geht es dabei um Anhang I der Kapitalverkehrsrichtlinie (Richtlinie 88/361/EWG des Rates vom 24.6.1988 zur Durchführung von Art. 67 des Vertrages, ABlEG Nr. L 178 vom 8.7.1988, 5), die vom EuGH regelmäßig zur Definition der Kapitalverkehrsfreiheit herangezogen wird, vgl. nur EuGH, Urteil v. 16.3.1999, Rs. C-222/97, *Trummer u. Mayer*, Slg. 1999, I-1661, Tz. 20 ff; EuGH, Urteil v. 6.6.2000, Rs. C-35/98, *Verkooijen*, Slg. 2000, I-4071, Tz. 27; EuGH, Urteil v. 5.3.2002, verb. Rs. C-515/99, C-519/99 bis C-524/99 und C-526/99 bis 540/99, *Reisch u.a.*, Slg. 2002, I-2157, Tz. 30; EuGH, Urteil v. 1.6.1999, Rs. C-302-97, *Konle*, Slg. 1999, I-3099, Tz. 22. Der EuGH fasst im *Verkooijen*-Urteil unter die Richtlinie auch den Bezug von Dividenden, wenngleich dieser nicht ausdrücklich im Anhang genannt ist (Tz. 28-30), was sich dadurch erklärt, dass die Aufzählung in Anhang I der Richtlinie keinen abschließenden Charakter hat (Tz. 22 des *Verkooijen*-Urteils); vgl. dazu auch *Dibout*, Drt. fisc. 2000, n° 42, 1365, 1367; *Cordewener*, Grundfreiheiten, 741 f (insbes. Fn. 1299); *Koenig/Haratsch*, Europarecht, 262 (Rz. 692); *Weber* in: Lenz/Borchardt, EU-/EG-Vertrag, Art. 56, Rz. 5.

643 Vgl. Anhang I der Richtlinie (Fn. 642), I und III.

Abs. 1 lit. a letztlich keine nennenswerten praktischen Auswirkungen hat.[644] Das *Verkooijen*-Urteil aus dem Jahr 2000, das im Bereich der direkten Steuern erstmals wichtige Hinweise zum Anwendungsbereich der Kapitalverkehrsfreiheit im Bereich des Steuerrechts gegeben hat,[645] hat deutlich gemacht, dass der EuGH im Rahmen der Kapitalverkehrsfreiheit dieselben Rechtfertigungsanforderungen stellt, wie bei den übrigen Grundfreiheiten.[646] Die Ausnahme in Art. 58 Abs. 1 lit. a EG wird vom EuGH nur für anwendbar gehalten, wenn die in Frage stehenden Situationen nicht objektiv vergleichbar sind oder wenn die unterschiedliche Behandlung durch zwingende Gründe des Allgemeininteresses gerechtfertigt ist.[647] Diese Frage wird daher im Einzelnen bei den möglichen Rechtfertigungsgründen zu erörtern sein.

Die Kapitalverkehrsfreiheit hat daher einen recht weiten sachlichen Anwendungsbereich,[648] der die Beteiligung an Unternehmen in anderen Mitgliedstaaten umfasst, gleich ob diese passiver oder aktiver Natur sind[649] und unabhängig von der Höhe der Beteiligung.[650]

Auch in territorialer Hinsicht ist der Anwendungsbereich der Kapitalverkehrsfreiheit denkbar weit, da er den Kapitalverkehr zwischen Mitgliedstaaten und Drittstaaten umfasst. Im Verhältnis zu Drittstaaten ist allerdings zu beachten, dass gemäß Art. 57 Abs. 1 EG mitgliedstaatliche Regelungen in den in der Vorschrift aufgezählten Bereichen, die am 31.12.1993 bereits bestanden haben, von der Kapitalverkehrsfreiheit aus Art. 56 EG nicht berührt werden. Im Verhältnis zu diesen Staaten sind die betreffenden Regelungen daher weiterhin anwendbar. Da sowohl die deutsche (1972) als auch die französische (1980) CFC-Regelung am 31.12.1993 bereits bestanden haben, spricht zunächst alles dafür, dass diese Regelungen gegenüber Drittstaaten weiterhin anwendbar sind.[651] Dagegen werden jedoch Bedenken geäußert.[652] Zum einen wird bezweifelt, ob CFC-Regelungen überhaupt „Rechtsvorschriften [...] im Zusammenhang mit Direktinvestitionen einschließlich Anlagen in Immobilien, mit der Niederlassung, der

---

644 *Laule*, Auswirkungen, 15. So ist wohl auch das *Verkooijen*-Urteil des EuGH zu verstehen (Tz. 37 ff.). Dies wird im Übrigen bereits der gemeinsamen Erklärung der Mitgliedstaaten vom 7.2.1992 (Maastrichter Schlussakte zum EUV), Abschnitt III Nr. 7 entnommen; vgl. *Reimer*, Auswirkungen, in: Lehner, Grundfreiheiten, 39, 73.

645 *Dibout*, Drt. fisc. 2000, n° 42, 1365, 1365; *Cordewener*, Grundfreiheiten, 741

646 *Pinto*, Tax Competition, 321; *Lang*, IStR 2002, 217, 218; *Dibout*, Drt. fisc. 2000, n° 42, 1365, 1369; *Martin*, Drt. fisc. 2000, n° 44, 1444, 1448.

647 EuGH, Urteil v. 6.6.2000, Rs. C-35/98, *Verkooijen*, Slg. 2000, I-4071, Tz. 43.

648 *Lang*, IStR 2002, 217, 218; *Pinto*, Tax Competition, 319.

649 *Schön*, Kapitalverkehrsfreiheit, in: Schön, GS Knobbe-Keuk, 743, 750.

650 *Schön*, DB 2001, 940, 942.

651 So *Dautzenberg*, FR 2003, VI.

652 Bei *Rättig/Protzen*, GmbHR 2003, 503, 503 f;

Erbringung von Finanzdienstleistungen oder der Zulassung von Wertpapieren zu den Kapitalmärkten“ im Sinne des Art. 57 Abs. 1 EG darstellen. Fraglich ist zudem, ob nicht zumindest die ab 1994 erfolgten Änderungen der CFC-Regelungen im Verhältnis zu Drittstaaten unanwendbar sind oder ob möglicherweise sogar diese Änderungen einer Neuregelung gleichkommen, so dass die gesamte Regelung unanwendbar wird.[653]

Nach überwiegender Auffassung in der Literatur fallen CFC-Konstellationen daher in den Schutzbereich der Kapitalverkehrsfreiheit.[654] Bei der deutschen Hinzurechnungsbesteuerung fallen insbesondere die Fälle des § 7 Abs. 6 Sätze 1 und 3 AStG, wonach bei Beteiligungen an Gesellschaften Kapitalanlageeinkünften lediglich eine Beteiligung von 1% bzw. gar keine Mindestbeteiligung erforderlich ist, um die Hinzurechnungsbesteuerung auszulösen, in den Anwendungsbereich der Kapitalverkehrsfreiheit.[655] Bei der französischen Regelung des Art. 209 B CGI gibt es zwar keine vergleichbare Regelung, die speziell auf Kapitalanlagegesellschaften abzielt. Da diese Vorschrift jedoch schon generell bei Beteiligungen ab 10% greift und jede Art von Einkünften der ausländischen Gesellschaft betrifft, sind auch hier typische Kapitalanlagekonstellationen erfasst.

Bei höheren Beteiligungen stellt sich aufgrund des weiten Anwendungsbereichs der Kapitalverkehrsfreiheit die Frage nach dem Verhältnis dieser zu den übrigen Grundfreiheiten. Gerade eine Direktinvestition stellt in der Regel einen Kapitalverkehrsvorgang dar, zugleich aber auch einen Niederlassungsvorgang. So sind in CFC-Konstellationen meist sowohl die Niederlassungs- als auch die Kapitalverkehrsfreiheit berührt. Die Frage des Konkurrenzverhältnisses dieser beiden Grundfreiheiten zueinander ist nicht völlig geklärt. Die Tatsache, dass bei beiden Grundfreiheiten im EG-Vertrag auf die Anwendung der jeweils anderen verwiesen wird,[656] ist nicht eben erhellend. Denkbar wäre einerseits ein Exklusi-

---

[653] *Rättig/Protzen*, IStR 2003, 195, 199 (Fußnote 61) vertreten die Auffassung, dass die Änderungen der §§ 7-14 AStG im Rahmen des UntStFG 2001 einer Neuregelung gleichkommen, so dass der Ausnahmetatbestand des Art. 57 Abs. 1 EG nicht greift.

[654] *Laule*, Auswirkungen, 62; *Wassermeyer*, IStR 2001, 113, 114; *Schön*, DB 2001, 940, 943; a.A. *Bauschatz*, IStR 2002, 333, 339, mit der Begründung, dass nicht der Kapitaltransfer als solcher, sondern die Folgen von Einkünften der Tochtergesellschaft einer ungleichen Behandlung unterlägen.

[655] *Wassermeyer* in: Flick/Wassermeyer/Baumhoff, vor §§ 7-14 AStG, Rz. 84.

[656] Im Rahmen der Niederlassungsfreiheit verweist Art. 43 EG auf die Kapitalverkehrsfreiheit („Vorbehaltlich des Kapitels über die Kapitalverkehrsfreiheit umfasst die Niederlassungsfreiheit...“), im Rahmen der Kapitalverkehrsfreiheit verweist Art. 58 Abs. 2 EG auf die Niederlassungsfreiheit („Dieses Kapitel berührt nicht die Anwendbarkeit von Beschränkungen des Niederlassungsrechts, die mit diesem Vertrag vereinbar sind.“).

vitätsverhältnis der Freiheiten zueinander.[657] Die Kapitalverkehrsfreiheit wäre demnach nur dann anwendbar, wenn es sich um eine bloße Portfolioinvestition handelt, die keine unternehmerische Einflussnahme auf die ausländische Gesellschaft ermöglicht. Allein die Niederlassungsfreiheit wäre dagegen einschlägig, wenn eine solche Einflussnahmemöglichkeit aufgrund der Höhe der Beteiligung besteht.[658] Zu Recht wird jedoch vorgebracht, dass der Verweis in Art. 58 Abs. 2 EG die parallele Anwendbarkeit der beiden Grundfreiheiten offenbar voraussetzt.[659] *Arndt*[660] schlägt vor, im Falle einer Unternehmensbeteiligung beide Grundfreiheiten nebeneinander anzuwenden, wobei der ausschlaggebende Wertungsmaßstab anhand des Kriteriums der unternehmerischen Einflussnahme ermittelt wird. Im Falle einer unternehmerischen Einflussnahmemöglichkeit wäre demnach die (neben der Niederlassungsfreiheit anwendbare) Kapitalverkehrsfreiheit im Lichte der Niederlassungsfreiheit auszulegen.[661] Ähnlich ist wohl auch *Schön* zu verstehen, der feststellt, durch jede der beiden Grundfreiheiten werde eine andere inhaltliche Dimension desselben Vorgangs geschützt.[662]

Der EuGH musste zur Frage des Konkurrenzverhältnisses bislang nicht ausdrücklich Stellung nehmen.[663] Er scheint in dieser Hinsicht jedoch eine pragmatische Vorgehensweise zu wählen. Im *X und Y*-Urteil hat der Gerichtshof zunächst die Niederlassungsfreiheit geprüft und, nachdem er deren Einschlägigkeit festgestellt hatte, insoweit (nämlich hinsichtlich der Anteilsübertragungen, die eine unternehmerische Einflussnahme ermöglichen) auf die Prüfung der Kapitalverkehrsfreiheit verzichtet.[664] Diese wurde nur für die übrigen Fälle der Übertragung kleinerer Beteiligungen geprüft, die nicht unter die Niederlassungsfreiheit fallen. Der Wortlaut der Entscheidung: „[...] *braucht* [...] nur für die Fälle beantwortet zu werden, in denen Art. 43 EG [...] nicht anwendbar ist, weil die

---

[657] So offenbar die Einschätzung bei *Arndt*, Europarecht, 192.

[658] Zur Frage der für die Anwendung der Niederlassungsfreiheit erforderlichen Beteiligungshöhe s.o. aa.

[659] So *Arndt*, Europarecht, 193.

[660] *Arndt*, Europarecht, 193.

[661] Das dort aufgeführte Beispiel illustriert dies jedoch nur begrenzt. Im Falle einer reinen Portfolioinvestition ist die Niederlassungsfreiheit in der Regel schon isoliert betrachtet nicht anwendbar, so dass sich die Frage, ob diese im Lichte der Kapitalverkehrsfreiheit auszulegen ist, gar nicht stellt.

[662] *Schön*, Kapitalverkehrsfreiheit, in: Schön, GS Knobbe-Keuk, 743, 749 f.

[663] *Kessler/Eicker/Obser*, IStR 2004, 325, 326; *Dibout*, Drt. fisc. 2000, n° 42, 1365, 1367 merkt dazu an, dass der EuGH sich stets nur zu einer der jeweils in Frage stehenden Grundfreiheiten äußert und die andere ohne weitere Begründung nicht weiter prüft, so dass man daraus nicht schließen könne, ob die andere Grundfreiheit nicht einschlägig ist oder ob die Anwendbarkeit einer Grundfreiheit vom EuGH als ausreichend erachtet wird.

[664] Vgl. auch *Rättig/Protzen*, IStR 2003, 195, 199.

Beteiligung [...] nicht ausreichend hoch ist"[665] (Hervorhebung durch Verfasser), spricht weniger für ein Exklusivitätsverhältnis[666], als vielmehr für eine parallele Anwendbarkeit beider Freiheiten in den Fällen, in denen eine entsprechend hohe Beteiligung vorliegt. Dieser Eindruck wird durch die Formulierung in Tz. 73 des Urteils bestätigt: „[...] dass die [...] nationale Bestimmung, auch wenn Art. 43 ihr im Fall einer Übertragung von Aktien des Typs A bei unzureichend hoher Beteiligung [...] nicht entgegensteht, *jedenfalls* eine Beschränkung des freien Kapitalverkehrs im Sinne von Artikel 56 EG darstellt [...]" (Hervorhebung durch Verfasser). In einem der kürzlich ergangenen Urteile zu Sonderaktien,[667] in dem es konkret darum ging, dass ein spanischer Investor sich durch den Erwerb von 25% der Anteile in dem französischen Unternehmen Elf-Aquitaine eine beherrschende Stellung verschaffen wollte, hat der EuGH zunächst die Kapitalverkehrsfreiheit geprüft und bejaht und sodann festgestellt: "Da eine Verletzung von Artikel 73b EG-Vertrag (Anm.: jetzt Art. 56 EG) festgestellt worden ist, brauchen die fraglichen Maßnahmen nicht gesondert im Licht der Vorschriften des Vertrages über die Niederlassungsfreiheit geprüft zu werden." (Tz. 56). Obwohl hier also ausdrücklich eine Unternehmensbeteiligung in Frage stand, die gerade auf eine Einflussnahmemöglichkeit abzielte und demnach über eine bloße Portfolioinvestition hinausging, maß der EuGH die nationalen Vorschriften zunächst an der Kapitalverkehrs- und nicht an der Niederlassungsfreiheit.[668] Dies spricht zum einen gegen die Annahme eines Exklusivitätsverhältnisses der beiden Grundfreiheiten, denn die Prüfung der Niederlassungsfreiheit wird nicht als ausgeschlossen, sondern als nicht notwendig betrachtet. Ob es auch gegen die Annahme eines Spezialitätsverhältnisses spricht, ist weniger eindeutig.[669] Denn die Tatsache, dass der EuGH zunächst die Kapitalverkehrsfreiheit geprüft hat, könnte auch bedeuten, dass der EuGH die Frage offen lassen wollte, ob eine 25%-Beteiligung für die Annahme einer unternehmerischen Einflussnahmemöglichkeit im Sinne der Niederlassungsfreiheit ausreicht. Es spricht insbesondere in Anbetracht des sehr weiten Anwendungsbereichs der Kapitalverkehrs-

---

[665] Tz. 68.

[666] So aber wohl *Arndt*, Europarecht, 192, der das *X und Y*-Urteil als Beispiel im Zusammenhang mit der Erläuterung des Exklusivitätsverhältnisses aufführt.

[667] EuGH, Urteil v. 4.6.2002, Rs. C-483/99, *Kommission/Frankreich (Goldene Aktien II)*, Slg. 2002, I-4809.

[668] Bereits im *Konle*-Urteil (EuGH, Urteil v. 1.6.1999, Rs. C-302-97, *Konle*, Slg. 1999, I-3099), in dem es um den Erwerb von Grundeigentum ging, ist der EuGH in dieser Reihenfolge vorgegangen. Vgl. auch *Ress/Ukrow* in: Grabitz/Hilf, EGV, Art. 56 EGV, Rz. 28.

[669] Für die Spezialität der Niederlassungsfreiheit spricht sich *Brinkmann*, Einfluß, 59 ff. aus. Anders die ganz herrschende Auffassung: z.B. *Schön*, Kapitalverkehrsfreiheit, in: Schön, GS Knobbe-Keuk, 743, 749, der aus dem Wortlaut des Verweises in Art. 43 EG (damals Art. 52 Abs. 2 EGV) schließt, dass bei Verwirklichung beider Grundfreiheiten keine als lex specialis der anderen vorgeht. Ähnlich *Ress/Ukrow* in: Grabitz/Hilf, EGV, Art. 56 EGV, Rz. 28; *Seer/Haken*, StStud 2001, 344, 347.

freiheit vieles dafür, dass im Fall von Beteiligungen an ausländischen Unternehmen die Kapitalverkehrsfreiheit und die Niederlassungsfreiheit nebeneinander anwendbar sind.[670]

Ein weiteres Argument für die parallele Anwendbarkeit beider Grundfreiheiten liegt in der Betrachtung von Drittstaatenfällen. Wäre im Falle entsprechend hoher Beteiligungen ausschließlich die Niederlassungsfreiheit anwendbar (im Sinne einer tatbestandlichen Exklusivität), käme man entweder zu dem kuriosen Ergebnis, dass im Verhältnis zu Drittstaaten über die Kapitalverkehrsfreiheit zwar Portfoliobeteiligungen geschützt sind, nicht aber unternehmerische Beteiligungen,[671] oder man müsste im Verhältnis zu Drittstaaten den Anwendungsbereich der Kapitalverkehrsfreiheit weiter fassen, als in EU-internen Fall. Beides erscheint wenig überzeugend. Selbst wenn man daher im EU-internen Fall noch für beide Auffassungen überzeugende Argumente finden mag oder den Streit für wenig praxisrelevant hält, zumal die Rechtfertigungsanforderungen bei beiden Grundfreiheiten einheitlich sind (dazu unten c.), so wird doch spätestens bei der Betrachtung der Drittstaatenfälle deutlich, dass die besseren Argumente für die parallele Anwendbarkeit der Niederlassungs- und der Kapitalverkehrsfreiheit sprechen.

In CFC-Konstellationen ist daher in aller Regel die Kapitalverkehrsfreiheit neben der Niederlassungsfreiheit betroffen.

cc. Dienstleistungsfreiheit

Bei der Prüfung der Dienstleistungsfreiheit ist zunächst zu beachten, dass hier im EG-Vertrag (Art. 50) die Subsidiarität gegenüber den übrigen Marktfreiheiten vorgesehen ist.[672] Soweit also eine grenzüberschreitende Betätigung bereits von einer dieser Grundfreiheiten erfasst ist, ist die Dienstleistungsfreiheit nicht mehr zu prüfen. Im Rahmen der CFC-Regelungen sind daher Gründung oder Erwerb einer ausländischen Gesellschaft oder Betriebsstätte sowie der Dividendenbezug nicht an der Dienstleistungsfreiheit zu messen.

Ein eigener Anwendungsbereich der Dienstleistungsfreiheit könnte jedoch im Hinblick auf etwaige Mitwirkungshandlungen des inländischen Gesellschafters an der Tätigkeit der ausländischen Gesellschaft eröffnet sein. Es sind beispielsweise im Rahmen der deutschen Hinzurechnungsbesteuerung durchaus Konstel-

---

670 *Jaeger*, Körperschaftsteuersysteme, 94 ff.

671 So auch *Kessler/Eicker/Obser*, IStR 2004, 325, 326.

672 *Arndt*, Europarecht, 140; *Editions Francis Lefebvre*, Mémento UE, n° 2100; *Hahn*, Vereinbarkeit, 132 (zur Subsidiarität gegenüber der Niederlassungsfreiheit).

lationen vorstellbar, in denen eine im niedrig besteuerten Ausland ansässige Gesellschaft inlandsbeherrscht ist und wegen ihrer aktiven Tätigkeit grundsätzlich bislang nicht der Hinzurechnungsbesteuerung unterliegt. Allein das Hinzutreten einer Mitwirkungshandlung durch den inländischen Gesellschafter kann dann dazu führen, dass die Hinzurechnungsbesteuerung ausgelöst wird. Die im Außensteuergesetz vorgesehenen Mitwirkungshandlungen fallen auch unproblematisch unter die in Art. 50 a-d EG aufgeführten Tätigkeiten (insbesondere gewerbliche, kaufmännische und freiberufliche Tätigkeiten).

Bei der französischen Regelung ist die Beeinträchtigung der Dienstleistungsfreiheit weniger offensichtlich. Auch dort ist aber eine Verletzung vorstellbar, wenn die CFC-Gesellschaft konzerninterne Dienstleistungen erbringt, die dazu führen, dass die französische Muttergesellschaft sich nicht auf die Ausnahmeklausel berufen kann, weil die CFC-Gesellschaft nicht überwiegend auf dem lokalen Markt tätig wird.

Auch eine Verletzung der Dienstleistungsfreiheit kommt also bei Anwendung der deutschen und der französischen CFC-Vorschriften in Betracht.

b. Beeinträchtigung der Grundfreiheitsausübung

Neben dem ursprünglichen Diskriminierungsverbot wird heute sämtlichen Grundfreiheiten auch ein allgemein wirkendes Beschränkungsverbot entnommen. Dies bedeutet im Bereich des Steuerrechts jedoch nicht, dass sich der Steuerpflichtige darauf berufen könnte, allein das Bestehen oder die Höhe einer Steuer beschränke ihn in der Ausübung seiner Grundfreiheiten.[673] Die direkten Steuern liegen nach wie vor in der Regelungskompetenz der Mitgliedstaaten, und Verwerfungen, die sich allein daraus ergeben, dass in einem Staat höher oder anders besteuert wird, als in einem anderen Staat, können nur durch Harmonisierungsmaßnahmen behoben werden, begründen aber für sich gesehen noch keine Beeinträchtigung der Grundfreiheitsausübung.[674]

Ein Beschränkungsverbot wurde jedoch schon früh angenommen, wenn einem EU-Bürger durch steuerliche Vorschriften die grenzüberschreitende Tätigkeit erschwert wird. Die Grundfreiheiten können daher gegenüber dem eigenen Staat (Herkunftsstaat) geltend gemacht werden, wenn dieser beispielsweise die Nie-

---

[673] *Randelzhofer/Forsthoff* in: Grabitz/Hilf, EGV, vor Art. 39-55 EGV, Rz. 216.
[674] *Cordewener*, DStR 2004, 6, 8.

derlassung in einem anderen Mitgliedstaat behindert.[675] Wegweisend für das Verbot von Beschränkungen der Niederlassungsfreiheit durch den Herkunftsstaat (Staat der Muttergesellschaft) im Fall einer ausländischen Tochtergesellschaft war das *ICI*-Urteil des EuGH aus dem Jahr 1998.[676] Hier spielt die Ausformung der Niederlassungsfreiheit als Beschränkungsverbot eine besondere Rolle, denn es geht in einem solchen Fall nicht um die Diskriminierung einer ausländischen Gesellschaft durch den Zielstaat, sondern um steuerliche Behinderungen oder Sonderbelastungen, die vom Herkunftsstaat ausgehen und die Niederlassung im Zielstaat unattraktiv machen.[677]

Diese Facette der Niederlassungsfreiheit ist für die Konstellationen der CFC-Besteuerung von besonderer Bedeutung. Dort lässt sich eine Gesellschaft eines Staates in einem anderen Mitgliedstaat dadurch nieder, dass sie entweder eine Tochtergesellschaft gründet oder Anteile an einer im Zielstaat ansässigen Gesellschaft erwirbt oder eine Betriebsstätte im anderen Staat errichtet. Der Zielstaat erschwert dabei diese Niederlassung nicht. Der Herkunftsstaat (für Zwecke dieser Untersuchung: Deutschland bzw. Frankreich) knüpft aber unter weiteren Vorraussetzungen an diese Niederlassung die Rechtsfolgen der CFC-Besteuerung. Diese Rechtsfolgen würden nicht ausgelöst, wenn eine Niederlassung im Herkunftsstaat erfolgen würde, denn die Ansässigkeit im Ausland gehört ausdrücklich zu den Tatbestandsvoraussetzungen der CFC-Regelung.[678]

---

[675] *Randelzhofer/Forsthoff* in: Grabitz/Hilf, EGV, Art. 43, Rz. 86 mit Hinweis auf EuGH, Urteil v. 27.9.1988, Rs. 81/87, *Daily Mail*, Slg. 1988, 5483 (Tz. 16); EuGH, Urteil v. 11.3.2004, Rs. C-9/02, *de Lasteyrie*, DStR 2004, 551, Tz. 42; s. auch *Lang*, IStR 2002, 217, 218; *Martin*, Drt. fisc. 2000, n° 44, 1444, 1445; *Dibout*, Drt. fisc. 1998, n° 48, 1475, 1479. Anders noch *Dibout*, Drt. fisc. 1990, n° 44, 1485, 1490, der dort davon ausging, dass sich aus dem Text des Art. 52 EWG-Vertrag keine Anhaltspunkte für für ein Beschränkungsverbot durch den Herkunftsstaat ergäben. Differenzierter, etwa zur selben Zeit, *Knobbe-Keuk*, DB 1990, 2573, 2574, die ausdrücklich davon ausging, dass es im Text des Art. 52 EWG-Vertrag keine Anhaltspunkte dafür gäbe, dass sich die Niederlassungsfreiheit im Gebot der Inländergleichbehandlung erschöpfe.

[676] EuGH, Urteil v. 16.7.1998, Rs. 264/96, *ICI*, Slg. 1998, I-4695 (insbesondere Tz. 18 ff.); vgl. *Lausterer*, IStR 2003, 705, 707; *van Thiel*, Principles, 248; *Turot*, RJF 1998, n° 12, 940, 940 f. Weitere Beispiele aus der jüngeren Rechtsprechung finden sich in EuGH, Urteil v. 14.12.2000, Rs. C-141/99, *AMID*, Slg. 2000, I-11619 (ausdrücklich in Tz. 21); EuGH, Urteil v. 21.11.2002, Rs. C-436/00, *X und Y*, Slg. 2002, I-10829; EuGH, Urteil v. 18.9.2003, Rs. C-168/01, *Bosal*, IStR 2003, 666; EuGH, Urteil v. 12.12.2002, C-324/00, *Lankhorst-Hohorst*, Slg. 2002, I-11779; vgl. *Laule*, Auswirkungen, 13 f.

[677] *Laule*, Auswirkungen, 13. *Dibout*, Drt. fisc. 1998, n° 48, 1475, 1479, spricht im Zusammenhang mit dem *ICI*-Urteil von einer *restriction à la sortie* (Wegzugsbeschränkung) durch die Vorschrift des Art. 209 B CGI; *Acard*, Banque et Droit 2002, n° 84, 56, 61.

[678] *Laule*, Auswirkungen, 62, spricht sogar davon, dass die §§ 7-14 AStG ausschließlich am Sitz der Tochtergesellschaft anknüpfen und damit gezielt ein Hindernis für die Niederlassung in einem anderen Mitgliedstaat schaffen.

Man könnte daher auch sagen, dass hier ganz offensichtlich die Auslandsinvestition gegenüber der Inlandsinvestition diskriminiert wird.[679]

Für die konkrete Grundfreiheitsbeeinträchtigung in CFC-Fällen gibt es zahlreiche Anknüpfungspunkte.[680] Zum einen kann aus der Anwendung der CFC-Regelung tatsächlich eine höhere Steuerbelastung resultieren, als dies bei einer Inlandsinvestition der Fall wäre. In Deutschland ist hier insbesondere an die Fälle der Doppelbesteuerung zu denken, wenn eine Ausschüttung der ausländischen Gesellschaft mehr als sieben Jahre nach der Hinzurechungsbesteuerung erfolgt.[681] Auch wenn eine Ausschüttung zwar nicht in demselben Jahr, aber dennoch zeitnah erfolgt, können aus der vorherigen Besteuerung beim Anteilseigner Zinsnachteile resultieren, denn unter Umständen muss eine Steuer gezahlt werden, ohne dass die entsprechende Liquidität in Form einer tatsächlichen Ausschüttung beim Inländer zur Verfügung steht. Daneben stellt es bei der französischen Regelung auch eine Beeinträchtigung dar, dass ein Ausgleich des CFC-Betrags mit Verlusten des Anteilseigners ausgeschlossen ist. Als Beeinträchtigung der Grundfreiheitsausübung gelten jedoch auch nicht quantifizierbare Nachteile. Hier ist in erster Linie an den verfahrensrechtlichen Nachteil zu denken, der aus der bei der CFC-Besteuerung typischen Beweislastumkehr resultiert.[682] Aber auch die Tatsache, dass die CFC-Besteuerung das Verhalten des Steuerpflichtigen dahingehend beeinflusst, eine jährliche oder zumindest zeitnahe Ausschüttung durch die ausländische Gesellschaft herbeizuführen, stellt eine Beeinträchtigung dar. Denn ebenso wie die Dividendenausschüttung von der Kapitalverkehrsfreiheit geschützt ist, muss auch die Thesaurierung geschützt sein. Auch die Niederlassungsfreiheit umschließt die Möglichkeit, Gewinne in dem Staat der Niederlassung zu belassen. Ein mittelbarer Ausschüttungszwang stellt daher eine Beeinträchtigung dar.[683]

[679] So bei *Schön*, DB 2001, 940, 943. Ähnlich formuliert *Cordewener*, DStR 2004, 6, 8: „...weitgefassten Verbot der Benachteiligung von grenzüberschreitenden gegenüber vergleichbaren (hypothetischen) rein landesinternen Vorgängen." In der Tat scheint das Verhältnis von Diskriminierung und Beschränkung in der Grundfreiheitsdogmatik noch nicht geklärt.

[680] Dazu *Wassermeyer*, GmbHR 2004, 613, 617 f.

[681] In Betracht kommt daneben eine Doppelbelastung durch die Gewerbesteuer, vgl. *Wassermeyer* in: Flick/Wassermeyer/Baumhoff, vor §§ 7-14 AStG, Rz. 86; *Köhler/Luckey*, IFF 2004, 121, 123.

[682] *Wassermeyer* in: Flick/Wassermeyer/Baumhoff, vor §§ 7-14 AStG, Rz. 85; *Wassermeyer*, GmbHR 2004, 613, 618.

[683] *Hahn*, Vereinbarkeit, 151; *Hahn*, IStR 1999, 609, 614.

Im Übrigen muss auch gar kein Nachteil eingetreten sein. Es reicht für das Vorliegen einer Beeinträchtigung bereits aus, dass durch eine nationale Regelung die Grundfreiheitsausübung weniger attraktiv gemacht wird.[684] Dies gilt für nationale Steuerregelungen, bei denen die Abschreckungswirkung einen ungewollten Nebeneffekt darstellt und es gilt umso mehr bei CFC-Regelungen, die ja geradezu darauf angelegt sind, Steuerpflichtige in bestimmten Fällen von Investitionen im Ausland abzuhalten (Präventiv- bzw. Abschreckungswirkung der CFC-Regelungen).[685] Dieselben Betrachtungen lassen sich darüber hinaus auch aus Sicht der ausländischen Gesellschaft anstellen, die Kapitalinvestitionen aus Deutschland bzw. Frankreich benötigt und die für den Investor in dieser Hinsicht unattraktiver wird, als eine vergleichbare Gesellschaft im Heimatstaat des Investors.[686] Insgesamt ist daher festzuhalten, dass in Anbetracht der geringen Anforderungen, die der EuGH an das Vorliegen einer Beeinträchtigung stellt,[687] kein Zweifel daran bestehen kann, dass die CFC-Besteuerung eine Beeinträchtigung der einschlägigen Grundfreiheiten darstellt. Fraglich ist vielmehr, ob diese Beeinträchtigung aus gemeinschaftsrechtlich anerkannten Gründen gerechtfertigt ist.

c. *Rechtfertigung*

In der Grundfreiheitslehre werden zwei Gruppen von Rechtfertigungsgründen unterschieden: zum einen die im Vertrag ausdrücklich geregelten Gründe und zum anderen die von der Rechtsprechung entwickelten Rechtfertigungsgründe.[688] Da die im EG-Vertrag kodifizierten Rechtfertigungsgründe des *Ordre Public* vor allem der Gefahrenabwehr dienen und daher in der Rechtsprechung des EuGH im Bereich des direkten Steuerrechts bislang ersichtlich keine Rolle gespielt haben,[689] sollen auch hier nur die ungeschriebenen Rechtfertigungs-

---

[684] *Dibout*, Drt. fisc. 2000, n° 42, 1365, 1368 („*effet dissuasif ou restrictif*"); EuGH, Urteil v. 11.3.2004, Rs. C-9/02, *de Lasteyrie*, DStR 2004, 551, Tz. 45 („effet dissuasif" bzw. „abschreckende Wirkung"); EuGH, Urteil v. 12.12.2002, C-324/00, *Lankhorst-Hohorst*, Slg. 2002, I-11779, Tz. 32 („wird die Ausübung der Niederlassungsfreiheit ... weniger attraktiv"); EuGH, Urteil v. 6.6.2000, Rs. C-35/98, *Verkooijen*, Slg. 2000, I-4071, Tz. 34

[685] *Dibout*, Drt. fisc. 2000, n° 42, 1365, 1371 spricht hinsichtlich der französischen Regelung des Art. 209 B CGI von einer protektionistischen Absicht des Gesetzgebers.

[686] *Dibout*, Drt. fisc. 2000, n° 42, 1365, 1368 (zum *Verkooijen*-Fall).

[687] Dazu auch *Luby*, Europe: revue mensuelle 2002, n° 1, 5, 6; *van Thiel*, Principles, 60.

[688] *Randelzhofer/Forsthoff* in: Grabitz/Hilf, EGV, vor Art. 39-55 EGV, Rz. 137 ff.; *Fischer*, Gemeinschaftsrecht, 127.

[689] *Blumenberg*, Auswirkungen, in: Lüdicke, Besteuerungspraxis, 1, 8. Es geht dabei um die Vorbehalte in den Art. 39 Abs. 3 (für die Arbeitnehmerfreizügigkeit) und Art. 46 (für die Niederlassungsfreiheit, der über Art. 55 EG auch auf die Dienstleistungsfreiheit Anwen-

gründe näher beleuchtet werden. Es handelt sich dabei um die vom EuGH anerkannten sogenannten zwingenden Gründe des Allgemeininteresses, die in den EuGH-Urteilen *Dassonville*[690] und insbesondere *Cassis de Dijon*[691] geprägt wurden. Die Anerkennung dieser Rechtfertigungsgründe durch den EuGH trägt vor allem dem Umstand Rechnung, dass im Zuge der Ausdehnung des tatbestandlichen Anwendungsbereichs der Grundfreiheiten legitime Regelungsinteressen der Mitgliedstaaten durch die eng auszulegenden kodifizierten Rechtfertigungsgründe nicht mehr ausreichend berücksichtigt werden konnten.[692] Die ungeschriebenen Rechtfertigungsgründe gelten gleichermaßen für alle hier relevanten Grundfreiheiten.[693]

Nachfolgend werden zunächst die möglichen Rechtfertigungsgründe dargestellt (unter aa.). Das wirkliche Problem liegt in der Regel jedoch nicht im Fehlen eines abstrakt anerkannten Rechtfertigungsgrundes, sondern darin, dass die betreffenden Regelungen der Mitgliedstaaten über das anerkannte Maß hinausschießen und daher nicht verhältnismäßig sind.

aa. Mögliche Rechtfertigungsgründe

Nachfolgend sollen einerseits die in der EuGH-Rechtsprechung bereits bekannten und immer wieder vorgebrachten Rechtfertigungsgründe dargestellt werden, andererseits aber auch neuere Rechtfertigungserwägungen, die speziell im Zusammenhang mit CFC-Regelungen angestellt werden. Nicht näher eingegangen wird dabei auf die Rechtfertigungsgründe, die der EuGH schon abstrakt nicht für

---

dung findet); *Reimer*, Auswirkungen, in: Lehner, Grundfreiheiten, 39, 62 f. Diese geschriebenen Rechtfertigungsgründe werden im Folgenden nicht näher behandelt.

690 EuGH, Urteil v. 11.7.1974, Rs. 8/74, *Dassonville*, Slg. 1974, 837.

691 EuGH, Urteil v. 20.2.1979, Rs. 120/78, *Rewe-Zentral-AG ("Cassis de Dijon")*, Slg. 1979, 649.

692 *Cordewener*, Grundfreiheiten, 61; *Arndt*, Europarecht, 150. Dogmatisch unklar ist, ob (offene) Diskriminierungen ausschließlich durch die im Vertrag explizit erwähnten Ordre-Public-Gründe gerechtfertigt werden können und die zwingenden Gründe des Allgemeininteresses nur im Falle von versteckten Diskriminierungen greifen sollen, oder ob für alle Grundfreiheitsbeeinträchtigungen ein einheitlicher Rechtfertigungsmaßstab gelten soll (so *Cordewener*, DStR 2004, 6, 9). Der EuGH selbst scheint keine strenge Unterscheidung vorzunehmen, vgl. *Luby*, Europe: revue mensuelle 2002, n° 1, 5, 7.

693 *Rättig/Protzen*, IStR 2003, 195, 199 (Fußnote 63) mit Hinweis auf die erste ausdrückliche Erwähnung dieser Parallelität bei EuGH, Urteil v. 21.11.2002, Rs. C-436/00, *X und Y*, Slg. 2002, I-10829, Tz. 72; *Martin*, Drt. fisc. 2000, n° 44, 1444, 1448 (speziell zur Kapitalverkehrsfreiheit).

geeignet hält. Dazu gehören insbesondere rein fiskalische Gründe wie etwa die Sicherung des Steueraufkommens.[694]

(1). Wahrung der Kohärenz des nationalen Steuersystems

Seit in den Urteilen *Bachmann*[695] und *Kommission/Belgien*[696] der EuGH die Kohärenz des nationalen Steuersystems als Rechtfertigungsgrund für eine beeinträchtigende nationale Regelung anerkannt hat, haben die Mitgliedstaaten sich in späteren Verfahren vor dem EuGH immer wieder auf diesen Rechtfertigungsgrund berufen. Der EuGH hat zwar diesen Rechtfertigungsgrund seither in keinem Urteil bejaht, hat aber immer wieder die grundsätzliche Möglichkeit der Berufung darauf bestätigt und dabei dessen Inhalt schrittweise präzisiert.[697] Daher wird dieser Rechtfertigungsgrund auch im Rahmen der Überlegungen zur Gemeinschaftsrechtswidrigkeit von CFC-Regelungen diskutiert.

Der Rechtfertigungsgrund der Wahrung der Kohärenz einer nationalen steuerlichen Regelung kommt immer dann Betracht, wenn die Gewährung einer Steuervergünstigung für den Staat mit einer Steuereinnahme an anderer Stelle korrespondiert. Die Gewährung der Vergünstigung ohne die Möglichkeit der Erzielung der entsprechenden Einnahme würde dann das Gleichgewicht dieser steuerlichen Regelung gefährden. Der EuGH hat klargestellt, dass eine solche Rechtfertigung nur in Betracht kommt, wenn sich Vorteil und Nachteil bei demselben Steuerpflichtigen unmittelbar gegenüberstehen.[698] Die Berufung auf die Kohärenz kommt hingegen nicht in Betracht, wenn der Staat durch den Abschluss eines Doppelbesteuerungsabkommens selbst auf die Kohärenz einer Regelung verzichtet hat, indem er das fragliche Besteuerungsrecht einem anderen Staat zugesteht. Den Maßstab für die Kohärenz bildet in diesem Fall nämlich nicht mehr

---

[694] Vgl. bereits EuGH, Urteil v. 28.1.1986, Rs. 270/83, *Kommission/Frankreich ("Avoir fiscal")*, Slg. 1986, 273; s. auch *Dibout*, Drt. fisc. 2000, n° 42, 1365, 1369; *Blumenberg*, Auswirkungen, in: Lüdicke, Besteuerungspraxis, 1, 10 f.

[695] EuGH, Urteil v. 28.1.1992, Rs. C-204/90, *Bachmann*, Slg. 1992, I-249.

[696] EuGH, Urteil v. 28.1.1992, Rs. C-300/90, *Kommission/Belgien*, Slg. 1992, I-305.

[697] Insbesondere in EuGH, Urteil v. 11.8.1995, Rs. C-80/94, *Wielockx*, Slg. 1995, I-2493, (Tz. 23 ff); hierzu auch *Cordewener*, Grundfreiheiten, 980 f.

[698] Z.B. in EuGH, Urteil v. 12.12.2002, C-324/00, *Lankhorst-Hohorst*, Slg. 2002, I-11779, Rz. 42; EuGH, Urteil v. 18.9.2003, Rs. C-168/01, *Bosal*, IStR 2003, 666, Rz. 30 ff.; *Dibout*, Drt. fisc. 2000, n° 42, 1365, 1369; anders jetzt wohl EuGH, Schlussanträge der Generalanwältin Kokott v. 18.3.2004, Rs. C-319/02, *Manninen*, IStR 2004, 313, Rz. 61 ff; dazu *Eicker/Obser*, IStR 2004, 443, 445.

die nationale Rechtsordnung, sondern die durch das Abkommen geschaffene Ordnung.[699]

Als Rechtfertigung für CFC-Vorschriften eignet sich die Kohärenz jedoch oftmals schon deshalb nicht, weil CFC-Vorschriften in ihrer Eigenschaft als Ausnahmeregelungen selbst die Kohärenz des nationalen Steuerrechts durchbrechen.[700] Zum einen wird das ansonsten sowohl in Deutschland als auch in Frankreich geltende Trennungsprinzip missachtet, das es verbietet, die nicht ausgeschütteten Gewinne eines Steuersubjekts bei einem anderen zu besteuern. Bei der französischen Regelung des Art. 209 B CGI kommt noch hinzu, dass durch die Besteuerung im Ausland erwirtschafteter Gewinne das beim Impôt sur les Sociétés geltende Territorialitätsprinzip außer Kraft gesetzt wird.[701] Dies gilt insbesondere auch für die Anwendung der französischen CFC-Regelung auf ausländische Betriebsstätten französischer Gesellschaften.[702] Zudem sind auch die CFC-Regelungen in sich oft nicht kohärent, insbesondere da zwar die Gewinne besteuert, die Verluste aber nicht berücksichtigt werden.[703] Entscheidend dürfte jedoch sein, dass es bei der CFC-Besteuerung am Unmittelbarkeitszusammenhang fehlt.[704] Daher kann insbesondere eine zu wahrende Kohärenz auch nicht darin gesehen werden, dass sich die zusätzliche inländische Steuerbelastung und die Minderbelastung der ausländischen Gesellschaft gegenüberstehen.[705]

Das Bedürfnis der Mitgliedstaaten, die Kohärenz des nationalen Steuersystems zu wahren, ist mithin als Rechtfertigungsgrund für CFC-Regelungen nicht geeignet.[706]

---

[699] EuGH, Urteil v. 11.8.1995, Rs. C-80/94, *Wielockx*, Slg. 1995, I-2493.

[700] *Turot*, RJF 1998, n° 12, 940, 945 stellt in diesem Zusammenhang fest, dass der Kohärenz-Gedanke sich für die Mitgliedstaaten als Bumerang erweist, wenn eine nationale Regelung in Frage steht, die eine Ausnahme innerhalb des betreffenden Steuersystems darstellt, wie dies auch bei den CFC-Vorschriften der Fall ist; *Legendre/Madec*, Petites affiches 2000, n° 3, 4, 4.

[701] *Legendre/Madec*, Petites affiches 2000, n° 3, 4, 4.

[702] o. V., Drt. fisc. 2003, n° 38, 1133, 1142.

[703] So zur französischen Regelung *Blaise*, BF Lefebvre 2002, n° 11, 763, n° 22.

[704] *Lausterer*, IStR 2003, 705, 707.

[705] *Lieber*, FR 2002, 139, 149, mit Hinweis auf das *Verkooijen*-Urteil. Dazu sogleich unter (3).

[706] So auch *Hahn*, Vereinbarkeit, 167; *Lausterer*, IStR 2003, 705, 707; *Dibout*, Drt. fisc. 2000, n° 42, 1365, 1371.

(2). Verhinderung von Steuerumgehung und Missbrauch; Gewährleistung der Wirksamkeit steuerlicher Kontrollen

Dass das Anliegen der Mitgliedstaaten, missbräuchliche Gestaltungen zu bekämpfen, grundsätzlich ein gemeinschaftsrechtlich anerkannter Rechtfertigungsgrund ist, ist nicht überraschend und geht für die direkten Steuern bereits aus den einschlägigen Richtlinien hervor, die alle einen Missbrauchsvorbehalt beinhalten.[707] Auf diese Missbrauchsvorbehalte beruft sich auch die französische Finanzverwaltung, um die Vereinbarkeit der Regelung des Art. 209 B CGI mit der Niederlassungsfreiheit zu begründen.[708] Anhand der Rechtsprechung zu diesen sekundärrechtlichen Missbrauchsvorschriften lässt sich aber auch bereits erkennen, wie restriktiv der Missbrauchsbegriff vom EuGH verstanden wird.[709]

Auch im Rahmen der Verfahren zu den Grundfreiheiten wird der Rechtfertigungsgrund der Steuerumgehungs- und Missbrauchsbekämpfung regelmäßig von den Mitgliedstaaten vorgebracht. Es fragt sich daher, ob er die Anwendung der hier untersuchten CFC-Regelungen in einem innergemeinschaftlichen Sachverhalt rechtfertigen kann. Dazu müssten einerseits die CFC-Regelungen aus der Sicht ihrer Anwendestaaten Deutschland und Frankreich überhaupt auf die Verhinderung von Steuerumgehung und Missbrauch abzielen und andererseits müssten diese nationalen Beweggründe auch vom Missbrauchs- und Steuerumgehungsbegriff des EuGH umfasst sein. Insbesondere müssen sie der Verhältnismäßigkeitsprüfung standhalten.

---

[707] Art. 11 Abs. 1 a der Fusionsrichtlinie, Art. 1 Abs. 2 der Mutter-Tochter-Richtlinie und Art. 5 (insbes. Abs. 2) der Zinsrichtlinie (Richtlinie 2003/49/EG des Rates vom 3. Juni 2003 über die gemeinsame Steuerregelung für Zahlungen von Zinsen und Lizenzgebühren zwischen verbundenen Unternehmen verschiedener Mitgliedstaaten, ABl. EU v. 26.6.2003, L 157/49). Bei dem gemeinschaftsrechtlichen Missbrauch in diesem Sinne geht es um eine unangemessene aber nicht betrügerische Sachverhaltsgestaltung, der die steuerliche Anerkennung versagt wird, vgl. *Schön*, IStR 1996, Beihefter zu Heft 2, 5. , *van Thiel*, Principles, 602 erwähnt daneben die primärrechtliche Bestimmung des Art. 73 Abs. 1b EG.

[708] Instruction BOI 4 H-9-92 vom 6.3.1992, II 2° B: *„Au contraire, les Directives récemment adoptées [...] reconnaissent au niveau européen le bien-fondé des mesures nationales ou conventionnelles de cette nature.*"

[709] Vgl. insbesondere EuGH, Urteil v. 17.7.1997, Rs. C-28/95, *Leur Bloem*, Slg. 1997, I-4161, in dem der Gerichtshof bezüglich der Anti-Umgehungsklausel der Fusionsrichtlinie den Mitgliedstaaten zwar die Ausgestaltung der anwendbaren nationalen Missbrauchsregelung zugestanden, gleichzeitig aber betont hatte, dass eine generelle, nach pauschalen Kriterien und nicht nach der Feststellung einer tatsächlichen Umgehung ausgerichtete Vorschrift nicht verhältnismäßig sei. (vgl. Tz. Rz. 43, 44 des Urteils); dazu *Saß*, DB 2002, 2342, 2344.

Speziell zum Teilaspekt der Verhinderung der Steuerumgehung ist zunächst anzumerken, dass der EuGH diesen Begriff offenbar nicht auf einen Mitgliedstaat, sondern auf den gesamten Binnenmarkt bezieht. Eine Steuerumgehung liegt demnach nicht vor, solange etwa eine Tochtergesellschaft dem Steuerrecht eines anderen Mitgliedstaates unterliegt,[710] sondern nur dann, wenn sich ein Steuerpflichtiger durch die Einschaltung einer Tochtergesellschaft jeglicher Steuerpflicht entzieht. Wenn der andere Mitgliedstaat die Tochtergesellschaft gar nicht oder geringer besteuert, ist dies ein Problem der mangelnden Harmonisierung der direkten Steuern, was wiederum eine Grundfreiheitsbeschränkung nicht rechtfertigen kann. Würde allein die Tatsache einer geringeren Steuerbelastung im Zielstaat für die Annahme einer Steuerumgehung ausreichen, so könnten sich die Steuerpflichtigen bis zu einer Harmonisierung der Steuerrechte der Mitgliedstaaten in diesem Zusammenhang nicht mehr auf die Niederlassungsfreiheit berufen.[711] Einen Missbrauch bei jeder Ausnutzung des innergemeinschaftlichen Steuergefälles anzunehmen, würde jeden – auch den erwünschten – Steuerwettbewerb zwischen den Mitgliedstaaten im Keim ersticken.

Eine Rechtfertigung aus Missbrauchsgesichtspunkten scheidet bezogen auf CFC-Fälle jedenfalls von vornherein für solche Anteilseigner aus, die an der ausländischen Gesellschaft nur eine verhältnismäßig geringe Beteiligung halten und bei denen es daher schon mangels tatsächlicher Einflussmöglichkeit nicht denkbar ist, dass sie die CFC-Gesellschaft für Zwecke der Einkommensverlagerung nutzen.[712] Eine missbräuchliche Thesaurierung in der CFC-Gesellschaft kommt nur in solchen Fällen überhaupt in Betracht, in denen ein inländischer Anteilseigner oder mehrere, nachgewiesenermaßen in Interessengemeinschaft stehende, inländische Anteilseigner eine Beteiligung halten, die nach dem Gesellschaftsrecht des Staates der CFC-Gesellschaft ausreicht, um einen Ausschüttungsbeschluss herbeizuführen. Die französische CFC-Regelung, die kein Kontrollerfordernis beinhaltet, sondern eine Beteiligung iHv. 10% ausreichen lässt, ist daher nicht auf Missbrauchsfälle beschränkt. Bei der deutschen Regelung fehlt es sogar ganz an einer Mindestbeteiligung und im Fall von Kapitalanlagegesellschaften auch an einem Kontrollerfordernis. Die wahre Schwierigkeit dürfte jedoch darin liegen, dass es zahlreiche außersteuerliche Gründe für eine Thesaurierung geben kann und dass es eines erhöhten Begründungsaufwands bedarf, um eine solche unternehmerische Entscheidung in Frage zu stellen.

---

[710] EuGH, Urteil v. 16.7.1998, Rs. 264/96, *ICI*, Slg. 1998, I-4695, Tz. 26; EuGH, Urteil v. 12.12.2002, C-324/00, *Lankhorst-Hohorst*, Slg. 2002, I-11779, Tz. 37; *Boutemy/Meier/Perrot*, Petites affiches 2002, n° 171, 4, 13, mit Hinweis auf das *Daily Mail*-Urteil.

[711] *Turot*, RJF 1998, n° 12, 940, 943.

[712] So *Wassermeyer* in: Flick/Wassermeyer/Baumhoff, vor §§ 7-14 AStG, Rz. 84; *Wassermeyer*, Fortsetzung, in: Herzig, StbJb. 2001/2002, 63, 67.

Selbst wenn dies im Einzelfall gelingen sollte, so ist doch offensichtlich, dass die Mehrzahl der heute von der deutschen und französischen CFC-Gesetzgebung erfassten Sachverhalte keinen Missbrauch in diesem Sinne darstellt.

An dieser Stelle wird deutlich, dass die CFC-Regelungen sich nicht oder jedenfalls nicht konsequent am Gesichtspunkt der Missbrauchsabwehr orientieren.[713] Dies wird aus deutscher Sicht zum einen auf die Gesetzesmaterialien zum AStG[714] gestützt, aus denen hervorgeht, dass die Hinzurechnungsbesteuerung gerade solche Fälle erfassen sollte, die nicht als Missbrauch im technischen Sinne zu qualifizieren sind.[715] Auch aus der Rechtsprechung des BFH zu Basisgesellschaften wird abgeleitet, dass die CFC-Fälle gerade in Abgrenzung zu Konstellationen des Missbrauchs von Gestaltungsmöglichkeiten iSd. § 42 AO keinen Missbrauch darstellen, da die CFC-Gesellschaft, anders als die Briefkastengesellschaft, eine wirtschaftliche Substanz besitzt.[716]

Vielmehr ist vor allem bei der französischen, mittlerweile aber auch bei der deutschen CFC-Regelung daneben ein weiteres Ziel zu erkennen: Die CFC-Regelungen sollen die Freistellung der Dividende auf der Ebene des inländischen Anteilseigners flankieren und dafür sorgen, dass der ausgeschüttete Betrag einer ausreichenden Vorbelastung unterlegen hat. Ob diese Ziele aus gemeinschaftsrechtlicher Sicht überhaupt anerkannt sind und ob sie bejahendenfalls die CFC-Besteuerung rechtfertigen können, ist jedoch eine andere Frage, die von der Frage der Missbrauchsbekämpfung zu trennen ist (dazu s.u. (3.)).

Selbst in den Fällen, in denen ein Missbrauch aufgrund entsprechender gesellschaftsrechtlicher Beherrschungsverhältnisse denkbar wäre, müsste die konkrete Ausgestaltung der Missbrauchsbekämpfungsvorschrift der gemeinschaftsrechtlichen Verhältnismäßigkeitsprüfung standhalten.[717] Demnach muss die nationale

---

[713] So z.B. *Wassermeyer* in: Flick/Wassermeyer/Baumhoff, vor §§ 7-14 AStG, Rz. 82; *Wassermeyer*, Unternehmensbesteuerung, in: Seeger, DStJG 25 (2002), 103, 104 f und 110 f; differenzierend *Hahn*, Vereinbarkeit, 154 ff; *Lang*, IStR 2002, 217, 219; *Schön*, DB 2001, 940, 945.

[714] Hier: Amtliche Begründung Außensteuerreformgesetz, BT DS VI/2883, Rz. 13 f. Auch im Bericht der Bundesregierung zur Fortentwicklung des Unternehmenssteuerrechts, FR 2001, Beilage zu Heft 11, 25 betont das BMF, dass die ausländische Gesellschaft in der CFC-Konstellation im Gegensatz zu einer reinen Briefkastengesellschaft „real tätig ist und im Ausland den entsprechenden unternehmerischen Organismus unterhält."

[715] So etwa *Rättig/Protzen*, IStR 2003, 195, 200.

[716] *Frotscher*, Internationales Steuerrecht, 340; *Rättig/Protzen*, IStR 2003, 195, 200 mit Hinweis auf BFH, Urteil v. 23.10.1991, I R 40/89, BStBl II 1992, 1026.

[717] *Cordewener*, Grundfreiheiten, 980.

Maßnahme zur Erreichung des Ziels geeignet sein und darf nicht über das dazu erforderliche Maß hinausgehen.[718]

Im Rahmen der Missbrauchsbekämpfung ist hier sowohl bei der deutschen als auch bei der französischen CFC-Regelung festzuhalten, dass zum einen nicht alle Fälle des Missbrauchs erfasst werden (Problem der Geeignetheit). Vor allem aber kann das Ziel der Missbrauchsbekämpfung oft durch vorhandene weniger einschneidende Maßnahmen (etwa § 42 AO und Art. L 64 LPF[719]) erreicht werden (Problem des milderen Mittels). Möglicherweise wäre auch eine weniger einschneidende Form der CFC-Regelungen in diesem Sinne ein milderes Mittel. Das entscheidende Problem in diesem Zusammenhang ist, dass CFC-Regelungen eine typisierende Missbrauchsregelung darstellen. Beim Vorliegen bestimmter Voraussetzungen greift die CFC-Besteuerung automatisch ein, ohne dass tatsächlich ein Missbrauch vorliegen muss. Potentiell werden daher durchaus auch wirtschaftlich begründete Gestaltungen der CFC-Besteuerung unterworfen. Ein Missbrauch kann jedoch nach allgemeiner Auffassung nur dann angenommen werden, wenn die ausländische Einheit rein künstlich ist und keinerlei wirtschaftliche Substanz hat.[720] Es stellt sich die Frage, ob eine typisierende Umschreibung eines Missbrauchstatbestandes den Anforderungen des EuGH an den Rechtfertigungsgrund nicht dann genügen könnte, wenn die Typisierung zielgenau erfolgt.[721] Schon aktuell knüpft die CFC-Besteuerung sowohl in Deutschland als auch in Frankreich ja nicht ausschließlich am Merkmal der ausländischen Tochtergesellschaft an – was in der Tat für einen Missbrauchsvorwurf bei Weitem nicht ausreichen kann –, sondern fordert daneben eine niedrige Besteuerung im Ausland[722] und zielt in erster Linie auf passive Tätigkeiten ab. Mit Blick gerade auf die jüngere Rechtsprechung kann jedoch nur festgestellt werden, dass die Anforderungen des EuGH an die Erfüllung des Missbrauchstatbestandes unverändert hoch sind[723] und dass typisierende Missbrauchsregeln bislang keine Grundfreiheitsverstöße rechtfertigen konnten. Insbesondere der Aktivitätskatalog der deutschen Hinzurechnungsbesteuerung fasst die passiven

---

718 Ständige Rechtsprechung des EuGH; vgl. kürzlich EuGH, Urteil v. 12.12.2002, C-324/00, *Lankhorst-Hohorst*, Slg. 2002, I-11779, Rz. 33; EuGH, Urteil v. 21.11.2002, Rs. C-436/00, *X und Y*, Slg. 2002, I-10829, Rz. 49.

719 *Dibout*, Drt. fisc. 1998, n° 48, 1475, 1481.

720 *Hahn*, GmbHR 2003, 1245, 1247 (mit Hinweis auf das *Leur-Bloem*-Urteil); ebenso *Hahn*, Vereinbarkeit, 163; *Laule*, Auswirkungen, 18; *Boutemy/Meier/Perrot*, Petites affiches 2002, n° 171, 4, 13.

721 So *Wassermeyer*, Fortsetzung, in: Herzig, StbJb. 2001/2002, 63, 66.

722 Zum Merkmal der Niedrigbesteuerung s.u. (3).

723 EuGH, Urteil v. 9.3.1999, Rs. C-212/97, *Centros*, Slg. 1999, I-1459, Tz. 25 und EuGH, Urteil v. 21.11.2002, Rs. C-436/00, *X und Y*, Slg. 2002, I-10829, Tz. 42, wo der EuGH betont, dass die Mitgliedstaaten bei der Missbrauchsbekämpfung die Ziele der gemeinschaftsrechtlichen Bestimmungen zu beachten haben.

Tätigkeiten schon von der Regelungstechnik her denkbar weit.[724] Davon abgesehen macht die bisherige Rechtsprechung des EuGH jedenfalls deutlich, dass der gemeinschaftsrechtliche Missbrauchsbegriff eine Einzelfallbetrachtung erfordert[725] und der EuGH lehnt den Rechtfertigungsgrund der Missbrauchsbekämpfung oft ohne nähere Prüfung mit dem Argument ab, im konkreten Fall gebe es keine Anhaltspunkte für einen tatsächlichen Missbrauch.[726]

Der französischen Regelung ist in diesem Zusammenhang zugute zu halten, dass sie einen Entlastungsbeweis (*clause de sauvegarde*, Art. 209 B II bis CGI) vorsieht. Der französische Anteilseigner wird nicht der CFC-Regelung unterworfen, wenn er darlegen kann, dass die ausländische Gesellschaft nicht eine Einkünfteverlagerung zur Folge hat (s. dazu Kapitel 3 B. V. 2.). Zu recht wird allerdings zu Bedenken gegeben, dass die dort eröffnete Möglichkeit des Entlastungsbeweises deshalb unzureichend sein könnte, weil sie an rein objektiven Merkmalen anknüpft, der Missbrauch und die Umgehung aus Sicht des EuGH jedoch offensichtlich auch ein subjektives Element beinhalten.[727] Der Nachweis, dass eine Gestaltung nicht mit dem *Ziel* der Steuerumgehung gewählt wurde, führt nach der französischen Regelung jedoch nicht zur Entlastung.[728]

Zusammenfassend lässt sich festhalten, dass die deutsche und die französische CFC-Regelung, selbst soweit sie sich am Gesichtspunkt der Missbrauchsbekämpfung orientieren, aktuell nicht verhältnismäßig ausgestaltet sind. Es ist wohl theoretisch vorstellbar, dass eine deutlich zielgenauere CFC-Besteuerung mit der umfassenden Möglichkeit des Entlastungsbeweises für den Steuerpflichtigen eine verhältnismäßige Regelung zur Missbrauchsbekämpfung darstellen könnte. In Anbetracht des engen Missbrauchsbegriffs des EuGH ist jedoch sehr zweifelhaft, ob eine sich an diesem Missbrauchsbegriff orientierende CFC-Regelung aus Sicht der Mitgliedstaaten überhaupt noch ihren Zweck erfüllen könnte. Es kommt daher entscheidend darauf an, ob weitere, spezifischere Rechtfertigungsgründe vorgebracht werden können.

---

[724] *Wassermeyer*, GmbHR 2004, 613, 617.

[725] *Thömmes*, Tatbestandsmäßigkeit, in: Schön, GS Knobbe-Keuk, 795, 823; *Blumenberg*, Auswirkungen, in: Lüdicke, Besteuerungspraxis, 1, 10; *Dibout*, Drt. fisc. 2000, n° 42, 1365, 1371 f.

[726] Vgl. nur EuGH, Urteil v. 16.7.1998, Rs. 264/96, *ICI*, Slg. 1998, I-4695, Tz. 26 (das in diesem Zusammenhang eine wichtige Klarstellung in Bezug auf das *Avoir fiscal*-Urteil (EuGH, Urteil v. 28.1.1986, Rs. 270/83, *Kommission/Frankreich ("Avoir fiscal")*, Slg. 1986, 273) brachte, vgl. *Cordewener*, Grundfreiheiten, 956); EuGH, Urteil v. 12.12.2002, C-324/00, *Lankhorst-Hohorst*, Slg. 2002, I-11779, Tz. 37 f; *Hahn*, Vereinbarkeit, 163; EuGH, Urteil v. 21.11.2002, Rs. C-436/00, *X und Y*, Slg. 2002, I-10829, Tz. 43.

[727] *Dibout*, Drt. fisc. 1998, n° 48, 1475, 1480.

[728] Zur in diesem Zusammenhang geführten Diskussion um die Auslegung des Begriffs *„effet“* s.o. Kap. 2 B. V. 2..

Das Ziel der Mitgliedstaaten, die Wirksamkeit steuerlicher Kontrollen zu gewährleisten, erkennt der EuGH zwar grundsätzlich an, verweist aber regelmäßig auf die EG-Amtshilferichtlinie,[729] um die Rechtfertigung einer Grundfreiheitsbeeinträchtigung abzulehnen.[730]

(3). Niedrigbesteuerung im Ausland

Besondere Bedeutung kommt der Frage zu, ob die CFC-Besteuerung nicht deshalb gerechtfertigt sein könnte, weil sie nicht generell bei allen Beteiligungen an ausländischen Gesellschaften eingreift, sondern nur bei Beteiligungen an solchen Gesellschaften, die einer niedrigen Besteuerung unterliegen.[731] Dies trifft sowohl auf die deutsche als auch auf die französische CFC-Regelung zu (vgl. Kapitel 3 B. IV.). Die Frage der Rechtfertigung aufgrund der niedrigen Besteuerung im Ausland berührt teilweise die bereits behandelten Aspekte der Kohärenz und der Missbrauchsbekämpfung.

Zunächst stellt sich die Frage, ob ein Mitgliedstaat durch seine CFC-Regelung den Vorteil der niedrigen Besteuerung einer Gesellschaft in einem anderen Mitgliedsstaat beim Anteilseigner neutralisieren darf. Im *Eurowings*-Urteil hat sich der EuGH damit auseinander gesetzt, ob die Tatsache, dass der in einem anderen Mitgliedstaat ansässige Geschäftspartner eines Steuerpflichtigen nicht der deutschen Gewerbesteuer unterliegt, einen Ausgleich durch entsprechend höhere gewerbesteuerliche Belastung dieses Steuerpflichtigen im Inland rechtfertigt.[732] Unter Hinweis auf vorangegangene Urteile[733] hält der EuGH fest, dass „kompensatorische Abgaben“, die einen Dienstleistungsempfänger nur deshalb steuerlich ungünstiger stellen, weil dessen Geschäftspartner in seinem Mitgliedstaat einer geringeren steuerlichen Belastung unterliegt, „den Binnenmarkt in seinen

[729] Richtlinie Nr. 77/799/EWG des Rates vom 19.12.1977 über die gegenseitige Amtshilfe zwischen den zuständigen Behörden der Mitgliedstaaten im Bereich der direkten Steuern, ABl. EG vom 27.12.1977, Nr. L 336. Vgl. *Laule*, Auswirkungen, 18; *Blumenberg*, Auswirkungen, in: Lüdicke, Besteuerungspraxis, 1, 9 f.

[730] Ausführlich zu diesem Rechtfertigungsgrund *Cordewener*, Grundfreiheiten, 938 ff.

[731] So z.B. *Schön*, DB 2001, 940, 943.

[732] EuGH, Urteil v. 26.10.1999, C-294/97, *Eurowings*, Slg. 1999, I-7447. In dem Urteil ging es um die Frage der gewerbesteuerlichen Hinzurechnung von Leasingraten bei einem deutschen Gewerbebetrieb (Leasingnehmer), dessen Geschäftspartner (Leasinggeber) im (EU-) Ausland ansässig war und daher nicht der deutschen Gewerbesteuer unterlag.

[733] EuGH, Urteil v. 28.1.1986, Rs. 270/83, *Kommission/Frankreich ("Avoir fiscal")*, Slg. 1986, 273; EuGH, Urteil v. 27.6.1996, Rs. C-107/94, *Asscher*, Slg. 1996, I-3089; EuGH, Urteil v. 21.9.1999, C-307/97, *Saint-Gobain*, Slg. 1999, I-6161.

Grundlagen beeinträchtigen".[734] Im *Verkooijen*-Urteil wird die Versagung der Rechtfertigung grundfreiheitswidriger Steuerbelastungen durch einen solchen Vorteilsausgleich bereits vom EuGH selbst als „ständige Rechtsprechung" bezeichnet.[735] Demnach kann vor dem Hintergrund dieser EuGH-Rechtsprechung die Niedrigbesteuerung der ausländischen Gesellschaft alleine keine Rechtfertigung für eine Grundfreiheitsbeeinträchtigung durch eine CFC-Regelung darstellen.[736]

Zum Teil wurde zu bedenken gegeben, ob man für die Frage der Besteuerung des Anteilseigners tatsächlich die Besteuerung der Gesellschaft völlig außer Acht lassen könne, da Vermögensmehrungen der Gesellschaft auch mittelbare Vermögensmehrungen des Anteilseigners seien und die Steuern der Gesellschaft eine Vorauszahlung auf die Steuern des Gesellschafters darstellten, so dass notwendigerweise in dieser Hinsicht ein Zusammenhang zwischen beidem bestehe.[737] Die weitere Rechtsprechungsentwicklung hat jedoch gezeigt, dass – selbst bei einer sehr viel engeren gesellschaftsrechtlichen Verflechtung, als dies im *Verkooijen*-Urteil der Fall war – nach Auffassung des Gerichtshofs für Fragen der Besteuerung Gesellschaft und Anteilseigner (bzw. Mutter- und Tochtergesellschaft) getrennt voneinander zu betrachten sind.[738]

Zusammenfassend ist festzuhalten, dass allein die Tatsache der Niedrigbesteuerung im Ausland eine ergänzende Besteuerung im Inland nach dem derzeitigen Stand der EuGH-Rechtsprechung nicht rechtfertigen kann.[739] Immer häufiger wird jedoch der Gedanke geäußert, die ausländische Niedrigbesteuerung könne dann einen Rechtfertigungsgrund darstellen, wenn sie im Rahmen des Steuerrechts des Staates der Tochtergesellschaft eine Ausnahmeregelung darstellt (Vorzugsbesteuerung)[740] oder wenn der ausländische Staat unfairen Steuerwettbewerb betreibt.[741] Diese Frage soll unter bb. behandelt werden.

---

[734] Tz. 43-45 des *Eurowings*-Urteils.

[735] EuGH, Urteil v. 6.6.2000, Rs. C-35/98, *Verkooijen*, Slg. 2000, I-4071, Tz. 61. Hier ging es nicht (wie im *Eurowings*-Urteil) um zwei voneinander unabhängige Steuersubjekte, sondern um eine Gesellschaft und deren Anteilseigner.

[736] *Wassermeyer*, Fortsetzung, in: Herzig, StbJb. 2001/2002, 63, 65; *Wassermeyer* in: Flick/Wassermeyer/Baumhoff, vor §§ 7-14 AStG, Rz. 83; *Dautzenberg*, FR 2000, 725, 728; *Steichen*, Leviathan, in: Schön, Tax Competition, 43, 98 f.

[737] So *Schön*, DB 2001, 940, 944; *Lieber*, FR 2002, 139, 150.

[738] EuGH, Urteil v. 12.12.2002, C-324/00, *Lankhorst-Hohorst*, Slg. 2002, I-11779; EuGH, Urteil v. 18.9.2003, Rs. C-168/01, *Bosal*, IStR 2003, 666. Vgl. auch *Lang*, IStR 2002, 217, 220.

[739] So auch *Boutemy/Meier/Perrot*, Petites affiches 2002, n° 171, 4, 13.

[740] *Wassermeyer*, GmbHR 2004, 613, 617.

[741] *Laule*, Auswirkungen, 63; *Hahn*, IStR 1999, 609, 615.

(4). Kapitalexportneutralität und Sicherung des Welteinkommens

In einigen, insbesondere neueren Beiträgen wird im engen Zusammenhang mit der Thematik der Niedrigbesteuerung zu bedenken gegeben, dass CFC-Regelungen der Verwirklichung der Kapitalexportneutralität dienen.[742] Ziel der Kapitalexportneutralität ist es, dass aus der Sicht des inländischen Investors die Frage, ob dieser sein Kapital im In- oder im Ausland investiert, nicht durch steuerliche Unterschiede beeinflusst wird, wenn also eine Investition, die im Herkunfts- und im Zielstaat zu einem gleich hohen Gewinn vor Steuern führt, auch zu einem gleich hohen Gewinn nach Steuern führt.[743] Der Verwirklichung dieser Neutralität dient insbesondere die Anrechnungsmethode, die, in Verbindung mit dem Welteinkommensprinzip, auch ausländische Erträge letztlich dem inländischen Steuerniveau unterwirft[744] und die gemeinschaftsrechtlich bislang nicht grundsätzlich in Frage gestellt wird.[745] CFC-Regelungen könnten also insofern eine Verwirklichung der Kapitalexportneutralität darstellen, als auch durch sie die Vorteile einer Auslandinvestition gegenüber der Inlandsinvestition neutralisiert werden.

Besonders deutlich wird dieses Ziel anhand der Motive für die französische CFC-Regelung. Diese sollte (unter anderem) die Anwendung der Freistellungsmethode bei einer Dividende ausschließen, die im Ausland steuerlich nicht ausreichend vorbelastet war.[746] Dies erklärt auch, warum die Mindestbeteiligungsschwelle in Art. 209 B CGI stets an die Mindestbeteiligung bei der Beteiligungsertragsbefreiung angepasst wurde. Eine Freistellung beim französischen Anteilseigner sollte nicht erfolgen, wenn die Dividende von einer niedrig besteuerten Auslandsgesellschaft stammte.[747] Auch die deutsche CFC-Regelung verfolgt seit dem Systemwechsel das Ziel, die (hälftige) Freistellung der Dividende im Inland zu „flankieren" und so einen Ausgleich für die Freistellung im Inland zu schaffen.[748]

---

[742] So insbes. *Schön*, DB 2001, 940, 945 f.

[743] *Avi-Yonah*, Harvard Law Review 2000, vol. 113, n° 7, 1573, 1604.

[744] *Schön*, Wettbewerb, in: Pelka, DStJG 23 (2000), 191, 196 f; *Lehner*, StuW 1998, 159, 165.

[745] *Schön*, DB 2001, 940, 946.

[746] *Austry*, BDCF 2003, n° 10, 13, 19 f mit Hinweis auf die Gesetzesmaterialien, insbesondere den *Icart*-Bericht vom 2.10.1979, Doc. AN n° 1292, 74 f.

[747] Vgl. auch *Stefaner*, SWI 2002, 415, 416.

[748] Bericht der Bundesregierung zur Fortentwicklung des Unternehmenssteuerrechts, FR 2001, Beilage zu Heft 11, 24, 26 f und 33. Ob sich die Konzeption der Hinzurechnungsbesteuerung mit dem Systemwechsel tatsächlich geändert hat, ist insbesondere in Anbetracht der Korrekturen durch das UntStFG umstritten. Vgl. *Lieber*, FR 2002, 139, 141; *Schön*, DB 2001, 940, 941 f; *Baumgärtel*, Reformbedarf, in: Lüdicke, Fortentwicklung, 77, 90 und insbes. die Beiträge in der Podiumsdiskussion, 103 ff.

Dass die Kompensation einer niedrigen Besteuerung im Ausland aus Sicht des EuGH jedoch nicht akzeptabel ist, wurde bereits dargestellt (s.o. (3).). Zudem handelt es sich bei der CFC-Besteuerung nicht um eine bloße Gleichstellung mit der Inlandsinvestition, wie dies bei Anwendung der Anrechnungsmethode der Fall wäre. Vielmehr kann die CFC-Besteuerung, wie gesehen, auch zu einer Überkompensation führen und somit zu einer Benachteiligung gegenüber der Inlandsinvestition. Von Neutralität kann daher eigentlich keine Rede sein.

Zudem beschränken sich die CFC-Regelungen auch nicht darauf, im Falle einer Dividendenausschüttung die inländische Steuerbelastung herzustellen (wozu auch die generelle Anwendung der Anrechnungsmethode ausgereicht hätte), sondern es sollen auch die Erträge erfasst werden, die nicht ausgeschüttet wurden.[749] *Schön*[750] vertritt hier die Auffassung, dass eine Durchbrechung der Abschirmwirkung der ausländischen juristischen Person zur Sicherung des Welteinkommens an zivilrechtliche Hindernisse stößt, die überhaupt nur dann überwunden werden können, wenn der betroffene inländische Gesellschafter zumindest einen Ausschüttungsbeschluss der ausländischen Gesellschaft herbeiführen könnte. Dies sei bei dem Kriterium der „Deutschbeherrschung" im Sinne einer „zufälligen Mehrheit unverbundener inländischer Anteilseigner" nicht gegeben. Betrachtet man vor diesem Hintergrund die französische Regelung, so kann nur festgestellt werden, dass sich die dort vorgesehene Mindestbeteiligung von 10% ebenso wenig zur Durchbrechung der Abschirmwirkung eignet. Daneben wird auch eingewandt, dass die Sicherung des Welteinkommens konsequenterweise keine Unterscheidung nach Hoch- oder Niedrigbesteuerung und nach aktiven oder passiven Einkünften beinhalten könne.[751]

Darüber hinaus ist jedoch ganz grundsätzlich die Frage zu stellen, ob das Prinzip der Kapitalexportneutralität überhaupt mit den Zielen des Binnenmarktes zu vereinbaren ist.[752] Die Sicherstellung der Kapitalexportneutralität durch den Ansässigkeitsstaat eines EU-Unternehmens bringt denklogisch die Folge mit sich, dass dieses Unternehmen bei einer Investition in einem anderen Mitgliedstaat anderen Wettbewerbsbedingungen unterliegt, als die Unternehmen im Zielstaat (keine Kapitalimportneutralität). Ein solcher Wettbewerbsnachteil kann EU-

[749] *Lang*, IStR 2002, 217, 221 geht davon aus, dass zwar die Anrechnungsmethode unter Kohärenzgesichtspunkten gemeinschaftsrechtlich akzeptabel sein mag, dass aber CFC-Regelungen Sonderrecht darstellen und daher mit dem Argument der Kapitalexportneutralität vor diesem Hintergrung nicht zwingend gerechtfertigt werden können.

[750] *Schön*, DB 2001, 940, 946.

[751] *Lang*, IStR 2002, 217, 221; *Aigner/Scheuerle/Stefaner*, General Report, in: Lang/Aigner/Scheuerle/Stefaner, CFC-Legislation, 13, 47; *Steichen*, Leviathan, in: Schön, Tax Competition, 43, 99.

[752] *Schön*, DB 2001, 940, 945.

Unternehmen von grenzüberschreitenden Investitionen abhalten und daher die Entwicklung des Binnenmarktes beeinträchtigen. Wenn man den Gedanken des Binnenmarktes konsequent zu Ende denkt, darf es bei einer Investition keine Rolle spielen, aus welchem Mitgliedstaat der Investor stammt, sondern der Investor soll seine Entscheidung allein danach ausrichten, wo ihm die Bedingungen am günstigsten erscheinen.[753] Welches Interesse sollte ein Unternehmen daran haben, in einem anderen Mitgliedstaat zu investieren, wenn die Vorteile dieser Investition durch seinen Heimatstaat wieder nivelliert werden? Eine solche Angleichung erstickt jeden Wettbewerb im Keim.[754] Richtigerweise wurde jedoch angemerkt, dass dieses Argument dann keine Rolle spielen kann, wenn das Unternehmen im Zielstaat mangels ausreichender Integration in den lokalen Markt oder aufgrund von auf ausländische Investoren beschränkten Steuervorteilen ohnehin nicht denselben Bedingungen unterliegt, wie die Unternehmen des Zielstaates, insbesondere also wenn der Zielstaat sich unfairer Steuerregelungen bedient.[755]

Im Ergebnis lässt sich festhalten, dass, selbst wenn das Prinzip der Kapitalexportneutralität mit dem Gedanken des Binnenmarktes zu vereinbaren ist, es nicht eine Besteuerung nichtausgeschütteter Gewinne ausländischer Gesellschaften zu rechtfertigen vermag. Auch die Sicherung des Welteinkommens kann nicht zur Rechtfertigung der aktuellen CFC-Regelungen Deutschlands und Frankreichs herangezogen werden.

---

[753] Der EuGH hat eine derartige Argumentation beispielsweise für den gesellschaftsrechtlichen Standortwettbewerb im *Centros*-Urteil (EuGH, Urteil v. 9.3.1999, Rs. C-212/97, *Centros*, Slg. 1999, I-1459, Rz. 27), sowie, mit ausdrücklichem Hinweis auf den Standortwettbewerb, im *Inspire Art*-Urteil (EuGH, Urteil v. 30.9.2003, Rs. C-167/01, *Inspire Art*, BB 2003, 2195, Rz. 138: „Aber dadurch wird der Wettbewerb zwischen den verschiedenen Systemen der Mitgliedstaaten gerade aufgehoben.") vertreten. Für den Bereich des Steuerrechts klingt ein entsprechender Gedanke im *de Lasteyrie*-Urteil (EuGH, Urteil v. 11.3.2004, Rs. C-9/02, *de Lasteyrie*, DStR 2004, 551, Rz. 59 f.) an. Zumindest in der französischen Fassung und auch in der englischen Übersetzung des Urteils wird deutlich, dass eine Beschränkung der Niederlassungsfreiheit auch dann nicht durch reine Einnahmeausfälle gerechtfertigt werden kann, wenn diese dadurch entstehen, dass ein Steuerpflichtiger seinen Wohnsitz in einen anderen Mitgliedstaat mit einer günstigeren Steuerregelung verlegt („... dans lequel la réglementation fiscale est différente *et, le cas échéant, plus avantageuse pour ce contribuable...*"; Hervorhebung durch Verf.). In der deutschen Übersetzung ist lediglich von einer „*anderen* Steuerregelung" die Rede, während der Zusatz der *günstigeren* Steuerregelung sich in dieser Übersetzung (anderes als in der englischen) nicht findet. Gerade im Hinblick auf die Frage der Rolle des Steuerwettbewerbs im Binnenmarkt ist diese Nuancierung durch den EuGH jedoch von Bedeutung.

[754] Ähnlich *Thömmes*, DB 2001, 775, 778.

[755] *Schön*, DB 2001, 940, 945. Ähnlich zur Frage der Niedrigbesteuerung *Wassermeyer*, GmbHR 2004, 613, 617.

bb. Einfluss des unfairen Steuerwettbewerbs auf die Rechtfertigungsprüfung?

Zusammenfassend lässt sich festhalten, dass die deutsche und die französische CFC-Regelung, so wie sie heute bestehen, durch die aus der bisherigen EuGH-Rechtsprechung bekannten Rechtfertigungsgründe ersichtlich nicht zu rechtfertigen sind. Selbst wenn man diesen Regelungen das legitime Ziel der Missbrauchsbekämpfung unterstellt, gehen sie in ihrem Anwendungsbereich und in ihren Auswirkungen deutlich über das zur Missbrauchsbekämpfung erforderliche Maß hinaus und sind daher nicht verhältnismäßig. Der Anwendungsbereich des bislang gemeinschaftsrechtlich anerkannten Missbrauchs ist auch gar nicht der Bereich, den die CFC-Regelungen abdecken wollen. CFC-Regelungen unterscheiden sich von den allgemeinen Missbrauchs- bzw. *Substance over form*-Regelungen ja gerade dadurch, dass sie typisieren und einen im Einzelfall durch die Finanzverwaltung nachweisbaren Missbrauch gerade nicht erfordern. Dass innerhalb des vom EuGH anerkannten Missbrauchsbegriffs neben den allgemeinen Missbrauchregeln überhaupt noch ein Anwendungsbereich für die herkömmlichen CFC-Regelungen verbleibt, ist daher schwer vorstellbar.

Gewissermaßen am anderen Ende der Skala der Rechtfertigungsgründe steht der immer wieder vorgebrachte aber schon abstrakt nicht anerkannte[756] Rechtfertigungsgrund der Sicherung der Steuereinnahmen. Ob es zwischen dem anerkannten Interesse der Missbrauchsbekämpfung auf der einen Seite und dem nicht anerkannten Interesse der Sicherung der Steuereinnahmen auf der anderen Seite einen tauglichen Rechtfertigungsgrund für eine CFC-Regelung geben kann, ist eine offene Frage.[757] Genau in dieser „Grauzone" könnte ein Wirkungsbereich der Kriterien des unfairen Steuerwettbewerbs liegen.

Zunächst stellt sich die Frage, ob die Tatsache, dass der Staat der CFC-Gesellschaft als schädlich qualifizierte Steuerregelungen einführt oder aufrecht erhält, selbst einen Rechtfertigungsgrund für die CFC-Regelung des Staates des Gesellschafters darstellen könnte. Es liegt nicht außerhalb des Vorstellbaren, dem Staat des Gesellschafters eine Art „Notwehrrecht" gegenüber solchen Angriffen auf seine Besteuerungsgrundlage zuzugestehen. Insbesondere aus der Perspektive der betroffenen Mitgliedstaaten könnte sich hier eine Art „Solange"-Argumentation dahingehend herausbilden, die CFC-Regelungen solange als gerechtfertigt anzusehen, wie die schädlichen Steuerregelungen innerhalb der Gemeinschaft nicht beseitigt sind, denn ein direktes Einwirken auf den anderen

---

[756] EuGH, Urteil v. 16.7.1998, Rs. 264/96, *ICI*, Slg. 1998, I-4695, Tz. 28.
[757] So auch die Überlegung bei *Hahn*, GmbHR 2003, 1245, 1246 f.

Mitgliedstaat ist nicht möglich.[758] Dass eine derartige Argumentation den EuGH überzeugen würde, muss allerdings bezweifelt werden.[759] Eine solche Rechtfertigung wäre zudem nur dann überhaupt denkbar, wenn CFC-Regeln nur im Falle schädlicher Steuerregelungen anwendbar wäre. Das ist jedoch derzeit nicht der Fall, da die mitgliedstaatlichen CFC-Regelungen nicht auf diese Konstellationen beschränkt sind.[760]

Es ist jedoch die Frage zu stellen, inwiefern der etwaige Rechtfertigungsgrund des „unfairen Steuerwettbewerbs" überhaupt über denjenigen der „Sicherung der Steuereinnahmen" hinausgeht. Die schädliche Wirkung einer unfairen Steuerregelung liegt doch auch nach Ansicht der Mitgliedstaaten gerade darin, dass die Besteuerungsgrundlage des Herkunftsstaates angegriffen wird. Kann es da aus der Sicht des EuGH einen Unterschied machen, ob dies in lauterer oder unlauterer Weise geschieht? Ein Vorstoß in diese Richtung wird im Vorbringen der niederländischen Regierung und der Kommission im *Bosal*-Fall gesehen.[761] Dort wird argumentiert, die Beschränkung der Niederlassungsfreiheit diene dem Ziel, die Aushöhlung der Besteuerungsgrundlage zu verhindern, die über die bloße Verringerung der Steuereinnahmen hinausgehe.[762] Der Gerichtshof hat darin jedoch keine Rechtfertigung gesehen, die über die der Verringerung des Steueraufkommens hinausgeht (Tz. 42 der Entscheidung). Ähnlich hat im *Lasteyrie*-Fall die dänische Regierung argumentiert: die umstrittene Vorschrift des französischen Steuerrechts diene der Verhinderung der Erosion der Besteuerungsbasis, indem sie verhindere, dass die Steuerpflichtigen sich das Besteuerungsgefälle zwischen den Mitgliedstaaten zunutze machten.[763] Der EuGH ist diesem Argument bekanntermaßen nicht gefolgt (Tz. 60), sondern hat deutlich gemacht, dass die Steuermindereinnahmen, die für einen Staat daraus resultieren, dass ein Steuerpflichtiger seinen Wohnsitz in einen anderen Mitgliedstaat mit geringerer Steuerbelastung verlegt, keine Rechtfertigung einer Grundfreiheitsbeeinträchtigung darstellen.

---

[758] Diese Auffassung wurde offenbar im Jahr 1996 im Finanzausschuss des Bundestages geäußert, vgl. *Lausterer*, IStR 1997, 486, 489.

[759] Letztlich läuft dieses Argument darauf hinaus, eine Grundfreiheitsbeeinträchtigung mit der fehlenden Harmonisierung der nationalen Steuerrechte rechtfertigen zu wollen. Ein derartiger Rechtfertigungsgrund wurde aber vom EuGH bereits in der *Avoir fiscal*-Entscheidung (EuGH, Urteil v. 28.1.1986, Rs. 270/83, *Kommission/Frankreich ("Avoir fiscal")*, Slg. 1986, 273, Tz. 22) abgelehnt. Vgl. dazu auch *Thömmes*, Tatbestandsmäßigkeit, in: Schön, GS Knobbe-Keuk, 795, 821.

[760] *Aigner/Scheuerle/Stefaner*, General Report, in: Lang/Aigner/Scheuerle/Stefaner, CFC-Legislation, 13, 48.

[761] *Hahn*, GmbHR 2003, 1245, 1246 f.

[762] EuGH, Urteil v. 18.9.2003, Rs. C-168/01, *Bosal*, IStR 2003, 666, Tz. 20.

[763] EuGH, Urteil v. 11.3.2004, Rs. C-9/02, *de Lasteyrie*, DStR 2004, 551, Tz. 59.

Ob der EuGH im konkreten Fall einer unfairen Steuerregelung das Eingreifen einer CFC-Regelung als gerechtfertigt ansehen würde, ist derzeit nicht vorherzusagen. Insbesondere ist fraglich, ob der Gerichtshof sich dabei auf die von der *Primarolo*-Gruppe identifizierten Regelungen stützen würde oder ob er nicht vielmehr eigene Maßstäbe anlegen würde. In Anbetracht der Tatsache, dass manche Empfehlungen der Gruppe hinsichtlich der Grundfreiheiten zurecht als zu weitgehend kritisiert werden, ist wohl nicht anzunehmen, dass der EuGH den Beurteilungen durch die *Primarolo*-Gruppe in jedem Fall folgen würde. Auch hier gibt es daher keinen Automatismus, sondern eine Einzelfallbetrachtung.

d. Zusammenfassung zur Vereinbarkeit mit den Grundfreiheiten

Nach überzeugender Ansicht des Schrifttums in Deutschland und Frankreich sind sowohl die Hinzurechnungsbesteuerung nach den §§ 7-14 AStG als auch die französische CFC-Besteuerung nach Art. 209 B CGI mit den Grundfreiheiten nicht vereinbar.[764]

Insbesondere im Rahmen der Rechtfertigungsprüfung wird deutlich, dass der EuGH zwar durchaus den Mitgliedstaaten Abwehrmaßnahmen, insbesondere zur Missbrauchsbekämpfung, zugesteht, dass aber diese Maßnahmen immer an den Zielen des Binnenmarktes gemessen werden. Die reine Ausnutzung des Steuergefälles zwischen den Mitgliedstaaten ist vor dem Hintergrund dieser Ziele nicht zu beanstanden, solange es sich nicht um rein künstliche Gestaltungen handelt. Vielmehr ist der steuerliche Standortwettbewerb zwischen den Mitgliedstaaten mit den Zielen des Binnenmarktes vereinbar, der es den Marktbürgen ermöglichen soll, den für sie günstigsten Standort innerhalb der Gemeinschaft zu wählen, ohne darin von ihrem Heimatstaat behindert zu werden. Ob dieser Standortwettbewerb fair oder unfair ist, hat in der bisherigen Rechtsprechung des Gerichtshofs keine Rolle gespielt.

---

[764] Z.B. *Reith*, Internationales Steuerrecht, 479; *Lang*, IStR 2002, 217, 222; *Kessler/Spengel*, DB 2003, Beilage 5, 1; *Laule*, Auswirkungen, 60; *Rättig/Protzen*, IStR 2003, 195, 195; *Lausterer*, IStR 2003, 705, 707; *Blaise*, BF Lefebvre 2002, n° 11, 763, 769; *Dibout*, Drt. fisc. 1998, n° 48, 1475, 1480; a.A. die französische Finanzverwaltung, Instruction BOI 4 H-9-92 vom 6.3.1992, II 2° B, wo es etwa heißt: „Die Frage, ob die Regelung des Art. 209 B CGI mit dem Gemeinschaftsrecht vereinbar ist, muss positiv beantwortet werden. Es kann nicht davon ausgegangen werden, dass die gemeinschaftsrechtliche Niederlassungsfreiheit der Anwendung von Vorschriften entgegensteht, die der Bekämpfung der Steuerflucht dienen, wenn diese der Grund für eine Niederlassung in einem anderen Mitgliedstaat ist."

2. Prinzip der Gemeinschaftstreue (Art. 10 EG) und genehmigte Beihilfen (Art 87 ff EG)

Auch in Bezug auf das gemeinschaftsrechtliche Beihilfeverbot gibt es Kollisionspunkte mit der CFC-Besteuerung.[765] Es ist durchaus denkbar, dass CFC-Regelungen aufgrund ihrer pauschalen Ausgestaltung Gesellschaften erfassen, deren niedrige Besteuerung eine gemeinschaftsrechtlich genehmigte Beihilfe des betreffenden Mitgliedstaates darstellt.[766] Ein bekanntes Beispiel für einen solchen Fall sind die Steuervergünstigungen für IFSC in Dublin. Der gemeinschaftsrechtlich anerkannte Zweck der Beihilfe, durch steuerliche Anreize die heimische Wirtschaft zu fördern und Arbeitsplätze zu schaffen, wird durch die Anwendung einer CFC-Regelung im Staat des Investors geradezu torpediert. Diese unilaterale Aushöhlung der beihilferechtlichen Anerkennung verstößt daher gegen das Prinzip der Gemeinschaftstreue aus Art. 10 EG.[767]

III. Vereinbarkeit mit Sekundärrecht: Mutter-Tochter-Richtlinie

Die CFC-Besteuerung könnte auch mit der Mutter-Tochter-Richtlinie in Konflikt treten, soweit sie nichtausgeschüttete Gewinne einer EU-Kapitalgesellschaft besteuert,[768] die, würden sie tatsächlich ausgeschüttet, in den Anwendungsbereich der Richtlinie fielen. Zunächst ist festzuhalten, dass der Anwendungsbereich der Richtlinie nur einen Teilbereich des Anwendungsbereichs der deutschen und der französischen CFC-Besteuerung ausmacht.[769] Nur innerhalb der übereinstimmend erfassten Konstellationen stellt sich die Frage der Vereinbarkeit mit der Richtlinie.

---

765 *Dibout*, Drt. fisc. 1990, n° 44, 1485, 1490 weist in diesem Zusammenhang nicht nur auf das Konfliktpotential beim französischen Art. 209 B CGI, sondern auch bei der deutschen Hinzurechnungsbesteuerung hin.

766 Vgl. grundlegend zur Frage des Beihilfecharakters von Steuervergünstigungen z.B. *Koschyk*, Beihilfen, 105 ff; *Blumenberg*, Beihilfen, in: Grotherr, Handbuch, 1787 ff; *Pinto*, ET 1999, vol. 39, n° 8, 295 ff und 343 ff.

767 *Dibout*, Drt. fisc. 1990, n° 44, 1485, 1490 f. Die Mitgliedstaaten sind insofern darauf verwiesen, die Genehmigung der Beihilfe anzugreifen, vgl. *Blumenberg*, Beihilfen, in: Grotherr, Handbuch, 1787, 1806; *Aigner/Scheuerle/Stefaner*, General Report, in: Lang/Aigner/Scheuerle/Stefaner, CFC-Legislation, 13, 49; *Lausterer*, IStR 1997, 486, 489.

768 *Wassermeyer*, IStR 2000, 193, 195 leitet aus dem Geist der Mutter-Tochter-Richtlinie ab, Deutschland dürfe nur Ausschüttungen, nicht aber auch Hinzurechnungsbeträge besteuern.

769 Sowohl die deutsche als auch die französische CFC-Besteuerung gehen insbesondere hinsichtlich der Person des inländischen und des ausländischen Steuerpflichtigen und der Mindestbeteiligung deutlich über den Anwendungsbereich der Richtlinie hinaus.

Ein Konflikt mit der Richtlinie könnte sich zum einen daraus ergeben, dass das beim inländischen Steuerpflichtigen besteuerte Einkommen eine Gewinnausschüttung im Sinne der Richtlinie darstellt, ohne dass daran jedoch die von der Richtlinie geforderten Rechtsfolgen geknüpft würden. Zum anderen könnte ein Verstoß aber auch darin gesehen werden, dass die CFC-Besteuerung einer tatsächlichen Ausschüttung zwar zuvorkommt, das im Inland der Steuer unterworfene Einkommen aber gerade keine Gewinnausschüttung im Sinne der Richtlinie darstellt und die Richtlinie daher durch den Mitgliedstaat umgangen wird. Das Kernproblem liegt daher – wieder einmal – in der Frage, wie das der CFC-Besteuerung unterworfene Einkommen, diesmal im Hinblick auf die Richtlinie, zu qualifizieren ist.

Die Richtlinie spricht von Gewinnausschüttungen bzw. von ausgeschütteten Gewinnen, ohne diese Begriffe jedoch näher zu definieren. Ähnlich wie bei den Doppelbesteuerungsabkommen stellt sich daher die Frage, ob ein Zugriff auf nichtausgeschüttete Gewinne unter den Begriff der ausgeschütteten Gewinne subsumiert werden kann. Der Wortlaut spricht ganz offensichtlich dagegen. Andererseits ist aber auch die Parallelität zu dem Begriff der „gezahlten" Dividende im Abkommensrecht nicht zu übersehen und diesbezüglich wird ja zumindest aus Sicht der Ausschüttungstheorie vertreten, dass eine Subsumtion des CFC-Betrags unter den Dividendenbegriff zu bejahen und die entsprechenden abkommensrechtlichen Konsequenzen daraus zu ziehen sind.[770] Es ist daher jedenfalls aus der Sicht der Ausschüttungstheorie davon auszugehen, dass der Begriff der Gewinnausschüttung bzw. des ausgeschütteten Gewinns der Anwendung der Richtlinie auf den CFC-Betrag nicht entgegensteht, sofern dieser wie eine Dividende behandelt wird.[771] Im Hinblick auf die französische Regelung lässt sich dieser Standpunkt allerdings kaum vertreten, da dieser CFC-Betrag nicht die Eigenschaften aufweist, die bei der deutschen Regelung eine Ausschüttungsqualifikation nahe legen. Demnach liegt hinsichtlich der französischen Regelung eine Unvereinbarkeit mit der Mutter-Tochter-Richtlinie jedenfalls vordergründig nicht vor. Ähnlich wie bei den Doppelbesteuerungsabkommen lässt sich auch hier jedoch argumentieren, dass die CFC-Regelungen nicht der Umgehung der Richtlinie durch die Mitgliedstaaten dienen dürfen.[772] Teilweise wird daher gefordert, auch die CFC-Regelungen, die nicht auf einer Ausschüttungsfiktion basieren, sondern dem Transparenzmodell folgen (sog. *Transparent entity appro-*

---

[770] So die Vertreter der Ausschüttungstheorie, s.o. Kapitel 4 A. II. 1. a. bb. (2)..

[771] So auch *Aigner/Scheuerle/Stefaner*, General Report, in: Lang/Aigner/Scheuerle/Stefaner, CFC-Legislation, 13, 50.

[772] *Fédération des Experts Comptables Européens (FEE)*, Position paper, 15.

ach), müssten die in der Richtlinie vorgesehenen Rechtsfolgen auf den CFC-Betrag anwenden.[773]

Die Anwendbarkeit der Vorteile der Richtlinie könnte im CFC-Fall allerdings wegen des Missbrauchsvorbehalts in Art. 1 Abs. 2 der Richtlinie ausgeschlossen sein. Hier gilt jedoch genau so wie im Rahmen der Grundfreiheiten, dass CFC-Regelungen deutlich über die Bekämpfung von Missbrauchsfällen hinausgehen. Zudem zielt der Missbrauchsvorbehalt in der Richtlinie in erster Linie auf *Directive-Shopping*-Situationen ab, d.h. Situationen, in denen eine Gesellschaft nur zu dem Zweck zwischengeschaltet wird, in den Genuss der Vorteile der Richtlinie zu kommen.[774] Die Zielrichtung einer solchen Zwischenschaltung ist jedoch eine gänzlich andere als die, die den CFC-Situationen zugrunde liegt, die ja – unterstelltermaßen – gerade der Thesaurierung und nicht der Ausschüttung dienen sollen.
Schließlich stellt sich auch die Frage, ob die in der CFC-Regelung vorgesehenen Mechanismen zur Vermeidung der Doppelbelastung nicht den Anforderungen der Richtlinie genügen. § 12 AStG und Art. 209 B I bis 4° CGI und Art. 102 X Ann. II CGI sehen jeweils die Anrechnung der von der CFC-Gesellschaft gezahlten Steuern vor. Die Anrechnungsmethode ist eine der von der Richtlinie vorgesehenen Methoden zur Vermeidung der Doppelbelastung, so dass den Anforderungen der Richtlinie insofern wohl genügt ist.[775] Es wird außerdem die Frage aufgeworfen, ob ein Staat sich nicht einheitlich für eine der Methoden entscheiden müsse.[776] Da sowohl Deutschland als auch Frankreich normalerweise für Schachteldividenden die Freistellung bei der Muttergesellschaft gewähren, könnte die Richtlinie einer Anwendung der Anrechnungsmethode nur bei CFC-Einkünften entgegenstehen. Dem ist jedoch entgegen zu halten, dass ein Mitgliedstaat nicht generell im Verhältnis zu jedem anderen Mitgliedstaat dieselbe Methode anwenden muss und dass selbst bezüglich eines Staates zwischen verschiedenen Dividendenarten unterschieden werden kann.[777] Der Zweck der Richtlinie, die Doppelbelastung bei Ausschüttungen im Mutter-Tochter-Verhältnis zu vermeiden, wird auch durch die Anrechnungsmethode erfüllt. Das

---

[773] *Helminen*, National Report Finland, in: Lang/Aigner/Scheuerle/Stefaner, CFC-Legislation, 191, 217.

[774] *Helminen*, EC Tax Review 2000, n° 3, 161, 165.

[775] *Wassermeyer*, Mißbrauchsregelung, in: Haarmann, Grenzen, 55, 69.

[776] *Aigner/Scheuerle/Stefaner*, General Report, in: Lang/Aigner/Scheuerle/Stefaner, CFC-Legislation, 13, 50 f.

[777] *Rust*, National Report Germany, in: Lang/Aigner/Scheuerle/Stefaner, CFC-Legislation, 255, 271 mit Hinweis auf *Thömmes*, Commentary, in: International Bureau of Fiscal Documentation (IBFD), ECTL, Art. 4 MTR, Rz. 15. *Thömmes* erwähnt dort das Beispiel Dänemarks, wo -nach seiner Auffassung wohl richtlinienkonform- die anwendbare Methode (Anrechnung oder Freistellung) davon abhängig gemacht wird, ob die Tochtergesellschaft einer vergleichbaren Steuerbelastung unterliegt, wie in Dänemark.

Problem dürfte vielmehr darin liegen, dass in- und ausländische Dividenden unterschiedlich behandelt werden. Das ist aber nicht ein Problem der Richtlinie, sondern betrifft wiederum primärrechtliche Diskriminierungsverbote.

IV. Zusammenfassung

Da es nach alledem sehr wahrscheinlich ist, dass sowohl die deutsche als auch die französische CFC-Regelung vor dem EuGH keinen Bestand haben würde, stellt sich doch die Frage, wie die mit der CFC-Besteuerung verfolgten Ziele der Bekämpfung der Steuerflucht in europarechtskonformer Weise erreicht werden können. Dass die Bekämpfung der Steuerflucht auch zukünftig unverzichtbar sein wird, darüber besteht ein breiter Konsens. Die Frage ist wohl vielmehr die einer europarechtskonformen Ausgestaltung der Abwehrmechanismen.

C. Zwischenergebnis

Die Betrachtungen in diesem Kapitel haben bestätigt, dass die CFC-Regeln Deutschlands und Frankreichs im Hinblick auf ihre Vereinbarkeit mit bestehenden Doppelbesteuerungsabkommen und mit dem Gemeinschaftsrecht dringend reformbedürftig sind. Während sich die Problematik bei den Doppelbesteuerungsabkommen hauptsächlich auf ältere Abkommen beschränkt und unter Umständen bestehende Unvereinbarkeiten durch entsprechende Abkommensklauseln oder durch eine Umformulierung der CFC-Regelung beseitigt werden können, stellt die Kollision mit den Grundfreiheiten ein fundamentales Problem dar. Spätestens die Entscheidung über die Vorlage der britischen CFC-Regelung durch die Special Commissioners im *Cadbury Schweppes*-Fall[778] wird die Mitgliedstaaten zum Handeln zwingen und möglicherweise Aufschluss darüber geben, ob und inwiefern aus der Sicht des EuGH gemeinschaftsrechtskonforme CFC-Regelungen überhaupt denkbar sind. Aus dem Blickwinkel dieser Untersuchung ist die Entscheidung besonders deshalb von Interesse, weil die Niedrigbesteuerung der CFC im konkreten Fall daraus resultierte, dass diese dem irischen IFSC-Regime unterlag, das die *Primarolo*-Gruppe als schädliche Steuerregelung eingestuft hatte.

---

[778] Dazu *Obser*, IStR 2004, Länderbericht Heft 13, 1; *Stefaner*, SWI 2004, 339.

Kapitel 5: Kriterien des unfairen Steuerwettbewerbs als Maßstab für CFC-Regelungen?

In Anbetracht des festgestellten Reformbedürfnisses der deutschen und der französischen CFC-Regelung stellt sich für die vorliegende Untersuchung die Frage, ob und wie die zur Identifizierung unfairer Steuerregelungen entwickelten Kriterien in eine Neugestaltung der CFC-Regelungen einfließen können. Dazu sollen zunächst die von der EU und der OECD entwickelten Kriterien im Vergleich dargestellt werden (A.). Anschließend stellt sich die Frage, ob und wie eine Anknüpfung der CFC-Regeln an diese Kriterien denkbar ist (B.).

A. Kriterien zur Identifizierung schädlicher Steuerregime und Steueroasen

Weder im Verhaltenskodex noch im OECD-Bericht findet sich eine abschließende Definition des unfairen Steuerwettbewerbs.[779] Vielmehr hat man es bei beiden Initiativen vorgezogen, eine Liste von Kriterien aufzustellen, anhand derer die Schädlichkeit von Steuerregelungen zu beurteilen ist.[780]

I. Kriterien des Verhaltenskodex

Der Verhaltenskodex zielt allgemein auf Regelungen im Bereich der Unternehmensbesteuerung ab, die „den Standort für wirtschaftliche Aktivitäten in der Gemeinschaft spürbar beeinflussen oder beeinflussen können".[781] Schädlich sind dabei solche Maßnahmen, „die gemessen an den üblicherweise in dem betreffenden Mitgliedstaat geltenden Besteuerungsniveaus eine deutlich niedrigere Effektivbesteuerung, einschließlich einer Nullbesteuerung, bewirken".[782] Gemäß Buchstabe B des Verhaltenskodex ist bei der Beurteilung einer steuerlichen Maßnahme zu berücksichtigen:

„1. ob die Vorteile ausschließlich Gebietsfremden oder für Transaktionen mit Gebietsfremden gewährt werden oder

---

[779] Kritisch dazu *Pinto*, Tax Competition, 206 (zum Verhaltenskodex) und 270 (zum OECD-Bericht).
[780] *Jacobs*, Internationale Unternehmensbesteuerung, 273 f.
[781] Buchst. A des Verhaltenskodex.
[782] Buchst. B des Verhaltenskodex.

2. ob die Vorteile völlig von der inländischen Wirtschaft isoliert sind, so dass sie keine Auswirkungen auf die innerstaatliche Besteuerungsgrundlage haben oder
3. ob die Vorteile gewährt werden, auch ohne dass ihnen eine tatsächliche Wirtschaftstätigkeit und substantielle wirtschaftliche Präsenz in dem diese steuerlichen Vorteile bietenden Mitgliedstaat zugrunde liegt oder
4. ob die Regeln für die Gewinnermittlung bei Aktivitäten innerhalb einer multinationalen Unternehmensgruppe von international allgemein anerkannten Grundsätzen, insbesondere von den von der OECD vereinbarten Regeln, abweichen oder
5. ob es den steuerlichen Maßnahmen an Transparenz mangelt, einschließlich der Fälle einer laxeren und undurchsichtigen Handhabung der Rechtsvorschriften auf Verwaltungsebene."

Der Verhaltenskodex zielt somit auf Vorzugssteuerregime ab, nicht jedoch auf die Situation einer generell niedrigen Besteuerung in einem Mitgliedstaat. Daher fällt beispielsweise der generell niedrige irische Körperschaftsteuersatz ebenso wenig unter die schädlichen Steuerregelungen,[783] wie das anlässlich der EU-Osterweiterung insbesondere von der deutschen und der französischen Regierung heftig kritisierte[784] generell niedrige Unternehmenssteuerniveau einiger neuer Mitgliedstaaten.

II. Kriterien des OECD-Berichts

Auch im OECD-Bericht von 1998 findet sich keine Definition des schädlichen Steuerwettbewerbs.[785] Bei der Umschreibung stellt der Bericht darauf ab, ob eine steuerliche Maßnahme nur Ausdruck der Souveränität des Steuergesetzgebers ist und die Anziehungswirkung auf ausländisches Kapital einen Nebeneffekt darstellt, oder ob die Regelung geradezu darauf *abzielt*, einem anderen Staat die Besteuerungsgrundlage zu entziehen, die richtigerweise eigentlich diesem Staat zustehen würde.[786] Eine solche Umschreibung ermöglicht freilich noch nicht im konkreten Fall die Einordnung einer steuerlichen Maßnahme als schädlich oder unschädlich, insbesondere weil sie teilweise auf die subjektiven Motive des

---

[783] *Pinto*, Tax Competition, 206.

[784] Dazu sogleich in Kapitel 6.

[785] Kritisch dazu *Avi-Yonah*, Harvard Law Review 2000, vol. 113, n° 7, 1573, 1659; dazu auch *Easson*, TNI 2004, vol. 34, n° 10, 1037, 1052.

[786] *OECD*, Bericht 1998, 16 (Nr. 29). Der Bericht spricht hier vom „Wildern" (*poaching*).

betreffenden Staates abstellt,[787] die nur selten so deutlich formuliert werden. In dem Bericht von 1998 wurden daher vier Schlüsselkriterien zur Identifizierung schädlicher Steuerregelungen festgelegt, nämlich[788]

1. keine oder eine nur geringe Besteuerung
2. kein effektiver Informationsaustausch mit ausländischen Steuerbehörden
3. mangelnde Transparenz der steuerlichen Vorschriften und Verfahren
4. kein Aktivitätserfordernis bezüglich der Tätigkeit des Steuerpflichtigen (bei Steueroasen) bzw. Abschottung vom lokalen Markt, sogenanntes *Ring fencing* (bei schädlichen Vorzugsregelungen).

Die geringe oder Nullbesteuerung ist jeweils der notwendige Ausgangspunkt der Überprüfung. In Verbindung mit einem der anderen Kriterien führt sie zur Schädlichkeit einer Regelung. Das Steueroasen-Kriterium des fehlenden Aktivitätserfordernisses wurde im Bericht 2001 fallengelassen (s.o. Kapitel 2 A. III.).

Zu diesen Schlüsselkriterien kommt noch eine Reihe weiterer, sekundärer Kriterien hinzu, die die Beurteilung der Schädlichkeit einer Vorzugsregelung erleichtern können.[789] Dazu gehören die künstliche bzw. willkürliche Ermittlung der Besteuerungsgrundlage, die Nichtbeachtung anerkannter Verrechnungspreisrichtlinien, die generelle Freistellung von Auslandseinkünften (Territorialitätssystem), die Verhandelbarkeit von Steuersatz oder Bemessungsgrundlage (z.B. Rulings), die Existenz von Informationshindernissen, wie z.B. Bankgeheimnis, ein weites DBA-Netz, Steuerregelungen, die als Steuersparmodelle angepriesen werden und Regelungen, die rein steuerlich motivierte Gestaltungen begünstigen.

III. Vergleichende Betrachtung der Kriterien im Einzelnen

Die Kriterien zur Identifizierung schädlicher Steuerregelungen laufen weitgehend parallel. Insbesondere ähneln die OECD-Kriterien zur Identifizierung schädlicher Vorzugsbesteuerung denen des Verhaltenskodex.[790]

---

787 *Pinto*, Tax Competition, 271; *Avi-Yonah*, Harvard Law Review 2000, vol. 113, n° 7, 1573, 1663.

788 *OECD*, Bericht 1998, 22 ff, insbes. Box I.

789 *OECD*, Bericht 1998, 30 (Nr. 68 ff.).

790 *OECD*, Bericht 1998, 11 (Nr. 18); *Avi-Yonah*, Harvard Law Review 2000, vol. 113, n° 7, 1573, 1660; *Pinto*, Tax Competition, 291; *David*, RIDE 1999, n° 3, 309, 315; *Baumgartner*, IFF 2003, 109, 115; *Easson*, TNI 2004, vol. 34, n° 10, 1037, 1047.

1. Niedrigbesteuerung

Gewissermaßen vor die Klammer gezogen ist bei beiden Initiativen die Frage der Niedrigbesteuerung. Dieses Kriterium bildet sowohl im Verhaltenskodex als auch im OECD-Bericht die notwendige Ausgangsvoraussetzung für die Schädlichkeit einer Regelung. In beiden Fällen wird bei einer niedrigen Besteuerung nicht allein auf den Steuersatz abgestellt, sondern es kommt auf die effektive Steuerbelastung an,[791] die auch von der Art der Ermittlung der Bemessungsgrundlage entscheidend beeinflusst wird. So ist das Kriterium der niedrigen Besteuerung auch für sich allein gesehen, d.h. ohne die weiteren Kriterien, wenig hilfreich.[792] Es hat vielmehr die Funktion eines Vorschaltkriteriums, das die eigentliche Überprüfung anhand der übrigen Kriterien erst auslöst. Dennoch ist die Frage nicht beantwortet, was unter einer niedrigen Effektivbesteuerung zu verstehen ist und an welchem Maßstab dies gemessen werden soll.[793] Was aus der Sicht eines Landes eindeutig eine niedrige Besteuerung darstellen mag, kann aus der Sicht eines anderen Landes eine nur unwesentliche Abweichung vom eigenen Besteuerungsniveau darstellen. Die unterschiedlichen Vorstellungen hierüber zeigen sich schon bei der Ausgestaltung des Kriteriums der Niedrigbesteuerung in den CFC-Regeln der verschiedenen Staaten.[794]

Beim Verhaltenskodex ist das Kriterium der Niedrigbesteuerung dahingehend präzisiert, dass es sich um eine vom normalen Steuerniveau eines Staates nach unten abweichende Steuerbelastung handeln muss, was Steueroasen mit generell niedrigem Steuerniveau praktisch ausschließt. Daher kommt es hier grundsätzlich nicht auf den Vergleich mit dem Steuerniveau anderer Länder an, sondern nur darauf, ob die betreffende Regelung eine Sondervergünstigung im Rahmen des allgemeinen Steuersystems desselben Staates darstellt. Von diesem Grundsatz ist die Verhaltenskodex-Gruppe jedoch in ihrem Bericht aus dem Jahr 1999 und in ihren vom Rat angenommenen Leitlinien (*guidelines*) aus dem Jahr 2000 abgewichen.[795] Holdingregelungen sollen demnach als schädlich einzustufen sein, wenn die an die Holding ausgeschütteten Erträge im Staat der Tochtergesellschaft einer deutlich niedrigeren Besteuerung unterlegen haben, als dies im

---

791 *OECD*, Application Note, 6 (Nr. 3); Buchstabe B des EU-Verhaltenskodex (Schlussfolgerungen des Rates "Wirtschafts- und Finanzfragen" vom 1. Dezember 1997 zur Steuerpolitik, ABl. EG v. 6.1.1998, C 2/3).

792 Zum Verhaltenskodex vgl. *Pinto*, Tax Competition, 201.

793 *Thömmes*, DB 2001, 775, 778 (zum Verhaltenskodex); *Easson*, TNI 2004, vol. 34, n° 10, 1037, 1068 (zum OECD-Bericht).

794 Dazu *Arnold/Dibout*, Generalbericht, in: International Fiscal Association, CDFI Vol. LXXXVIb (2001), 167, 173 ff und 194 ff.

795 Sachstandsbericht der Gruppe "Verhaltenskodex" (Unternehmensbesteuerung) an den ECOFIN-Rat (26.-27.11.2000), Annex I; dazu *Nijkamp*, ec tax review 2001, n° 3, 147 ff.

Staat der Holdinggesellschaft der Fall gewesen wäre und dieser Besteuerungsunterschied nicht durch entsprechende Anti-Missbrauchsregeln des Staates der Holdinggesellschaft ausgeglichen wird. Entsprechendes gilt für die Freistellung von niedrig besteuerten Einkünften aus ausländischen Finanzgesellschaften. Somit führen für die betroffenen Regelungen innergemeinschaftliche Besteuerungsunterschiede möglicherweise zu einer Schädlichkeit. Ob dies zu einem Verstoß gegen den Wortlaut des Verhaltenskodex führt, ist fraglich, denn das ausländische Besteuerungsniveau wird nicht unmittelbar, sondern lediglich mittelbar als Vergleichsmaßstab herangezogen und wirkt sich gewissermaßen nur inzident bei der Prüfung einer Freistellungsregelung eines Mitgliedstaates aus. Im Bericht aus dem Jahr 1999 hatte die Verhaltenskodex-Gruppe zudem bereits - unter Protest mehrerer Delegationen - festgestellt, dass die Kriterien des Verhaltenskodex bei einer wörtlichen Auslegung teilweise beinahe gegenstandslos würden und dass die Gruppe daher bei einigen Kriterien auch eine weite Auslegung berücksichtigen würde.[796] Die indirekte Berücksichtigung des innergemeinschaftlichen Steuergefälles ist stark kritisiert worden.[797] Irland geht beispielsweise von einem Verstoß gegen den Verhaltenkodex aus, denn dort sei nur von einer niedrigeren Steuerbelastung innerhalb desselben Staates, nicht aber von Unterschieden im Besteuerungsniveau verschiedener Mitgliedstaaten die Rede.[798] Belgien schlägt vor, als Vergleichskriterium das niedrigste in irgendeinem der Mitgliedstaaten bestehende Besteuerungsniveau als Vergleichsmaßstab heranzuziehen und gibt außerdem zu Bedenken, dass die geforderte Anwendung von Anti-Missbrauchsregelungen nur im Einklang mit den Doppelbesteuerungsabkommen möglich sei. Hier stellt sich daher die bereits behandelte (Kapitel 3) Problematik der Vereinbarkeit von CFC-Regelungen mit den Doppelbesteuerungsabkommen und mit den Grundfreiheiten.[799]

2. Abschottung und Zugangsbeschränkung

Beide Maßnahmen ziehen das Kriterium der Abschottung vom lokalen Markt (*ring fencing*) und der Beschränkung einer Steuervergünstigung auf ausländische Investoren heran. Im OECD-Bericht gilt dieses Kriterium allerdings nur in Bezug auf die Gruppe der Vorzugsregime, was sich wohl dadurch erklären lässt, dass vor dem Hintergrund einer generellen Null- oder Niedrigbesteuerung in

[796] Bericht der Gruppe "Verhaltenskodex" (Unternehmensbesteuerung) an den ECOFIN-Rat (29.11.1999), Nr. 14.

[797] *Nijkamp*, ec tax review 2001, n° 3, 147 ff; *Werra*, IStR 2001, 438, 439; *Pinto*, Tax Competition, 218;

[798] *Nijkamp*, ec tax review 2001, n° 3, 147, 150.

[799] So auch *Nijkamp*, ec tax review 2001, n° 3, 147, 151 f.

einer Steueroase eine Bevorzugung nur ausländischer Investoren logisch eigentlich nicht mehr denkbar ist.[800] In diesem Kriterium kommt besonders deutlich die Absicht des betreffenden Staates zum Ausdruck, anderen Staaten einen Teil ihrer Besteuerungsbasis zu entziehen ohne dabei das eigene Steueraufkommen zu gefährden, denn den eigenen Steuerpflichtigen ist in der Regel der Zugang zu diesen Vergünstigungen verwehrt.[801]

3. Erfordernis aktiver Tätigkeit

Die Tatsache, dass eine niedrige Besteuerung nicht von der Ausübung einer aktiven Tätigkeit in dem betreffenden Land abhängig gemacht wird, spielt nur noch im Rahmen des Verhaltenskodex eine Rolle, nachdem die OECD dieses Kriterium zur Identifizierung von Steueroasen im Bericht 2001 aufgegeben hat (dazu oben II:). Es dient insbesondere der Identifizierung von Steuerregelungen, die darauf abzielen, mobile Aktivitäten anzusiedeln, für die die Steuerbelastung einen vorrangigen Standortfaktor darstellt.[802]

4. Art der Gewinnermittlung

Die Ausgestaltung der Gewinnermittlungsregeln spielt ebenfalls bei beiden Initiativen eine Rolle. Während diese Frage im Rahmen des Verhaltenskodex zu den zentralen Kriterien gehört, wird sie im OECD-Bericht unter den sekundären Kriterien zur Identifizierung schädlicher Vorzugsregelungen aufgegriffen. Beide Arbeiten weisen ausdrücklich auf die von der OECD aufgestellten Regeln, insbesondere die Verrechnungspreisregeln hin. Das Kriterium ist im Verhaltenskodex dem Wortlaut nach insofern enger gefasst, als es sich auf die Gewinnermittlungsregeln innerhalb multinationaler Unternehmensgruppen beschränkt. Es wird jedoch davon ausgegangen, dass auch der Verhaltenskodex, genau so wie der OECD-Bericht, jede künstliche Ermittlung der Besteuerungsbasis als schädlich ansieht.[803]

---

[800] *Easson*, TNI 2004, vol. 34, n° 10, 1037, 1068.

[801] Ähnlich *Wartenburger*, IStR 2001, 397, 402

[802] *Pinto*, Tax Competition, 202. Kritisch gegenüber dieser Argumentation *Easson*, TNI 2004, vol. 34, n° 10, 1037, 1068 (in Bezug auf den OECD-Bericht 1998).

[803] *Wartenburger*, IStR 2001, 397, 402 (insbes. Fn. 84).

5. Mangelnde Transparenz

Die mangelnde Transparenz eines Steuersystems oder einer steuerlichen Regelung stellt sowohl aus der Sicht des Verhaltenskodex als auch aus der Sicht des OECD-Berichts ein Merkmal einer schädlichen Steuerregelung dar. Beide Arbeiten stellen nicht nur auf die Transparenz der Regelungen selbst ab, sondern auch auf die Transparenz des steuerlichen Verfahrens. Die Gefahr nichttransparenter Regelungen und Verfahren wird nicht zuletzt darin gesehen, dass Abwehrmaßnahmen des Ansässigkeitsstaats des Investors, z.B. CFC-Regelungen, unterlaufen werden können.[804]

6. Informationsaustausch

Ein wesentlicher Unterschied zwischen beiden Arbeiten besteht darin, dass im Rahmen des OECD-Berichts die Frage des steuerlichen Informationsaustauschs ein zentrales Kriterium darstellt, das im Verhaltenskodex nicht auftaucht. Die Schwerpunktsetzung der OECD zeigt sich auch daran, dass im Laufe der weiteren Arbeiten ein Musterabkommen für den Informationsaustausch entwickelt wurde. Wenngleich das Kriterium des Informationsaustauschs mit ausländischen Steuerbehörden formal für Steueroasen und Normalsteuerländer gleichermaßen gilt, so ist doch nicht zu übersehen, dass die Verbesserung des Informationsaustauschs mit den Oasenländern eines, wenn nicht gar das zentrale Anliegen der Arbeiten der OECD darstellt. Hintergrund dieses Anliegens ist nicht zuletzt die Tatsache, dass die effektive Anwendung von bestehenden Abwehrmaßnahmen, beispielsweise CFC-Regeln, auf Seiten des Anwendestaates ein bestimmtes Maß an Information und Kontrollmöglichkeit voraussetzt.

IV. Beurteilung von Holdingregelungen

Im Hinblick auf die Rolle der CFC-Regelungen ist insbesondere die Frage von Interesse, welche Maßstäbe die OECD- und die EU-Initiative bei der Beurteilung von Holdingregelungen anlegen, denn das Vorhandensein und die Ausgestaltung von CFC-Regelungen spielen bei der Wahl des Holdingstandorts eine entscheidende Rolle. Beide Arbeitsgruppen sahen in der Beurteilung von Holdinggesellschaften eine besondere Schwierigkeit, die schon darin lag, dass nicht klar war, was unter den Begriff der Holdingregelung zu fassen ist. Sofern man darunter alle für die Besteuerung von Holdinggesellschaften relevanten Vor-

---

[804] *OECD*, Bericht 1998, 31 (Nr. 70).

schriften eines Steuersystems fassen will, wird sich das Augenmerk insbesondere auf die Vorschriften zur Besteuerung von Dividendenausschüttungen und Beteiligungsveräußerungsgewinnen richten müssen. Meist gelten solche Regelungen jedoch für alle Gesellschaften unabhängig davon, ob diese sich hauptsächlich oder sogar ausschließlich mit dem Halten und Verwalten von Beteiligungen beschäftigen, und stellen daher keine speziellen Holdingregelungen dar.

Die Verhaltenskodex-Gruppe hat für die Beurteilung von Holdingregelungen spezielle Maßstäbe festgelegt. Dem ging eine vergleichende Studie der Kommission über die steuerliche Behandlung von Holdinggesellschaften in den Mitgliedstaaten voraus.[805] Die Verhaltenskodex-Gruppe kam zu dem Schluss, dass es zwar durchaus wirtschaftlich anerkennenswerte Gründe für die Errichtung von Holdinggesellschaften gebe, dass Holdinggesellschaften aber häufig ausschließlich oder hauptsächlich aus steuerlichen Erwägungen errichtet werden. Solche Holdinggesellschaften zeichneten sich meist durch ihre geringe wirtschaftliche Substanz aus und seien häufig bloße Briefkastengesellschaften.[806] Bereits aus dem Bericht der Gruppe aus dem Jahr 1999 geht hervor, dass Dividendenfreistellungen als schädlich zu betrachten sind, wenn die ausgeschütteten Gewinne im Quellenstaat einer deutlich niedrigeren Besteuerung unterlegen haben, als dies im Staat der Holdinggesellschaft der Fall gewesen wäre und im Holdingstaat keine geeigneten CFC-Vorschriften vorgesehen sind.[807] Dem Grunde nach identisch ist dieses Beurteilungskriterium in den Ende 2000 vom Rat angenommenen Leitlinien betreffend (u.a.) Holdinggesellschaften formuliert. Ebenfalls schädlich ist ein asymmetrisches Vorgehen bei der Besteuerung der Beteiligungsveräußerungsgewinne, d.h. die Freistellung der Gewinne ohne eine Versagung der steuerlichen Berücksichtigung entsprechender Veräußerungsverluste. Im Hinblick auf diese Kriterien wird zurecht die Forderung erhoben, Holdingregelungen könnten nicht einheitlich beurteilt werden, sondern es müsse eine Unterscheidung zwischen speziellen steuerlichen Vergünstigungen für Holdinggesellschaften auf der einen und allgemeinen systemnotwendigen Maßnahmen zur Vermeidung der (internationalen) wirtschaftlichen Doppelbelastung von Beteiligungserträgen auf der anderen Seite vorgenommen werden.[808] So stand auch die deutsche Literatur der Beurteilung des § 8 b KStG durch die

---

[805] Europäische Kommission, Holdinggesellschaften, SEK (1999) 1244; vgl. auch o. V., Drt. fisc. 2000, n° 18-19, 731, 731.

[806] o. V., Drt. fisc. 2000, n° 16, 657, 660 f.

[807] Bericht der Gruppe "Verhaltenskodex" (Unternehmensbesteuerung) an den ECOFIN-Rat (29.11.1999), Nr. 48. Etwas anders formuliert allerdings *Bolkestein*, ET 2000, vol. 40, n° 9, 401, 405, Holdingregime sollten nicht angewendet werden, wenn die ausgeschütteten Gewinne im Quellenstaat einer schädlichen Steuerbegünstigung unterlegen haben. Diese Auffassung kommt der von der OECD vertretenen Lösung nahe (s. Fn. 815).

[808] *Pinto*, Tax Competition, 244.

Verhaltenskodex-Gruppe überwiegend sehr kritisch gegenüber.[809] Der deutsche Gesetzgeber hat dies hingegen zum Anlass genommen, die Hinzurechnungsbesteuerung zu verschärfen.[810]

Anders als die Verhaltenskodex-Gruppe hatte die OECD-Arbeitsgruppe Holdingregelungen zunächst (im Bericht 2000) ausdrücklich einer späteren Untersuchung vorbehalten. Das spätere Anwendungsschreiben der OECD geht dann allerdings ausführlich auf die Anwendung der Schädlichkeitskriterien bei der Beurteilung von Holdingregelungen ein und ermöglicht so die im Bericht 2004 erfolgte Bewertung von 13 Holdingregelungen.[811] Die meisten Holdingregelungen wurden demgemäß im Ergebnis deshalb als unschädlich eingestuft, weil es ein legitimes Ziel der betroffenen Staaten darstellt, Holdinggesellschaften die Repatriierung von Gewinnen ohne steuerliche Doppelbelastung zu ermöglichen.[812] Zwar erfüllten alle untersuchten Holdingregelungen das Eingangskriterium der geringen oder Nullbesteuerung, da bei der Beurteilung dieses Kriteriums nur auf die Ebene der Holdinggesellschaft abgestellt wurde (sog. *entity level approach*) und nicht auch auf die Vorbelastung auf Ebene der nachgeschalteten Gesellschaften (sog. *parent-subsidiary approach*).[813] In der Regel war jedoch keines der drei anderen Kriterien (Abschottung vom lokalen Markt, mangelnde Transparenz, mangelnder Informationsaustausch) erfüllt, so dass eine Einstufung als schädlich nicht in Betracht kam. Bedenken bestanden lediglich bei der Schweizer Holdingregelung und bei der Luxemburger Holding 1929. Die Schweiz hat jedoch einem verbesserten Auskunftsaustausch im Rahmen der Doppelbesteuerungsabkommen zugestimmt und Luxemburg hat angemerkt, dass die schädlichen Faktoren des Holding 1929-Regimes ohnehin im Rahmen der Verpflichtungen des EU-Verhaltenskodex beseitigt würden.[814]

Die Art der Beurteilung von Holdingregelungen durch die OECD-Arbeitsgruppe trägt damit weitgehend den gegen die Beurteilung durch die Verhaltenskodex-Gruppe geäußerten Bedenken Rechnung. Holdingregelungen wurden von der OECD genau wie alle anderen potentiell schädlichen Maßnahmen anhand der

---

[809] *Thömmes*, DB 2001, 775, 778; *Kessler/Dorfmueller*, PIStB 2001, 177, 185; *Hey*, National Report Germany, in: Schön, Tax Competition, 253, 265; *Werra*, IStR 2001, 438, 439; *Lieber*, FR 2002, 139, 150; *Ritter*, IStR 2001, 430, 432;

[810] So die ausdrückliche Bezugnahme auf die Stellungnahme der Verhaltenskodex-Gruppe im Zusammenhang mit der Ankündigung der Abschaffung des § 10 Abs. 5 AStG, vgl. Bericht der Bundesregierung zur Fortentwicklung des Unternehmenssteuerrechts, FR 2001, Beilage zu Heft 11, 33.

[811] Mit Holdingregelungen und ähnlichen Vorzugsregelungen beschäftigt sich Kapitel VI der Application Notes (61 ff).

[812] *OECD*, Bericht 2004, 10 (Nr. 15).

[813] *OECD*, Application Note, 65 (Nr. 235).

[814] *OECD*, Bericht 2004, 10 (Nr. 15).

ursprünglich aufgestellten Kriterien überprüft mit dem Ergebnis, dass solche „Holdingregelungen", insbesondere Schachtelprivilegien, die zu den allgemeinen und systemnotwendigen Bestandteilen der Steuerordnung eines Staates gehören, als unschädlich zu beurteilen sind. Auf das Besteuerungsniveau im Staat der Tochtergesellschaft kommt es dabei ebenso wenig an, wie auf das Vorhandensein und die Ausgestaltung von CFC-Regeln im Staat der Holding. CFC-Regeln spielen konsequenterweise erst bei der Frage der Anwendung von Abwehrmaßnahmen eine Rolle, die jedoch nur dann ergriffen werden müssen, wenn im Staat der Tochtergesellschaft eine schädliche Steuerregelung angewendet wird[815] und nicht – wie von der Verhaltenskodex-Gruppe gefordert – bereits dann, wenn dort die Steuerbelastung gering(er) ist. Die Vorgehensweise der OECD-Arbeitsgruppe trägt daher nicht nur der Souveränität der einzelnen Staaten bei der Ausgestaltung ihres Steuersystems besser Rechnung, sondern vermeidet auch weitgehend Konflikte mit den Grundfreiheiten und bestehenden Doppelbesteuerungsabkommen.

B. Anpassung der CFC-Regelungen an die Kriterien des unfairen Steuerwettbewerbs

In Anbetracht der vielfältigen Berührungspunkte der Initiativen zur Bekämpfung des unfairen Steuerwettbewerbs einerseits und der nationalen CFC-Regelungen andererseits stellt sich natürlich die Frage, wie sich die internationalen Initiativen auf die Entwicklung der nationalen CFC-Regelungen auswirken.

Hierzu wird zum einen zu Bedenken gegeben, die CFC-Regelungen würden auf lange Sicht an Bedeutung verlieren, wenn die Bekämpfung der unfairen Steuerregelungen durch die OECD- und die EU-Initiative erfolgreich ist.[816] In der Tat würden mit Abschaffung aller als schädlich identifizierten Regelungen zahlreiche Anwendungsfälle für CFC-Regelungen wegfallen. Dass CFC-Regelungen damit jede Daseinsberechtigung verlieren würden, dürfte jedoch zumindest aus Sicht der anwendenden Fisci nicht ohne weiteres anzunehmen sein. Hier wird daher davon ausgegangen, dass die CFC-Regeln zumindest kurzfristig nicht gänzlich abgeschafft, sondern lediglich reformiert werden.

---

[815] So empfiehlt der OECD-Bericht 1998 (67) den Mitgliedstaaten ausdrücklich, im Falle der Anwendung der Freistellungsmethode dafür Sorge zu tragen, dass ausländische Einkünfte, die einer schädlichen Steuerregelung unterlegen haben, von der Freistellung ausgeschlossen werden sollen.

[816] *Dibout*, Drt. fisc. 1998, n° 48, 1475, 1481; *Mors*, EU Perspective, in: Schön, Tax Competition, 133, 148; *Runge*, Steuerwettbewerb, in: Breuninger, FS Rädler, 559, 567.

Eine solche Reform von CFC-Regeln mit dem Ziel, diese mit den Kriterien des unfairen Steuerwettbewerbs in Übereinstimmung zu bringen, wird immer häufiger gefordert. Interessanterweise machen sich diese Forderung sowohl die Befürworter einer Verschärfung der CFC-Regeln[817], als auch die Befürworter ihrer Einschränkung[818] zueigen. Allein dieser (scheinbare?) Widerspruch legt eine nähere Auseinandersetzung mit der Frage nahe, ob und wie eine solche Anpassung erfolgen kann und sollte.

Selbst wenn allerdings eine Anpassung der CFC-Regelungen an die Kriterien des unfairen Steuerwettbewerbs grundsätzlich denkbar (I.) und technisch möglich (II.) ist, sind hier auch die Grenzen einer solchen Anpassung aufzuzeigen (III.).

I. Grundsätzliche Bedenken gegen die Übertragbarkeit

Zum Teil werden gegen den Einsatz nationaler CFC-Regelungen zur Bekämpfung des unfairen Steuerwettbewerbs schon grundsätzliche Bedenken vorgebracht. Als problematisch wird insbesondere empfunden, dass die Maßnahmen gegen den unfairen Steuerwettbewerb einerseits und die CFC-Regeln andererseits sich an unterschiedliche Adressaten richten, nämlich an die Staaten einerseits und an die Steuerpflichtigen andererseits.[819] Eine automatische Anwendung der CFC-Regeln auf die Fälle des unfairen Steuerwettbewerbs würde daher bedeuten, den Steuerpflichtigen gewissermaßen als „Garanten“[820] für das Fehlverhalten eines anderen Staates zu bestrafen.[821]

Hierzu ist zum einen zu sagen, dass sich die Wirkung der CFC-Regeln nicht in der „Bestrafung“ des Steuerpflichtigen erschöpft. Durch die Abschreckungswirkung der CFC-Besteuerung wird auch das unfaire Steuerregime des Zielstaates für Steuerpflichtige deutlich unattraktiver, so dass mittelbar durchaus auch der unfair handelnde Zielstaat „gestraft“ wird. Die Ziele des EU-Verhaltenskodex und des OECD-Berichts könnten auf diese Weise besser durchgesetzt werden,

---

[817] Bericht der Bundesregierung zur Fortentwicklung des Unternehmenssteuerrechts, FR 2001, Beilage zu Heft 11, 33 (zur geplanten Abschaffung des § 10 Abs. 5 AStG).

[818] Etwa *Wassermeyer*, IStR 2001, 113, 115; *Dibout*, Drt. fisc. 1998, n° 48, 1475, 1481.

[819] *Wassermeyer* in: Flick/Wassermeyer/Baumhoff, vor §§ 7-14, Rz. 81.

[820] So *Thömmes*, DB 2001, 775, 779. In einem anderen Beitrag (IStR 2001, 441, 442) kritisiert *Thömmes* zudem die dem *Staat* auferlegte „Garantenpflicht“, sofern dieser in seinem Steuersystem eine uneingeschränkte Dividendenfreistellung vorsieht.

[821] *Wassermeyer*, Fortsetzung, in: Herzig, StbJb. 2001/2002, 63; *Baumgärtel*, Reformbedarf, in: Lüdicke, Fortentwicklung, 77, 81.

denn die Steuerpflichtigen hätten keinerlei Motivation mehr, in den Genuss einer unfairen Steuerregelung zu kommen. Zum anderen ist auch der Gedanke des Zugreifens auf den Steuerpflichtigen im Falle unrechtmäßigen staatlichen Handelns nichts grundsätzlich Neues: auch im Bereich des Beihilferechts kann der Begünstigte zur Rückzahlung einer Beihilfe verpflichtet werden, die ihm vom Staat unrechtmäßig gewährt wurde. Der Grund dafür liegt darin, dass nur auf diese Weise die entstandene Wettbewerbsverzerrung tatsächlich beseitigt werden kann. Auch das Beihilferecht beruht insofern auf einer parallelen Vorgehensweise gegen den Staat einerseits (Abschaffung der Regelung) und gegen den Begünstigten andererseits (Rückzahlung der Beihilfe).[822]

Im Ergebnis erscheint allein die Tatsache, dass sich die Initiativen gegen den unfairen Steuerwettbewerb an die Staaten und nicht an die Steuerpflichtigen richten, noch nicht als zwingender Ausschlussgrund für die grundsätzliche Übertragung der Kriterien auf die CFC-Regelungen. Damit ist freilich nicht gesagt, dass diese Übertragung im Einzelnen problemlos wäre.

II. Technische Möglichkeiten der Angleichung

Als nächstes stellt sich die Frage, wie eine Anpassung der CFC-Regelungen konkret aussehen könnte. Hierzu gibt es bislang nur vereinzelte Überlegungen. Konkret ist danach zu fragen, wo sich mögliche Anknüpfungspunkte innerhalb der bestehenden CFC-Regelungen befinden (1.) und in welcher Form die Bezugnahme auf die schädlichen Steuerregelungen erfolgen kann (2.).

1. Anknüpfungspunkt in der CFC-Regelung

Das *BMF* hatte offenbar Überlegungen zur Einführung eines Tatbestandes „unfairer Steuerwettbewerb" neben § 8 AStG angestellt.[823] Auch *Selling* schlägt vor, „die Hinzurechnung allgemein für Gestaltungen vorzunehmen, die von unfairen ausländischen Steuerregelungen Gebrauch machen" und weist auf die

[822] Dass das Beihilferecht eine gänzlich andere Rechtsqualität besitzt, als die politischen Absichtserklärungen zum unfairen Steuerwettbewerb, ändert nichts an dem Rechtsgedanken des parallelen Zugriffs auf den Steuerpflichtigen, auf den allein es hier ankommt.

[823] *Thömmes*, IStR 2001, 441, 441 (kritisch und mit Hinweis auf die dann drohende weitere Komplizierung der Hinzurechnungsbesteuerung); *Thömmes*, IWB Fach 11 Europäische Gemeinschaften Gruppe 2, 547, 554.

Möglichkeit der Orientierung an den Arbeiten der OECD und der EU hin.[824] Ob der Aktivitätskatalog daneben weiterhin anwendbar sein soll, oder ob sich die Hinzurechnungsbesteuerung vielmehr auf die Fälle unfairer Steuerregelungen im Quellenstaat beschränken soll, ist der Äußerung allerdings nicht zu entnehmen. Die Verhaltenskodex-Gruppe selbst hat die Aufhebung der Unterscheidung in aktive und passive Einkünfte gefordert, da sonst möglicherweise nicht alle unfairen Steuervergünstigungen erfasst werden könnten.[825] Dieser Vorschlag würde daher auf eine Erweiterung des Anwendungsbereichs der Hinzurechnungsbesteuerung hinauslaufen, da auch aktive unfair besteuerte Einkünfte dem Zugriff unterliegen würden. Verhältnismäßig unkompliziert und gewissermaßen „minimal-invasiv" wäre in diesem Zusammenhang eine Erweiterung des Begriffs der Zwischeneinkünfte in § 8 AStG um einen weiteren Absatz, der *ungeachtet des Absatzes 1* auch solche Einkünfte als Zwischeneinkünfte erfasst, die einer unfairen Besteuerung[826] unterlegen haben. Diese Möglichkeit würde jedoch nicht den vielfach geäußerten Bedenken gegen die derzeitige Gesetzestechnik der Hinzurechnungsbesteuerung Rechnung tragen. Insbesondere würde sie zu einer weiteren Verkomplizierung der Hinzurechnungsbesteuerung führen[827] und die Chance, bei dieser Gelegenheit den Aktivitätskatalog zu reformieren, würde verpasst. Eine derartige Regelung ist daher schon aus diesen Gründen abzulehnen. Die fortbestehenden Zweifel hinsichtlich der Vereinbarkeit mit Gemeinschafts- und DBA-Recht kommen erschwerend hinzu.

Denkbar wäre es auch, das Regel-Ausnahme-Verhältnis des Katalogs umzukehren und dort die passiven Tätigkeiten zu normieren, wobei jedenfalls die Mitwirkungstatbestände wegfallen sollten. Dies würde der Entschlackung und Modernisierung des Gesetzes und nicht zuletzt auch der Rechtssicherheit dienen. Die Beweislast dafür, dass eine passive Tätigkeit ausgeübt wird, läge bei der Finanzverwaltung, was jedoch angesichts der erhöhten Mitwirkungspflichten des Steuerpflichtigen bei Auslandssachverhalten möglicherweise weniger schwerwiegend ist, als man zunächst vermuten könnte. Das Vorliegen einer unfairen Steuerregelung im Quellenstaat könnte in Gestalt einer Beweislastumkehr zulasten des Steuerpflichtigen, also einer Vermutung von Zwischeneinkünften, Berücksichtigung finden.

---

[824] *Selling*, IStR 2000, 225, 231.

[825] *Werra*, IStR 2001, 438, 438. Auch *Runge*, Steuerwettbewerb, in: Breuninger, FS Rädler, 559, 575 f fordert eine Abschaffung der Unterscheidung zwischen aktiven und passiven Einkünften. Eine Hinzurechnung sollte demnach immer greifen, wenn bei einer Beteiligungshöhe ab 10% niedrig besteuerte Einkünfte nicht ausgeschüttet werden. Diese „Vereinfachung" käme der aktuellen französischen Regelung recht nahe.

[826] Dies wirft freilich das Problem auf, wie der Begriff der unfairen Steuerregelung zu integrieren ist; dazu unten II..

[827] *Thömmes*, IStR 2001, 441, 441.

Ein Anknüpfen bei der Vermutung der Einkünfteverlagerung wäre auch bei der französischen Regelung des Art. 209 B CGI denkbar. *Dibout* stellt diese Überlegung allerdings aus einer anderen Perspektive an und merkt im Rahmen seiner Überlegungen zum EU-Verhaltenskodex an, dass diese Vermutung zumindest dann *nicht* mehr greifen dürfte, wenn eine überprüfte Regelung ausdrücklich als *nicht* schädlich eingestuft wurde.[828] Dies würde eine Einschränkung des Anwendungsbereichs des Art. 209 B CGI bedeuten.

Eine relativ schlichte und für beide Länder denkbare Lösung wäre es schließlich, eine CFC-Besteuerung unabhängig von der Art der Einkünfte der ausländischen Einheit immer dann, aber auch nur dann vorzunehmen, wenn und soweit die ausländische Einheit einer unfairen Steuerregelung unterliegt.

2. Bezugnahme auf schädliche Steuerregelungen

Für jede dieser Möglichkeiten stellt sich allerdings das Problem, wie genau die Bezugnahme auf die schädlichen Steuerregelungen erfolgen soll. Zunächst stellt sich die Frage, ob eine Bezugnahme auf die abstrakten Kriterien im EU-Verhaltenskodex und im OECD-Bericht möglich ist. Eine solche einseitige Beurteilung der Schädlichkeit durch die deutsche Finanzverwaltung könnte sich jedoch als äußerst problematisch erweisen. Zudem zeigt die langwierige Arbeit, die zur Beurteilung von Steuerregelungen anhand dieser Kriterien notwendig ist, dass eine solche Bezugnahme angesichts der ständig im Wandel befindlichen Steuersysteme in der Praxis kaum durchführbar sein dürfte.

Denkbar wäre allerdings eine Bezugnahme auf die bereits konkret von der O-ECD und der Verhaltenskodex-Gruppe beurteilten Regelungen. Diese könnte beispielsweise in Form einer Verweisung auf die von EU und OECD erstellten Listen erfolgen. Auch hier stellt sich jedoch das Problem, dass diese Listen sich verändern. Ob eine dynamische Verweisung auf den jeweiligen Stand der Listen den Anforderungen an die Rechtssicherheit genügen würde, ist allerdings sehr zweifelhaft. Realistischer wäre es wohl, die als schädlich identifizierten Steuerregelungen in regelmäßig zu aktualisierende nationale sogenannte schwarze Listen aufzunehmen, bzw. jedenfalls die als unschädlich identifizierten Regelungen in sog. weiße Listen aufzunehmen. Dies wäre sowohl in Deutschland als auch in Frankreich relativ unproblematisch möglich, da es in beiden Ländern bereits solche Listen gibt.[829]

---

[828] *Dibout*, Drt. fisc. 1998, n° 48, 1475, 1481. Ähnlich Mémento EU, n° 6594.

[829] In Deutschland befinden sich solche Listen im Anhang zum AStG, in Frankreich gibt es jedenfalls interne Listen der Finanzverwaltung.

III. Grenzen der Umgestaltung

Den Möglichkeiten bei der Umgestaltung der nationalen CFC-Regeln werden jedoch von zwei Seiten Grenzen gesetzt. Zum einen werden die nationalen Gesetzgeber bei einer eventuellen Umgestaltung darauf bedacht sein, ihre mit der CFC-Gesetzgebung verfolgten Ziele zu berücksichtigen (1.). Zum anderen muss eine umgestaltete CFC-Regelung den Anforderungen internationalen Rechts, insbesondere des Gemeinschaftsrechts, genügen, um überhaupt eine Zukunft zu haben (2.).

1. Übereinstimmung mit den Zielen des nationalen Gesetzgebers

Ob und inwieweit eine Übertragung der Kriterien des unfairen Steuerwettbewerbs auf die nationale CFC-Besteuerung vorstellbar ist, hängt nicht zuletzt davon ab, ob eine derart angepasste CFC-Regelung noch zur Verfolgung der Ziele des nationalen Gesetzgebers geeignet ist.

Klassisches Ziel der CFC-Regelungen ist die Verhinderung der dauerhaften Thesaurierung von passiven Erträgen in niedrig besteuerten Auslandsgesellschaften. Die Erreichung dieses Ziels erfordert den durch diese Vorschriften ermöglichten Zugriff auf nicht ausgeschüttete Gewinne der ausländischen Gesellschaft. So wird zum einen die Steuerstundungswirkung der Thesaurierung vereitelt, zum anderen wird auch durch eine gewisse Abschreckungswirkung der Verlagerung von Gewinnen in solche Gesellschaften vorgebeugt. Sofern es hier um die Verhinderung der Steuervermeidung mittels mehr oder weniger substanzloser Auslandsgesellschaften geht, würde es sicherlich nicht den Zielen des Gesetzgebers widersprechen, eine Anpassung an die Kriterien des unfairen Steuerwettbewerbs vorzunehmen, denn diese decken gerade die typischen steuerlichen Begünstigungen solcher Niederlassungen ab.

Sowohl die deutsche als auch die französische CFC-Regelung verfolgen aber daneben das Ziel, das internationale Schachtelprivileg zu flankieren und die Dividendenfreistellung nur dann zu gewähren, wenn eine ausreichende Vorbelastung der Gewinne im Ausland gewährleistet ist. Würde die Anwendbarkeit der CFC-Regelungen auf die Fälle einer unfairen Steuerregelung im Staat der Tochtergesellschaft beschränkt, könnte diese Funktion zum Teil nicht mehr erfüllt werden, denn nicht jede Niedrigbesteuerung passiver Erträge stellt gleichzeitig eine unfaire Steuerregelung dar. Nur dann, wenn die ausländische Niedrigbesteuerung zugleich eine Sonderbehandlung darstellt, wenn von den anerkannten Gewinnermittlungsregeln abgewichen wird oder wenn Transparenz- oder Informationsaustauschgebote verletzt werden, könnte die CFC-Besteuerung angewendet werden. Darauf, dass, wie beim Verhaltenskodex in seiner ursprünglichen Form, die Niedrigbesteuerung innerhalb des Staates der Tochtergesellschaft (oder der Betriebsstätte) eine Sonderbehandlung darstellt, kommt es bei den CFC-Regelungen gar nicht an.[830] Diese knüpfen vielmehr an der Besteuerungsdifferenz zwischen dem Staat der Tochter- und dem der Muttergesellschaft an. Damit würde der Anwendungsbereich der CFC-Regeln erheblich eingeschränkt. Das Ziel der Sicherstellung einer ausreichenden Vorbelastung der Dividende könnte so nicht mehr erreicht werden.

2. Übereinstimmung mit Gemeinschaftsrecht und Doppelbesteuerungsabkommen

Soweit zur Anpassung an die Erfordernisse des Verhaltenskodex und des OECD-Berichts eine Verschärfung der CFC-Regeln erforderlich ist, machen sich die nationalen Gesetzgeber bereitwillig die Forderungen zur Bekämpfung des unfairen Steuerwettbewerbs zueigen. Deutlich geringer ist hingegen die Bereitschaft, die CFC-Regeln auch an den Erfordernissen der Grundfreiheiten und der Doppelbesteuerungsabkommen auszurichten.[831] Im Hinblick auf die jeweilige rechtliche Qualität der Maßnahmen gegen den unfairen Steuerwettbewerb einerseits und Grundfreiheiten und Diskriminierungsverbote des EG-Vertrags und geltende Doppelbesteuerungsabkommen andererseits muss jedoch festgestellt werden, dass die Bestrebungen zur Bekämpfung des unfairen Steuerwettbewerbs im Kollisionsfalle zurücktreten müssen.[832] Mit anderen Worten: eine Regelung, die der Bekämpfung des unfairen Steuerwettbewerbs dient, muss sich dennoch an Grundfreiheiten und Doppelbesteuerungsabkommen messen lassen.[833] Der Zweck der Bekämpfung des unfairen Steuerwettbewerbs ist keinesfalls ein Freibrief für die beliebige Ausgestaltung von CFC-Regelungen. Kritisch zu würdigen sind in dieser Hinsicht insbesondere die den Mitgliedstaaten durch den Verhaltenskodex angeratenen Einschränkungen der Freistellungsmethode durch begleitende Anti-Missbrauchsregelungen. Sofern ein Doppelbesteuerungsabkom-

---

[830] *Turot*, RJF 1998, n° 12, 940, 943.

[831] Ähnlich die Kritik bei *Thömmes*, IStR 2001, 441, 442.

[832] *Nijkamp*, ec tax review 2001, n° 3, 147, 152; *Dibout*, Drt. fisc. 1998, n° 48, 1475, 1479. A.A. offenbar *Roser*, IStR 2000, 78, 80, der betont, die Niederlassungsfreiheit unterliege den Restriktionen des „schädlichen Steuerwettbewerbs" in Europa.

[833] Auch der französische Sénateur Chaumont kommt in seinem Bericht zum Gesetzesvorhaben zur Änderung des französisch-schweizerischen Doppelbesteuerungsabkommens zu dem Schluss, dass allein die Tatsache, dass die EU gegen den unfairen Steuerwettbewerb vorgeht, noch nicht bedeutet, dass nationale Vorschriften, die in dieselbe Richtung zielen, deshalb mit Gemeinschaftsrecht vereinbar sind (vgl. Chaumont (Sénateur), Rapport n° 351, C. 4.).

men die Freistellungsmethode vorsieht, stellt deren einseitige Einschränkung durch CFC-Regelungen eines Vertragsstaates einen Vertragsbruch dar. Und sofern ein Staat allgemein Schachteldividenden von der Besteuerung freistellt, kann er nicht ohne Verletzung der Grundfreiheiten die Freistellung ausländischer Dividenden von einer bestimmten Vorbelastung im Quellenstaat abhängig machen, auch wenn die Verhaltenskodex-Gruppe dies fordert. Dass der EuGH im Falle der Inanspruchnahme einer unfairen Steuerregelung durch einen Steuerpflichtigen stets einen Missbrauch annehmen würde, der eine Einschränkung der Grundfreiheiten durch CFC-Regelungen rechtfertigt, ist nicht anzunehmen.

Auch die Genehmigung einer steuerlichen Maßnahme durch die Kommission im Rahmen der Beihilfeaufsicht steht der Anwendung von CFC-Regeln auf die dieser Maßnahme unterliegende Tochtergesellschaft entgegen (s.o. Kapitel 4 B. II. 2.).

C. Ergebnis

Es zeigt sich, dass die Kriterien des unfairen Steuerwettbewerbs durchaus ein Maßstab für die Reform der deutschen und der französischen CFC-Regelung sein können und dass es einige Möglichkeiten gibt, eine Anknüpfung technisch zu verwirklichen. Obgleich sowohl Befürworter als auch Gegner der aktuell geltenden CFC-Regelungen zum Teil eine solche Anpassung begrüßen würden, werden dadurch weder automatisch die bestehenden Probleme des Verstoßes der CFC-Regelungen gegen Gemeinschafts- und DBA-Recht gelöst, noch wird allen Bedenken des deutschen und des französischen Fiskus hinsichtlich der Gefahren eines bestehenden Steuergefälles Rechnung getragen.

Kapitel 6: Schlussbetrachtung und Ausblick

Die in der zweiten Hälfte der 1990er Jahre ins Leben gerufenen internationalen Maßnahmen der OECD und der EU halten nationale CFC-Regelungen grundsätzlich für ein wirkungsvolles Mittel zur Bekämpfung des unfairen Steuerwettbewerbs und fordern beide ausdrücklich die Anwendung dieser Vorschriften durch ihre Mitgliedstaaten. Den Zweck der Bekämpfung des unfairen Steuerwettbewerbs können diese Regelungen jedoch dauerhaft nur dann erfüllen, wenn sie mit dem internationalen Recht in Einklang stehen und über ihnen nicht das Damoklesschwert einer Verurteilung durch den Europäischen Gerichtshof schwebt. Die Untersuchung hat jedoch gezeigt, dass derzeit weder die deutsche noch die französische CFC-Regelung einer Überprüfung anhand von Gemeinschafts- und DBA-Recht standhalten und dies, obwohl gewisse Einflüsse der Maßnahmen gegen den unfairen Steuerwettbewerb auf den jeweiligen Prüfungsmaßstab nicht zu verkennen sind. Die Frage, ob die Anpassung an die Kriterien des unfairen Steuerwettbewerbs einen Ausweg aus dieser Krise der CFC-Regelungen darstellen könnte, liegt daher nahe. Es hat sich jedoch gezeigt, dass, wenngleich möglich, eine solche Anpassung nicht automatisch die elementaren Probleme der CFC-Regelungen löst. Der Zweck, selbst wenn er international anerkannt ist, heiligt eben auch in diesem Fall nicht die Mittel.

Es wird daher für die nationalen Gesetzgeber kein Weg daran vorbei führen, ihre CFC-Regelungen den Erfordernissen des Gemeinschafts- und des DBA-Rechts anzupassen, was zwangsläufig mit einer deutlichen Einschränkung des Anwendungsbereichs der CFC-Regelungen verbunden sein wird.[834]

---

[834] Das französische Finanzministerium hat dies erkannt und im Sommer 2004 dem französischen Unternehmerverband MEDEF einen Vorschlag für die Reform des Art. 209 B CGI zur Stellungnahme zugeleitet (dazu: *Collet/de Rancourt*, TNI 2004, vol. 35, n° 8, 693 ff.). Aus dem nicht veröffentlichten Papier geht hervor, dass die französische CFC-Regelung zukünftig im Verhältnis zu EU-Mitgliedstaaten nicht mehr anwendbar sein soll. Das Problem der Vereinbarkeit mit Doppelbesteuerungsabkommen soll dadurch gelöst werden, dass Art. 209 B CGI zukünftig eine Ausschüttungsfiktion vorsehen soll. Gleichzeitig soll der Anwendungsbereich der Vorschrift hinsichtlich der Art der Einkünfte der ausländischen Einheit, der Mindestbeteiligung, der Definition der Niedrigbesteuerung, der Beseitigung der Doppelbesteuerung und des Entlastungsbeweises modernisiert werden (zur Neuregelung vgl. Anhang). Daneben sieht der Reformvorschlag die Einführung einer Veräußerungsgewinnbefreiung und die Neugestaltung der Ende 2003 vom Conseil d'Etat (CE, sect., v. 30.12.2003, n° 249047, *SARL Coréal Gestion*, RJF 2004, n° 3, décision n° 233 und CE, sect., v. 30.12.2003, n° 233894, *SA Andritz*, RJF 2004, n° 3, décision n° 238; dazu: *Sinz/Achilles*, IStR 2004, Länderbericht Heft 3, 3) für DBA- und europarechtswidrig befundenen Regelung zur Gesellschafterfremdfinanzierung (Art. 212 CGI) vor.

Dies wird für die betroffenen Staaten um so schmerzlicher sein, als nicht wenige Staaten in Anbetracht der eingeschränkten Möglichkeit, spezielle Steuervergünstigungen zu gewähren, sich darauf verlegt haben, allgemein anwendbare Steuerentlastungen einzuführen. Beispielhaft seien hier nur der generelle irische Körperschaftsteuersatz von 12,5%, sowie die generelle Körperschaftsteuerbefreiung von Dividenden und Veräußerungsgewinnen in Deutschland genannt. Auch die neuen Mitgliedstaaten der EU locken eher mit einem generell niedrigen Steuerniveau als mit speziellen Steuervergünstigungen. Es handelt sich hierbei um den Wettbewerb, der von EU und OECD als fair angesehen wird. Die Bekämpfung des unfairen Steuerwettbewerbs hat somit zu einer Verschärfung des fairen, transparenten Wettbewerbs geführt.[835]

Noch 2002 hat Hans Eichel in seiner Rede vor der französischen Nationalversammlung in Paris gesagt, im Falle einer stärkeren Harmonisierung der Bemessungsgrundlagen in Europa könne der Wettbewerb bei der Gewinnbesteuerung über unterschiedliche Steuersätze ausgetragen werden.[836] Die anlässlich des EU-Beitritts zahlreicher Staaten mit generell niedriger Unternehmenssteuerbelastung ausgerechnet von Deutschland und Frankreich angestoßene Initiative zur Einführung europäischer Mindeststeuersätze[837] relativiert diese Aussage jedoch ganz erheblich und wirft die Frage auf, ob insbesondere in der Europäischen Union nicht ein grundlegenderes Problem als das der CFC-Regelungen und des unfairen Steuerwettbewerbs diskutiert werden müsste, nämlich das der Kapitalexportneutralität.[838] Sowohl die deutsche als auch die französische CFC-Regelung leiden daran, dass ihr Zweck heute nicht nur in der Durchbrechung der Abschirmwirkung ausländischer Gesellschaften liegt, sondern auch darin, die für die Hochsteuerstaaten problematischen Folgen der Anwendung der Freistel-

---

[835] *Mors*, EU Perspective, in: Schön, Tax Competition, 133, 141.

[836] Rede des Bundesministers der Finanzen Hans Eichel vor Abgeordneten der französischen Nationalversammlung am 14. Februar 2002 in Paris, www.bundesfinanzministerium.de/Reden (19.2.2002). Einen interessanten Aspekt nennen in diesem Zusammenhang auch *Meier/Perrot*, Drt. fisc. 2002, n° 3, 136, 148: Die Benachteiligung der kleinen Staaten würde diese weniger zu Vorzugssteuern zwingen, wenn auf europäischer Ebene ein Verlustausgleich möglich wäre.

[837] Regierungserklärung von Bundeskanzler Gerhard Schröder vor dem deutschen Bundestag am 30.4.2004, www.bundeskanzler.de (4.5.2004); *Schrinner*, Handelsblatt v. 9.3.2004, 8; *Bräuning*, Financial Times Deutschland v. 14.5.2004, 34; *Hulverscheidt/Proissl/Kreimeier*, Financial Times Deutschland v. 13.5.2004, 1; *Fischer/Marschall*, Financial Times Deutschland v. 7.9.2004, 1; *Fischer/Marschall*, Financial Times Deutschland v. 7.9.2004, 12. Die EU-Kommission steht diesen Vorstößen Deutschlands und Frankreich jedoch ablehnend gegenüber.

[838] Zu diesem Zusammenhang auch *BMF*, Kapitaleinkommensbesteuerung, 30. Einen generellen Übergang zur Anrechnungsmethode (Stärkung des Wohnsitzprinzips) schlägt auch *Runge*, Steuerwettbewerb, in: Breuninger, FS Rädler, 559, 578 vor.

lungsmethode zu neutralisieren. Da letztere aber der Verwirklichung des Binnenmarktes dient, ist es eigentlich nicht erstaunlich, dass hier eine Kollision von CFC-Regeln und Gemeinschaftsrecht entsteht,[839] die mit Hilfe der Prinzipien des unfairen Steuerwettbewerbs nicht gelöst werden kann. Könnten die CFC-Regelungen um das Problem der Kapitalexportneutralität entschlackt werden, wären ihre Zukunftschancen sicherlich größer und sie könnten gezielt als Instrumente zur Bekämpfung unfairer Steuerregelungen eingesetzt werden. Andernfalls wird der Versuch, durch CFC-Regelungen zu viele Probleme auf einmal lösen zu wollen, diesen Regeln über kurz oder lang zum Verhängnis werden.

[839] Auch *Matteotti*, Durchgriff, 52 (insbes. Fn. 208) geht davon aus, dass die Anwendung von CFC-Vorschriften in der EU dem Konzept des Binnenmarktes widerspricht.

Anhang

I. Reform der französischen CFC-Regelung ab 2006

Mit dem nach Abschluss der vorliegenden Arbeit verabschiedeten Finanzgesetz für das Jahr 2005[840] wurde die französische CFC-Regelung in Art. 209 B CGI, nicht zuletzt als Reaktion auf das *Schneider*-Urteil der Conseil d'Etat aus dem Jahr 2002,[841] mit Wirkung zum 1.1.2006 grundlegend reformiert.[842] Nachfolgend werden die durch die Neuregelung erfolgten Änderungen dargestellt.

1. Inländische Steuerpflichtige

Eine geringfügige Änderung erfolgte hinsichtlich des inländischen Steuerpflichtigen. Art. 209 B I 1. n.F. des CGI spricht nun von einer in Frankreich errichteten juristischen Person, die der Körperschaftsteuer unterliegt („*personne morale établie en France et passible de l'impôt sur les sociétés*"). Die alte Fassung (Art. 209 B I bis 1. a.F. CGI) erfasste eine juristische Person, die der Körperschaftsteuer unterliegt („*personne morale passible de l'impôt sur les sociétés*"). Der Zusatz „in Frankreich errichtete" ist wohl nur redaktioneller Natur. Mit dem Zusatz könnte die Einbeziehung französischer Betriebsstätten ausländischer Gesellschaften bezweckt sein, die jedoch bereits nach der aktuellen Rechtslage (Art. 209 B a.F. CGI) aufgrund der Verwaltungsanweisung in den Anwendungsbereich des Art. 209 B CGI fallen, sofern in ihnen Beteiligungen CFC-Gesellschaften gehalten werden.[843]

---

[840] Art. 104 der Loi n° 2004-1484 du 30 décembre 2004 de finances pour 2005, veröffentlicht in J.O. n° 304 v. 31.12.2004, 22459.

[841] So etwa *Goulard/Jolly*, TNI 2005, vol. 37, n° 3, 219, 219. Zur Rechtspechung des Conseil d'Etat vgl. Kapitel 4 A. II. 2..

[842] Ein Dekret und eine Verwaltungsanweisung sollen in Kürze nähere Informationen zur Anwendung der neuen Vorschrift geben, vgl. *von Streng/Couturier/Affejee*, Steuer Revue 2005, 178, 179 (Fn. 3)

[843] Instruction BOI 4 H-3-98 vom 17.4.1998, Tz. 17. Vgl. dazu Kapitel 3 B. I. 2. a.. So auch *von Streng/Couturier/Affejee*, Steuer Revue 2005, 178, 179.

2. Ausländische Einheit

Hinsichtlich der erfassten ausländischen Einheit wurde der Anwendungsbereich des Art. 209 B CGI erweitert. Während die alte Fassung der Vorschrift eine Gesellschaft, Vereinigung oder ein Unternehmen, das außerhalb Frankreichs betrieben wird, erfasste, spricht die neue Fassung von jeder Art von juristischer Einheit (juristische Person, Organismus, Stiftung/Trust oder vergleichbares Gebilde).[844] Damit sind nun auch solche Gebilde erfasst, die das französische Recht so nicht kennt, insbesondere der Trust.[845]

3. Höhe der Beteiligung

Eine entscheidende Änderung erfolgte hinsichtlich der die CFC-Besteuerung auslösenden Mindestbeteiligung an der ausländischen juristischen Einheit. Während gem. Art. 209 B a.F. CGI eine Beteiligung von 10% ausreichte, um die CFC-Besteuerung auszulösen, ist nun im Regelfall eine Beteiligung von über 50%[846] erforderlich (Art. 209 B I 1. n.F. CGI). Auch die französische CFC-Regelung greift nun also nur noch, wenn die ausländische Gesellschaft durch die inländische beherrscht wird. Diese Änderung macht daher die häufig an der niedrigen Beteiligungsschwelle der Altregelung geäußerte Kritik[847] für die Zukunft gegenstandslos.

Unverändert ist – im Gegensatz zur deutschen Regelung – grundsätzlich erforderlich, dass diese Beteiligung durch dieselbe inländische Einheit gehalten wird. Hier wurden jedoch zwei Ausnahmetatbestände eingeführt. Demnach wird die Beteiligungsquote zum einen auf 5% abgesenkt, wenn insgesamt mehr als 50% der Anteile von französischen Unternehmen gehalten werden (Art. 209 B I 1. n.F. CGI). Sofern die ausländische Einheit börsennotiert ist, setzt die Anwendung der 5%-Schwelle jedoch voraus, dass die Finanzverwaltung ein Zusammenwirken bzw. eine gemeinsame Willensbildung der französischen Anteilseigner nachweist.[848] Diese Einschränkung ist zu begrüßen, da sie die typischen

---

844 Art. 209 B Abs. 1 1. n.F. CGI: „*...entité juridique : personne morale, organisme, fiducie ou institution comparable, établie ou constituée hors de France...*"

845 o. V., Drt. fisc. 2005, n° 1-2, comm. 73, 132, 133.

846 „ *... plus de 50 %*" und nicht, wie bei *von Streng/Couturier/Affejee*, Steuer Revue 2005, 178, 180 und *Goulard/Jolly*, TNI 2005, vol. 37, n° 3, 219, 219 dargestellt, *mindestens* 50%.

847 Vgl. Kapitel 3 B. III. 2..

848 „*...qui, dans le cas où l'entité étrangère est cotée sur un marché réglementé, agissent de concert...*"

Nachweisprobleme im Falle von kleineren Beteiligungen an ausländischen börsennotierten Gesellschaften vermeidet.[849] Zudem wird die CFC-Besteuerung nur dann ausgelöst, wenn aufgrund einer gemeinsamen Willensbildung der beherrschenden Inländer tatsächlich die Ausschüttungspolitik der ausländischen Einheit beeinflusst werden kann und nicht bereits dann, wenn das Überschreiten der Mindestbeteiligungsschwelle zufällig oder unbewusst geschieht.

Hintergrund der Festsetzung 5%-Schwelle dürfte das Anliegen des Gesetzgebers sein, es den Steuerpflichtigen nicht zu ermöglichen, ihre Beteiligung an einer niedrig besteuerten Gesellschaft so aufzuspalten, dass sie zwar noch in den Genuss der Schachtelfreistellung (ab einer Beteiligung von 5%) kommen, aber dennoch nicht von der CFC-Regelung erfasst werden.[850] Hier taucht wieder das Motiv des Gesetzgebers auf, niedrig besteuerte ausländische Einkünfte nicht bei der Ausschüttung freistellen zu wollen.[851]

Die Beteiligungsschwelle wird zum anderen auch dann auf 5% herabgesetzt, wenn insgesamt mehr als 50% der Anteile der ausländischen Einheit von Unternehmen gehalten werden, die direkt oder indirekt von dem inländischen Steuerpflichtigen beherrscht werden[852] oder abhängig sind iSd. Art. 57 CGI[853] (Art. 209 B I 1. n.F. CGI).[854]

Eine wertmäßige Ermittlung der Mindestbeteiligung (vormals: mind. EUR 22,8 Mio. Wiederverkaufswert) ist nach der Neuregelung nicht mehr vorgesehen.

---

849 Zur Kritik an der deutschen Regelung insofern vgl. Kapitel 3 B. III. 3..

850 *von Streng/Couturier/Affejee*, Steuer Revue 2005, 178, 180 (Fußnote 7).

851 Dazu Kapitel 3 B. III. 3..

852 Gemäß Art. 233-3 des Code de commerce (französisches Handelsgesetzbuch) liegt eine Beherrschung vor, wenn ein Anteilseigner die Mehrheit der Stimmrechte besitzt oder auf andere Weise die Entscheidungen der Gesellschafterversammlung beeinflussen kann. Vermutet wird dies ab einer Beteiligung von 40%, sofern nicht ein anderer Anteilseigner eine höhere Beteiligung hält. Die beherrschende Stellung kann auch von mehreren Personen gemeinsam ausgeübt werden. Vgl. o. V., Drt. fisc. 2005, n° 1-2, comm. 73, 132, 133.

853 Die Abhängigkeit iSd. § 57 CGI (Verrechnungspreisvorschrift) ist insbesondere eine (vertragliche oder faktische) wirtschaftliche Abhängigkeit, vgl. *Editions Francis Lefebvre*, Paradis fiscaux, n° 10-13.

854 „*...par des entreprises qui sont placées directement ou indirectement dans une situation de contrôle ou de dépendance au sens de l'article 57 à l'égard de la personne morale établie en France.*“

4. Niedrigbesteuerung

Die Niedrigbesteuerung bestimmt sich auch nach der Änderung des Art. 209 B CGI noch gemäß Art. 238 A CGI.[855] Auch diese Vorschrift wurde durch Art. 104 des Finanzgesetzes für 2005 mit Wirkung zum 1.1.2006 geändert.

Art. 238 A CGI bestimmt nunmehr, dass eine Niedrigbesteuerung vorliegt, wenn die Einkünfte nicht besteuert werden (insofern ist die Vorschrift unverändert) oder einer Steuer unterliegen, die um mehr als die Hälfte geringer ist als die Steuer, die unter entsprechenden Umständen bei Ansässigkeit in Frankreich zu zahlen gewesen wäre.[856] Der Anwendungsbereich dieser Vorschrift und damit der CFC-Besteuerung verringert sich somit gegenüber der Altfassung, denn dort lag nach Auffassung der Verwaltung eine Niedrigbesteuerung bereits dann vor, wenn die Steuerlast nur um mehr als ein Drittel geringer war, als in Frankreich.[857] Im Übrigen ist die Regelung jedoch unverändert, insbesondere ist nach wie vor auf die konkrete steuerliche Situation der Gesellschaft abzustellen.[858]

5. Ausnahmen (Clauses de sauvegarde)

Wichtige Veränderungen gibt es auch in Bezug auf die Ausnahmeregelung, die die Besteuerung nach Art. 209 B CGI unter bestimmten Voraussetzungen entfallen lässt. Nach der Neuregelung sind zwei Ausnahmeregelungen (*Clauses de sauvegarde*) zu unterscheiden, denn neben die bereits bestehende Ausnahme beim Vorliegen bestimmter aktiver Einkünfte, die inhaltlich verändert wird (a.), tritt ein zweiter Ausnahmetatbestand für EU-Gesellschaften (b.).

a. Bestehende Ausnahme bei aktiven Einkünften

Die CFC-Besteuerung wird nicht ausgelöst, wenn die Einkünfte der ausländischen Einheit aus Produktions- oder Handelstätigkeiten stammen (Art. 209 B III n.F. CGI). Der Begriff der Produktions- oder Handelstätigkeiten ist gegenüber

---

[855] Vgl. dazu Kapitel 3 B. IV. 2..

[856] „*...assujetties à des impôts sur les bénéfices ou les revenus dont le montant est inférieur de plus de la moitié à celui de l'impôt sur les bénéfices ou sur les revenus dont elles auraient été redevables dans les conditions de droit commun en France, si elles y avaient été domiciliées ou établies.*“

[857] Vgl. dazu Kapitel 3 B. IV. 2..

[858] o. V., Drt. fisc. 2005, n° 1-2, comm. 73, 132, 181.

der Altfassung der Vorschrift soweit ersichtlich unverändert.[859] Nicht mehr erforderlich ist allerdings, dass diese Tätigkeit überwiegend auf dem lokalen Markt ausgeübt wird.

Neu ist auch die Regelungstechnik. Während in der Altfassung erforderlich war, dass die ausländische Einheit *hauptsächlich* Einkünfte aus Produktions- und Handelstätigkeiten hat, sind anstelle dieser Einschränkung nun zwei Rückausnahmen vorgesehen. Zum einen (Art. 209 B III Buchst. a n.F. CGI) entfällt die Ausnahme, wenn mehr als 20% der Einkünfte der ausländischen Einheit aus dem Halten, Verwalten und der Wertsteigerung von Beteiligungen, Forderungen und ähnlichen Wirtschaftsgütern stammt, sofern diese Tätigkeit im eigenen Interesse oder für andere Konzerngesellschaften ausgeübt wird oder aus der Veräußerung oder Vergabe von immateriellen Wirtschaftsgütern (z.B. Patente, Marken u.ä.).[860] Zum anderen (Art. 209 B III Buchst. b n.F. CGI) entfällt die Ausnahme, wenn die Einkünfte der ausländischen Einheit zu mehr als 50% aus den vorgenannten Finanzierungstätigkeiten und der Erbringung von konzerninternen Dienstleistungen stammen.[861]

Von diesen Rückausnahmen gibt es wiederum eine Ausnahme (mit der Folge der Nichtanwendbarbeit der CFC-Besteuerung), wenn der französische Steuerpflichtige nachweist, dass die Tätigkeit der ausländischen Einheit nicht in erster Linie eine Einkünfteverlagerung in niedrig besteuerte Gebiete zur Folge hat.[862] Diese Regelung war bereits in der Altfassung in ähnlicher Formulierung enthalten.[863] Insbesondere wurde auch nicht der Wortlaut dahingehend geändert, dass es nun nicht mehr auf die Folge (*effet*), sondern auf die Absicht (*motivation*) der Einkünfteverlagerung ankäme.[864] Sofern die Finanzverwaltung ihre diesbezügli-

---

[859] Vgl. dazu Kapitel 3 B. V. 2..

[860] „*...de la gestion, du maintien ou de l'accroissement de titres, participations, créances ou actifs analogues pour son propre compte ou pour celui d'entreprises appartenant à un groupe avec lequel la personne morale établie en France entretient des relations de contrôle ou de dépendance ou de la cession ou de la concession de droits incorporels relatifs à la propriété industrielle, littéraire ou artistique ...*"

[861] „*...des opérations mentionnées au a et de la fourniture de prestations de services internes, y compris financiers, à un groupe d'entreprises avec lequel la personne morale établie en France entretient des relations de contrôle ou de dépendance ...*"

[862] „*...sauf si la personne morale établie en France établit que les opérations de l'entreprise ou de l'entité juridique établie ou constituée hors de France ont principalement un effet autre que de permettre la localisation de bénéfices dans un Etat ou territoire où elle est soumise à un régime fiscal privilégié.*"

[863] Vgl. Kapitel 3 B. V. 2..

[864] Zu den diesbezüglichen Auslegungsfragen vgl. Kapitel 3 B. V. 2. Die Bezeichnung mit dem englischen Wort „*purpose*" bei *Goulard/Jolly*, TNI 2005, vol. 37, n° 3, 219, 221, ist insofern missverständlich.

che Auffassung nicht ändert, wird es daher für den inländischen Steuerpflichtigen weiterhin sehr schwierig sein, diesen Nachweis zu erbringen.

Insgesamt ist festzuhalten, dass niedrig besteuerte Holdinggesellschaften weiterhin in aller Regel die Anwendung der CFC-Regel kaum werden vermeiden können. Aus Sicht der Holdinggesellschaften relativiert sich dieses Problem allerdings, wie bisher, dadurch, dass bei der Ermittlung des CFC-Betrags das französische Schachtelprivileg Anwendung findet.[865] Mit der stufenweisen steuerlichen Entlastung von langfristigen Veräußerungsgewinnen (sog. *Plus-values à long terme*) bis auf Null ab dem Jahr 2007[866] wird der Nachteil für Holdinggesellschaften möglicherweise noch geringer, sofern die Finanzverwaltung auch diese Regelung auf die Ermittlung des CFC-Betrags anwendet. Der Wortlaut des Art. 209 B n.F. CGI schließt die Anwendung dieser Vorschriften jedenfalls nicht aus.

b. Neue Ausnahme bei EU-Gesellschaften

Eine der wichtigsten Neuerungen findet sich in Art. 209 B II CGI. Demnach ist die CFC-Regel nicht anzuwenden, wenn die ausländische Einheit in der Europäischen Gemeinschaft ansässig ist.[867] Zusätzlich ist jedoch erforderlich, dass das Betreiben des ausländischen Unternehmens bzw. die Beteiligung an der ausländischen Gesellschaft nicht als künstliche Gestaltung angesehen werden kann, die die Umgehung der französischen Steuergesetzgebung zum Ziel hat.[868]

Der französische Gesetzgeber bezweckt mit der Einführung dieser Ausnahme ganz offensichtlich, die französische CFC-Regelung „EU-fest" zu machen, was vor dem Hintergrund der beim EuGH anhängigen Rechtssache *Cadbury Schweppes*[869] nicht allzu verwunderlich ist. Diese Absicht des Gesetzgebers zeigt sich nicht zuletzt darin, dass die Formulierung der zweiten Bedingung für die Anwendung der Ausnahme weitgehend der Missbrauchs-Definition des

---

865 Vgl. dazu Kapitel 3 B. V. 2..

866 Art. 39 der Loi de finances rectificative pour 2004, Loi n° 2004-1485 vom 30.12.2004, J.O. v. 31.12.2004, 22522.

867 „*Les dispositions du I ne sont pas applicables : si l'entreprise ou l'entité juridique est établie ou constituée dans un Etat de la Communauté européenne…*"

868 „*…et si l'exploitation de l'entreprise ou la détention des actions, parts, droits financiers ou droits de vote de l'entité juridique par la personne morale passible de l'impôt sur les sociétés ne peut être regardée comme constitutive d'un montage artificiel dont le but serait de contourner la législation fiscale française.*"

869 Vgl. dazu Kapitel 4 C. Das Verfahren ist bei EuGH unter dem Aktenzeichen C-196/04 anhängig.

EuGH, etwa in der Rechtssache *ICI*,[870] entspricht.[871] Zumindest trägt der Gesetzestext damit der Vorgabe des EuGH Rechnung, dass sich eine Rechtfertigung aus Missbrauchs-Gesichtspunkten nur anhand einer Einzelfallprüfung ergeben kann. Innerhalb der EU stellt damit die französische CFC-Regelung keine pauschalierte Missbrauchsregelung mehr dar. Ob sich auch die Anwendung dieser EU-Ausnahme durch die französische Finanzverwaltung in der Praxis gemeinschaftsrechtskonform gestaltet, bleibt abzuwarten. Auch die Frage, ob die Anwendung des Art. 209 B n.F. CGI nicht gegenüber Drittstaaten einen – nicht gerechtfertigten – Verstoß gegen die Kapitalverkehrsfreiheit darstellen kann, ist damit noch nicht geklärt.

6. Behandlung der CFC-Einkünfte in Inland

Eine weitere zentrale Neuerung betrifft die Behandlung der CFC-Einkünfte im Inland. Der Gesetzestext sieht nun ausdrücklich vor, dass die CFC-Einkünfte aus einer ausländischen Gesellschaft[872] als anteilige Kapitaleinkünfte des französischen Steuerpflichtigen gelten.[873] Mit dieser Änderung soll, in Reaktion auf die Schneider-Entscheidung des Conseil d'Etat,[874] die Vereinbarkeit der CFC-Regel mit den von Frankreich abgeschlossenen Doppelbesteuerungsabkommen hergestellt werden, sofern diese nicht schon ausdrücklich die Anwendung des Art. 209 B CGI ermöglichen. Als fiktive Dividende wird der CFC-Betrag entweder unter die dem Art. 10 OECD-MA nachgebildeten Regelungen der Doppelbesteuerungsabkommen fallen, wenn der konkrete Dividendenartikel entsprechend weit gefasst ist, andernfalls als sonstige Einkünfte unter die dem Art. 21 OECD-MA nachgebildeten Regeln. Die bisherige Rechtsprechung des Conseil d'Etat lässt eine Qualifikation als sonstige Einkünfte wahrscheinlicher erscheinen.[875]

Die Qualifikation als Kapitaleinkünfte hat auch zur Folge, dass fortan positive CFC-Einkünfte mit Verlusten des französischen Steuerpflichtigen verrechnet

---

870 Vgl. dazu Kapitel 4 B. II. 1. c. aa. (2).

871 So auch *Goulard/Jolly*, TNI 2005, vol. 37, n° 3, 219, 221; *von Streng/Couturier/Affejee*, Steuer Revue 2005, 178, 182 (Fußnote 21).

872 Im Falle einer ausländischen Betriebsstätte besteht das Problem des Verstoßes gegen Art. 7 OECD-MA unverändert fort, so dass Art. 209 B CGI, außer bei ausdrücklicher Gestattung im konkreten Abkommen, hier weiterhin nicht anwendbar ist.

873 „*Lorsqu'ils sont réalisés par une entité juridique, ils sont réputés constituer un revenu de capitaux mobiliers imposable de la personne morale établie en France dans la proportion des actions, parts ou droits financiers qu'elle détient directement ou indirectement.*"

874 Dazu Kapitel 4 A. II. 2..

875 Vgl. Kapitel 4 A. II. 3. b..

werden können. Unter der Altfassung war dies nicht möglich, da der CFC-Betrag separat besteuert wurde.[876]

Nicht im Gesetz geregelt ist die Frage, ob auf den als Kapitaleinkünfte qualifizierten CFC-Betrag in Inland die französischen Vorschriften über Dividenden, – insbesondere also das Schachtelprivileg – Anwendung finden können. Dies erscheint zwar in Anbetracht des Gesetzeswortlauts nicht ausgeschlossen. Es ist jedoch zu erwarten, dass in einem Dekret oder einer Verwaltungsanweisung die Anwendung des Schachtelprivilegs ausgeschlossen wird, da andernfalls die CFC-Regelung in der Regel leer liefe.[877]

7. Anrechnung ausländischer Steuern

Nach der Neufassung des Art. 209 B CGI können künftig in Frankreich auch von der ausländischen Einheit in einem Drittstaat auf Dividenden, Zinsen und Lizenzgebühren gezahlte Quellensteuern anteilig angerechnet werden (Art. 209 B I 5. n.F. CGI).[878] Die Anrechnung setzt allerdings voraus, dass zwischen Frankreich und dem Drittstaat ein Doppelbesteuerungsabkommen besteht, das eine Amtshilfeklausel zur Bekämpfung von Steuerhinterziehung und Steuerflucht beinhaltet.[879] Die Anrechnung ist auf den in diesem Abkommen festgelegten Satz beschränkt,[880] so dass es, wenn dieser Satz niedriger ist, als der im Abkommen zwischen dem Niedrigsteuerstaat und dem Drittstaat vereinbarten Abkommen, zum Verlust von Anrechnungspotential kommen kann.[881]

---

[876] Dazu Kapitel 3 C. VI. 2..

[877] Ähnlich *von Streng/Couturier/Affejee*, Steuer Revue 2005, 178, 182.

[878] „*Lorsque les produits ou revenus de l'entreprise ou de l'entité juridique comprennent des dividendes, intérêts ou redevances qui proviennent d'un Etat ou territoire autre que celui dans lequel l'entreprise ou l'entité juridique est établie ou constituée, les retenues à la source auxquelles ont donné lieu ces dividendes, intérêts ou redevances sont imputables dans la proportion mentionnée à la dernière phrase du premier alinéa du 1 sur l'impôt sur les sociétés dû par la personne morale établie en France.*"

[879] „*Cette imputation est toutefois subordonnée à la condition que l'Etat ou le territoire d'où proviennent ces dividendes, intérêts ou redevances soit la France ou un Etat lié à la France par une convention d'élimination des doubles impositions en matière d'impôt sur les revenus qui contienne une clause d'assistance administrative en vue de lutter contre la fraude et l'évasion fiscales…*"

[880] „*…auquel cas l'imputation se fait au taux fixé dans la convention.*"

[881] Vgl. das Berechnungsbeispiel bei o. V., Drt. fisc. 2005, n° 1-2, comm. 73, 132, 136.

II. Synopse: Art. 209 B CGI a.F. und n.F.

In der nachfolgenden Tabelle sind die Änderungen in Art. 209 B n.F. CGI gegenüber Art. 209 B a.F. CGI synoptisch dargestellt.

	Art. 209 B CGI a.F.	**Art. 209 B CGI n.F.**
Ausländische Einheit	Gesellschaft, Vereinigung, Unternehmen, das außerhalb Frankreichs betrieben wird (z.B. Betriebsstätte)	Juristische Einheit: juristische Person, Organismus, Stiftung/Trust oder vergleichbares Gebilde; Unternehmen, das außerhalb Frankreichs betrieben wird (z.B. Betriebsstätte)
Mindestbeteiligung	mind. 10% oder Wiederverkaufswert iHv. mind. EUR 22,8 Mio.	mehr als 50% oder mind. 5%, wenn mehr als 50% der Anteile gehalten werden von ▪ französischen Gesellschaften (Ausnahme bei börsennotierten Gesellschaften) oder ▪ Gesellschaften, die von französischen Gesellschaften beherrscht werden iSd. Art. 57 CGI
Niedrigbesteuerung Art. 238 A CGI a.F. bzw. n.F.	mehr als ein Drittel weniger als in Frankreich (lt. Verwaltungsanweisung)	mehr als die Hälfte weniger als in Frankreich

	Art. 209 B a.F.	Art. 209 B n.F.
Ausnahme bzgl. Tätigkeit der ausl. Einheit	▪ hauptsächlich effektive Produktions- oder Handelstätigkeiten, überwiegend auf dem lokalen Markt	▪ effektive Produktions- oder Handelstätigkeiten ▪ Ausn.: > 20% passive Einkünfte oder > 50% passive Einkünfte bzw. Einkünfte aus konzerninternen Dienstleistungen, es sei denn, die frz. Einheit weist Fehlen einer Einkunftsverlagerung nach
Ausnahme bzgl. Ansässigkeit der ausl. Einheit	-	Ansässigkeit in der EU, sofern keine künstliche Gestaltung zur Umgehung des frz. Steuerrechts
Behandlung der CFC-Einkünfte in Inland	eigene Einkunftskategorie → Verrechnung nicht möglich	Kapitaleinkünfte → Verrechnung möglich
Anrechnung ausländischer Steuern	nur im Staat der ausl. Einheit gezahlte Steuern	auch Drittstaaten-Quellensteuern auf Dividenden, Zinsen, Lizenzgebühren, sofern DBA mit F

Literaturverzeichnis

Acard, Claire: Fiscalité internationale - Bénéfices des sociétés établies dans un pays à fiscalité privilégiée - Invocabilité des conventions internationales - Dispositions de l'article 209 B contraires à l'article 7 de la convention franco-suisse du 9 septembre 1966 modifiée, Banque et Droit 2002, n° 84, S. 56 - 62

Aigner, Hans-Jörgen: CFC-Gesetzgebung und DBA-Recht, SWI 2002, S. 407 - 414

Aigner, Hans-Jörgen: Die Abkommensberechtigung bei Anwendung von CFC-Gesetzgebungen, IWB Fach 10 International Gruppe 2, S. 1637 - 1640

Aigner, Hans-Jörgen / Scheuerle, Ulrich / Stefaner, Markus (General Report): General Report, in: Lang, Michael u.a. (Hrsg.), CFC-Legislation - Domestic Provisions, Tax Treaties and EC Law, Wien 2004

Alland, Denis (Droit international public): Droit international public, 1. Auflage, Paris 2000

Alland, Denis: Consécration d'un paradoxe: primauté du droit interne sur le droit international (Réflexions sur le vif à propos de l'arrêt du Conseil d'Etat, Sarran, Levacher et autres du 30 octobre 1998), RFDA 1998, n° 14, S. 1094 - 1104

Arndt, Hans-Wolfgang (Europarecht): Europarecht, Heidelberg 2003

Arnold, Brian J. (CFC): The Taxation of Controlled Foreign Corporations: An International Comparison, Toronto 1986

Arnold, Brian J. / Dibout, Patrick (Generalbericht): Generalbericht, in: International Fiscal Association (Hrsg.), Cahiers de droit fiscal international, Vol.LXXXVIb: Limits on the use of low-tax regimes by multinational businesses: current measures and emerging trends (2001 San Francisco Congress), Rotterdam 2001

Arnold, Brian J. / McIntyre, Michael J. (Tax Primer): International Tax Primer, 2. Auflage, The Hague/London/New York 2002

Arrighi de Casanova, Jacques: Interprétation des conventions fiscales bilatérales modèle OCDE: Les revenus réputés distribués ne sont pas des dividendes

(Conclusions sous CE, 13.10.1999, *SA Banque française de l'Orient*, RJF 1999, n° 12, décision n° 1587), RJF 1999, n° 12, S. 938 - 940

Arrighi de Casanova, Jacques: Règles internes et conventions internationales - Priorité à l'examen de la situation du contribuable au regard du droit interne (Conclusions du Commissaire du gouvernement sous CE 17.3.1993, *Memmi*, RJF 1993, n° 5, décision n° 612), RJF 1993, n° 5, S. 359 - 362

Arthur, Stephen: CIOT European Branch Meeting, TPIR 2003, S. 3 - 9

Ault, Hugh J. (Tax Competition): Tax Competition: What (If Anything) To Do About It?, in: Kirchhof, Paul u.a. (Hrsg.), Staaten und Steuern: Festschrift für Klaus Vogel zum 70.Geburtstag, Heidelberg 2000

Austry, Stéphane: Mode d'emploi des conventions fiscales bilatérales: la convention franco-suisse fait-elle obstacle à l'application de l'article 209 B du CGI? - CE ass. 28 juin 2002 n° 232 276, ministre c/ Sté Schneider Electric: RJF 10/02 n° 1080 - Conclusions (contraires) du commissaire du gouvernement Stéphane Austry, BDCF 2003, n° 10, S. 13 - 25

Avi-Yonah, Reuven S.: Globalization, Tax Competition, and the Fiscal Crisis of the Welfare State, Harvard Law Review 2000, vol. 113, S. 1573 - 1676

Baconnier, Robert (Französisches Außensteuerrecht): Das neue französische Außensteuerrecht (mit Diskussion), in: Vogel, Klaus (Hrsg.), Steueroasen und Außensteuergesetze (Münchener Schriften zum Internationalen Steuerrecht - Heft 3), München 1981

Badrone, Claude: L'article 209 B et les conventions fiscales internationales, FR Lefebvre 2001, S. 23 - 26

Bardet, Henri: Évasion fiscale internationale - Compatibilité de l'article 209 B avec les conventions fiscales, FR Lefebvre 1999, n° 38, S. 27 - 28

Baumgärtel, Martina (Reformbedarf): Zum Reformbedarf der Hinzurechnungsbesteuerung (mit Diskussion), in: Lüdicke, Jürgen (Hrsg.), Fortentwicklung der Internationalen Unternehmensbesteuerung, Köln 2002

Baumgärtel, Martina / Perlet, Helmut (Hinzurechnungsbesteuerung): Hinzurechnungsbesteuerung bei Auslandsbeteiligungen - Mit den neuen Grundsätzen der Finanzverwaltung zur Anwendung des Außensteuergesetzes, Neuwied/Kriftel/Berlin 1996

Baumgartner, Peter: Harmful Tax Practices - Auswirkungen der Bestrebungen von OECD und EU auf die Schweiz, IFF 2003, S. 109 - 122

Bauschatz, Peter: Steuerlicher Gestaltungsmissbrauch und Europarecht (Teil II) - Öffnung der Steuersysteme im Recht der direkten Steuern der EU-Mitgliedstaaten und Abwehr grenzüberschreitender Gestaltungen durch Missbrauchsvorschriften anhand ausgewählter Beispiele des deutschen Steuerrechts, IStR 2002, S. 333 - 342

Bauschatz, Peter: Steuerlicher Gestaltungsmissbrauch und Europarecht (Teil I) - Öffnung der Steuersysteme im Recht der direkten Steuern der EU-Mitgliedstaaten und Abwehr grenzüberschreitender Gestaltungen durch Missbrauchsvorschriften anhand ausgewählter Beispiele des deutschen Steuerrechts, IStR 2002, S. 291 - 298

Bellstedt, Christoph: Beteiligungen an ausländischen "Zwischengesellschaften" nach dem Außensteuergesetz-Entwurf, FR 1972, S. 242 - 248

Bérengier, Eric: French Administrative Supreme Court Holds that Tax Treaties Override French CFC Rules, TPIR 2002, S. 3 - 4

Bergerès, Maurice-Christian: Les voies contentieuses permettant d'assurer la primauté de la norme fiscale communautaire sur la norme fiscale nationale, Drt. fisc. 1999, n° 30-35, S. 1034 - 1042

Bergerès, Maurice-Christian: L'article 123 bis du CGI à la lumière des principes posés par l'arrêt Schneider, Les nouvelles fiscales 2003, n° 890, S. 20 - 26

Blaise, Damien: Fiscalité internationale: article 209 B et conventions fiscales - L'article 209 B du CGI est-il devenu une arme obsolète dans la lutte contre l'évasion fiscale ?, BF Lefebvre 2002, n° 11, S. 763 - 771

Blumenberg, Jens (Auswirkungen): Auswirkungen aktueller EuGH-Verfahren auf die deutsche Besteuerungspraxis (mit Diskussion), in: Lüdicke, Jürgen (Hrsg.), Besteuerungspraxis bei grenzüberschreitender Tätigkeit, Köln 2003

Blumenberg, Jens (Beihilfen): Steuervergünstigungen als staatliche Beihilfen im Sinne des Europäischen Gemeinschaftsrechts, in: Grotherr, Siegfried (Hrsg.), Handbuch der internationalen Steuerplanung, 2. Auflage, Herne/Berlin 2003

Blumenberg, Jens / Lausterer, Martin (Beihilfen): Staatliche Beihilfen im Bereich der direkten Unternehmensbesteuerung, in: Breuninger, Gottfried E. (Hrsg.), Steuerrecht und europäische Integration: Festschrift für Albert J.Rädler zum 65.Geburtstag, München 1999

Blümich, Walter: Einkommensteuergesetz, Körperschaftsteuergesetz, Gewerbesteuergsetz - Kommentar herausgegeben von Klaus Ebling, (Losebl.) 15. Auflage, München 2003

BMF (Bericht Steuerreformkommission (1970)): Bericht der Steuerreformkommission zum Außensteuerrecht; Schriftenreihe des Bundesministeriums der Finanzen - Heft 16, Bonn 1970

BMF (Kapitaleinkommensbesteuerung): Reform der internationalen Kapitaleinkommensbesteuerung - Gutachten erstattet vom wissenschaftlichen Beirat beim Bundesministerium der Finanzen; Schriftenreihe des Bundesministeriums der Finanzen - Heft 65, Bonn 1999

BMF, Bericht der Bundesregierung vom 19.4.2001 zur Fortentwicklung des Unternehmenssteuerrechts, abgedruckt in FR 2001, Beilage zu Heft 11

BMF, Abschluss von Vereinbarungen über effektiven Auskunftsaustausch mit Steueroasen geplant, Pressemitteilung des BMF vom 4.7.2002 (www.bundesfinanzministerium.de/Steuern-und-Zoelle/Aktuell, 11.7.2002)

Bolkestein, Frits: Taxation and Competition: The Realization of the Internal Market, ET 2000, vol. 40, S. 401 - 406

Bourtourault, Pierre-Yves / Mbwa-Mboma, Marcellin N.: French High tax court confirms that the former France-Switzerland tax Treaty overrides the French CFC-legislation, Intertax 2002, vol. 30, S. 493 - 498

Boutemy, Bernard / Meier, Eric: L'article 209 B et la convention fiscale franco-suisse: Le feu au lac?, Petites affiches 2001, n° 36, S. 6 - 10

Boutemy, Bernard / Meier, Eric / Perrot, Thomas: Évasion fiscale, article 209 B et conventions fiscales internationales: le paradis retrouvé? (Conseil d'État, 28 juin 2002), Petites affiches 2002, n° 171, S. 4 - 13

Bräuning, Klaus, Koalition der Fußlahmen, Financial Times Deutschland v. 14.5.2004, S. 34

Brinkmann, Jan (Einfluß): Der Einfluß des Europäischen Rechts auf die Unternehmensbesteuerung, Baden-Baden 1996 (zugl. Diss. Konstanz 1996)

Brünink, Jan-Hendrik (Verhältnis): Das Verhältnis der Normen des Außensteuergesetzes zu den Doppelbesteuerungsabkommen - Eine systematische Darstellung der wichtigsten Konkurrenzprobleme unter besonderer Berücksichtigung der Hinzurechnungsbesteuerung für Zwischeneinkünfte mit Kapitalanlagecharakter, München 1997 (zugl. Diss. München 1996)

Carcassonne, Guy (Constitution): La Constitution, 5. Auflage, Paris 2002

Cardani, Angelo Marcello (Taxation): European taxation policy - A change of track, in: Breuninger, Gottfried E. (Hrsg.), Steuerrecht und europäische Integration: Festschrift für Albert J.Rädler zum 65.Geburtstag, München 1999

Chahid-Nouraï, Noël / Couturier, Patrice: L'article 209 B du CGI est-il soluble dans le droit fiscal international ? - (A propos de l'arrêt CAA Paris, 30 janv. 2001, n° 96-1408, SA Schneider), Drt. fisc. 2001, n° 8, S. 333 - 336

Chapus, René (Droit Administratif): Droit Administratif Général, 15. Auflage, Paris 2001

Charvériat, Anne / Gouthière, Bruno / Bardet, Henri / Tournès, Philippe (Holdings): Les holdings - Guide juridique et fiscal, 3. Auflage, Levallois 2002

Collet, Michel / de Rancourt, Guillaume: France Releases Draft Thin Cap, CFC Reforms, TNI 2004, vol. 35, S. 693 - 696

Colliard, Claude-Albert (Juge administratif): Le juge administratif français et le droit communautaire, in: Amselek, Paul u.a. (Hrsg.), Mélanges offerts à Marcel Waline, Paris 1974

Conseil d'Etat (Droit international et droit français): Droit international et droit français - Etude adoptée par la section du Rapport et des Etudes du Conseil d'Etat le 25 avril 1985, La documentation française, Notes et Etudes documentaires (n° 4803), Paris 1986

Conseil d'Etat (Norme internationale): La norme internationale en droit français - Etude adoptée par l'Assemblée générale du Conseil d'Etat le 29 juin 2000, La documentation française, Paris 2000

Cordewener, Axel: Deutsche Unternehmensbesteuerung und europäische Grundfreiheiten - Grundzüge des materiellen und formellen Rechtsschutzsystems der EG, DStR 2004, S. 6 - 15

Cordewener, Axel (Grundfreiheiten): Europäische Grundfreiheiten und nationales Steuerrecht: "Konvergenz" des Gemeinschaftsrechts und "Kohärenz" der direkten Steuern in der Rechtsprechung des EuGH, Köln 2002 (zugl. Diss. Bonn 2001)

Court, Jean-Francois: La France et les Conventions Fiscales, RDAI 1985, n° 1, S. 31 - 90

Cozian, Maurice (Précis): Précis de fiscalité des entreprises (2003-2004), 27. Auflage, Paris 2003

Daillier, Patrick / Pellet, Alain (Droit International Public): Droit International Public, 6. Auflage, Paris 1999

Darmon, Marco: Juridictions constitutionnelles et droit communautaire (Réflexions sur la jurisprudence constitutionnelle d'Italie, de la République fédérale d'Allemagne et de France relative à l'insertion du droit communautaire dans l'ordonnancement juridique interne), RTD eur. 1988, S. 217 - 251

Dautzenberg, Norbert: EuGH zur Kapitalverkehrsfreiheit gegenüber den Fürstentum Liechtenstein, FR 2003, S. VI

Dautzenberg, Norbert: Die Kapitalverkehrsfreiheit des EG-Vertrags, der Steuervorbehalt des Art. 73 d EGV und die Folgen für die Besteuerung, RIW 1998, S. 537 - 544

Dautzenberg, Norbert: Kommentar zum Urteil EuGH v. 6.6.2000, *Verkooijen*, Rs. C-35/98, FR 2000, S. 725 - 728

David, Cyrille: Comparaison entre le Code de Conduite communautaire et la recommandation de l'OCDE sur la concurrence fiscale déloyale, RIDE 1999, n° 3, S. 309 - 320

Davoudet, Éric: Conventions fiscales internationales: incompatibilité de l'Article 209 B du CGI avec l'article 7 de la convention fiscale franco-suisse (CE ass., 28 juin 2002 n° 232 276 ministre c/ societé Schneider Electric: texte à la RJF 10/02 n° 1080 avec chronique L. Olléon p. 4, conclusions du commissaire du gouvernement S. Austry au BDCF 10/02 n° 120), BGFE 2002, n° 4, S. 3 - 6

de Bourmont, Jacques-Henri / Desmoulins, Anne-Laure: Frankreich: CE bestätigt Urteil des TA Paris zur Normenhierarchie, IStR 2002, Länderbericht Heft 15, S. 3

de Waal, Allard: La question de l'incompatibilité des articles 155 A et 209 B avec les conventions fiscales internationales - Is French controlled foreign companies legislation compatible with treaty law?, RDAI 1994, n° 5, S. 653 - 668 *de Waal, Allard*: L'article 209 B du CGI: Mythe ou réalité ?, Drt. fisc. 1991, n° 30, S. 1149 - 1155

de Waal, Allard: Actualité fiscale, RDAI 2003, n° 2, S. 244 - 247

Debatin, Helmut (Nationalbericht IFA 1964): Nationalbericht Deutschland, in: International Fiscal Association (Hrsg.), Cahiers de Droit Fiscal International Vol.XLIX b, Hamburg 1964

Debatin, Helmut: Zum Grundverständnis der Doppelbesteuerungsabkommen Anmerkungen zu Fehldeutungen, RIW 1988, S. 727 - 729

Debatin, Helmut: StÄndG 1992 und "Treaty Override", DB 1992, S. 2159 - 2163

Debatin, Helmut / Wassermeyer, Franz: Doppelbesteuerung - Kommentar zu allen deutschen Doppelbesteuerungsabkommen, Loseblatt, Stand: Juli 2003, München 2003

Delignières, Bruno (Art. 209 B CGI): Impôt sur les sociétés - Territorialité - Dérogations - Bénéfices de sociétés établies dans un pays à fiscalité privilégiée (CGI, art. 209 B), in: Editions du Juris-Classeur (Hrsg.), Droit fiscal international Vol.I, Fasc.305-20, 1998

Derouin, Philippe: L'application et l'interprétation des conventions fiscales internationales par les tribunaux français, RJF 1979, n° 12, S. 402 - 408

Dibout, Patrick: L'inapplicabilité de l'article 209 B du CGI face à la convention fiscale franco-suisse du 9 septembre 1966 (À propos de l'arrêt CE, Ass., 28 juin 2002, Schneider Electric), Drt. fisc. 2002, n° 36, S. 1133 - 1141

Dibout, Patrick: L'article 209 B du CGI est-il compatible avec les conventions fiscales internationales et le droit communautaire ?, Drt. fisc. 1990, n° 44, S. 1485 - 1491

Dibout, Patrick: La compatibilité de l'article 209 B du CGI avec les conventions fiscales en question - Réflextions à propos d'une contrariété de jurisprudences (TA Paris, 21 nov. 1995, req. n° 92-7093, Sté Schneider; TA Strasbourg, 16 déc. 1996, req. n° 91-58, Sté Strafor Facom, Drt. fisc. 1997, n° 18, S. 600 - 605

Dibout, Patrick: La fiscalité à l'épreuve de la liberté de circulation des capitaux (A propos de l'arrêt CJCE, 6 juin 2000, aff. C-35/98, Verkooijen), Drt. fisc. 2000, n° 42, S. 1365 - 1372

Dibout, Patrick: Territorialité de l'impôt, répression de l'évasion fiscale et liberté d'établissement dans la Communauté Européenne - A propos de l'arrêt "Imperial Chemical Industries (ICI)" (CJCE, 16 juill. 1998, aff. C-264/96), Drt. fisc. 1998, n° 48, S. 1475 - 1483

Dibout, Patrick: Anmerkung zu CAA Paris, plén., 30.1.2001, Sté Schneider E-lectric, Drt. fisc. 2001, n° 10, S. 450 - 454

Douvier, Pierre-Jean (Rapport National France): Rapport National France, in: International Fiscal Association (Hrsg.), Cahiers de droit fiscal international, Vol.LXXXVIb: Limits on the use of low-tax regimes by multinational businesses: current measures and emerging trends (2001 San Francisco Congress), Rotterdam 2001

Douvier, Pierre-Jean: L'article 209 B du CGI et ses limites d'application, BF Lefebvre 1991, n° 10, S. 622 - 628

Dupuy, Pierre-Marie (Droit International Public): Droit International Public, 6. Auflage, Paris 2002

Easson, Alex: Harmful Tax Competition: An Evaluation of the OECD Initiative, TNI 2004, vol. 34, S. 1037 - 1077

Eckert, Ralf: Rechtsschutz gegen "Treaty Overriding"
Dargestellt am Beispiel des § 50 d EStG, RIW 1992, S. 386 - 388

ECOFIN-Rat, Schlussfolgerungen des Rates "Wirtschafts- und Finanzfragen" vom 1. Dezember 1997 zur Steuerpolitik, ABl. EG v. 6.1.1998, C 2/1

Editions Francis Lefebvre (Mémento UE): Mémento Pratique Union Européenne 2004-2005, Levallois 2003

Editions Francis Lefebvre (Mémento groupes): Mémento Pratique Groupes de Sociétés 2005-2006, Levallois 2005

Editions Francis Lefebvre, Rédaction internationale (Paradis fiscaux): Paradis fiscaux et opérations internationales - Mesures anti-évasion, lutte contre le blanchiment, pays et zones à fiscalité privilégiée, 2. Auflage, Levallois 2002

Editions Lamy (Lamy fiscal): Lamy Fiscal, Tome I (Sous la direction de: Schmidt, Jean; Oliel, Hervé; Taieb, Delphine), Paris 2004

Ehlers, Dirk: Europäische Grundrechte und Grundfreiheiten, Berlin 2003

Eichel, Hans, Rede des Bundesministers der Finanzen Hans Eichel vor Abgeordneten der französischen Nationalversammlung am 14. Februar 2002 in Paris, www.bundesfinanzministerium.de/Reden (19.2.2002)

Eicker, Klaus / Obser, Ralph: Die Kapitalverkehrsfreiheit bekommt Konturen - zugleich Anmerkungen zu den Schlussanträgen in den Rechtssachen Weidert und Paulus, Manninen und Lenz, IStR 2004, S. 443 - 447

Eimermann, Dieter: Internationale Organisationen - OECD: Liste der "unkooperativen" Steueroasen, IStR 2002, Länderbericht Heft 11, S. 1 - 2

Eimermann, Dieter: OECD-Arbeiten zum schädlichen Steuerwettbewerb - ein Zwischenstand, IStR 2001, S. 81 - 85

Ellis, Maarten: Are Measures to Curb Harmful Tax Competition Necessary?, ET 1999, vol. 39, S. 78 - 80

Ellis, Maarten: The Code of Conduct in 2000: Cracking the Code or Coating the Crack?, ET 2000, vol. 40, S. 414 - 416

Ernst & Young / BDI: Die Fortentwicklung der Unternehmenssteuerreform - Informationen, Analysen und Gestaltungsempfehlungen zum UntStFG (Redaktionelle Gesamtverantwortung: Hauber, Bruno; Höreth,Ulrike; Kessler, Wolfgang), Bonn 2002

Europäische Kommission, Mitteilung der Kommission der Europäischen Gemeinschaften an den Rat und das europäische Parlament im Anschluss an die Schlussfolgerung des unabhängigen Sachverständigenausschusses über Leitlinien zur Unternehmensbesteuerung im Rahmen der Vertiefung des Binnenmarktes, 27.6.1992, SEK (92) 1118 endg.; Ratsdok. 7021/92; BR-DS 540/92

Europäische Kommission (Unternehmensbesteuerung im Binnenmarkt, COM (2001) 582 endg.): Arbeitsdokument der Dienststellen der Kommission: "Unternehmensbesteuerung im Binnenmarkt", COM (2001) 582 endg., vom 23.10.2001,

Europäische Kommission, Mitteilung der Kommission über die Anwendung der Vorschriften über staatliche Beihilfen auf Maßnahmen im Bereich der direkten Unternehmensbesteuerung, ABl. C 384/3 v. 10.12.1998

Europäische Kommission, Übersicht über die steuerliche Behandlung von Holdinggesellschaften in den Mitgliedstaaten der Europäischen Union (Arbeitsdokument), SEK (1999) 1244, 19.7.1999

Europäische Kommission, Bericht über die Umsetzung der Mitteilung der Kommission über die Anwendung der Vorschriften über staatliche Beihilfen auf Maßnahmen im Bereich der direkten Unternehmensbesteuerung, C (2004) 434, 9.2.2004; (http://europa.eu.int/comm/competition/state_aid/legislation/aid3.html#fiscal_aid, 23.6.2004)

Europäische Kommission (Unternehmensbesteuerung im Binnenmarkt, COM (2001) 582 endg.): Arbeitsdokument der Dienststellen der Kommission: "Unternehmensbesteuerung im Binnenmarkt", COM (2001) 582 endg., vom 23.10.2001,

Europäische Kommission, Mitteilung der Kommission der Europäischen Gemeinschaften an den Rat und das europäische Parlament im Anschluss an die Schlussfolgerung des unabhängigen Sachverständigenausschusses über Leitlinien zur Unternehmensbesteuerung im Rahmen der Vertiefung des Binnenmarktes, 27.6.1992, SEK (92) 1118 endg.; Ratsdok. 7021/92; BR-Drucks. 540/92

Europäische Kommission, Steuern in der Europäischen Union - Diskussionspapier für die informelle Tagung der für Wirtschafts- und Finanzfragen zuständigen Minister (Brüssel, 20.3.1996), SEK (96) 487 endg.

Fantozzi, Augusto (State Aid): The applicability of State Aid Rules to Tax Competition Measures: A process of "De Facto" Harmonization in the Tax Field?, in: Schön, Wolfgang (Hrsg.), Tax Competition in Europe, International Bureau of Fiscal Documentation, Amsterdam 2003

Fédération des Experts Comptables Européens (FEE) (Position paper): Position paper on controlled foreign company legislations in the EU (April 2002), Download: www.fee.de, 4.7.2002

Feld, Lars Peter (Steuerwettbewerb): Steuerwettbewerb und seine Auswirkungen auf Allokation und Distribution: Eine empirische Analyse für die Schweiz, Bamberg 1999 (zugl. Diss St. Gallen 1999)

Field, Thomas F.: Tax Competition in Europe and America, TNI 2003, vol. 29, S. 1235 - 1245

Fischer, Heimo/Marschall, Birgit, Frankreich droht neuen EU-Staaten, Financial Times Deutschland v. 7.9.2004, S. 12

Fischer, Heimo/Marschall, Birgit, Frankreich will Steuerdumping in EU bestrafen, Financial Times Deutschland v. 7.9.2004, S. 1

Fischer, Susanne (Gemeinschaftsrecht): Primäres Gemeinschaftsrecht und direkte Steuern - Die Bindung des Steuergesetzgebers an die Grundfreiheiten des EG-Vertrages, Frankfurt am Main 2001 (zugl. Diss. Augsburg 2001)

Flick, Hans / Wassermeyer, Franz / Baumhoff, Hubertus: Außensteuerrecht - Kommentar herausgegeben von Franz Wassermeyer und Detlev J. Piltz, (Losebl.), 6. Auflage 1973/2003, Stand November 2003, Köln 2003

Flick, Hans / Wassermeyer, Franz / Wingert, Karl-Dieter u.a.: Doppelbesteuerungsabkommen Deutschland-Schweiz - Steuern vom Einkommen und Vermögen - Nachlass- und Erbschaftsteuern - Kommentar, Loseblatt, Stand: August 2003, Köln 1981

Flick, Heinz: Vereinbarkeit des Steuerfluchtgesetzes mit den Doppelbesteuerungsabkommen, BB 1971, S. 250 - 251

Fromont, Michel: Das Verhältnis zwischen dem nationalen Recht und dem EG- bzw. Völkerrecht in Frankreich, EuZW 1992, S. 46 - 49

Frotscher, Gerrit (Internationales Steuerrecht): Internationales Steuerrecht, München 2001

Geiger, Rudolf (Völkerrecht): Grundgesetz und Völkerrecht, 3. Auflage, München 2002

Genschel, Philipp (Steuerharmonisierung): Steuerharmonisierung und Steuerwettbewerb in der Europäischen Union, Frankfurt a.M. 2002

Gerken, Lüder / Märkt, Jörg / Schick, Gerhard (Steuerwettbewerb): Internationaler Steuerwettbewerb (Walter Eucken Institut, Freiburg; Untersuchungen zur Ordnungstheorie und Ordnungspolitik, 40), Tübingen 2000

Gloria, Christian (Verständigungsverfahren): Das steuerliche Verständigungsverfahren und das Recht auf diplomatischen Schutz - Zugleich ein Beitrag zur Lehre von der Auslegung der Doppelbesteuerungsabkommen, Berlin 1988 (zugl. Diss. Bochum 1987)

Goulard, Guillaume / Jolly, Guillaume: French lawmakers revisit CFC rules, TNI 2005, vol. 37, S. 219 - 223

Goulder, Robert: OECD Updates Tax Haven Blacklist, Claims Progress in Curbing Harmful Tax Competition, TNI 2002, vol. 26, S. 375 - 380

Gouthière, Bruno (Impôts): Les impôts dans les affaires internationales, 5. Auflage, Levallois 2001

Grabitz, Eberhard / Hilf, Meinhard: Das Recht der Europäischen Union, (Losebl.), Stand April 2003, München 2003

Gratt, Gerhard: Das Steuerpaket der EU, SWI 2003, S. 132 - 136

Gross, Ivo: Subventionsrecht und "schädlicher Steuerwettbewerb": Selektivität von Steuervergünstigungen als gemeinsames Kriterium, RIW 2002, S. 46 - 55

Große, Sandra (Subpart F): Subpart F als Referenz für die deutsche Hinzurechnungsbesteuerung, Frankfurt am Main 2003

Grotherr, Siegfried: Erneute Reform der Hinzurechnungsbesteuerung durch das Unternehmenssteuerfortentwicklungsgesetz, IWB Fach 3 Deutschland Gruppe 1, S. 1883 - 1916

Gruppe "Verhaltenskodex" (Unternehmensbesteuerung), Sachstandsbericht der Gruppe "Verhaltenskodex" (Unternehmensbesteuerung) vom 20.11.2000 an den ECOFIN-Rat (26.-27.11.2000), Dok. 13563/00 FISC 193 (teilweise zugänglich).

Gruppe "Verhaltenskodex" (Unternehmensbesteuerung), Bericht der Gruppe "Verhaltenskodex" (Unternehmensbesteuerung) an den ECOFIN-Rat (29.11.1999), http://europa.eu.int/comm/taxation_customs/taxation/law/primarolo.htm

Grützner, Dieter: Beabsichtigte Änderungen bei der Besteuerung von Auslandsbeziehungen durch das Steuervergünstigungsabbaugesetz (StVergAbG), StuB 2003, S. 22 - 25

Gundel, Jörg (Einordnung): Die Einordnung des Gemeinschaftsrechts in die französische Rechtsordnung, Berlin 1997 (zugl. Diss. Erlangen-Nürnberg 1996/97)

Gundel, Jörg: Der Status des Völkerrechts in der französischen Rechtsordnung nach der neueren Rechtsprechung des Conseil d'Etat: Von der Öffnung zum Rückzug?, AdV 1999, Bd. 37, S. 438 - 462

Günkel, Manfred / Lieber, Bettina: Das neue Anwendungsschreiben zum AStG, IWB 2004, Fach 3 Deutschland Gruppe 1, S. 2071 - 2086

Gutmann, Daniel: Tax treaty interpretation in France, the relevance of EC law, EC tax review 2001, n° 4, S. 201 - 209

Gutmann, Daniel / Danon, Robert J. / Salomé, Hugues: L'attribution du revenu en droit international - Point de vue franco-suisse sur l'arrêt Société Schneider Electric du 28 juin 2002, RDAI 2002, n° 8, S. 911 - 922

Hahn, Hartmut: Das ICI-Urteil des EuGH und die Hinzurechnungsbesteuerung gemäß §§ 7 ff. AStG, IStR 1999, S. 609 - 617

Hahn, Hartmut (Vereinbarkeit): Die Vereinbarkeit von Normen des deutschen internationalen Steuerrechts mit EG-Recht, IFSt-Schrift Nr. 378, Bonn 1999

Hahn, Hartmut: Der Bosal-Fall und die beschränkte Problemlösungskapazität des EuGH - Zugleich eine Anmerkung zum Urteil des EuGH v. 18.9.2003 - Rs. C-168/01 - Bosal Holding BV, GmbHR 2003, 1286, GmbHR 2003, S. 1245 - 1249

Helminen, Marjaana (National Report Finland): National Report Finland, in: Lang, Michael u.a. (Hrsg.), CFC-Legislation - Domestic Provisions, Tax Treaties and EC Law, Wien 2004

Helminen, Marjaana: Dividend equivalent benefits and the concept of profit distribution of the EC Parent-Subsidiary Directive, EC Tax Review 2000, n° 3, S. 161 - 171

Herdegen, Matthias (Europarecht): Europarecht, 5. Auflage, München 2003

Herzig, Norbert (Harmonisierung): Besteuerung der Unternehmen in Europa - Harmonisierung im Wettbewerb der Systeme, in: Lehner, Moris (Hrsg.), Steuerrecht im europäischen Binnenmarkt: Einfluß des EG-Rechts auf die nationalen Steuerrechtsordnungen (DStJG, Band 19), Köln 1996

Herzig, Norbert / Wagner, Thomas: Die Besteuerung von Auslandsengagements spanischer Holdinggesellschaften: Erweitertes Holdingprivileg, Hinzurechnungsbesteuerung und Gestaltungsmöglichkeiten, IStR 2003, S. 222 - 228

Hey, Johanna (National Report Germany): National Report Germany, in: Schön, Wolfgang (Hrsg.), Tax Competition in Europe, International Bureau of Fiscal Documentation, Amsterdam 2003

Hey, Johanna (Harmonisierung): Harmonisierung der Unternehmensbesteuerung in Europa - Ein Vorschlag unter Auswertung des Ruding-Berichts und der US-amerikanischen "integration debate", Köln 1997 (zugl. Diss Köln 1996)

Hintzen, Brigitte (Zwischenholding): Die deutsche Zwischenholding als Gegenstand der internationalen Steuerplanung, Frankfurt am Main 1997 (zugl. Diss. Siegen 1997)

Hofbauer, Ines: Aktuelles aus dem Bereich "Harmful Tax Competition" - Der 2004-Progress-Report, SWI 2004, S. 238 - 240

Hohaus, Bolko (Steuerwettbewerb): Steuerwettbewerb in Europa, Frankfurt a.M. 1996 (zugl. Diss. München 1995)

Hübner, Ulrich / Constantinesco, Vlad (Einführung): Einführung in das französische Recht, 4. Auflage, München 2001

Hulverscheidt, Klaus/Proissl, Wolfgang/Kreimeier, Nils, Berlin und Paris für Mindeststeuer, Financial Times Deutschland v. 13.5.2004, S. 1

Hüschmann, Walter / Hepp, Ernst / Spitaler, Armin: Abgabenordnung - Finanzgerichtsordnung: Kommentar bearbeitet von Söhn, Harmut; Alber, Christel; Beermann, Albert u.a., (Losebl.), 10. Auflage, Köln 1995, Stand August 2004, Köln 2004

Jacob, Friedhelm / Zimmermann, Yves-Charles: Vorrang der Doppelbesteuerungsabkommen vor der französischen Zugriffsbesteuerung, IWB Fach 3a Rechtsprechung Gruppe 2, S. 39 - 42

Jacobs, Otto H. Hrsg. (Internationale Unternehmensbesteuerung): Internationale Unternehmensbesteuerung: deutsche Investitionen in Ausland; ausländische Investitionen im Inland, 5. Auflage, München 2002

Jaeger, Claudia (Körperschaftsteuersysteme): Die Körperschaftsteuersysteme in Europa - Eine europarechtliche und betriebswirtschaftliche Analyse, Lohmar 2001 (zugl. Diss. Mannheim 2001)

Jarass, Hans D. / Pieroth, Bodo (GG): Grundgesetz für die Bundesrepublik Deutschland - Kommentar, 6. Auflage, München 2002

Jennen, Birgit/Klau, Thomas/Koch, Rainer/Marschall, Birgit, Monti droht mit Eingriffen in nationale Steuergesetze, Financial Times Deutschland v. 22.2.2000, S. 1

Jiménez, Adolfo J. Martín: The 2003 Revision of the OECD Commentaries on the Improper Use of Tax Treaties: A Case for the Declining Effect of the OECD-Commentaries?, Bulletin IBFD 2004, vol. 58, S. 17 - 30

Juilhard, Philippe: "Pour qui sonne le glas ?": Propos inconvenants sur l'article 209 B, RJF 2001, n°, S. 303 - 304

Kaufmann, Robert: Controlled Foreign Companies (CFC)-Gesetzgebung - Übersicht über die Rechtslage in den EU-Mitgliedstaaten, SWI 2001, S. 16 - 20

Kessler, Wolfgang (Grundlagen): Grundlagen der Besteuerung digitaler Transaktionen, in: Herzig, Norbert / Günkel, Manfred / Niemann, Ursula (Hrsg.), Steuerberater-Jahrbuch 1998/99 (herausgegeben im Auftrag des Fachinstituts der Steuerberater), Köln 1999

Kessler, Wolfgang / Dorfmueller, Pia: Gestaltungsstrategien bei internationaler Steuerplanung mit Holdinggesellschaften, PIStB 2001, S. 177 - 185

Kessler, Wolfgang / Dorfmueller, Pia / Schmitt, Claudio Philipp: Änderungen der Hinzurechnungsbesteuerung durch den Entwurf eines UntStFG, PIStB 2001, S. 318 - 329

Kessler, Wolfgang / Eicker, Klaus / Obser, Ralph: Die Gesellschafter-Fremdfinanzierung im Lichte der Kapitalverkehrsfreiheit, IStR 2004, S. 325 - 329

Kessler, Wolfgang / Spengel, Christoph: EG-rechtliche Vorgaben für die Neuordnung der direkten Steuern in Deutschland, DB 2003, Beilage 5, S. 1 - 10

Kessler, Wolfgang / Teufel, Tobias: Läuft die Hinzurechnungsbesteuerung bei Beteiligungserträgen und Veräußerungsgewinnen leer? - Überlegungen zur Anwendbarkeit von § 8 b Abs. 1 und 2 KStG n.F. im Rahmen des § 10 Abs. 3 Satz 1 AStG, IStR 2000, S. 545 - 548

Kimminich, Otto / Hobe, Stephan (Völkerrecht): Einführung in das Völkerrecht, 7. Auflage. Auflage, Tübingen 2000

Klau, Thomas: Verfahrenswelle gegen Steuerdumping, Financial Times Deutschland v. 12.7.2001, S. 9

Klaver, Jan A. M. / Timmermans, Ad J. M.: EU taxation: policy competition or policy coordination?, ec tax review 1999, vol. 3, S. 185 - 191

Klein, Eckart (Einfluß): Der Einfluß des Europarechts auf das deutsche Steuerrecht, in: Lehner, Moris (Hrsg.), Steuerrecht im europäischen Binnemarkt: Einfluß des EG-Rechts auf die nationalen Steuerrechtsordnungen (DStJG, Band 19), Köln 1996

Klein, Franz: Abgabenordnung - Kommentar, 7. Auflage, München 2000

Kluge, Volker: Außensteuergesetz und Doppelbesteuerungsabkommen, RIW 1972, S. 411 - 416

Kluge, Volker: Basisgesellschaften und Doppelbesteuerungsabkommen, RIW 1975, S. 525 - 532

Knobbe-Keuk, Brigitte: Niederlassungsfreiheit: Diskriminierungs- oder Beschränkungsverbot?, DB 1990, S. 2573 - 2584

Koenig, Christian / Haratsch, Andreas (Europarecht): Europarecht, 4. Auflage, Tübingen 2003

Köhler, Stefan: Die neue Form der Hinzurechnungsbesteuerung für Zwischeneinkünfte mit Kapitalanlagecharakter durch das Steueränderungsgesetz 1992, BB 1993, S. 337 - 343

Köhler, Stefan: Aktuelles Beratungs-Know-how Internationales Steuerrecht, DStR 2003, S. 1156 - 1160

Köhler, Stefan: Aktuelles Beratungs-Know-how Internationales Steuerrecht, DStR 2002, S. 2156 - 2159

Köhler, Stefan / Luckey, Jörg: Niedrigbesteuerung gemäss dem deutschen Aussensteuergesetz (AStG) aus Schweizer Sicht, IFF 2004, S. 121 - 134

Kokott, Juliane (Bedeutung): Die Bedeutung der europarechtlichen Diskriminierungsverbote und Grundfreiheiten für das Steuerrecht der EU-Mitgliedstaaten, in: Lehner, Moris (Hrsg.), Grundfreiheiten im Steuerrecht der EU-Staaten, München 2000

Kolb, Andreas: Überblick über das Update 2002 des OECD-Musterabkommens, IWB Fach 10 International Gruppe 2, S. 1655 - 1664

Koschyk, Mirko (Beihilfen): Steuervergünstigungen als Beihilfen nach Art. 92 EG-Vertrag: Grundsätze zur Beurteilung steuerlicher Beihilfen, Baden-Baden 1999 (zugl. Diss. Hamburg 1998)

Krabbe, Helmut (Mißbrauchsbekämpfung): Freistellung und Mißbrauchsbekämpfung, in: Vogel, Klaus / Wassermeyer, Franz (Hrsg.), Freistellung im internationalen Steuerrecht (Münchener Schriften zum Internationalen Steuerrecht - Heft 21), München 1996

Krabbe, Helmut: OECD-Musterabkommen 2003, IStR 2003, S. 253 - 258

Lang, Joachim (Harmonisierung): Besteuerung in Europa zwischen Harmonisierung und Differenzierung, in: Klein, Franz (Hrsg.), Unternehmen, Steuern: Festschrift für Hans Flick zum 70.Geburtstag, Köln 1997

Lang, Michael: CFC-Gesetzgebung und Gemeinschaftsrecht, IStR 2002, S. 217 - 222

Lang, Michael: Keine Bedeutung der jüngeren Fassung des Kommentars des OECD-Steuerausschusses für die Interpretation älterer Doppelbesteuerungsabkommen, IWB Fach 10 International Gruppe 2, S. 1201 - 1204

Lang, Michael (Bedeutung): Die Bedeutung des Musterabkommens und des Kommentars des OECD-Steuerausschusses für die Auslegung von Doppelbesteuerungsabkommen, in: Gassner, Wolfgang / Lang, Michael / Lechner, Eduard (Hrsg.), Aktuelle Entwicklungen im Internationalen Steuerrecht, Wien 1994

Lang, Michael (DBA): Einführung in das Recht der Doppelbesteuerungsabkommen, 2. Auflage, Wien 2002

Lang, Michael: CFC-Regelungen und Doppelbesteuerungsabkommen, IStR 2002, S. 717 - 723

Lang, Michael / Aigner, Hans-Jörgen / Scheuerle, Ulrich u.a. (Preface): Preface, in: Lang, Michael u.a. (Hrsg.), CFC-Legislation - Domestic Provisions, Tax Treaties and EC Law, Wien 2004

Langbein, Volker: Doppelbesteuerungsabkommen im Spannungsfeld zwischen nationalem Recht und Völkerrecht, RIW 1984, S. 531 - 540

Langbein, Volker: "Treaty Overriding" durch nationales Recht - Ein Beitrag zur Auslegung von Doppelbesteuerungsabkommen, RIW 1988, S. 875 - 881

Laule, Gerhard (Auswirkungen): Auswirkungen der EuGH-Rechtsprechung auf deutsche Steuervorschriften, IFSt-Schrift Nr. 407, Bonn 2003

Lausterer, Martin: Der Binnenmarkt hat keine Steuergrenzen - Anmerkung zu dem EuGH-Urteil vom 18.9.2003, C-168/01, Bosal, IStR 2003, 666, IStR 2003, S. 705 - 707

Lausterer, Martin: EG-Steuerpolitik zwischen Harmonisierung und Wettbewerb der Systeme, IStR 1997, S. 486 - 489

Legendre, Xenia / Madec, Gérard: Comment l'administration fiscale lutte contre l'évasion fiscale internationale là où il n'y en a pas (Quelques réflexions sur l'application ou la non application de l'article 209 B), Petites affiches 2000, n° 3, S. 4 - 7

Lehner, Moris: Wettbewerb der Steuersysteme im Spiegel europäischer und US-amerikanischer Steuerpolitik, StuW 1998, S. 159 - 173

Leisner, Walter: Abkommensbruch durch Außensteuerrecht? - Bilanz der Diskussion um die Novelle des Außensteuergesetzes von 1992, RIW 1993, S. 1013 - 1020

Lenz, Carl Otto / Borchardt, Klaus-Dieter: EU- und EG-Vertrag, 3. Auflage, Köln 2003

Lenz, Martin / Heinsen, Oliver: Zur Niedrigbesteuerung i.S. des § 8 Abs. 3 AStG, IStR 2003, S. 793 - 798

Lieber, Bettina: Neuregelung der Hinzurechnungsbesteuerung durch das Unternehmenssteuerfortentwicklungsgesetz, FR 2002, S. 139 - 151

Luby, Monique: Libre établissement des sociétés et fiscalité directe: un bilan contrasté, Europe: revue mensuelle 2002, n° 1, S. 5 - 9

Lüdicke, Jürgen: Internationale Aspekte des Steuervergünstigungsabbaugesetzes, IStR 2003, S. 433 - 444

Malherbe, Jacques (Financial Centres): Harmful Tax Competition and the Future of Financial Centres in the European Union, in: Kirchhof, Paul u.a. (Hrsg.), Staaten und Steuern: Festschrift für Klaus Vogel zum 70.Geburtstag, Heidelberg 2000

Martin, Philippe: La portée fiscale des libertés communautaires de circulation (travailleurs, établissement, prestations de services, capitaux): réflexions au regard du droit interne, Drt. fisc. 2000, n° 44, S. 1444 - 1448

Matteotti, René (Durchgriff): Der Durchgriff bei von Inländern beherrschten Auslandgesellschaften im Gewinnsteuerrecht - Ein Beitrag zum Verhältnis des Rechtsmissbrauchsverbots im Steuerrecht zum Verfassungs- und Völkerrecht, Bern 2003 (zugl. Diss. Bern 2003)

Maunz, Theodor / Dürig, Günter: Grundgesetz Kommentar, (Losebl.), München 2001

Mbwa-Mboma, Marcellin N.: France-Switzerland treaty overrides CFC regime, French tax court rules, TNI 2002, vol 27, S. 143 - 150

Meier, Eric / Perrot, Thomas: Les aides d'Etat comme instrument de lutte contre la concurrence fiscale dommageable: la pierre philosophale ?, Drt. fisc. 2002, n° 3, S. 136 - 149

Menck, Thomas: Rechtsmechanismus und Rechtscharakter der Zugriffsbesteuerung - Zur Systematik der §§ 7 bis 14 AStG -, DStZ A 1978, S. 106 - 110

Mersch, Eugen (Hinzurechnungsbesteuerung): Die Hinzurechnungsbesteuerung nach den §§ 7 ff AStG unter Berücksichtigung des Rechts der Doppelbesteuerungsabkommen, Köln 1986 (München 1985)

Question écrite n° 19379 du 21.9.1998 posée par Georges Sarre avec réponse (Réponse *Sarre*), Journal Officiel (Assemblée Nationale) vom 26.4.1999

Question écrite n° 23676 du 26.11.1992 posée par Xavier de Villepin avec réponse (Réponse *de Villepin*), Journal Officiel (Sénat) vom 18.2.1993

Moerman, Sébastien B. J.: The French Anti-avoidance Legislation, Intertax 1999, S. 50 - 63

Monti, Mario: The climate is changing, ec tax review 1998, n° 1, S. 2 - 3

Mors, Matthias (EU Perspective): Tax Competition in Europe - An EU Perspective, in: Schön, Wolfgang (Hrsg.), Tax Competition in Europe, International Bureau of Fiscal Documentation, Amsterdam 2003

Morteleq, Daniel.: Conclusions CAA Paris, plén., 30.1.2001, Sté. Schneider Electric, Drt. fisc. 2001, n° 10, S. 455 - 457

Mössner, Jörg / Baumhoff, Hubertus / Fischer-Zernin, Justus u.a.: Steuerrecht international tätiger Unternehmen, Köln 1998

Müller, Peter (Steuerhoheit): Deutsche Steuerhoheit über ausländische Tochtergesellschaften, Herne/Berlin 1970

Musgrave, Peggy B. / Musgrave, Richard A. (Coordination): Fiscal Coordination and Competition in an International Setting, in: McLure, Charles E. u.a.

(Hrsg.), Influence of Tax Differencials on International Competitiveness (Proceedings of the VIIIth Munich Symposium on International Taxation), Deventer 1990

Musil, Andreas (Treaty Overriding): Deutsches Treaty Overriding und seine Vereinbarkeit mit Europäischen Gemeinschaftsrecht, Berlin 2000 (zugl. Diss. Berlin 1999)

Nijkamp, Heleen: Landmark agreement on EU tax package: new guidelines stretch scope of EU Code of Conduct, ec tax review 2001, n° 3, S. 147 - 154

Not, Nicolas: Swiss and French tax authorities disagree on compatibility of French CFC rules with treaty, TNI 2000, vol. 20, S. 2387 - 2393

Obser, Ralph: EuGH: Britische Special Commissioners legen den ersten CFC-Fall vor, IStR 2004, Länderbericht Heft 13, S. 1 - 2

OECD, Committee on Fiscal Affairs, The OECD's Project on Harmful Tax Practices - Consolidated Application Note - Guidance in Applying the 1998 Report to Preferential Tax Regimes (www.oecd.org)

OECD, Committee on Fiscal Affairs (Bericht 2004): The OECD's Project on Harmful Tax Practices: The 2004 Progress Report, Paris 2004

OECD, Committee on Fiscal Affairs (Bericht 2001): The OECD's Project on Harmful Tax Practices: The 2001 Progress Report, Paris 2001

OECD, Committee on Fiscal Affairs (Bericht 1998): Harmful Tax Competition - An Emerging Global Issue, Paris 1998

OECD, Committee on Fiscal Affairs (Bericht 2000): Towards Global Tax Cooperation - Report to the 2000 Ministerial Council Meeting and Recommendations by the Committee on Fiscal Affairs - Progress in Identifying and Eliminating Harmful Tax Practices, Paris 2000

OECD, Committee on Fiscal Affairs (International Tax Avoidance and Evasion): International Tax Avoidance and Evasion - Four related Studies; in: Issues in International Taxation n° 1, Paris 1987

OECD, Committee on Fiscal Affairs (Tax Treaty Override): Tax Treaty Override, vom 2.10.1989, in: Model Tax Convention on Income and Capital, Vol II, R (8)-1 ff.

OECD, Committee on Fiscal Affairs (CFC Legislation): Controlled Foreign Company Legislation, Paris 1996

Olléon, Laurent: Déductibilité des intérêts, traité de Rome et conventions fiscales, RJF 2003, n° 3, S. 191 - 194

Olléon, Laurent: Article 209 B et conventions fiscales internationales: "Après les tenèbres, la lumière", RJF 2002, n° 10, S. 755 - 759

Osterweil, Eric: OECD Report on Harmful Tax Competition and European Code of Conduct Compared, ET 1999, vol. 39, S. 198 – 202

o.V.

Le rapport du groupe de travail pour l'application du Code de conduite en matière de fiscalité des entreprises, Drt. fisc. 2000, n° 16, S. 657 - 662

EU: EU-Kommission greift Steuerprivilegien an - Staatshilfeuntersuchungen gegen 12 EU-Staaten, Steuer Revue 2001, S. 632 - 633

Bericht der Bundesregierung an den Deutschen Bundestag über Wettbewerbsverfälschungen, die sich aus Sitzverlagerungen in das Ausland und aus dem zwischenstaatlichen Steuergefälle ergeben (sog. Oasenbericht), 23.6.1964, BT-Drucks. IV/2412

Amtliche Begründung zu dem Entwurf eines Gesetzes zur Wahrung der steuerlichen Gleichmäßigkeit bei Auslandsbeziehungen und zur Verbesserung der steuerlichen Wettbewerbslage bei Auslandsinvestitionen - Außensteuerreformgesetz (BT DS VI/2883 = BR DS 394/71); abgedruckt bei Großfeld, Basisgesellschaften im Internationalen Steuerrecht, S. 310 ff.)

Amtliche Begründung zu dem Entwurf eines Gesetzes zur Wahrung der steuerlichen Gleichmäßigkeit bei Auslandsbeziehungen und zur Verbesserung der steuerlichen Wettbewerbslage bei Auslandsinvestitionen - Außensteuerreformgesetz (BT DS VI/2883 = BR DS 394/71); abgedruckt bei Großfeld, Basisgesellschaften im Internationalen Steurrecht, S. 310 ff.)

Regierungserklärung von Bundeskanzler Gerhard Schröder vor dem deutschen Bundestag am 30.4.2004, www.bundeskanzler.de (4.5.2004)

Activités de l'Union Européenne en 1999 dans le domaine de la fiscalité directe et indirecte, Drt. fisc. 2000, n° 18-19, S. 731 - 734

Loi de finances pour 2005, Drt. fisc. 2005, n° 1-2, S. 132 - 138

Vers une coopération fiscale globale - Rapport pour la réunion du Conseil au niveau des ministres de 2000 et recommandations du Comité des affaires fiscale de l'OCDE: Progrès dans l'identification et l'élimination des pratiques fiscales dommageables, Drt. fisc. 2000, n° 37, S. 1153 - 1161

Panorama des redressesments fiscaux - Compte rendu de la 5e conférence annuelle organisée le 17 juin 2003 (Partie première: séance plénière), Drt. fisc. 2003, n° 38, S. 1133 - 1143

Owsiany-Hornung, Marta / Hocine, Mehdi: La Commission dresse un bilan de son action dans le domaine des aides fiscales, Competition Policy Newsletter 2004, n° 1, S. 1 - 3

Pierre, Jean-Luc: Participations des entreprises passibles de l'impôt sur les sociétés dans des entités étrangères soumises à un régime fiscal privilégié (Note sous TA Lille, 4e chambre, 9 janvier 2003), Drt. Sociétés 2003, n° 4, S. 34 - 35

Pinto, Carlo (Tax Competition): Tax Competition and EU Law, The Hague 2003

Pinto, Carlo: EC State Aid Rules and Tax Incentives: A U-Turn in Commission Policy? (Part I), ET 1999, vol. 39, S. 295 - 309

Pinto, Carlo: EC State Aid Rules and Tax Incentives: A U-Turn in Commission Policy? (Part II), ET 1999, vol. 39, S. 343 - 354

Rat der Europäischen Union, Schlussfolgerungen des Rates vom 9. März 1998 zur Einsetzung der Gruppe "Verhaltenskodex" (Unternehmensbesteuerung), ABl. EG v. 1.4.1998, C 99/1

Rat der Europäischen Union, Schlussfolgerungen des Rates "Wirtschafts- und Finanzfragen" vom 1. Dezember 1997 zur Steuerpolitik, ABl. EG v. 6.1.1998, C 2/1

Rat der Europäischen Union, Beratungsergebnisse des Rates (Wirtschaft und Finanzen) vom 26. und 27.11.2000, Dok. 13898/00 FISC 207

Rat der Europäischen Union, Protokoll der Tagung des Rates (Wirtschaft und Finanzen) am 21.1.2003 in Brüssel, Dok. 5506/03 (Presse 15)

Rättig, Horst / Protzen, Peer-Daniel: Holdingbesteuerung nach derzeit geltendem und kommendem Außensteuergesetz, IStR 2000, S. 548 - 557

Rättig, Horst / Protzen, Peer-Daniel: Die im Entwurf eines Gesetzes zur Fortentwicklung des Unternehmenssteuerrechts vorgesehenen Änderungen der Hinzurechnungsbesteuerung der §§ 7-14 AStG, IStR 2001, S. 601 - 610

Rättig, Horst / Protzen, Peer-Daniel: Die "neue Hinzurechnungsbesteuerung" der §§ 7-14 AStG in der Fassung des UntStFG - Problembereiche und Gestaltungshinweise, IStR 2002, S. 123 - 128

Rättig, Horst / Protzen, Peer-Daniel: Praktische Folgen der Unvereinbarkeit der Hinzurechnungsbesteuerung mit der EU-Niederlassungs- sowie Kapitalverkehrsfreiheit - Eine nach Fallgruppen geordnete Darstellung der Unanwendbarkeit der §§ 7-14 AStG, GmbHR 2003, S. 503 - 506

Rättig, Horst / Protzen, Peer-Daniel: Zur Europarechtswidrigkeit der §§ 7-14 AStG und zu den Folgen für die internationale Steuerplanung, IStR 2003, S. 195 - 202

Reimer, Ekkehart (Auswirkungen): Die Auswirkungen der Grundfreiheiten auf das Ertragsteuerrecht der Bundesrepublik Deutschland - Eine Bestandsaufnahme -, in: Lehner, Moris (Hrsg.), Grundfreiheiten im Steuerrecht der EU-Staaten, München 2000

Reith, Thomas (Internationales Steuerrecht): Internationales Steuerrecht - Handbuch zum Doppelbesteuerungs- und Außensteuerrecht und zu Gestaltungen grenzüberschreitender Investitionen, München 2004

Richter, Dirk: Nun auch für natürliche Personen Hinzurechnungsbesteuerung in Frankreich, IStR 1999, S. 617 - 623

Richter, Dirk: Neueste Entwicklung der französischen Rechtsprechung zum Außensteuerrecht bei DBA-Staaten, IStR 2002, S. 231 - 235

Richter, Dirk: Conseil d'État bestätigt Vorrang des DBA-Rechts von (*sic*) nationaler Hinzurechnungsbesteuerung, IStR 2002, S. 653 - 654

Ritter, Wolfgang: Perspektiven für die Fortentwicklung des deutschen internationalen Steuerrechts, IStR 2001, S. 430 - 437

Ritter, Wolfgang: Das Steueränderungsgesetz 1992 und die Besteuerung grenzüberschreitender Unternehmenstätigkeit, BB 1992, S. 361 - 368

Rödder, Thomas (Hinzurechnungsbesteuerung): Hinzurechnungsbesteuerung - Praxisorientierte Analyse der aktuellen Rechtslage aus der Sicht eines deutschen international tätigen Konzerns, in: Grotherr, Siegfried (Hrsg.),

Handbuch der internationalen Steuerplanung, 2. Auflage, Herne/Berlin 2003

Roser, Frank: Erforderliche Änderungen der Hinzurechnungsbesteuerung, IStR 2000, S. 78 - 80

Roth, Wulf-Henning (Niederlassungsfreiheit): Die Niederlassungsfreiheit zwischen Beschränkungs- und Diskriminierungsverbot, in: Schön, Wolfgang (Hrsg.), Gedächtnisschrift für Brigitte Knobbe-Keuk, Köln 1997

Runge, Berndt (Wettbewerb): Wettbewerb nationaler Steuerrechte, in: Klein, Franz (Hrsg.), Unternehmen, Steuern: Festschrift für Hans Flick zum 70.Geburtstag, Köln 1997

Runge, Berndt (Steuerwettbewerb): Schädlicher Steuerwettbewerb in der Europäischen Union und in den OECD-Ländern, in: Breuninger, Gottfried E. (Hrsg.), Steuerrecht und europäische Integration: Festschrift für Albert J.Rädler zum 65.Geburtstag, München 1999

Rust, Alexander (National Report Germany): National Report Germany, in: Lang, Michael u.a. (Hrsg.), CFC-Legislation - Domestic Provisions, Tax Treaties and EC Law, Wien 2004

Sandler, Daniel (Tax Treaties (1994)): Pushing the Boundaries - The Interaction between Tax Treaties and Controlled Foreign Company Legislation, 1. Auflage, London 1994

Sandler, Daniel (Tax Treaties): Tax Treaties and Controlled Foreign Company Legislation - Pushing the Boundaries, 2. Auflage, Den Haag/London/Boston 1998

Santos, António Carlos: Point J of the Code of Conduct or the Primacy of Politics over Administration, ET 2000, vol. 40, S. 417 - 420

Saß, Gert: Auswirkungen des EuGH-Urteils "Metallgesellschaft"/"Höchst" z.B. auf Auslandsverluste und Gesellschafterfremdfinanzierung, FR 2001, S. 1040 - 1044

Saß, Gert: Zur Vereinbarkeit der Hinzurechnungsbesteuerung nach dem AStG mit den EU-Grundfreiheiten, DB 2002, S. 2342 - 2346

Schanne, Marcus (Doppelbesteuerungsabkommen): Doppelbesteuerungsabkommen und innerstaatliches Steuerrecht - Abkommensmißbrauch und Mißbrauchsverhinderung, Frankfurt 1999 (zugl. Diss. Trier 1998)

Schaumburg, Harald (Internationales Steuerrecht): Internationales Steuerrecht: Außensteuerrecht, Doppelbesteuerungsrecht, 2. Auflage, Köln 1998

Scherer, Thomas (Doppelbesteuerung): Doppelbesteuerung und Europäisches Gemeinschaftsrecht - Auswirkungen des Gemeinschaftsrechts auf die Anwendung der Doppelbesteuerungsabkommen und des Außensteuerrechts, München 1995

Schollmeier, Andres: Die Vereinbarkeit der Änderungen des Außensteuergesetzes mit Internationalem Recht und Europäischem Gemeinschaftsrecht, EWS 1992, S. 137 - 142

Schön, Wolfgang (Kapitalverkehrsfreiheit): Europäische Kapitalverkehrsfreiheit und nationales Steuerrecht, in: Schön, Wolfgang (Hrsg.), Gedächtnisschrift für Brigitte Knobbe-Keuk, Köln 1997

Schön, Wolfgang (Wettbewerb): Der "Wettbewerb" der europäischen Steuerordnungen als Rechtsproblem, in: Pelka, Jürgen (Hrsg.), Europa- und verfassungsrechtliche Grenzen der Unternehmensbesteuerung (DStJG, Band 23), Köln 2000

Schön, Wolfgang (General Report): Tax Competition in Europe - General Report, in: Schön, Wolfgang (Hrsg.), Tax Competition in Europe, International Bureau of Fiscal Documentation, Amsterdam 2003

Schön, Wolfgang: Hinzurechnungsbesteuerung und Europäisches Gemeinschaftsrecht, DB 2001, S. 940 - 947

Schön, Wolfgang: Gestaltungsmißbrauch im europäischen Steuerrecht, IStR 1996, Beihefter zu Heft 2,

Schrinner, Axel, Ein riesiges Niedrigsteuergebiet vor der Haustür, Handelsblatt v. 9.3.2004, S. 8

Schumacher, Andreas (Landesbericht Deutschland): Landesbericht Deutschland, in: International Fiscal Association (Hrsg.), Cahiers de droit fiscal international, Vol.LXXXVIb: Limits on the use of low-tax regimes by multinational businesses: current measures and emerging trends (2001 San Francisco Congress), Rotterdam 2001

Schwarz, Hubertus / Fischer-Zernin, Justus: Deutsches "Treaty Overriding" im Entwurf zum Steueränderungsgesetz 1992, RIW 1992, S. 49 - 53

Seer, Roman: Grenzen der Zulässigkeit eines treaty overridings am Beispiel der Switch-over-Klausel des § 20 AStG (Teil I), IStR 1997, S. 481 - 525

Seer, Roman / Haken, Ilona: Bedeutung und Einfluss des europäischen Gemeinschaftsrechts - Die Grundfreiheiten des EG-Vertrags als Beschränkungsverbote und ihre gesteigerte Bedeutung für das nationale Steuerrecht, StStud 2001, S. 344 - 349

Selling, Heinz-Jürgen: Deutschland im Steuerwettbewerb der Staaten, IStR 2000, S. 225 - 232

Sieker, Klaus: Steuervergünstigungsabbaugesetz: Vorgesehene Verschärfungen der Rechtsfolgen der Hinzurechnungsbesteuerung, IStR 2003, S. 78 - 84

Sinz, Andreas / Achilles, Charlotte: Conseil d'Etat: Regelung zur Gesellschafterfremdfinanzierung (Art. 212 CGI) verstößt gegen DBA-Diskriminierungsverbot und Niederlassungsfreiheit, IStR 2004, Länderbericht Heft 3, S. 3

Stefaner, Markus Christoph: Geht die Europäische Kommission gegen CFC-Gesetzgebung vor?, SWI 2002, S. 415 - 421

Stefaner, Markus Christoph: EuGH-Verfahren zur Vereinbarkeit von CFC-Gesetzgebung mit Gemeinschaftsrecht, SWI 2004, S. 339 - 344

Steichen, Alain (Leviathan): Tax Competition in Europe or the taming of Leviathan, in: Schön, Wolfgang (Hrsg.), Tax Competition in Europe, International Bureau of Fiscal Documentation, Amsterdam 2003

Stuhrmann, Gerd: Die Anpassung des Außensteuergesetzes im Rahmen des UntStFG, PIStB 2002, S. 30 - 35

Sullivan, Matthew / Wallner, Robert / Wübbelsmann, Stephan: Die deutsche Hinzurechnungsbesteuerung auf dem europäischen Prüfstand, IStR 2003, S. 6 - 14

Telkamp, Heinz-Jürgen: Der Außensteuergesetz-Entwurf - Kritische Stellungnahme zum Gesetzentwurf der Bundesregierung über die Besteuerung bei Auslandbeziehungen (Außensteuergesetz), StuW 1972, S. 97 - 114

Thömmes, Otmar: § 8b KStG und EG-Recht, DB 2001, S. 775 - 779

Thömmes, Otmar: EG-rechtliche Anmerkungen zu Ritter, S. 430, IStR 2001, S. 441 - 442

Thömmes, Otmar: EG-rechtliche Aspekte einer Auslandinvestition, IWB Fach 11 Europäische Gemeinschaften Gruppe 2, S. 547 - 554

Thömmes, Otmar (Tatbestandsmäßigkeit): Tatbestandsmäßigkeit und Rechtfertigung steuerlicher Diskriminierungen nach EG-Recht, in: Schön, Wolfgang (Hrsg.), Gedächtnisschrift für Brigitte Knobbe-Keuk, Köln 1997

Thömmes, Otmar (Commentary): Commentary on the parent/subsidiaries directive, in: International Bureau of Fiscal Documentation (IBFD) (Hrsg.), EC Corporate Tax Law - Commentary on the EC direct tax measures and member states implementation (Losebl.), Amsterdam 2004

Tipke, Klaus / Kruse, Heinrich Wilhelm: Abgabenordnung - Finanzgerichtsordnung - Kommentar von Tipke, Klaus; Kruse, Heinrich Wilhelm; Seer, Roman; Brandis, Peter, (Losebl.) 16. Auflage, Köln 2001

Tipke, Klaus / Lang, Joachim: Steuerrecht, 17. Auflage, Köln 2002

Turot, Jérôme: L'article 209 B est-il soluble dans le droit communautaire? à propos de l'arrêt CJCE 16 juillet 1998, Imperial Chemical Industries (ICI), RJF 1998, n° 12, S. 940 - 945

v.Beckerath, Hans-Jochem (Durchgriff): Der Durchgriff im deutschen Außensteuerrecht, Berlin 1978 (zugl. Diss. Münster 1977)

van der Stok, Eelco / Sunderman, Michiel: Beneficiaries of State Aid Regimes Won't Have To Repay Benefits, Commission Says, TNI 2003, vol. 29, S. 811 - 813

van Thiel, Servaas (Principles): Free Movement of Persons and Income Tax Law: the European Court in Search of Principles - An investigation into constitutionality of income tax laws and tax treaties of the Member States and the potential consequences of the Court's income tax case law, Amsterdam 2002 (zugl. Diss. Rotterdam 2001)

Vanistendael, Frans: Fiscal support measures and harmful tax competition, ec tax review 2000, vol. 9, S. 152 - 161

Villemot, Dominique: Qualité requise pour invoquer le bénéfice des conventions fiscales internationales à l'encontre de l'application de l'article 209 B du CGI, Drt. fisc. 2001, n° 47, S. 1641 - 1645

Vitzthum, Wolfgang Graf: Völkerrecht, 2. Auflage, Berlin 2001

Vogel, Horst: Aktuelle Fragen des Außensteuerrechts, insbesondere des "Steueroasengesetzes" unter Berücksichtigung des neuen Doppelbesteuerungsabkommens mit der Schweiz, BB 1971, S. 1185 - 1192

Vogel, Klaus (DBA (3.A. 1996)): Doppelbesteuerungsabkommen der Bundesrepublik Deutschland auf dem Gebiet der Steuern vom Einkommen und Vermögen: Kommentar auf der Grundlage der Musterabkommen, 3. Auflage, München 1996

Vogel, Klaus (Grundfragen): Grundfragen des Deutschen Außensteuerrechts, in: Vogel, Klaus (Hrsg.), Grundfragen des internationalen Steuerrechts: Vorträge der Jahrestagung der DStJG am 8.und 9.10.1984 in Heidelberg, Köln 1985

Vogel, Klaus: Transnationale Auslegung von Doppelbesteuerungsabkommen, IStR 2003, S. 523 - 529

Vogel, Klaus (Verfassungsentscheidung): Die Verfassungsentscheidung des Grundgesetzes für eine internationale Zusammenarbeit (Recht und Staat in Geschichte und Gegenwart, Heft 292/293), Tübingen 1964

Vogel, Klaus: Wortbruch im Verfassungsrecht, JZ 1997, S. 161 - 167

Vogel, Klaus / Lehner, Moris: Doppelbesteuerungsabkommen der Bundesrepublik Deutschland auf dem Gebiet der Steuern vom Einkommen und Vermögen: Kommentar auf der Grundlage der Musterabkommen, 4. Auflage, München 2003

von der Groeben, Hans / Schwarze, Jürgen: Kommentar zum Vertrag über die Europäische Union und zur Gründung der Europäischen Gemeinschaft, 6. Auflage, Baden-Baden 2003

von Streng, Etienne / Couturier, Patrice / Affejee, David: Nouvel Article 209 B et relations franco-suisses: un obstacle levé?, Steuer Revue 2005, S. 178 - 195

Wartenburger, Lucas: Die Bedeutung des Gemeinschaftsrechts für innergemeinschaftliche Steueroasen, IStR 2001, S. 397 - 402

Wassermeyer, Franz (Fortsetzung): Fortsetzung der Unternehmenssteuerreform - international gesehen, in: Herzig, Norbert (Hrsg.), Steuerberater-Jahrbuch 2001/2002 (herausgegeben im Auftrag des Fachinstituts der Steuerberater), Köln 2002

Wassermeyer, Franz: Die im Entwurf eines Steuersenkungsgesetzes vorgesehenen Änderungen der Hinzurechnungsbesteuerung, IStR 2000, S. 193 - 196

Wassermeyer, Franz: Steuerliche Konsequenzen aus dem EuGH-Urteil "Hughes de Lasteyrie du Saillant", GmbHR 2004, S. 613 - 617

Wassermeyer, Franz (Unternehmensbesteuerung): Außensteuerrechtliche Probleme der Unternehmensbesteuerung, in: Seeger, Siegbert F. (Hrsg.), Perspektiven der Unternehmensbesteuerung (DStJG, Band 25), Köln 2002

Wassermeyer, Franz (Entwicklungen): Neuere Entwicklungen in der Rechtsprechung zu den Doppelbesteuerungsabkommen, in: Fischer, Lutz (Hrsg.), Steuerplanung zwischen Abkommens- und nationalem Außensteuerrecht (Forum der Internationalen Besteuerung, Band 14), Köln 1998

Wassermeyer, Franz: Die Fortentwicklung der Besteuerung von Auslandsbeziehungen - Anmerkungen zu den derzeitigen Überlegungen zur Reform des Außensteuerrechts, IStR 2001, S. 113 - 117

Wassermeyer, Franz: Die Hinzurechnungsbesteuerung als Qualifikationsproblem des nationalen und internationalen Steuerrechts, RIW 1983, S. 352 - 354

Wassermeyer, Franz (Mißbrauchsregelung): Hinzurechnungsbesteuerung - eine gesetzliche Mißbrauchsregelung?, in: Haarmann, Wilhelm (Hrsg.), Grenzen der Gestaltung im internationalen Steuerrecht: Mißbrauchsverhütung in der Diskussion: EU-Recht, DBA, Hinzurechnungsbesteuerung, Grenzübeschreitende Unternehmensfinanzierung, Verrechnungspreise, Verfahrenspraxis, Köln 1994

Watermeyer, Heinrich J.: Auswirkung des AStG auf die GmbH-Holding - Überblick über die wichtigsten Neuerungen, GmbH-StB 2002, S. 317 - 322

Watermeyer, Heinrich J. / Meyer, Sven: Änderungen in der Hinzurechnungsbesteuerung - Praktische Folgen aus AStG-Verschärfung und BMF-Schreiben, GmbH-StB 2004, S. 202 - 206

Werra, Matthias: Zum Reformbedarf beim Außensteuergesetz unter besonderer Berücksichtigung des Verhaltenskodex, IStR 2001, S. 438 - 440

Widmann, Siegfried (Zurechnungsänderungen): Zurechnungsänderungen und Umqualifikationen durch das nationale Recht in ihrem Verhältnis zum DBA-Recht, in: Vogel, Klaus (Hrsg.), Grundfragen des internationalen Steuerrechts: Vorträge der Jahrestagung der DStJG am 8.und 9.10.1984 in Heidelberg, Köln 1985

Wohlschlegel, Hanspeter: Doppelbesteuerungsabkommen: Treaty Override und Grundgesetz, RIW 1993, S. 48 - 50

Wolff, Ulrich: Überlegungen des Bundesfinanzministeriums zur mittelfristigen Weiterentwicklung des Außensteuergesetzes, IStR 2001, S. 440 - 441

Zuleeg, Manfred: Zum Standort des Verfassungsstaats im Geflecht der internationalen Beziehungen, DÖV 1977, S. 462 - 467

Zweigert, Konrad / Kötz, Hein (Rechtsvergleichung): Einführung in die Rechtsvergleichung, 3. Auflage, Tübingen 1996

Rechtsprechungsverzeichnis

Deutschland:

Bundesverfassungsgericht:

BVerfG, 26.3.1957, BVerfGE 6, 309

BVerfG, 18.10.1967, BVerfGE 22, 293

BVerfG, 9.6.1971, BVerfGE 31, 145

BVerfG, 29.5.1974, BVerfGE 37, 271

BVerfG, 22.10.1986, BVerfGE 73, 339

Bundesfinanzhof:

BFH, Urteil v. 15.1.1971, III R 125/69, BFHE 101, 536

BFH, Urteil v. 26.10.1983, I R 200/78, BStBl II 1984, 258

BFH, Urteil v. 9.11.1983, I R 120/79, BStBl II 1984, 468

BFH, Urteil v. 29.8.1984, I R 68/81, BStBl II 1985, 120

BFH, Urteil v. 1.2.1989, I R 74/86, BStBl II 1990, 4

BFH, Urteil v. 12.7.1989, I R 46/85, BStBl II 1990, 113

BFH, Urteil v. 23.10.1991, I R 40/89, BStBl II 1992, 1026

BFH, Urteil v. 19.1.2000, I R 117/97, IStR 2000, 182

BFH, Urteil v. 19.1.2000, I R 94/97, BStBl II 2001, 222

BFH, Beschluss v. 21.6.2001, I B 141/00, BFH/NV 2001, 1169

BFH, Beschluss v. 28.11.2001, I B 169/00, BFH/NV 2002, 774

BFH, Urteil v. 9.7.2003, I R 82/01, DStRE 2003, 1219

Finanzgerichte:

FG Hamburg, Beschl. v. 15.1.1987, V 124/86, RIW 1987, 482

Frankreich

Conseil Constitutionnel:

CC, v. 15.1.1975, n° 74-54 DC, *Interruption volontaire de grossesse (IVG)*, Rec. 1975, 19

Conseil d'Etat:

CE, v. 1.3.1968, *Syndicat général des fabricants de semoule de France*, AJDA 1968, 235 (Conclusions *Questiaux*)

CE, v. 15.3.1972, n° 80.242, *Dame veuve Sadok Ali*, Rec. 1972, 213

CE, Plén., v. 19.12.1975, n° 84.774 et 91.895, RJF 1976, n° 2, 64, décision n° 77

CE, v. 14.3.1984, req. n° 34 430 –36 880, RJF 1984, n° 5, déc. n° 593

CE, v. 2.11.1987, n° 55 543, Drt. Fisc. 1988, n° 51, comm. 2325

CE, Ass., v. 20.10.1989, n° 108243, *Nicolo*, Recueil 1989, 190

CE, v. 24.9.1990, *Boisdet*, Rec. 1990, 250

CE, v. 29.6.1990, *Groupe d'information et de soutien des travailleurs immigrés (GISTI)*, Rec. 1990, 171

CE, Ass., v. 28.2.1992, *S.A. Rothmans International France et S.A. Philip Morris France*, Rec. 1992, 80

CE, v. 17.3.1993, n° 85.894, *Memmi*, RJF 1993, n° 5, 369, décision n° 612

CE, 8e et 9e sous-section, v. 18.3.1994, n° 68799-70814, *SA Sovemacro-Europe*, RJF 1994, n° 5, 317, décision n° 532

CE, Ass., v. 3.7.1996, *Koné*, D. 1996, n° 36, 509 (note *Julien-Laferrière*)

CE, Ass., v. 30.10.1998, *Sarran, Levacher et autres*, D. 2000, n° 7, 152 (note *Aubin*)

CE, v. 13.10.1999, n° 190.083, *SA Banque Française de l'Orient*, RJF 1999, n° 12, 994, décision n° 1587

CE, v. 31.1.2001, n° 199.543, *SA Bank Polska Kasa Opieki*, RJF 2001, n° 4, 338, décision n° 489

CE, Ass., v. 28.6.2002, n° 232 276, *Société Schneider Electric*, Drt. fisc. 2002, n° 36, 1150, comm. 657

CE, sect., v. 30.12.2003, n° 233894, *SA Andritz*, RJF 2004, n° 3, décision n° 238

CE, sect., v. 30.12.2003, n° 249047, *SARL Coréal Gestion*, RJF 2004, n° 3, décision n° 233

Cour Administrative d'Appel:

CAA Paris, v. 30.1.2001, req. n° 96-1408, *Société Schneider Electric*, Drt. fisc. 2001, n° 10, 449, décision n° 207

Tribunal Administratif:

TA Lille, 4e Ch., v. 9.1.2003, req. n° 99-1876, *Société 3 Suisses International*, Drt. Sociétés 2003, n° 4, 34

TA Paris, 1e sect.,1e ch., v. 21.11.1995, n° 92-7093, *Société Schneider Electric*, RJF 1997, n° 2, 96, décision n° 123

TA Paris, v. 13.2.1996, n° 92-18670, *Société Schneider Electric*, nicht veröffentlicht

TA Poitiers, 2e ch., v. 25.2.1999, n° 96-684, *SA Rémy-Cointreau*, RJF 1999, n° 7, 538, décision n° 847

TA Strasbourg, v. 12.12.1996, n° 91-58, *Société Strafor Facom*, RJF 1997, n° 2, 97

Cour de Cassation:

Cass.crim, v. 22.10.1970, *Administration des contributions indirectes et Comité interprofessionnel des vins doux naturels c. Ramel*, Dalloz 1971, S. 221

C.cass., Ch. mixte, v. 24.5.1975, *Administration des Douanes/Société "Cafés Jacques Vabre" et S.A.R.L. J. Weigel et Cie.*, Rec. Dalloz Sirey, 1975, 497 (Conclusions *Touffait*)

C.cass., Ass. plén., v. 2.6.2000, *Mlle Fraisse*, D. 2000, n° 42, 865 (note *Mathieu / Verpeaux*)

Europäischer Gerichtshof:

EuGH, Urteil v. 5.2.1963, Rs. 26/62, N.V. Algemene Transport- en Expeditie Onderneming Van Gend & Loos/Niederländische Finanzverwaltung, Slg. 1963, 1.

EuGH, Urteil v. 15.7.1964, Rs. 6/64, Flaminio Costa/E.N.E.L., Slg. 1964, 1251.

EuGH, Urteil v. 11.7.1974, Rs. 8/74, Staatsanwaltschaft/Benoît und Gustave Dassonville, Slg. 1974, 837.

EuGH, Urteil v. 21.6.1974, Rs. 2/74, Jean Reyners/Belgien, Slg. 1974, 631.

EuGH, Urteil v. 3.12.1974, Rs. 33/74, Johannes Henricus Maria van Binsbergen/Bestuur van de Bedrijefsvereniging voor de Metaalnijverheid, Slg. 1974, 1299.

EuGH, Urteil v. 4.12.1974, Rs. 41/74, Yvonne van Duyn/Home Office, Slg. 1974, 1337.

EuGH, Urteil v. 9.3.1978, Rs. 106/77, Staatliche Finanzverwaltung gegen S.p.A. Simmenthal, Slg. 1978, 629.

EuGH, Urteil v. 20.2.1979, Rs. 120/78, Rewe-Zentral-AG/Bundesmonopolverwaltung für Branntwein, Slg. 1979, 649.

EuGH, Urteil v. 28.1.1986, Rs. 270/83, Kommission/Französische Republik, Slg. 1986, 273.

EuGH, Urteil v. 27.9.1988, Rs. 81/87, The Queen/H.M. Treasury and Commissioners of Inland Revenue, ex parte Daily Mail and General Trust PLC, Slg. 1988, 5483.

EuGH, Urteil v. 25.7.1991, Rs. C-221/89, The Queen/Secretary of State for Transport, ex parte: Factortame Ltd. u.a., Slg. 1991, I-3905.

EuGH, Urteil v. 28.1.1992, Rs. C-204/90, Hanns-Martin Bachmann/Belgischer Staat, Slg. 1992, I-249.

EuGH, Urteil v. 28.1.1992, Rs. C-300/90, Kommission der Europäischen Gemeinschaften/Königreich Belgien, Slg. 1992, I-305.

EuGH, Urteil v. 30.11.1995, Rs. C-55/94, Reinhard Gebhard/Consiglio dell'ordine degli avvocati e procuratori di Milano, Slg. 1995, I-4165.

EuGH, Urteil v. 14.12.1995, verb. Rs. C-163/94, C-165/94 und C-250/94, Strafverfahren gegen Lucas Emilio Sanz de Lera u.a., Slg. 1995, I-4821.

EuGH, Urteil v. 11.8.1995, Rs. C-80/94, G.H.E.J. Wielockx/Inspecteur der directe belastingen, Slg. 1995, I-2493.

EuGH, Urteil v. 27.6.1996, Rs. C-107/94, P.H. Asscher/Staatssekretaris van Financiën, Slg. 1996, I-3089.

EuGH, Urteil v. 17.7.1997, Rs. C-28/95, A. Leur Bloem/Inspecteur der Belastingdienst-Ondernemingen Amsterdam 2, Slg. 1997, I-4161.

EuGH, Urteil v. 16.7.1998, Rs. 264/96, Imperial Chemical Industries plc (I-CI)/Kenneth Hall Colmer (HM Inspector of Taxes), Slg. 1998, I-4695.

EuGH, Urteil v. 9.3.1999, Rs. C-212/97, Centros Ltd./Erhvervs- og Selskabsstyrelsen, Slg. 1999, I-1459.

EuGH, Urteil v. 26.10.1999, C-294/97, Eurowings Luftverkehrs AG/Finanzamt Dortmund-Unna, Slg. 1999, I-7447.

EuGH, Urteil v. 1.6.1999, Rs. C-302-97, Klaus Konle/Republik Österreich, Slg. 1999, I-3099.

EuGH, Urteil v. 21.9.1999, C-307/97, Compagnie de Saint-Gobain, Zweigniederlassung Deutschland/Finanzamt Aachen-Innenstadt, Slg. 1999, I-6161.

EuGH, Urteil v. 16.3.1999, Rs. C-222/97, Manfred Trummer und Peter Mayer, Slg. 1999, I-1661.

EuGH, Urteil v. 14.12.2000, Rs. C-141/99, Algemene Maatschappij voor Investering en Dienstverlening (AMID)/Belgien, Slg. 2000, I-11619.

EuGH, Urteil v. 13.4.2000, Rs. C-251/98, C. Baars jr./Inspecteur der Belastingen Particulieren - Ondernemingen, Gorinchem, Slg. 2000, I-2847.

EuGH, Urteil v. 6.6.2000, Rs. C-35/98, Staatssecretaris van Financiën/B.M.G. Verkooijen, Slg. 2000, I-4071.

EuGH, Urteil v. 4.6.2002, Rs. C-483/99, Kommission der Europäischen Gemeinschaften/Französische Republik, Slg. 2002, I-4809.

EuGH, Urteil v. 12.12.2002, C-324/00, Lankhorst-Hohorst GmbH/Finanzamt Steinfurt, Slg. 2002, I-11779.

EuGH, Urteil v. 5.3.2002, verb. Rs. C-515/99, C-519/99 bis C-524/99 und C-526/99 bis 540/99, Hans Reisch u.a./Bürgermeister der Landeshauptstadt Salzburg und Grundverkehrsbeauftragter des Landes Salzburg und Anton Lassacher u.a./Grundverkehrsbeauftragter des Landes Salzburg und Grundverkehrslandeskommission des Landes Salzburg, Slg. 2002, I-2157.

EuGH, Urteil v. 21.11.2002, Rs. C-436/00, X und Y/Riksskatteverk, Slg. 2002, I-10829.

EuGH, Urteil v. 18.9.2003, Rs. C-168/01, Bosal Holding BV/Staatssekretaris van Financiën, IStR 2003, 666.

EuGH, Urteil v. 30.9.2003, Rs. C-167/01, Kamer van Koophandel en Fabrieken voor Amsterdam/Inspire Art Ltd, BB 2003, 2195.

EuGH, Urteil v. 11.3.2004, Rs. C-9/02, Hughes de Lasteyrie du Saillant/Ministère de l'Économie, des Finances et de l'Industrie, DStR 2004, 551.

EuGH, Schlussanträge der Generalanwältin Kokott v. 18.3.2004, Rs. C-319/02, Petri Mikael Manninen, IStR 2004, 313

Rechtsquellenverzeichnis

Deutschland

AStG	Außensteuergesetz vom 8. September 1972 BGBl I 1972, S. 1713, zuletzt geändert durch Gesetz zur Umsetzung der Protokollerklärung der Bundesregierung zur Vermittlungsempfehlung zum Steuervergünstigungsabbaugesetz vom 22. Dezember 2003 BGBl I 2003, S. 2840, 2844
EStG	Einkommensteuergesetz in der Fassung der Bekanntmachung der Neufassung des EStG vom 16. April 1997 BGBl I 1997, S. 821, zuletzt geändert durch Haushaltsbegleitgesetz 2004 (HBeglG 2004) vom 29. Dezember 2003 BGBl I 2003, S. 3076, 3080
GewStG	Gewerbesteuergesetz vom 21. März 1991 (BGBl I 1991, S. 814), zuletzt geändert durch Haushaltsbegleitgesetz 2004 (HBeglG 2004) vom 29. Dezember 2003 BGBl I 2003, S. 3076, 3086
GG	Grundgesetz für die Bundesrepublik Deutschland vom 23. Mai 1949 (BGBl 1949, 1), zuletzt geändert durch Art. 1 G v. 26. Juli 2002 I 2863
KStG	Körperschaftsteuergesetz vom 22. April 1999 (BGBl I 1999, S. 817), zuletzt geändert durch Haushaltsbegleitgesetz 2004 (HBeglG 2004) vom 29. Dezember 2003 BGBl I 2003, S. 3076, 3085

Gesetzesmaterialien:

Amtliche Begründung zu dem Entwurf eines Gesetzes zur Wahrung der steuerlichen Gleichmäßigkeit bei Auslandsbeziehungen und zur Verbesserung der steuerlichen Wettbewerbslage bei Auslandsinvestitionen - Außensteuerreformgesetz (BT DS VI/2883 = BR DS 394/71); abgedruckt bei Großfeld, Basisgesellschaften im Internationalen Steuerrecht, S. 310 ff.

Bericht der Bundesregierung an den Deutschen Bundestag über Wettbewerbsverfälschungen, die sich aus Sitzverlagerungen in das Ausland und aus dem zwischenstaatlichen Steuergefälle ergeben (sog. Oasenbericht), 23.6.1964, BT-Drucks. IV/2412

Verwaltungsanweisungen:

Der Niedersächsische Minister der Finanzen, Erlaß betr. Verlagerung von Einkünften und Vermögen in sogenannte Steueroasenländer; hier: Bericht der Bundesregierung an den deutschen Bundestag (BT Drucks. IV/2412), S 1301 - 99 - 31 1, vom 14.6.1965, BStBl I 1965, 74

BMF, Schreiben vom 14.5.2004 betreffend Grundsätze zur Anwendung des Außensteuergesetzes, IV B 4 - S 1340 - 11/04, BStBl. I 2004, Sondernummer 1

Frankreich

CGI	Code Général des Impôts, zuletzt geändert durch Loi de finances pour 2004 (Loi n° 2003-1311 vom 30. Dezember 2003)
Constitution	Constitution vom 4. Oktober 1958, zuletzt geändert durch Loi constitutionnelle n° 2003-276 vom 28. März 2003

Gesetzesmaterialien:

Jacques Chaumont (Sénateur), Rapport n° 351 - Projet de loi autorisant l'approbation de l'avenant à la convention entre la République française et la Confédération suisse en vue d'éviter les doubles impositions en matière d'impôts sur le revenu, sur la fortune et sur les successions, Anhang zum Protokoll der Sitzung der Commission des Finances, du contrôle budgétaire et des comptes économiques de la Nation, 24.3.1998 (www.senat.fr, 31.10.2003)

Verwaltungsanweisungen:

Instruction du 15 février 1983 de la Direction générale des Impôts relative à l'impôt sur les sociétés. Bénéfices réalisés par l'intermédiaire de sociétés établies dans les pays à régime fiscal privilégié (C.G.I., art. 209 B) (B.O.D.G.I. 4 H-2-83), BOI 4 H-2-83, DF 1983, n° 12, 5153, Instr. n° 7643

Instruction du 6 mars 1992 du Service de la Législation Fiscale relative à l'impôt sur les sociétés. Bénéfices réalisés par l'intermédiaire de sociétés établies dans les pays à régime fiscal privilégié. Commentaire de l'article 20 de la loi de finances rectificative pour 1990 (C.G.I. art. 209 B), BOI 4 H-9-92, Drt. fisc. 1992, n° 17, 9520, Instr. n° 10588

Instruction du 17 avril 1998 du Service de la Législation Fiscale relative à l'impôt sur les sociétés. Fiscalité internationale - Impôt sur les sociétés - Bénéfices des sociétés établies dans des pays à fiscalité privilégiée (C.G.I., art. 209 B) - Renforcement du dispositif de taxation (L. fin. pour 1993, n° 92-1376, 30 déc. 1992, art. 107), BOI 4 H-3-98, Drt. fisc. 1998, n° 20-21, 149, Instr. n° 11998

Instruction du 18 février 2000 du Service de la Législation Fiscale - Impôt sur le revenu des personnes physiques. Dispositions particulières. Revenus de capitaux mobiliers réalisés par l'intermédiaire de structures soumises hors de France à un régime fiscal privilégié. Commentaires de l'article 101 de la loi de finances pour 1999 (C.G.I., art. 123 bis), BOI 5 I-1-00,

Gemeinschaftsrecht

Fusionsrichtlinie	Richtlinie des Rates vom 23. Juli 1990 über das gemeinsame Steuersystem für Fusionen, Spaltungen, die Einbringung von Unternehmensteilen und den Austausch von Anteilen, die Gesellschaften verschiedener Mitgliedstaaten betreffen (90/434/EWG), ABl. EG Nr. L 225 vom 20. August 1990 S. 1 ff., zuletzt geändert durch Akte über die Bedingungen des Beitritts der Tschechischen Republik, der Republik Estland, der Republik Zypern, der Republik Lettland, der Republik Litauen, der Republik Ungarn, der Republik Malta, der Republik Polen, der Republik Slowenien und der Slowakischen Republik und die Anpassungen der die Europäische Union begründenden Verträge - Anhang II:

	Liste nach Artikel 20 der Beitrittsakte - 9. Steuerwesen, ABl. EU Nr. L 236 vom 23. September 2003 S. 555 ff.
Mutter-Tochter-Richtlinie	Richtlinie des Rates vom 23. Juli 1990 über das gemeinsame Steuersystem der Mutter- und Tochtergesellschaften verschiedener Mitgliedstaaten (90/435/EWG), ABl. EG Nr. L 225 vom 20. August 1990 S. 6 ff., zuletzt geändert durch Richtlinie 2003/123/EG des Rates vom 22. Dezember 2003, ABl. EU Nr. L 7 vom 13. Januar 2004, S. 41 ff.
Zinsrichtlinie	Richtlinie 2003/49/EG des Rates vom 3. Juni 2003 über die gemeinsame Steuerregelung für Zahlungen von Zinsen und Lizenzgebühren zwischen verbundenen Unternehmen verschiedener Mitgliedstaaten, ABl. EU Nr. 157 vom 6. Juni 2003, S. 49 ff.

Freiburger Steuerforum

Herausgegeben von Wolfgang Kessler

Band 1 Andreas Sinz: Stützungsmaßnahmen im transnationalen Konzern. Steuerwirkungen von Zuschuss und Forderungsverzicht im Verhältnis Deutschland, Frankreich und Schweiz. 2001.

Band 2 Christian Gastl: Betriebe gewerblicher Art im Körperschaftsteuerrecht. Abgrenzung – Einkommensermittlung – Steuerbelastung. 2002.

Band 3 Tobias Teufel: Steuerliche Rechtsformoptimierung. Gestaltungssuche im Gesellschaft-Gesellschafter-Verhältnis. 2002.

Band 4 Markus Peter: Fortentwicklung des Betriebsstättenprinzips. 2002.

Band 5 Ingmar Schörck: Veränderungen der Kommunikation in der Steuerberatung durch den Einsatz internetbasierter Technologien. 2003.

Band 6 Ralph-Erich Schmidt: Die Umsatzbesteuerung der Bankleistung im Einlagen- und Kreditgeschäft. Mängel und Alternativen unter besonderer Berücksichtigung einer Cash-Flow Umsatzbesteuerung (TCA-Modell). 2003.

Band 7 Claudia Pischetsrieder: Einkünftequalifikation bei Immobiliendirektinvestitionen in Ungarn und Tschechien unter Einschaltung von haftungsbeschränkten Personengesellschaften. 2004.

Band 8 Michael Muchenberger: Die Entwicklung der Besteuerung und deren Ausrichtung am Leistungsfähigkeitsprinzip. Historische Bedeutung, theoretischer Erklärungsansatz und neuere Implikationsanalyse für die BRD. 2004.

Band 9 Michael A. Müller: Die GmbH & Co. KG als Europa-Holding. 2004.

Band 10 Ralf Adam: Einlage, Tausch und tauschähnlicher Vorgang im Zivilrecht und im Steuerrecht. 2005.

Band 11 Charlotte Achilles: CFC-Regeln und unfairer Steuerwettbewerb. Eine Untersuchung anhand der deutschen und der französischen CFC-Regelung. 2005.

www.peterlang.de

www.ingramcontent.com/pod-product-compliance
Ingram Content Group UK Ltd.
Pitfield, Milton Keynes, MK11 3LW, UK
UKHW021931290926
8980IPUK00016B/1559

9 783631 539972